Markus Schäfers

Lebensqualität aus Nutzersicht

RESEARCH

dheitsförderung – Rehabilitation – Teilhabe

egeben von

Elisabeth Wacker, Technische Universität Dortmund

ar 2008 erscheint die Reihe, die bisher unter dem Titel „Gesundheit und haft" beim Deutschen Universitäts-Verlag angesiedelt war, im Programm arch des VS Verlags für Sozialwissenschaften.

Markus Schäfers

Lebensqualität aus Nutzersicht

Wie Menschen mit geistiger
Behinderung ihre
Lebenssituation beurteilen

Mit einem Geleitwort von Prof. Dr. Elisabeth Wacker

VS RESEARCH

Bibliografische Information der Deutschen Nationalbibliothek
Die Deutsche Nationalbibliothek verzeichnet diese Publikation in der
Deutschen Nationalbibliografie; detaillierte bibliografische Daten sind im Internet über
<http://dnb.d-nb.de> abrufbar.

Dissertation Technische Universität Dortmund, 2007

1. Auflage 2008

Alle Rechte vorbehalten
© VS Verlag für Sozialwissenschaften | GWV Fachverlage GmbH, Wiesbaden 2008

Lektorat: Christina M. Brian / Dr. Tatjana Rollnik-Manke

VS Verlag für Sozialwissenschaften ist Teil der Fachverlagsgruppe
Springer Science+Business Media.
www.vs-verlag.de

Umschlaggestaltung: KünkelLopka Medienentwicklung, Heidelberg
Gedruckt auf säurefreiem und chlorfrei gebleichtem Papier
Printed in Germany

ISBN 978-3-531-16013-9

Geleitwort

„Auf eigenen Füßen zu stehen" ist die Verheißung und Erwartung moderner Gesellschaften an all ihre Mitglieder. Um verschieden physisch und psychisch kompetente Menschen auf ihrem Lebensweg stark zu machen, muss man für sie auf unterschiedliche Weise Chancen eröffnen oder Hindernisse beseitigen. Dies entspricht dem Leitbild der „neuen Wohlfahrtsgesellschaft", Eigeninitiative mit Gemeinschaftsinteressen und Umweltgestaltung zu verbinden. In der Umsetzung solcher Ziele spielt die Frage, welche Angebote wem wie nützen eine große Rolle.

Welche Wirkungen sich durch bestimmte Maßnahmen auf die Lebensqualität von Menschen ergeben, wird allerdings aus deren Perspektive im Kontext von Wohlfahrtshilfe wenig betrachtet. Dies gilt insbesondere im Bereich sozialer Dienstleistungen für Menschen, die als geistig behindert bezeichnet werden. Denn dieser Personenkreis benötigt oft eigene Kommunikationswege, um individuelle Anliegen ins Spiel zu bringen.

Die Arbeit von Markus Schäfers bietet endlich das dringend gewünschte, auf Güte geprüfte Verfahren an, mit dem Angebote für Menschen mit Behinderung aus ihrer subjektiven Sicht beurteilt werden können. Über eine groß angelegte empirische Studie entwickelt der Verfasser Zug um Zug alle notwendigen Elemente eines Befragungsinstruments. Als Handlungsfeld wählt er das stationäre Wohnen, also einen Brennpunkt im Angebotsrepertoire der sozialen Dienstleister. Maßgeblich für die Bedarfs- und Bedürfnisgerechtigkeit von Heimen ist das Konstrukt „Lebensqualität". Sowohl für „Theoretiker", die sich zu „Lebensqualität" und deren affinen Betrachtungsfeldern wie Glück, (Lebens-)Zufriedenheit, Wohlbefinden bzw. satisfaction, happiness, well-being, quality of life etc. Klarheit verschaffen wollen, als auch für „Pragmatiker", die mit Blick auf ressourcenorientierte Rehabilitation bzw. deren Konstruktionselemente nach geeigneten Werkzeugen suchen, ist die ausgezeichnet bewertete Doktorarbeit des Autors eine exzellente Adresse.

Schäfers legt ein systematisch geprüftes Rüstzeug für Wirksamkeitsdialoge vor, liefert Informationen zur Lebensqualität und zugleich auch ein Element des notwendigen Empowerment-Prozesses für Bewohnerinnen und Bewohner im stationären Setting. Deren Beteiligungsdefizit, das traditionell über „objektive Assessments" substituiert wird, kann nun aufgehoben werden mit einer Befragung, die adaptiert ist an die kognitiv-kommunikativen Voraussetzungen und Möglichkeiten, die Menschen mit kognitiver Einschränkung in eine Interviewsituation mitbringen.

Mit seinem Produkt und seinem Portfolio zur Planung, Durchführung, Auswertung und Bewertung von interviewbasierter Lebensqualitätsforschung wird Schäfers den chronisch kritisierten Entwicklungsbereich „Heimversorgung" maßgeblich bereichern und im deutschsprachigen Raum die Basis für ein angebotsübergreifendes Benchmarking-System im „Wohnen mit Behinderung" legen.

Das vorliegende Buch ist ein hervorragendes Beispiel für das Anliegen der hiermit eröffneten neuen Reihe „Gesundheitsförderung – Rehabilitation – Teilhabe". Wissenschaftlich fundiert, verständlich formuliert, an neuesten Bedarfen orientiert und praxisrelevant werden dort aus der Perspektive der Rehabilitationssoziologie Forschungsergebnisse für das „Leben in einer Welt" der verschieden kompetenten Menschen präsentiert.

Dem neuen Band und der Reihe wünsche ich ein großes interessiertes Publikum.

Elisabeth Wacker

Vorwort

Die vorliegende Publikation entspricht meiner gleichnamigen Dissertation, die Ende 2007 von der Fakultät Rehabilitationswissenschaften der Technischen Universität Dortmund angenommen wurde. Damit befindet sich das Resultat eines etwas mehr als vierjährigen Arbeitsprozesses nunmehr ‚zwischen Buchdeckeln'. In diesem Zeitraum haben mich viele Menschen bei der Erstellung der Dissertation begleitet und unterstützt. Ihnen soll an dieser Stelle mein aufrichtiger Dank gelten:

An erster Stelle möchte ich meine ‚Doktormutter' Prof. Dr. Elisabeth Wacker nennen, die mir insbesondere zu Beginn meiner wissenschaftlichen Tätigkeit ihr Vertrauen geschenkt sowie viel Experimentierraum und anregende Denkanstöße gegeben hat. PD Dr. Rainer Wetzler danke ich insbesondere für seinen Rat bei ‚ersten Suchbewegungen' sowie seiner Mitwirkung bei der praktischen Untersuchungsdurchführung im fremden Nordbaden.

Meiner Kollegin Dr. Gudrun Wansing möchte ich meinen besonderen Dank aussprechen für die konstruktiven Diskussionen sowie lehr- und hilfreichen Hinweise; mit ihrer eigenen Promotion hat sie mir ein Beispiel dafür gegeben, wie es gelingen kann. Prof. Dr. Renate Walthes möchte ich für wertvolle Kommentare und kritische Rückmeldungen im Doktoranden-Kolloquium danken. Prof. Dr. Reinhilde Stöppler sei ausdrücklich gedankt für die Förderung während und nach meiner Studienzeit, ihren fachlichen Rat und wiederkehrende Ermutigungen.

Für die kritische Durchsicht des Manuskripts und ihre persönliche Unterstützung danke ich herzlich Kathrin Römisch. Der Familie Simpson verdanke ich zeitweilige Zerstreuung. Meinem Bruder Michael Schäfers danke ich fürs Korrekturlesen, für sein ‚offenes Ohr' bei Problemen und den beständigen Rückhalt.

In besonderem Maße danke ich meiner Freundin Laura für ihre emotionale Unterstützung, ihre Geduld vor allem in der Phase des ‚Endspurts' und die gemeinsame Zeit fernab des Schreibtisches. Ebenfalls sehr dankbar bin ich für den bedingungslosen Rückhalt durch meine Eltern Irmi und Atti, die mir das Studium ermöglicht und mit ihrem Vertrauen und Zuspruch zum Gelingen der Arbeit beigetragen haben.

Zuletzt möchte ich meinem bereits verstorbenen Hochschullehrer Peter Boelhauve gedenken, der mir den Zugang zum ‚Wissenschaftsbetrieb' geebnet hat. Glück auf, Peter!

Markus Schäfers

Inhaltsverzeichnis

Geleitwort 5

Vorwort 7

Abbildungsverzeichnis 13

Tabellenverzeichnis 15

Einleitung 21

1   Das Konzept Lebensqualität 25
    1.1 Ansätze der Lebensqualitätsforschung 26
    1.2 Kerndimensionen und konzeptuelle Prinzipien von Lebensqualität 34
    1.3 Subjektives Wohlbefinden 37

2   Lebensqualität als Leitbegriff sozialer Dienstleistungen für
    Menschen mit Behinderung 59
    2.1 Von der institutionellen zur personenbezogenen Orientierung 60
    2.2 Diskussion um die Qualität sozialer Dienstleistungen 69
    2.3 Nutzerorientierte Evaluation und Wirkungsbeurteilung 73

3   Methodologische und methodische Aspekte der Erhebung von
    Lebensqualität 81
    3.1 Methodologische Grundorientierungen und Zugangswege
         der Lebensqualitätsforschung 82
    3.2 Befragungsinstrumente zur Erhebung von Lebensqualität
         bei Menschen mit geistiger Behinderung 96
         3.2.1 „Comprehensive Quality of Life Scale" /
                „Personal Wellbeing Index" 104
         3.2.2 „Quality of Life Questionnaire" 116
         3.2.3 „Lifestyle Satisfaction Scale" /
                „Multifaceted Lifestyle Satisfaction Scale" 121

3.2.4 „Strukturelle und persönliche Alltagserfahrungen
         in charakteristischen Einrichtungen".................................... 128
3.2.5 „Interview zu individuellen Entscheidungsmöglichkeiten
         und Lebenszufriedenheit im Bereich Wohnen"...................... 133
3.2.6 „Schöner Wohnen".. 137
3.2.7 Fazit.. 144
3.3 Ergebnisse der Methodenforschung zur Befragung
     von Menschen mit geistiger Behinderung.. 145
     3.3.1 Inhaltliche und sprachliche Aspekte.. 148
     3.3.2 Frageformate und Antworttendenzen 158
     3.3.3 Interviewsituation und -interaktion 168
3.4 Grenzen der Befragung von Menschen mit geistiger
     Behinderung und methodische Alternativen 174
3.5 Zusammenfassung und Empfehlungen 178

4 Konzeption der empirischen Studie und Instrumententwicklung 183
   4.1 Zielsetzungen und Untersuchungsbereich.. 183
   4.2 Untersuchungsansatz.. 186
   4.3 Stichprobenauswahl 188
   4.4 Konstruktion des Erhebungsinstruments.. 192
       4.4.1 Itempool und Erstversion 196
       4.4.2 Modifikation und Pretests.. 198
       4.4.3 Endfassung des Fragebogens.. 205
   4.5 Weitere Datenquellen.. 210
   4.6 Untersuchungsdurchführung und Auswertungsverfahren.................. 212

5 Darstellung und Interpretation der Ergebnisse 215
   5.1 Grundstrukturen der Wohneinrichtungen und
        Charakteristika der Stichprobe.. 215
   5.2 Indexbildung und empirische Überprüfung 223
       5.2.1 Faktorenanalysen... 225
       5.2.2 Reliabilitätsanalysen.. 237
   5.3 Lebensqualität aus Nutzersicht... 244
       5.3.1 Zufriedenheit in Lebensbereichen 246
       5.3.2 Wahlfreiheiten und Reglementierungen 271
       5.3.3 Soziale Aktivitäten 281
       5.3.4 Zusammenhänge zwischen den Lebensqualitätsdimensionen . 290
   5.4 Methodenkritische Analyse der Befragung.. 301

6 Diskussion der Ergebnisse **323**

6.1 Zur Güte des Befragungsinstruments 323

6.2 Zur Lebensqualität von Menschen mit geistiger
Behinderung in Wohneinrichtungen 326

6.3 Zur Anwendbarkeit der Interviewmethodik bei
Menschen mit geistiger Behinderung................................. 335

7 Resümee und Ausblick.. **341**

Literaturverzeichnis **347**

Abbildungsverzeichnis

Abbildung 1: Stellung und Dimensionen subjektiven Wohlbefindens in der Konzeption der deutschen Wohlfahrtsforschung (vgl. Glatzer & Zapf 1984; Glatzer 2002) 39

Abbildung 2: Vier-Faktoren-Modell subjektiven Wohlbefindens (vgl. Mayring 1991, 53) 41

Abbildung 3: Modell zum Zusammenhang zwischen Lebensbedingungen, bereichsspezifischer Zufriedenheit und allgemeiner Lebenszufriedenheit (modifiziert nach Campbell, Converse & Rodgers 1976, 16) 42

Abbildung 4: Formen von Zufriedenheit (Bruggemann, Groskurth & Ulich 1975, 134 f.) 44

Abbildung 5: Antworthäufigkeiten auf die allgemeine Lebenszufriedenheitsfrage (Angaben in %) (n=21.040) (vgl. SOEP-Monitor 2006, 113) 46

Abbildung 6: Entwicklung der allgemeinen Lebenszufriedenheit in Ost- und Westdeutschland von 1990-2005 (vgl. SOEP-Monitor 2006) 47

Abbildung 7: Beziehung zwischen subjektivem Wohlbefinden und Wirtschaftskraft im internationalen Vergleich (vgl. Inglehart & Klingemann 2000, 168 ff.) 49

Abbildung 8: Modell des Homöostase-Mechanismus (vgl. Cummins 2005a, 342) 50

Abbildung 9: Homöostatische Kontrolle subjektiven Wohlbefindens (vgl. Cummins, Lau & Davern 2007, 8) 52

Abbildung 10: Beziehung zwischen subjektivem Wohlbefinden und Haushaltseinkommen (vgl. Cummins, Lau & Davern 2007, 11) 54

Abbildung 11: Subjektives Wohlbefinden und Haushaltsstruktur (vgl. Cummins, Lau & Davern 2007, 13) 55

Abbildung 12: Subjektives Wohlbefinden und die Interaktion zwischen Haushaltseinkommen und -struktur (vgl. Cummins, Lau & Davern 2007, 14) 56

Abbildung 13: Personen im ambulant und stationär betreuten Wohnen in Nordrhein-Westfalen nach Behinderungsart zum 31.12.2005 (vgl. ZPE 2006, 2 ff.) 63

Abbildung 14: Wohnwünsche von Menschen mit Behinderung (n=764; Mehrfachnennungen möglich) (vgl. Metzler & Rauscher 2004, 25) 64

Abbildung 15: Bio-psycho-soziales Modell von Behinderung der ICF (DIMDI 2005, 23; vgl. WHO 2001, 18) 68

Abbildung 16: Grad der Strukturierung von Interviews 97

Abbildung 17: Der Fragebogen als Instrument der Operationalisierung (Scholl 2003, 140) 100

Abbildung 18: Darstellung der Wichtigkeitsabstufungen (Cummins 1997b) 107

Abbildung 19: Darstellung der Zufriedenheitsabstufungen (Cummins 1997b) 107

Abbildung 20: Mögliche Fehlerquellen für verzerrte Antwortreaktionen (modifiziert nach Diekmann 2004, 403) 146

Abbildung 21: Grafische Darstellungen von Rating-Skalen (vgl. Dagnan & Rudick 1995, 22; Bundesvereinigung Lebenshilfe 2000; Cummins & Lau 2005a, 39).. 155

Abbildung 22: Probleme bei der Beantwortung assertiver Fragen mit Hilfe von Symbolen... 156

Abbildung 23: Schematische Darstellung der Stichprobenauswahl 191

Abbildung 24: Entscheidungsfelder zur Wahl eines Erhebungsverfahrens (in Anlehnung an Neuberger & Allerbeck 1978, 34)................................ 193

Abbildung 25: Gruppengröße der Wohneinheiten in Klassen (Angaben in %) (n=129).. 217

Abbildung 26: Altersverteilung der Bewohner/innen (Angaben in %) (n=128)........... 218

Abbildung 27: Gesamtzeit stationärer Betreuung (Angaben in %) (n=128).................. 219

Abbildung 28: Alter bei Aufnahme in eine stationären Einrichtung (Angaben in %) (n=128).. 220

Abbildung 29: Anzahl der Bewohner/innen nach Hilfebedarfsgruppen (Angaben in %) (n=126).. 221

Abbildung 30: Bewohner/innen nach Hilfebedarfsgruppen (in %) im Vergleich mit den Kennzahlen der überörtlichen Sozialhilfeträger (Consens o.J., 51).. 222

Abbildung 31: Scree-Plot der Hauptkomponentenanalyse 234

Abbildung 32: Gesamtindex „Subjektives Wohlbefinden" in Klassen (Angaben in %) (n=129).. 247

Abbildung 33: Index „Zufriedenheit mit der Wohnsituation" in Klassen (Angaben in %) (n=129).. 249

Abbildung 34: Index „Zufriedenheit mit den Freizeitmöglichkeiten" in Klassen (Angaben in %) (n=129).. 249

Abbildung 35: Index „Zufriedenheit mit der Arbeit" in Klassen (Angaben in %) (n=129).. 250

Abbildung 36: Index „Freiheit von subjektiver Belastung" in Klassen (Angaben in %) (n=129).. 250

Abbildung 37: Index „Wahlfreiheiten und Reglementierungen" auf Ordinalskalenniveau (Angaben in %) (n=129)... 272

Abbildung 38: Index „Soziale Aktivitäten" auf Ordinalskalenniveau (Angaben in %) (n=129).. 282

Abbildung 39: Frequenz der sozialen Aktivitäten (Angaben in %)............................... 284

Abbildung 40: Vergleich der Frequenzen ausgewählter sozialer Aktivitäten zwischen der ALLBUS und der eigenen Studie (in % der Befragten)... 286

Abbildung 41: Zufriedenheit nach Wahlfreiheiten in Klassen (in % des Skalenmaximums) (n=129) 293

Abbildung 42: Zusammenhänge zwischen der Antwortquote und weiterer Interview- und Befragtenmerkmalen (Rangkorrelationskoeffizienten) . 310

Abbildung 43: Anteile der Ja-Antworten bei allen Zufriedenheitsfragen (Anzahl der Befragten in absoluten Werten, n=129).. 312

Tabellenverzeichnis

Tabelle 1: Hauptzielbereiche des „Swedish Level of Living Surveys" und des „OECD Social Indicator Programme" (vgl. Erikson 1993, 68; OECD 1976, 165 ff.) 29

Tabelle 2: Dimensionen und Indikatoren von Wohlfahrt der „Comparative Scandinavian Welfare Study" (Allardt 1993, 93) 31

Tabelle 3: Wohlfahrtskonstellationen (Zapf 1984, 25) 32

Tabelle 4: Kerndimensionen und exemplarische Indikatoren von Lebensqualität (nach Schalock & Verdugo 2002, 18) 35

Tabelle 5: Prinzipien der Konzeptualisierung von Lebensqualität (nach Schalock et al. 2002, 460) 37

Tabelle 6: Empfänger von Eingliederungshilfe im Wohnbereich (vgl. BAGüS 2006, 10) 62

Tabelle 7: Verhältnis von ambulanten zu stationären wohnbezogenen Hilfen in Nordrhein-Westfalen zum 31.12.2005 (vgl. ZPE 2006, 10) 63

Tabelle 8: Methodologische Taxonomie zur Erhebung von Lebensqualität (modifiziert nach Heal & Sigelman 1996, 93) 84

Tabelle 9: Übersicht über empirische Lebensqualitätsstudien und Nutzerbefragungen von Menschen mit (geistiger) Behinderung im deutschsprachigen Raum 87

Tabelle 10: Art der Antwortkategorie bei geschlossenen Frageformaten 99

Tabelle 11: Befragungsinstrumente zu Lebensqualität 101

Tabelle 12: Formulierung der Zufriedenheitsfragen in den Fassungen der „Comprehensive Quality of Life Scale (ComQol)" (vgl. Cummins 1997a, b, c) 105

Tabelle 13: Exemplarische Fragen der objektiven Skala der „Comprehensive Quality of Life Scale-Intellectual/Cognitive Disability (ComQol-I)" (vgl. Cummins 1997b, 14 ff.) 111

Tabelle 14: Domains der „Comprehensive Quality of Life Scale" und des „Personal Wellbeing Index" im Vergleich 114

Tabelle 15: Formulierung der Items in der „Comprehensive Quality of Life Scale (ComQol-I)" (vgl. Cummins 1997b) und dem „Personal Wellbeing Index (PWI-ID)" (vgl. Cummins & Lau 2005a) 115

Tabelle 16: Auszug aus dem „Quality of Life Questionnaire" (vgl. Schalock & Keith 1993) 117

Tabelle 17: Interne Konsistenz (Cronbachs Alpha) der Subskalen und Gesamtskala des „Quality of Life Questionnaire" in verschiedenen Studien 119

Tabelle 18: Exemplarische Items des Index „Zufriedenheit" des Fragebogens SPACE 129

Tabelle 19: Exemplarische Items des Index „Einschränkungen und Vorgaben" des Fragebogens SPACE 130

Tabelle 20: Exemplarische Items des Zufriedenheitsindex (vgl. Bundschuh & Dworschak 2002a).. 134

Tabelle 21: Exemplarische Items des Index „Individuelle Entscheidungs- möglichkeiten" (vgl. Bundschuh & Dworschak 2002a) 135

Tabelle 22: Inhaltsbereiche und Beispiel-Fragen des Instruments „Schöner Wohnen" (vgl. Gromann & Niehoff 2003).. 138

Tabelle 23: Beispiele für Items mit zwei-, drei- und vierstufigen Ratingskalen des Instruments „Schöner Wohnen" (vgl. Gromann & Niehoff 2003) 140

Tabelle 24: Konversationsanalyse einer Interviewpassage (modifiziert nach Houtkoop-Steenstra & Antaki 1997, 290 f.)...................................... 171

Tabelle 25: Übersicht über spezifische Probleme und Gegenmaßnahmen in Interviews 179

Tabelle 26: Instrumente zur Erhebung von Lebensqualität als Ausgangspunkte für die eigene Fragebogenentwicklung.. 197

Tabelle 27: Übersicht über die Struktur der ersten Fragebogenversion.................. 198

Tabelle 28: Kontroll-Items zur Einschätzung von Antwortinkonsistenzen 200

Tabelle 29: Auszüge aus zwei Probeinterviews 204

Tabelle 30: Übersicht über die Struktur der Endfassung des Fragebogens.............. 206

Tabelle 31: Fragen zu sozialen Aktivitäten in der Endfassung des Fragebogens 207

Tabelle 32: Fragen zu Wahlfreiheiten und Reglementierungen in der Endfassung des Fragebogens... 207

Tabelle 33: Fragen zur Zufriedenheit in der Endfassung des Fragebogens 208

Tabelle 34: Inhalte des Kurzfragebogens 212

Tabelle 35: Anzahl der teilnehmenden Wohngruppen und Bewohner/innen nach Träger und Standort 216

Tabelle 36: Anzahl der Bewohner/innen nach Zimmerbelegung im Studien- vergleich (Angaben in % der jeweiligen Gesamtstichprobe)................ 218

Tabelle 37: Schwierigkeitsindizes und Anteile fehlender Werte der ausgeschlossenen Items 224

Tabelle 38: Eigenwertverlauf der einzelnen Indizes... 225

Tabelle 39: Faktorladungen der Items „Wohnen" bei einfaktorieller Extraktion 227

Tabelle 40: Faktorladungen der Items „Freizeit" bei einfaktorieller Extraktion...... 228

Tabelle 41: Faktorladungen der Items „Arbeit" bei einfaktorieller Extraktion........ 229

Tabelle 42: Faktorladungen der Items „Subjektives Gesundheits- und Belastungsempfinden/ Generelles Wohlbefinden" bei einfaktorieller Extraktion.. 230

Tabelle 43: Faktorladungen der Items „soziale Aktivitäten" bei einfaktorieller Extraktion.. 231

Tabelle 44: Faktorladungen der Items „Wahlfreiheiten und Reglementierungen" bei einfaktorieller Extraktion... 231

Tabelle 45: Itemanzahl der Indizes vor und nach der Faktorenanalyse 232

Tabelle 46: Interkorrelationsmatrix der Subindizes zum subjektiven Wohlbefinden.. 233

Tabelle 47: Varixmaxrotierte Faktorladungen der Items zur Zufriedenheit bei Extraktion von vier Faktoren.. 235

Tabelle 48:   Eigenwertverlauf der Faktoren und Faktorladungen der Indizes bei
              Extraktion eines Faktors 237

Tabelle 49:   Mittelwerte (M), Standardabweichungen (SD), Trennschärfeindizes
              (r_{it}) und Alpha-Koeffizienten (α) der Items 238

Tabelle 50:   Anzahl der Items, Mittelwerte in Punkten (M) und Prozent des
              Skalen-Maximums (%SM), Standardabweichungen (SD), mittlere
              Trennschärfeindizes (r_{it}) und Alpha-Koeffizienten (α) der Indizes........ 242

Tabelle 51:   Beurteiler-Reliabilität für die Indizes zum subjektiven Wohlbefinden
              und zu Wahlfreiheiten (n=43)... 243

Tabelle 52:   Anzahl der Items, Mittelwerte (M), Standardabweichungen (SD),
              Minima und Maxima in Prozent des Skalen-Maximums der Indizes
              zur Zufriedenheit und Belastungsfreiheit 246

Tabelle 53:   Korrelation zwischen den Zufriedenheitsindizes und der Frage zur
              allgemeinen Lebenszufriedenheit 251

Tabelle 54:   Mittelwerte der Items „Wohnen" in Prozent des Skalenmaximums
              (Ranking nach Mittelwerten).. 252

Tabelle 55:   Gewünschte Wohnformen derjenigen Befragten, die sich eine
              Veränderung der Wohnsituation wünschen (n=37) 253

Tabelle 56:   Gewünschte Wohnformen derjenigen Befragten, die sich eine
              Veränderung der Wohnsituation in der Zukunft wünschen (n=59) 253

Tabelle 57:   Zufriedenheitswerte nach Personen mit und ohne Wunsch nach
              Veränderung der Wohn- und Lebenssituation (Mittelwerte in %
              des Skalenmaximums).. 254

Tabelle 58:   Zufriedenheit mit der Zimmerkonstellation (Angaben in absoluten
              Zahlen und in Prozent der Zeilensummen, n=108).......................... 255

Tabelle 59:   Gewünschte Änderungen in der Wohngruppe/ im Wohnheim
              (Mehfachnennungen möglich, n=60).. 256

Tabelle 60:   Mittelwerte der Items „Freizeit" in Prozent des Skalenmaximums
              (Ranking nach Mittelwerten).. 258

Tabelle 61:   Begleitung auf Urlaubsreisen (Mehrfachnennungen möglich, n=106).. 258

Tabelle 62:   Freizeitwünsche (Anzahl der Nennungen, Mehrfachnennungen
              möglich) 259

Tabelle 63:   Mittelwerte der Items „Arbeit" in Prozent des Skalenmaximums
              (Ranking nach Mittelwerten).. 260

Tabelle 64:   Gewünschte Beschäftigungsformen derjenigen Befragten, die sich
              eine Veränderung der Arbeitssituation wünschen (n=37)..................... 261

Tabelle 65:   Veränderungswünsche am Arbeitsplatz (n=66)................................. 261

Tabelle 66:   Mittelwerte der Items „Subjektive Belastung" in Prozent des
              Skalenmaximums (Ranking nach Mittelwerten).................................. 262

Tabelle 67:   Genannte allgemeine Wünsche (Anzahl der Nennungen,
              Mehrfachnennungen möglich)... 263

Tabelle 68:   Zufriedenheitswerte nach Geschlecht (Mittelwerte in % des
              Skalenmaximums)... 264

Tabelle 69:   Zufriedenheitswerte nach Altersklassen (Mittelwerte in % des
              Skalenmaximums)... 265

Tabelle 70: Zufriedenheitswerte nach Gesamtzeit stationärer Betreuung
(Mittelwerte in % des Skalenmaximums).. 266

Tabelle 71: Zufriedenheitswerte nach Hilfebedarfsgruppen (Mittelwerte in %
des Skalenmaximums)... 267

Tabelle 72: Vergleiche der Indexwerte „Zufriedenheit mit den Freizeitmöglichkeiten" zwischen den Hilfebedarfsgruppen (Signifikanzniveaus von
Mann-Whitney-Tests)... 267

Tabelle 73: Zufriedenheitswerte nach Angewiesenheit auf einen Rollstuhl
(Mittelwerte in % des Skalenmaximums).. 268

Tabelle 74: Zufriedenheitswerte nach Personen mit und ohne Freundschaften
(Mittelwerte in % des Skalenmaximums).. 269

Tabelle 75: Zufriedenheitswerte nach Single vs. Partnerschaft (Mittelwerte
in % des Skalenmaximums) 269

Tabelle 76: Zufriedenheitswerte nach Gruppengröße der Wohneinheiten in
Klassen (Mittelwerte in % des Skalenmaximums) 270

Tabelle 77: Anzahl der Items, Mittelwert, Standardabweichung, Minimum und
Maximum in Prozent des Skalen-Maximums des Index
„Wahlfreiheiten und Reglementierungen"... 272

Tabelle 78: Mittelwerte der Items „Wahlfreiheiten und Reglementierungen" zur
personenbezogenen Unterstützung in % des Skalenmaximums,
Antwortverteilungen (Ranking nach Mittelwerten)............................. 273

Tabelle 79: Bewertung der einrichtungsbezogenen Vorgaben und Regeln
(Angaben in %, Verteilung der Antworten).. 275

Tabelle 80: Zufriedenheitswerte nach Geschlecht (Mittelwerte in % des
Skalenmaximums)... 276

Tabelle 81: Zufriedenheitswerte nach Altersklassen (Mittelwerte in % des
Skalenmaximums)... 276

Tabelle 82: Zufriedenheitswerte nach Gesamtzeit stationärer Betreuung
(Mittelwerte in % des Skalenmaximums).. 277

Tabelle 83: Wahlfreiheiten nach Hilfebedarfsgruppen (Mittelwerte in % des
Skalenmaximums)... 278

Tabelle 84: Zufriedenheitswerte nach Angewiesenheit auf einen Rollstuhl
(Mittelwerte in % des Skalenmaximums).. 278

Tabelle 85: Wahlfreiheiten nach Angewiesenheit auf einen Rollstuhl
(Mittelwerte in % des Skalenmaximums, Signifikanzniveaus) 279

Tabelle 86: Wahlfreiheiten nach Single vs. Partnerschaft (Mittelwerte in %
des Skalenmaximums)... 280

Tabelle 87: Zufriedenheitswerte nach Gruppengröße der Wohneinheiten in
Klassen (Mittelwerte in % des Skalenmaximums) 280

Tabelle 88: Anzahl der Items, Mittelwert, Standardabweichung, Minimum und
Maximum in Prozent des Skalen-Maximums des Index „soziale
Aktivitäten".. 281

Tabelle 89: Items „soziale Aktivitäten" (Ranking nach Mittelwerten)................... 283

Tabelle 90: Verteilung der Antworten zu ausgewählten Aktivitäten-Items
der ALLBUS (Angaben in %)... 285

Tabelle 91: Soziale Aktivitäten nach Geschlecht (Mittelwerte in absoluten Zahlen und % des Skalenmaximums)..................................... 287

Tabelle 92: Soziale Aktivitäten nach Altersklassen (Mittelwerte in absoluten Zahlen und % des Skalenmaximums)..................................... 287

Tabelle 93: Soziale Aktivitäten nach Gesamtzeit stationärer Betreuung (Mittelwerte in absoluten Zahlen und % des Skalenmaximums)........... 288

Tabelle 94: Soziale Aktivitäten nach Hilfebedarfsgruppen (Mittelwerte in absoluten Zahlen und % des Skalenmaximums) 288

Tabelle 95: Soziale Aktivitäten nach Angewiesenheit auf einen Rollstuhl (Mittelwerte in absoluten Zahlen und % des Skalenmaximums)........... 289

Tabelle 96: Soziale Aktivitäten nach Single vs. Partnerschaft (Mittelwerte in absoluten Zahlen und in % des Skalenmaximums) 289

Tabelle 97: Soziale Aktivitäten nach Gruppengröße der Wohneinheiten in Klassen (Mittelwerte in absoluten Zahlen und % des Skalenmaximums).. 290

Tabelle 98: Korrelationen zwischen den Zufriedenheitsindizes und dem Index „Wahlfreiheiten" (Korrelationskoeffizienten und Signifikanzniveaus) . 290

Tabelle 99: Zufriedenheitswerte nach Wahlfreiheiten in Klassen (Mittelwerte in % des Skalenmaximums) 291

Tabelle 100: Gruppengröße nach Fallgruppen von Personen mit wenigen bzw. vielen Wahlfreiheiten (beobachtete und erwartete Anzahlen)............. 295

Tabelle 101: Zufriedenheit mit der Wohnsituation nach Gruppengröße der Wohneinheiten; Gesamtstichprobe und Aufteilung in zwei Fallgruppen von Personen mit wenigen bzw. vielen Wahlfreiheiten (Mittelwerte in % des Skalenmaximums)................................... 296

Tabelle 102: Zufriedenheit mit den Freizeitmöglichkeiten (Angaben in % des Skalenmaximums) nach Personengruppen, welche die Aktivität ausüben und nicht ausüben 298

Tabelle 103: Zufriedenheitswerte nach Aktivitäten-Summenwerte in Klassen (Mittelwerte in % des Skalenmaximums)............................... 298

Tabelle 104: Zufriedenheit mit den Freizeitmöglichkeiten nach Frequenz der Aktivität (Anzahl der Personen in absoluten Zahlen, Mittelwerte in % des Skalenmaximums) 299

Tabelle 105: Soziale Aktivitäten nach Wahlfreiheiten in Klassen (Mittelwerte in % des Skalenmaximums) 300

Tabelle 106: Anzahl der Bewohner/innen nach Alter, Gesamtzeit stationärer Betreuung und Hilfebedarfsgruppen (Angaben in %) im Vergleich zwischen der ursprünglichen Stichprobe und den realisierten Interviews 303

Tabelle 107: Bewertung der Gesprächsdauer durch die Befragten (Angaben in %) (n=125)... 305

Tabelle 108: Bewertung der Verständlichkeit der Fragen durch die Befragten (Angaben in %) (n=122)... 305

Tabelle 109: Bewertung der Frageinhalte durch die Befragten (Angaben in %) (n=125)... 305

Tabelle 110: Wunsch nach häufigerer Durchführung einer Befragung (Angaben
in %) (n=118) 306

Tabelle 111: Bewertung der Verständlichkeit der Fragen durch die
Interviewer/innen (Angaben in %) (n=128).. 306

Tabelle 112: Bewertung der Verständlichkeit der Fragen durch die Befragten und
durch die Interviewer/innen (Angaben in % der Gesamtzahl) (n=121) . 307

Tabelle 113: Bewertung der Belastbarkeit, Kooperation und Ängstlichkeit der
Befragten durch die Interviewer/innen (Angaben in %) 307

Tabelle 114: Vergleich der Interviewevaluation durch die Interviewer/innen
zwischen der Studie von Dworschak (2004, 101) und der eigenen
Studie (Angaben in %) 308

Tabelle 115: Antwortquote bei Ja/Nein-Fragen und offenen Fragen (Anzahl der
Fragen, Mittelwert, Standardabweichung, Minimum und Maximum
in % der Befragten) 309

Tabelle 116: Antwortquote bei Ja/Nein-Fragen in Abhängigkeit von der
Interviewdauer (Anzahl der Befragten, Mittelwert,
Standardabweichung, Minimum und Maximum) 311

Tabelle 117: Anteile der Ja-Antworten bei positiver und negativer Polierung
der Zufriedenheitsfragen (Angaben in %, n=129) 313

Tabelle 118: Fehlende Antworten auf konkretisierende Folgefragen von Ja/Nein-
Fragen (Angaben in % der Befragten mit vorheriger Ja-Antwort) 314

Tabelle 119: Kontroll-Items zur Einschätzung von Antwortinkonsistenzen 315

Tabelle 120: Antwortverteilungen bei den Kontrollitems (Angaben in %
der Befragten)... 316

Tabelle 121: Übereinstimmung und Reliabilität der Antworten bei den
Kontroll-Items 317

Tabelle 122: Anteil der Befragten mit gegensätzlichen Antworten (in %
der Befragten)... 317

Tabelle 123: Anteil fehlender Werte und Übereinstimmung der Antworten bei
den Kontroll-Items 318

Tabelle 124: Gegensätzliche Antworten bei vier Fragepaaren (Angaben in
absoluten Zahlen und in % der Befragten) 319

Tabelle 125: Vergleich von Interview- und Befragtenmerkmalen zwischen den
Personengruppen mit geringer und hoher Antwortkonsistenz.............. 320

Einleitung

„Hier wohnen will ich net, musst aufschreibe!“

48-jähriger Mann,
seit 27 Jahren im Wohnheim

„Am besten man lässt alles so, wie es ist, sonst eckst du nur an.“

46-jährige Frau,
seit 24 Jahren im Wohnheim

*„Alleine könnte ich keine Wohnung haben,
da würde mir die Decke auf den Kopf fallen,
dann würde ich irgendwie durchdrehen. [...]
Lieber in so einem Wohnheim, wo auch Leute auch sind,
wo Mitarbeiter auch sind, wenn's mir mal schlecht geht und so,
dass ich immer einen habe so.“*

26-jährige Frau,
seit drei Jahren im Wohnheim

Wie Bewohner/innen von Einrichtungen für Menschen mit geistiger Behinderung ihre Lebenssituation beurteilen, steht im Zentrum der vorliegenden Arbeit. Wie zufrieden sind Menschen in stationären Wohneinrichtungen mit ihren Lebensumständen? Wie beurteilen sie ihre Möglichkeiten zur selbstbestimmten Alltagsgestaltung und Lebensführung? Welche Veränderungsbedarfe nehmen sie wahr? Derartige Ausgangsfragen sind für diese Studie erkenntnisleitend. Damit wird die Diskussion um fachliche Standards und objektive Qualitätsmerkmale, welche die Behindertenhilfe in den letzten Jahren maßgeblich bestimmt hat, um eine wichtige Perspektive ergänzt, die ganz im Zeichen der Zeit steht: die subjektive Sicht der Nutzer/innen von Unterstützungsleistungen und ihre Wahrnehmungen der Lebensbedingungen (vgl. Oelerich & Schaarschuch 2005b). Mit der Fokussierung der Nutzerperspektive wird die Zielrichtung verfolgt, eine vom Individuum und dessen Vorstellungen und Bedarfe orientierte Gestaltung der Angebote zu ermöglichen sowie die Qualität der Unterstützung aus ihrer Sicht bewerten zu können. Ein solcher Blickwinkel ist nicht modischer Trend, sondern – wie noch aufzuzeigen ist – eine folgerichtige Konsequenz gesellschaftsanalytischer und dienstleistungstheoretischer Erkenntnisse.

Zur Beurteilung der Qualität, insbesondere der Ergebnisqualität verstanden als Wirkungen von Unterstützungsleistungen, bedarf es eines konsensfähigen Betrachtungsrahmens. Ein solcher stellt das Konzept „Lebensqualität" dar, welches ein umfassendes Bezugssystem bestehend aus objektiven und subjektiven Dimensionen zur Evaluation gesellschaftlicher Wohlfahrt zur Verfügung stellt. Der besondere Nutzen der Anwendung des Lebensqualitätskonzepts auf das Rehabilitationssystem, seine Institutionen, Angebote und Leistungen besteht darin, dass die bereitgestellten Evaluationskriterien deutlich über die ausschließlich fachlich-professionell kreierten Standards der Behindertenhilfe hinausreichen (vgl. Wacker 1994, 268): Lebensqualität bezeichnet für Menschen mit und ohne Behinderung gleichermaßen erstrebenswerte Zielgrößen. Die Besonderheit liegt jedoch darin, dass die Lebensqualität von Menschen mit Behinderung wesentlich von der Qualität der Dienstleistungen beeinflusst wird, die zur individuellen Lebens- und Alltagsbewältigung notwendig sind (vgl. Beck 1996, 45).

Im Beziehungsgeflecht dieser Themenfelder ist die vorliegende Arbeit „Lebensqualität aus Nutzersicht – Wie Menschen mit geistiger Behinderung in Wohneinrichtungen ihre Lebenssituation beurteilen" eingebettet. Dabei ist die gesamte Arbeit von einem Forschungsinteresse auf zwei Ebenen durchzogen, welche bereits im Titel der Arbeit zum Ausdruck kommen:

- „*Wie* Menschen mit geistiger Behinderung ihre Lebenssituation beurteilen" bezieht sich zum einen auf die *Art und Weise* der empirischen Erfassung von Lebensqualität, also auf methodische Möglichkeiten der Lebensqualitätserhebung bei diesem Personenkreis: Wie sind geeignete Erhebungsverfahren zu gestalten?

- „*Wie* Menschen mit geistiger Behinderung ihre Lebenssituation beurteilen" zielt zum anderen auf das *Ausmaß* der wahrgenommenen Lebensqualität und damit auf inhaltliche Aspekte: Zu welchen Urteilen über ihre Lebenssituation kommen die Nutzer/innen der Wohnangebote?

Übergeordnetes Ziel der vorliegenden Arbeit ist es, die methodischen Grundlagen für eine Lebensqualitätserhebung bei Menschen mit geistiger Behinderung zur nutzerorientierten Evaluation von Wohneinrichtungen zu erarbeiten. Die empirische Studie soll dabei einerseits ein konkretes Befragungsinstrument als Forschungsprodukt hervorbringen, andererseits zur Beurteilung der Interviewmethodik bei Menschen mit geistiger Behinderung beitragen. Die im Prozess der

Instrumentenentwicklung und -überprüfung erhobenen Daten zu subjektiven und objektiven Lebensqualitätsaspekten von Menschen mit geistiger Behinderung im Kontext stationärer Wohneinrichtungen sollen darüber hinaus analysiert und diskutiert werden.

In Kap. 1 wird zunächst das Verständnis von Lebensqualität, das dieser Arbeit zugrunde liegt, anhand sozialwissenschaftlicher Ansätze zur Wohlfahrts- und Lebensqualitätsforschung (Kap. 1.1) und der sich in der Forschung herauskristallisierenden Kerndimensionen und konzeptuellen Prinzipien von Lebensqualität (Kap. 1.2) dargelegt. Im Anschluss wird die subjektive Dimension von Lebensqualität („subjektives Wohlbefinden") besonders in den Blick genommen (Kap. 1.3).

Kap. 2 beschäftigt sich mit der Funktion und Relevanz des Lebensqualitätskonzepts für rehabilitationsrelevante Anwendungsgebiete, im Speziellen für die Gestaltung und Evaluation sozialer Dienstleistungen für Menschen mit Behinderung. Dabei wird das Konzept in allgemeine Entwicklungslinien der Rehabilitation (Kap. 2.1) sowie in die Qualitätsdiskussion im Feld sozialer Arbeit (Kap. 2.2) eingeordnet, um anschließend die besondere Bedeutung des Lebensqualitätskonzepts für eine nutzerorientierte Evaluation und Wirkungsbeurteilung sozialer Dienstleistungen (Kap. 2.3) herausstellen zu können.

In Kap. 3 richtet sich der Blick auf methodologische und methodische Aspekte der Lebensqualitätserhebung: Es wird zunächst der Frage nachgegangen, welche methodologischen Grundorientierungen und Zugangswege in der Lebensqualitätsforschung (theoretisch und forschungspraktisch) vorfindbar sind (Kap. 3.1). Auf einer konkreteren Ebene werden dann Befragungsinstrumente zur Erhebung von Lebensqualität bei Menschen mit geistiger Behinderung vorgestellt und evaluiert (vgl. Kap. 3.2) sowie methodenanalytische Ergebnisse dargestellt, welche Problemstellen der Befragung von Menschen mit geistiger Behinderung aufzeigen. Diese Analyse resultiert schließlich in eine Gesamtbetrachtung der methodischen Möglichkeiten und Grenzen der Befragung (Kap. 3.4) sowie eine Ableitung von Empfehlungen, welche für die Befragungsgestaltung und die Entwicklung von Instrumenten zur Lebensqualitätserhebung relevant erscheinen (Kap. 3.5).

Gegenstand der darauf folgenden Kapitel ist die empirische Studie zur Entwicklung und Erprobung eines Befragungsinstruments. Nach einer Darstellung der Zielsetzungen und der Eingrenzung des Untersuchungsbereichs (Kap. 4.1) werden der Untersuchungsansatz erläutert (Kap. 4.2) und die Stichprobenauswahl beschrieben (Kap. 4.3). In Kap. 4.4 wird die Konstruktion des Befragungsinstruments nachvollziehbar gemacht, indem die einzelnen Entwicklungsphasen (von der Bildung eines Itempools bis zur Endfassung des Fragebogens) skizziert und die getroffenen Entscheidungen begründet werden. Anmerkungen zu weiteren Datenquellen (Kap. 4.4) sowie zur praktischen Untersuchungsdurchführung und statistischen Auswertungsverfahren (Kap. 4.5) runden das vierte Kapitel ab.

In Kap. 5 erfolgt die Darstellung und Interpretation der Ergebnisse: Zunächst werden die erhobenen Grundstrukturen der an der Untersuchung teilnehmenden Wohneinrichtungen sowie zentrale Charakteristika der Personenstichprobe beschrieben (Kap. 5.1). Daran schließt sich die Darstellung der auf der Basis der Befragungsergebnisse vollzogenen Bildung und Überprüfung quantitativer Indizes an (Kap. 5.2). Inhaltliche Untersuchungen der erfassten Lebensqualitätsdimensionen und deren Abgleich mit personen- und einrichtungsbezogenen Merkmalen sind Gegenstand des Kap. 5.3. Mit der methodenkritischen Analyse der Befragung und der Evaluation der Interviewmethodik wird die Ergebnisdarstellung abgeschlossen (Kap. 5.4).

In Kap. 6 werden die zentralen Ergebnisse der empirischen Studie zusammengefasst und weiterführend diskutiert. Abschluss der Arbeit bildet ein Gesamtresümee, in dem der Forschungsertrag gewürdigt und weitere Forschungsperspektiven herausgestellt werden (Kap. 7).

1 Das Konzept Lebensqualität

Ziel von Sozial- und Rehabilitationspolitik ist es, soziale Sicherheit und Gerechtigkeit für die Mitglieder einer Gesellschaft zu gewährleisten. Durch unterschiedliche Maßnahmen, Programme und Unterstützungsangebote wird versucht, das Wohlergehen benachteiligter Bürger/innen zu fördern, ihre Lebenslagen zu verbessern, Lebenschancen anzugleichen und sozialen Disparitäten entgegenzuwirken. Diesen Aufgaben kommt im Kontext gesellschaftlicher Umbrüche, Strukturveränderungen und Modernisierungsprozessen, welche sowohl individuelle als auch kollektive Risiken und Ungleichheiten erzeugen, besondere Relevanz zu (vgl. Pankoke 2000).

Benachteiligungen aufgrund von Behinderungserfahrungen zu vermeiden sowie die Selbstbestimmung und gleichberechtigte Teilhabe von Menschen mit Behinderung am Leben der Gesellschaft zu fördern, ist zentrale Zielsetzung von Rehabilitation: „Es geht darum, die Menschen so zu fördern und zu fordern, dass sie in der Lage sind, ihre Lebensentwürfe zu verwirklichen und sich am sozialen und ökonomischen Leben beteiligen zu können – angefangen bei Erwerbsarbeit und Familie bis hin zu Kultur und sozialem Engagement. Sozial gerechte Politik unterstützt die Einzelnen und schafft gleichzeitig teilhabefördernde Rahmenbedingungen" (Bundesregierung 2004, 2).

Die Bewältigung dieser umfassenden sozial- und rehabilitationspolitischen Aufgaben macht das Wissen um die Lebenslagen und Bedarfe der Zielgruppen sowie den Einfluss des sozialen Wandels und der Unterstützungsmaßnahmen auf die Lebenssituationen der Bürger/innen erforderlich. An dieser Stelle setzt die Wohlfahrts- und Lebensqualitätsforschung an: Ihre Hauptaufgabe besteht darin, Kriterien zur Evaluation von Wohlfahrt zu entwickeln und die gesellschaftliche Wohlfahrtsentwicklung zu analysieren, um Bedarfslücken sowie regionale und gruppenspezifische Problemlagen identifizieren zu können. Dabei stellt „das Konzept der Lebensqualität […] die wahrscheinlich bekannteste und am häufigsten verwendete Zielkategorie für die Analyse der Wohlfahrtsentwicklung in einer Gesellschaft dar" (Berger-Schmitt & Noll 2000, 30). Nicht nur im Hinblick auf die Analyse gesamtgesellschaftlicher Entwicklungen, sondern auch in Bezug auf spezifisch rehabilitationsrelevante Fragestellungen ist das Lebensqualitätskonzept gewinnbringend: Einerseits liefert es einen mehrdimensionalen Betrachtungsrahmen für eine umfassende Analyse der Lebenslagen von Menschen mit Behinderung. Andererseits bietet es Kriterien für die Weiterentwicklung des Unterstützungssystems und der Organisation der Hilfen in Richtung der Bedürfnisse der Nutzer/innen (vgl. Beck 2001).

Dieses Beziehungsgefüge soll im Folgenden näher beleuchtet werden: Zunächst wird das Lebensqualitätskonzept ausgehend von verschiedenen Forschungsansätzen und Betrachtungsmodellen in seinem allgemeinen (sozialwissenschaftlichen) Verständnis dargestellt (Kap. 1.1 bis 1.3). Der Frage, welche Bedeutung das Lebensqualitätskonzept für die Rehabilitation, insbesondere die Gestaltung und Evaluation sozialer Dienstleistungen für Menschen mit Behinderung hat (bzw. haben kann), wird in Kap. 2 genauer nachgegangen.

1.1 Ansätze der Lebensqualitätsforschung

Als wissenschaftliches, forschungsrelevantes Konstrukt findet Lebensqualität in unterschiedlichen Disziplinen (Soziologie, Psychologie, Philosophie, Ökonomie, Medizin etc.) und in deren interdisziplinären Forschung Verwendung. Eine einheitliche Definition oder Theorie liegt nicht vor (vgl. Rupprecht 1993; Cummins 1995). So vielfältig das Verständnis dessen ist, was ein „gutes Leben" ausmacht, so unterschiedlich sind auch die entwickelten Ansätze zur konzeptuellen Präzisierung und Operationalisierung von Lebensqualität. Exemplarisch ausgewählte Definitionsversuche vermitteln einen ersten Eindruck von der Vielfalt an theoretischen Zugangswegen und Betrachtungsmodellen:

1. „Lebensqualität ist das Synonym für den Gebrauch all jener Errungenschaften, die uns eine funktionierende Wirtschaft bereithält für ein menschenwürdiges Leben in der Industriegesellschaft. Dazu gehören neben der materiellen Versorgung der Bevölkerung mit Gütern und Dienstleistungen ebenfalls mehr Gleichheit und Gerechtigkeit, Chancengleichheit in Ausbildung und Beruf, eine gerechte Einkommensverteilung, die Humanisierung der Arbeitswelt u.a.m." (Reinhold 1997, 400, zit. n. Noll 2000, 7).

2. „Quality of life refers to one's satisfaction with one's lot in life, an inner sense of contentment or fulfillment with one's experience in the world" (Taylor & Bogdan 1996, 16).

3. „Unter Lebensqualität verstehen wir [...] gute Lebensbedingungen, die mit einem positiven Wohlbefinden zusammengehen" (Zapf 1984, 23).

4. „Quality of Life is defined as an individual's perception of their position in life in the context of the culture and value systems in which they live and in relation to their goals, expectations, standards and concerns. It is a broad ranging concept affected in a complex way by the person's physical health, psychological state, level of independence, social relationships, and their relationship to salient features of their environment" (WHOQOL 1993, 1).

Bereits diese Auswahl an Definitionsversuchen macht die Vielschichtigkeit des Lebensqualitätskonzepts deutlich. Angrenzende Begriffe wie Lebenszufriedenheit, Glück, Wohlbefinden, Wohlfahrt oder Lebensstandard werden verschiedentlich synonym gebraucht, teilweise als integrale Bestandteile von Lebensqualität betrachtet (vgl. Rupprecht 1993; Mayring 1991). Anhand der beispielhaften Definitionsansätze lassen sich jedoch bereits einige Konturen und Bezugspunkte der Diskussion über das Lebensqualitätskonzept bestimmen, die zu einer begrifflichen Eingrenzung führen (vgl. Noll 2000, 7 f.):

- Lebensqualität wird in ihrer normativen Verwendung als eine Zielvorstellung beschrieben, die über materiellen Wohlstand und Lebensstandard hinausreicht, indem immaterielle Werte wie Chancengleichheit, Solidarität, Möglichkeiten der Selbstverwirklichung etc. mit einbezogen werden (vgl. Glatzer 2002).
- Lebensqualität als deskriptiver Begriff zielt zum einen auf objektive Zustände/ Lebensbedingungen, zum anderen auf subjektive Bedürfnislagen/ Befindlichkeiten (vgl. Zapf 1984, 337).
- Lebensqualität wird zum einen auf das Wohlbefinden und Wohlergehen von Individuen bezogen, zum anderen als kollektive Wohlfahrt bzw. Qualität von Gesellschaften angesehen (vgl. Veenhoven 1997).

Diese Aspekte bilden wesentliche Markierungen des Begriffsfeldes, in dem sich das Lebensqualitätskonzept als Zielbestimmung und wissenschaftliches Konstrukt bewegt. Um die sozialwissenschaftliche Bedeutung des Konzepts näher zu beleuchten, soll die Herkunft des Begriffs in seinem modernen Verständnis als Wohlfahrtskonzept und Grundlage empirischer Wohlfahrtsforschung nachgezeichnet werden, um anschließend Kernprinzipien und -dimensionen festmachen zu können.

Im sozialwissenschaftlichen Sinne ist Lebensqualität auf seine Verwendung als Zielbestimmung einer reformorientierten Gesellschaftspolitik zurückzuführen. Seine Bedeutung hängt eng mit der Wohlfahrtsforschung der 1960er und 70er

Jahre in westlichen Industrieländern zusammen (vgl. Glatzer 2002). Konzipiert als Gegenmodell zu bis dahin dominierenden eindimensionalen, ausschließlich ökonomischen Betrachtungsweisen von Wohlfahrt (im Sinne wirtschaftlichen Wachstumsdenkens) wurde der Begriff in der so genannten „Sozialindikatoren-bewegung" Synonym eines differenzierteren, mehrdimensionalen Konzeptes von Wohlfahrt (vgl. Noll 2003; Rapley 2003, 3 ff.). Zwei prinzipiell zu unterscheidende Traditionen haben die Entwicklung der Wohlfahrts- und Lebensqualitätsforschung wesentlich geprägt: der skandinavische „Level-of-Living-Approach" und die amerikanische „Quality-of-Life"-Forschung (vgl. Noll 2000, 8 ff.).

Im schwedischen „Level-of-Living-Approach" wird Wohlfahrt über ein Ressourcenkonzept definiert als „the individual's command over resources in the form of money, possessions, knowledge, mental and physical energy, social relations, security and so on, through which the individual can control and consciously direct his living conditions" (Erikson 1993, 72 f.). Ressourcen können somit vom Individuum gezielt eingesetzt werden, um die unmittelbaren Lebensverhältnisse den eigenen Bedürfnissen entsprechend zu gestalten. Lebensbedingungen, die außerhalb individueller Einflussnahme liegen (z.B. natürliche Umwelt, Infrastruktur), stellen Determinanten dar; der Wert individueller Ressourcen wird maßgeblich von sozialen Handlungskontexten (wie z.B. spezifische Konstellationen des Arbeits- oder Wohnungsmarkts) bestimmt (vgl. Noll 2000, 8 f.). Nach diesem Verständnis stecken externe Lebensbedingungen den Handlungsraum ab, in dem Grundbedürfnisse erfüllt werden können. Die Abfrage dieser beobachtbaren Lebensbedingungen über ein System sozialer Indikatoren erlaubt schließlich Aussagen über die Beschaffenheit dieses Raumes und hält dadurch Evaluationskriterien für gesellschaftliche Wohlfahrt bereit.

Die skandinavische Forschungstradition hatte wesentlichen Einfluss auf die Entwicklung des Sozialindikatoren-Programms der „Organisation für wirtschaftliche Zusammenarbeit und Entwicklung in Europa" (vgl. OECD 1976), in der Wohlbefinden als „Funktion der Realisierung eines Katalogs von Grundanliegen" (vgl. Zapf 1984, 19) angesehen wird. In beiden Ansätzen werden zentrale Bereiche bzw. Handlungsfelder der Bedürfnisbefriedigung benannt, die hohe Übereinstimmung aufweisen (vgl. Tabelle 1).

Tabelle 1: Hauptzielbereiche des „Swedish Level of Living Surveys" und des „OECD Social Indicator Programme" (vgl. Erikson 1993, 68; OECD 1976, 165 ff.)

Zielbereiche des „Swedish Level of Living Surveys"	Zielbereiche des „OECD Social Indicator Programme"
Gesundheit und Gesundheitsversorgung	Gesundheit
Beschäftigung und Arbeitsbedingungen	Arbeit und Qualität des Arbeitslebens
Ökonomische Ressourcen	Verfügung über Güter und Dienstleistungen
Bildung und Fähigkeiten	Persönlichkeitsentwicklung durch Lernen
Familie und soziale Integration	Soziale Möglichkeiten und Partizipation
Wohnbedingungen	Physische Umwelt
Sicherheit und Schutz des Eigentums	Persönliche Sicherheit und Rechtswesen
Erholung und Kultur	Zeitbudget und Freizeit
Politische Ressourcen	

Diese Zielbereiche können weiter differenziert und schließlich zu Indikatoren operationalisiert werden, die eine empirische Überprüfung erlauben, z.B.:

- Zielbereich: Wohnbedingungen; Indikatoren: Wohnform, Wohnausstattung, Anzahl Wohnräume/Person, Wohnungsgröße,
- Zielbereich: Beschäftigung und Arbeitsbedingungen; Indikatoren: Arbeitslosenquote, durchschnittliche Arbeitszeit, Arbeitsschutz/Sicherheit am Arbeitsplatz.

Die Leistung dieses objektiven Ansatzes liegt darin, Aussagen über durchschnittliche Lebensbedingungen in einer Gesellschaft bzw. Unterschiede bezüglich verschiedener Bevölkerungsgruppen treffen zu können. Erwünschte Ziele, Sollzustände und Standards bedürfen jedoch stets einer Legitimation, müssen in einem Prozess der Konsensfindung festgelegt und nach wissenschaftlichen, politischen bzw. ethisch-moralischen Kriterien bewertet werden: „In dieser unhintergehba-

ren Normativität liegen Grenzen einer ‚objektiven Form' von Sozialberichterstattung" (Beck 2001, 338). Zudem stellen Sozialindikatoren zwar Globalmaße für
die Erfassung des sozialen Wandels dar, lassen aber nicht zu, den Einfluss dieses
Wandels auf das subjektive Erleben der Menschen zu ermitteln.

Hierzu ist eine stärker individuumsbezogene Perspektive nötig, welche die
besondere Relevanz subjektiver Wahrnehmungs- und Bewertungsprozesse für
die Erfahrung von Lebensqualität hervorhebt. „People live in an objectively defined environment, but they perceive an subjectively defined environment, and it
is to this psychological ‚life space' that they respond" (Campbell, Converse &
Rodgers 1976, 13). Objektive Lebensbedingungen (Einkommen, Wohnverhält-
nisse, Arbeitsbedingungen, soziale Kontakte, Gesundheitsstatus etc.) werden
subjektiv unterschiedlich erfahren und hinsichtlich ihrer Bedeutung für die individuelle Lebensführung gewertet. In dieser subjektivistischen Position spiegeln
sich konstruktivistische Grundideen wider: Die Umwelt, so wie das Individuum
sie wahrnimmt, ist kein bloßes Abbild der Wirklichkeit, sondern eine konstruktive Aufbauleistung. Eine ‚objektive' – der Wahrnehmung vorausgehende – Welt
ist nicht denkbar, der Zugang zur „äußeren Wirklichkeit" immer subjektiv (vgl.
von Foerster 2002). Insofern ist Lebensqualität zwar nicht unabhängig von den
Bedingungen der Umwelt, es herrscht allerdings auch kein strenger Determinismus, da die Wahrnehmung von Lebensqualität ein individueller Bewertungsvor-
gang der Austauschprozesse mit der sozialen und materiellen Umgebung ist und
von persönlichen Erwartungen, Einstellungen und Erfahrungen abhängt (vgl.
Campbell, Converse & Rodgers 1976). Nach subjektivistischem Verständnis ist
also die Erhebung von Standards bzw. objektiven, externen Merkmalen (operationalisiert als soziale Indikatoren) nicht erschöpfend; vielmehr kommt der Beurteilung der Lebenssituation durch die Person selbst eine zentrale Bedeutung zu:
„The quality of life must be in the eye of the beholder" (Campbell 1972, 442).

Diese Betrachtungsweise von Lebensqualität findet ihren Ursprung in der
US-amerikanischen Quality-of-Life-Forschung (vgl. Campbell & Converse
1972; Campbell, Converse & Rodgers 1976; Andrews & Whitey 1976), welche
das subjektive Wohlbefinden (z.B. Zufriedenheit) der einzelnen Individuen als
zentralen Maßstab ansieht, mit dem die Entwicklung der Gesellschaft zu beurteilen ist. Im Zuge der gesellschaftlichen Entwicklung in Richtung einer „postmate-
rialistischen" Wertorientierung (vgl. Inglehart 1998) werden in zunehmendem
Maße vor allem immaterielle Komponenten als essenziell für die Herstellung
von Wohlfahrt angesehen, weshalb sich die Lebensqualitätsstudien dieser For-
schungsrichtung in den 1970er und 80er Jahren im Wesentlichen auf die subjektiv wahrgenommene Lebensqualität konzentrieren: „Our concern was with the

experience of life rather than with the conditions of life" (Campbell, Converse & Rodgers 1976, 7 f.).

Die amerikanische Quality-of-Life-Forschung hat die weitere internationale Lebensqualitätsforschung nachhaltig beeinflusst. So stellen hieran anknüpfende Lebensqualitätskonzepte den Versuch einer Synthese des objektiven und des subjektiven Ansatzes dar. Im Rahmen der „Comparative Scandinavian Welfare Study" entwickelte Allardt (1973) ein Betrachtungsmodell in Anknüpfung an den schwedischen „Level-of-Living"-Ansatz, kritisierte jedoch dessen Ressourcenkonzept als zu eng, da es sich im Kern auf materielle Bedingungen beschränkt. In seinem „basic needs approach" unterscheidet er zunächst die beobachtbare Wohlfahrt vom subjektiven Wohlbefinden und ordnet diesen jeweils drei Kategorien von Grundbedürfnissen zu, die er in Weiterführung der Maslowschen Bedürfnistheorie mit den Schlagworten „Having", „Loving" und „Being" umschreibt:

- *Having:* Sicherheits- und materielle Bedürfnisse (z.B. ökonomische Ressourcen, Wohnbedingungen, Beschäftigung, Arbeitsbedingungen, Gesundheit, Bildung, Umweltbedingungen),
- *Loving:* Zugehörigkeitsbedürfnisse (z.B. Familie, Freundschaftsbeziehungen, Nachbarschaftskontakte, Aktivitäten im Gemeindeleben, in Vereinen, Gruppen und Organisationen),
- *Being:* Bedürfnisse nach Persönlichkeitsentwicklung und Selbstverwirklichung (z.B. politische Ressourcen, Einfluss- und Entscheidungsmöglichkeiten, Möglichkeiten zu sinnvoller Arbeit, Freizeitbetätigung).

Tabelle 2:   Dimensionen und Indikatoren von Wohlfahrt der „Comparative Scandinavian Welfare Study" (Allardt 1993, 93)

	Objective indicators	*Subjective indicators*
Having (material and impersonal needs)	1. Objective measures of the level of living and environmental conditions	4. Subjective feelings of dissatisfaction/satisfaction with living conditions
Loving (social needs)	2. Objective measures of relationships to other people	5. Unhappiness/happiness – subjective feelings about social relations
Being (needs for personal growth)	3. Objective measures of people's relation to (a) society, and (b) nature	6. Subjective feelings of alienation/personal growth

Wohlfahrt wird über alle drei Bedürfniskategorien hinweg mittels objektiver und subjektiver Indikatoren operationalisiert (vgl. Tabelle 2).

In eine ähnliche Richtung zielt auch die Konzeption, die der deutschen Wohlfahrtsforschung zugrunde liegt (vgl. Glatzer & Zapf 1984): „Unter Lebensqualität verstehen wir [...] gute Lebensbedingungen, die mit einem positiven Wohlbefinden zusammengehen. In einer allgemeineren Definition ist die Lebensqualität von Individuen und Gruppen bestimmt durch die Konstellation (Niveau, Streuung, Korrelation) der einzelnen Lebensbedingungen und der Komponenten des subjektiven Wohlbefindens" (Zapf 1984, 23). Beim Abgleich objektiver Lebensbedingungen mit wahrgenommener Lebensqualität sind verschiedene Konstellationen möglich, da gleiche oder ähnliche Lebenslagen interindividuell verschieden bewertet werden können (vgl. Tabelle 3): Objektiv gute Lebensverhältnisse bedeuten nicht zwangsläufig hohe Zufriedenheit („Dissonanz" bzw. „Unzufriedenheitsdilemma"), schlechte Lebensverhältnisse sind nicht unmittelbar mit einer Beeinträchtigung des subjektiven Wohlbefindens verbunden („Adaptation" bzw. „Zufriedenheitsparadox"). Allerdings kommen die inkonsistenten Wohlfahrtskonstellationen in der Realität seltener vor als die konsistenten (vgl. Zapf 1984, 25; Glatzer 2002, 250).

Tabelle 3:   Wohlfahrtskonstellationen (Zapf 1984, 25)

objektive *Lebensbedingungen*	*subjektives Wohlbefinden*	
	gut	schlecht
gut	WELL-BEING	DISSONANZ
schlecht	ADAPTATION	DEPRIVATION

Die Sozialberichterstattung über ein System sozialer Indikatoren ist bis heute ein wichtiges Instrument, um Veränderungen der Lebensqualität und den sozialen Wandel in einer Gesellschaft (bzw. im internationalen Vergleich) abzubilden. In Europa führen nahezu alle Länder eine Form von regelmäßigem „social monitoring" durch. So wird in Deutschland alle zwei Jahre ein umfassender Datenreport des Statistischen Bundesamtes veröffentlicht (zuletzt Statistisches Bundesamt 2006a), der sich auf verschiedene kontinuierlich angelegte Erhebungsprogramme der empirischen Sozialforschung stützt, vor allem auf das Soziooekonomische Panel (SOEP), den Wohlfahrtssurvey und die Allgemeine Bevölkerungsumfrage der Sozialwissenschaften (ALLBUS). Zu den übernationalen Berichterstattungen zählen die „Eurobarometer"-Umfragen und der „European Social Survey" in den Ländern der Europäischen Union, „World Database of Happiness" in Rotterdam,

„World Development Report" der Weltbank und der „Human Development Report" des Entwicklungsprogramms der Vereinten Nationen (vgl. Noll 2003; Glatzer 2002, 254; Veenhoven 1997). Das bereits erwähnte OECD-Sozialindikatoren-Programm wurde Mitte der 1980er Jahre eingestellt, inzwischen jedoch wieder aufgenommen und unter dem Titel „Society at a glance" veröffentlicht (zuletzt OECD 2006).

Die hier dargestellten Konzeptualisierungen haben gemeinsam, dass sie „große", makrosozietär angelegte Forschungsansätze darstellen. Indem sie sich auf die Untersuchung objektiver Lebensbedingungen von Bevölkerungsgruppen oder Gesellschaften bzw. auf die makrostrukturelle Analyse zwischen Lebensbedingungen und subjektivem Wohlbefinden beziehen, richten sie ihren Blick vornehmlich auf die „Qualität der Gesellschaft", den sozialen Wandel und die gesellschaftliche Produktion von Wohlfahrt. Zwar ist auch hier der Trend zu einer stärkeren Fokussierung individueller Lebensvollzüge über die Einbeziehung von „Mikrodaten" (z.B. mittels Haushaltspanels oder Lebensverlaufsstudien) zu konstatieren (vgl. Noll 2003, 453); „Aufschlüsse über die individuelle Lebensqualität und die komplexen Wirkungszusammenhänge zwischen sozialen, psychischen und materiellen Faktoren erlauben aber erst meso- und mikrostrukturell angelegte Forschungskonzepte" (Beck 2001, 338). Diese knüpfen an den Ansätzen und empirischen Befunden der „großen" Lebensqualitätsforschung an, fokussieren aber stärker die individuelle Alltagsbewältigung und subjektive Lebenslage innerhalb sozialer Netzwerke und den Einfluss externer und interner Ressourcen auf das Wohlbefinden, insbesondere die Befriedigung „höherer Bedürfnisse" nach Zugehörigkeit und Persönlichkeitsentwicklung (vgl. Bellebaum & Barheier 1994; Beck 1998a, 367 ff.).

Insgesamt wird deutlich, dass sich im Verlauf der empirischen Lebensqualitätsforschung ein Verständnis von Lebensqualität durchgesetzt hat, welches durch Mehrdimensionalität (die Berücksichtigung verschiedener Lebensbereiche), Verbindung objektiver und subjektiver Komponenten (beobachtbare Lebensbedingungen und subjektives Wohlbefinden) sowie durch Einbezug individueller Ziele (vor allem immaterielle Bedürfnisse nach Zugehörigkeit und Selbstverwirklichung) und kollektiver Werte (z.B. Freiheit, Sicherheit, Solidarität, Verteilungsgerechtigkeit) bestimmt ist (vgl. Glatzer 1992). Empirische Erkenntnisse haben zu einer fortlaufenden Erweiterung und Präzisierung theoretischer Wohlfahrts- und Lebensqualitätskonzepte geführt. Die jeweiligen Konzeptualisierungen und Operationalisierungen sind jedoch auch vor dem Hintergrund aktueller gesellschaftlicher Entwicklungen und politischer Prioritätensetzungen zu betrachten, da Lebensqualität von Beginn ihrer Verwendung an zugleich die

Funktion eines wissenschaftlichen Konstrukts als auch einer politischen Kategorie inne hatte (vgl. Noll 2000, 3).

1.2 Kerndimensionen und konzeptuelle Prinzipien von Lebensqualität

Die aufgezeigten unterschiedlichen Zugangswege und Forschungsansätze verdeutlichen, dass eine abschließende Definition oder ein einheitliches Betrachtungsmodell von Lebensqualität nicht sinnvoll herzustellen ist: „Researcher have
argued that individuals' unique perceptions influence their conceptions of the
quality of their lives, confounding the establishment of a universally-accepted
conceptual model of quality of life" (Hughes & Hwang 1996, 51). Vielmehr ist
Lebensqualität als „sensitizing concept" zu betrachten, welches sich komplexen
individuellen und sozialen Prozessen zu nähern versucht (vgl. Taylor & Bogdan
1996, 20; Schalock 1996, 132; Schalock et al. 2002, 458; Kelle & Kluge 1999,
25 f.): „A sensitizing concept [...] gives the user a general sense of reference and
guidance in approaching empirical instances. Whereas definitive concepts pro-
vide prescriptions of what to see, sensitizing concepts merely suggest directions
along which to look" (Blumer 1954, 7). Das Lebensqualitätskonzept steckt ein
Arbeitsfeld ab, welches sich durch Komplexität, Mehrdimensionalität, Relativität
und Offenheit auszeichnet und in jeweiligen Betrachtungs- und Untersuchungszusammenhängen theoretisch und empirisch, normativ und lebensweltlich zu
begründen ist (vgl. Beck 2001, 359).

Dennoch sind in den letzten Jahren verstärkte Bemühungen der internatio-
nalen Lebensqualitätsforschung festzustellen, ausgehend von den verschiedenen
Forschungsansätzen und Operationalisierungsvorschlägen (vgl. Kap. 1.1) einen
Konsens zumindest über die wichtigsten Faktoren von Lebensqualität herzustellen. Aus rehabilitationswissenschaftlicher Perspektive sind hier besonders die
Arbeiten der „Special Interest Research Group on Quality of Life of the International Association for the Scientific Study of Intellectual Disabilities" (vgl.
Schalock et al. 2002) hervorzuheben: „Defining and conceptualizing quality of
life has been, and remains, a complex process that presents numerous technical
and philosophical problems. This state of affairs has prompted us to suggest that
we are better off not to define the term but rather to agree about the core domains
and indicators of a life of quality and a number of principles that define how
quality of life should be conceptualized" (Schalock & Verdugo 2002, 13f.). Der
Verzicht auf eine nominale Definition von Lebensqualität wird dadurch aus-
zugleichen versucht, dass wesentliche Dimensionen oder Gegenstandsbereiche

aufgeführt werden sowie konzeptuelle Prinzipien als handlungsleitende Grundregeln zur theoretischen und empirischen Erfassung von Lebensqualität.
    Auf der Basis vergleichender Analysen zahlreicher Forschungsarbeiten (vgl.
Schalock 1996, 126; Hughes et al. 1995; Hughes & Hwang 1996; Schalock &
Verdugo 2002, 15 ff.) lässt sich eine breite Übereinstimmung hinsichtlich fol-
gender Kerndimensionen von Lebensqualität ausmachen (vgl. Tabelle 4):

Tabelle 4:   Kerndimensionen und exemplarische Indikatoren von
                Lebensqualität (nach Schalock & Verdugo 2002, 18)

Kerndimensionen	Exemplarische Indikatoren
emotionales Wohlbefinden	Selbstkonzept, Selbstwertgefühl, Freiheit von subjektiver Belastung, Spiritualität
soziale Beziehungen	Intimbeziehungen, Freundschaften, Familie, soziale Unterstützung
materielles Wohlbefinden	persönlicher Besitz, Einkommen, finanzielle Lage, Verfügung über Güter und Dienstleistungen
persönliche Entwicklung	Lern- und Bildungsmöglichkeiten, Kompetenzen, alltägliche Aktivitäten
physisches Wohlbefinden	Gesundheitszustand, Ernährungszustand, Mobilität, Möglichkeiten der Erholung
Selbstbestimmung	Wahl- und Mitbestimmungsmöglichkeiten, persönliche Kontrolle, Selbstverantwortlichkeit, persönliche Ziele und Werte
soziale Inklusion	Übernahme sozialer Rollen, Zugang zu unterschiedlichen Lebensbereichen, Partizipation am Gemeindeleben
Rechte	Privatsphäre, würdevolle Behandlung, Nichtdiskriminie-rung, Mitsprache- und Mitwirkungsrechte

Diese acht zentralen Dimensionen beruhen sowohl auf theoretischen Erkenntnissen bezüglich notwendiger Komponenten von Lebensqualität, z.B. Identifizierung von elementaren Grundbedürfnissen, als auch auf empirischen Befunden,
z.B. umfangreiche Befragungen von Bevölkerungsgruppen über ihre lebensqua-
litätsrelevanten Grundanliegen (vgl. Flanagan 1978; Cummins 2002c, 262;
Rapley 2003, 45f.). Sie sind somit induktiv und deduktiv gewonnen (vgl. Beck
2002, 44; Petry, Maes & Vlaskamp 2005). In den Kerndimensionen vereinen
sich zentrale personenbezogene und ökologische Faktoren zur Konstitution von

Lebensqualität. Während z.B. Selbstbestimmung als Entscheidungsautonomie, Möglichkeiten der persönlichen Kontrolle und Eigenverantwortung eine primär individuelle Kategorie darstellt, bedeutet Inklusion die Ausübung üblicher Rollen in gesellschaftlich bestimmten Lebensbereichen (als Familienmitglied, Konsument, Arbeitnehmer, Nutzer von Medien etc.) und stellt dadurch komplementäre gesellschaftliche Aspekte der Lebensführung in den Mittelpunkt der Betrachtung. Gleichwohl stellt die Liste der Kerndimensionen und daraus abgeleiteten Indikatoren keine festgelegte und erschöpfende Aufzählung dar, die weitere Dimensionen und Indikatoren ausschließt (vgl. Glatzer 1992, 47). Je nach Untersuchungsinteresse können darüber hinausgehende Lebensqualitätsaspekte in den Blick genommen werden (vgl. z.B. die Domäne „Spiritualität" der WHOQOL 1995).

Die aufgeführten Dimensionen und Einzelfaktoren sind zunächst als gleichgewichtig und interdependent anzusehen (vgl. Schalock et al. 2002, 459; Felce & Perry 1996, 68): So haben materielle Lebensbedingungen Einfluss auf die Herstellung physischen Wohlbefindens, rechtliche Rahmenbedingungen wirken sich z.B. auf Institutionen des Bildungssystems aus, die externe Ressourcen zur Lebens- und Alltagsbewältigung darstellen. Dennoch zeigt sich theoretisch und empirisch die besondere Relevanz sozialer Beziehungen und Netzwerke für die individuelle Lebensqualität, da die Teilhabe an Interaktions- und Kommunikationsprozessen Voraussetzung zur Realisierung elementarer Bedürfnisse, zur Identitätsbildung und Persönlichkeitsentwicklung ist (vgl. Beck 1998a, 357 ff.). Dies bestätigt sich auch in Untersuchungen der Wohlbefindens- und Bewältigungsforschung: Art, Quantität und Intensität sozialer Beziehungen stellen im Allgemeinen die wichtigste Ressource zur Alltags-, Krisen- und Stressbewältigung dar (vgl. Beck 1998b; Finlay & Lyons 2001, 322). Bei Befragungen zur Bedeutsamkeit verschiedener Lebensbereiche für die individuelle Lebensqualität nehmen neben Gesundheit vor allem soziale Beziehungen (Familie, Ehe und Liebesbeziehungen) eine prominente Stellung ein (vgl. Statistisches Bundesamt 2002 und 2006a, 453 ff.; Rupprecht 1993, 63). Analog lässt sich eine stabile Zufriedenheitshierarchie festmachen mit den höchsten Zufriedenheitsniveaus in privaten Bereichen wie Partnerschaft/ Ehe und Familienleben (vgl. Glatzer 1984b, 194; Cummins 2002c, 262; Campbell, Converse & Rodgers 1976, 63).

Neben der breiten Übereinstimmung über Kerndimensionen von Lebensqualität sind nach Schalock et al. (2002, 460) zur weiteren Präzisierung des Konstrukts konsensbildende Prinzipien der Konzeptualisierung erkennbar, die für die Anwendung des Lebensqualitätskonzepts auf rehabilitationswissenschaftliche Fragen von grundlegender Bedeutung sind (vgl. Tabelle 5). Die Kernprinzipien verkörpern wesentliche Essenzen der bereits dargestellten Ansätze und Modelle von Lebensqualität (vgl. Rapley 2003, 53).

Tabelle 5:   Prinzipien der Konzeptualisierung von Lebensqualität (nach Schalock et al. 2002, 460)

Quality of life:
1. is composed of those same factors and relationships for people with intellectual disabilities that are important to those without disabilities
2. is experienced when a person's needs and wants are met and when one has the opportunity to pursue life enrichment in major life settings
3. has both subjective and objective components, but is primarily the perception of the individual that reflects the quality of life he/she experiences
4. is based on individual needs, choices, and control
5. is a multidimensional construct influenced by personal and environmental factors, such as intimate relationships, family life, friendships, work, neighbourhood, city or town of residence, housing, education, health, standard of living, and the state of one's nation

Zusammenfassend lässt sich vor diesem Hintergrund für die vorliegende Arbeit folgendes Arbeitskonzept formulieren: Lebensqualität begründet sich auf Austauschprozesse zwischen objektiven Lebensbedingungen und subjektiven Lebenslagen, umfasst sowohl Bedürfnisse und Wünsche als auch Einstellungen, Erwartungen und Ressourcen. Lebensqualität ist insofern ein mehrdimensionales Konstrukt, als es personenbezogen sowohl physische, psychische als auch soziale Aspekte einschließt sowie umweltbezogen auf die Berücksichtigung verschiedener Lebensbereiche (Arbeit, Freizeit, kulturelles Leben, Partnerschaft etc.) als gesellschaftlich bestimmte Erlebens- und Handlungsfelder abhebt (vgl. Dworschak 2004, 48 ff.).

1.3 Subjektives Wohlbefinden

Wenn im Lebensqualitätskonzept der subjektiven Perspektive auf die Lebenssituation eine zentrale Bedeutung zukommt, ist die Frage der begrifflichen Fassung und Konzeptualisierung subjektiver Indikatoren von besonderem Belang. In der Fachliteratur werden im Kontext der Begriffsfelder um „subjektive Lebensqualität" oder „subjektives Wohlbefinden" als zu differenzierende Komponenten

vor allem „(Lebens-)Zufriedenheit" und „Glück" genannt, vielerorts aber auch
synonym verwendet. Insbesondere im angelsächsischen Sprachraum wird häufig
nicht klar zwischen Zufriedenheit („satisfaction") und Glück („happiness") unterschieden oder es erfolgt sogar eine Gleichsetzung dieser Begriffe mit subjektivem Wohlbefinden („subjective well-being") oder gar Lebensqualität („quality
of life"): „Das Chaos der Definitionen von Variablen subjektiven Wohlbefindens
ist groß" (Mayring 1991, 51; vgl. Fahrenberg et al. 2000, 5).

   Im Folgenden wird zunächst „subjektives Wohlbefinden" begrifflich bestimmt, um anschließend „Zufriedenheit" als zentrale Komponente subjektiven
Wohlbefindens näher in den Blick nehmen zu können. In die Darstellung fließen
empirische Erkenntnisse der Lebensqualitätsforschung ein, die zu einer Präzisierung der theoretischen Konzepte und Erklärungsmodelle zur Genese von Wohlbefinden (insbesondere Zufriedenheit) geführt haben.

Komponenten subjektiven Wohlbefindens

Eine Strukturierung subjektiven Wohlbefindens wird in dem bereits oben skizzierten Ansatz der deutschen Wohlfahrtsforschung nach Glatzer & Zapf (1984)
vorgenommen (vgl. Kap. 1.1): Hier wird „subjektives Wohlbefinden" als Oberbegriff für die subjektive Dimension von Lebensqualität verwendet, während die
beobachtbaren Lebensbedingungen objektive Lebensqualitätsmerkmale darstellen: „Unter subjektivem Wohlbefinden verstehen wir die von den Betroffenen
selbst abgegebenen Einschätzungen über spezifische Lebensbedingungen und
über das Leben im allgemeinen" (Zapf 1984, 23). Neben Bewertungen der Zufriedenheit und des Glücks werden darunter auch Besorgnis-, Anomie- und Entfremdungssymptome, Hoffnungen, Ängste und Erwartungen subsumiert. Diesbezüglich lassen sich nach Glatzer (1984; 2002) drei wesentliche Dimensionen
subjektiven Wohlbefindens ausmachen, die sich auch empirisch als eigenständige Faktoren zeigen (vgl. Abbildung 1):

- *positive Dimension des Wohlbefindens:* Zufriedenheit (als kognitive Bewertung der Lebenssituation), Glück (als affektives Wohlbefinden, welches aus
  dem Verhältnis positiver und negativer Erfahrungen resultiert),

- *negative Dimension des Wohlbefindens:* Besorgnis- und Belastungssymptome (Erschöpfung, hohe Beanspruchung, Angst, Nervosität, Niederge-
  schlagenheit), Anomie- und Entfremdungssymptome (Gefühle der Isolation,
  Ohnmacht, Sinnlosigkeit),

- *Dimension der Zukunftserwartungen:* Hoffnungen und Befürchtungen in Bezug auf die persönliche zukünftige Entwicklung.

Abbildung 1: Stellung und Dimensionen subjektiven Wohlbefindens in der Konzeption der deutschen Wohlfahrtsforschung (vgl. Glatzer & Zapf 1984; Glatzer 2002)

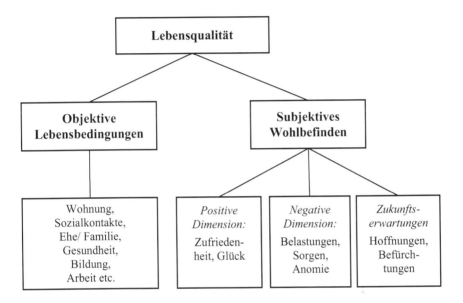

Innerhalb des Modells lässt sich auf der einen Seite ein positiver Zusammenhang zwischen Lebenszufriedenheit und Glück feststellen (vgl. Glatzer 1984a, 186; Campbell, Converse & Rodgers 1976, 34). Auf der anderen Seite stehen Lebenszufriedenheit und Besorgnissymptome in einem negativen Zusammenhang: Je mehr eine Person mit Sorgen belastet ist, desto geringer ist ihre Lebenszufriedenheit. „Dabei ist es nicht so, dass eine hohe Lebenszufriedenheit die Besorgnissymptome völlig ausschließt. Offensichtlich sind viele Individuen in der Lage, eine hohe Lebenszufriedenheit mit starken Besorgnissymptomen zu vereinbaren (Anpassung, Vergleichsprozesse)" (Glatzer 2002, 252).

Eine ähnliche wie die in der Wohlfahrtsforschung vorgenommene Systematisierung lässt sich auf der Grundlage empirischer Ergebnisse der psychologischen Wohlbefindensforschung herstellen. Nach Mayring (1991) weisen Untersuchungen zum subjektiven Wohlbefinden übereinstimmend darauf hin, dass zu unterscheiden ist „zwischen

- einer negativen (Freiheit von subjektiver Belastung) und einer positiven (Freude, Glück) Komponente und
- einer kognitiven (Zufriedenheit) und affektiven (Gefühl des Wohlbefindens) Komponente" (Mayring 1991, 51; vgl. auch Diener 1984; Argyle 1996; Arthaud-Day et al. 2005).

Der Wohlbefindensfaktor *„Freude"* beschreibt dabei kurzfristige, situationsspezifische und vorübergehende positive Affekte (aktuelles Wohlbefinden), während *„Glück"* die Eigenschaft sowohl einer „state"-Komponente (aktuelles, intensives und berauschendes emotionales Glückserleben, welches die gesamte Persönlichkeit umfasst) als auch einer „trait"-Komponente (langfristig im Lebenslauf entwickeltes Lebensglück) besitzen kann. Dies trifft auch auf den Faktor *„Freiheit von subjektiver Belastung"* zu, der auf negative Befindensmerkmale zielt (aktuell oder habituell).

„Zufriedenheit" wird in Abgrenzung zu affektiven Indikatoren als Ergebnis eines kognitiven Vergleichs- und Bewertungsprozesses verstanden (vgl. Filipp & Ferring 1992, 97 f.; Schwetje 1999, 38 f.). Der Vergleich zwischen den individuellen Erwartungen an die Lebensbedingungen (Soll-Zustand) und den wahrgenommenen Merkmalen der Lebensbedingungen (Ist-Zustand) kann sich dabei z. B. auf das Abwägen von positiven und negativen Erfahrungen, auf gesetzte und erreichte Lebensziele oder die eigene Lebenslage in Bezug zur Situation anderer Personen beziehen (vgl. Mayring 1991, 52). Entspricht der Ist-Zustand (genauer: die Wahrnehmung des Ist-Zustands) dem vom Individuum zugrunde gelegten Vergleichsstandard, so wird von Konfirmation (Bestätigung) gesprochen, woraus Zufriedenheit erwächst. Übertrifft der Ist- den Sollwert (positive Diskonfirmation), resultiert daraus ebenfalls Zufriedenheit. Bei negativer Diskonfirmation (ein zum Vergleichsmaßstab zu geringer Ist-Zustand) entsteht hingegen Unzufriedenheit (vgl. Schwetje 1999, 38 f.).

Die Zuordnung der einzelnen Komponenten zum aktuellen und habituellen Wohlbefinden lässt sich in folgendem Vier-Faktoren-Modell veranschaulichen (vgl. Abbildung 2).

Insgesamt legen diese beiden Strukturierungsansätze nahe, das Konzept „subjektives Wohlbefinden" als Oberbegriff für die subjektive Dimension von Lebensqualität zu verwenden, worunter die konkretisierenden Komponenten „Zufriedenheit", „Glück", „Belastungsfreiheit" usw. zu subsumieren sind. Im

Rahmen der vorliegenden Arbeit werden die Begriffe „subjektives Wohlbefinden" und „subjektive Lebensqualität" synonym gebraucht.

Abbildung 2:   Vier-Faktoren-Modell subjektiven Wohlbefindens (vgl. Mayring
                  1991, 53)

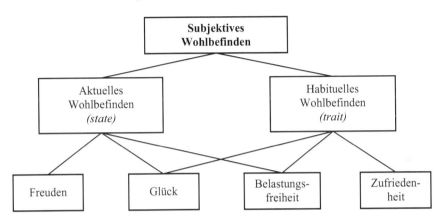

Zufriedenheit

Innerhalb der Lebensqualitätsforschung nimmt das Konstrukt „Zufriedenheit" als
subjektiver Indikator von Lebensqualität eine prominente Stellung ein: „Lebenszufriedenheit wird als zentraler Begriff im Rahmen des Konzeptes des subjektiven Wohlbefindens verwendet" (Glatzer 2002, 250). Dies ist zum einen aus sub-
jektivistischer Sicht (vgl. Kap. 1.1) darauf zurückzuführen, dass im Zufriedenheitsurteil gleich in mehrfacher Hinsicht subjektive Prozesse zum Tragen kommen: die individuelle Wahrnehmung der zu bewertenden externen Ressourcen,
die Konzentration auf subjektiv relevante Attribute der Lebensbedingungen sowie der Abgleich der wahrgenommenen Attribute mit dem internen Vergleichsmaßstab, welcher Erwartungen, Ideale, Ansprüche, Ziele, Werte und Erfah-
rungsnormen umfassen kann. Nichtsdestotrotz ist davon auszugehen, dass auch
objektive Indikatoren diese Vergleichsprozesse beeinflussen – nicht nur durch
die Beschaffenheit der zu bewertenden externen Ressourcen, sondern auch dadurch, dass der Vergleichsmaßstab sowohl von psychischen Faktoren (z.B.
Selbstkonzept, Pessimismus/Optimismus) als auch von sozialstrukturellen und

demografischen Merkmalen (z.B. Beruf, Alter, Geschlecht) bestimmt wird (vgl. Beck 1994, 245).

Nach Campbell, Converse & Rodgers (1976, 13 ff.) wird die Zufriedenheit mit den Lebensbedingungen insgesamt („general life satisfaction") von der Zufriedenheit mit einzelnen Lebensbereichen („domain satisfaction"), dem internen Vergleichsmaßstab und persönlichen Charakteristika beeinflusst. Die allgemeine Lebenszufriedenheit ist also keine direkte Folge der Zufriedenheit mit den einzelnen Lebensbereichen (vgl. Abbildung 3).

Abbildung 3:   Modell zum Zusammenhang zwischen Lebensbedingungen, bereichsspezifischer Zufriedenheit und allgemeiner Lebenszufriedenheit (modifiziert nach Campbell, Converse & Rodgers 1976, 16)

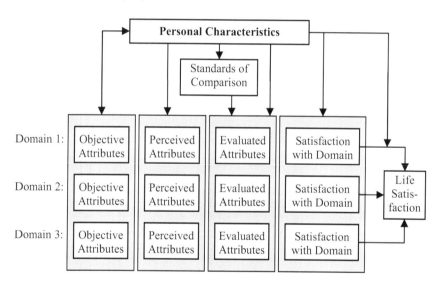

In Widerspruch zu dieser „bottom-up"-Theorie kann Lebenszufriedenheit aber auch als grundlegende Disposition angesehen werden, welche die bereichsspezifischen Zufriedenheiten beeinflusst. Für die Bestätigung dieses „top-down"-Modells lassen sich ebenfalls empirische Hinweise finden: „These findings suggest that satisfaction with the domains may result from rather than cause global life satisfaction" (Diener 1984, 565). Insgesamt weist der Forschungsstand darauf hin, dass von einer Wechselbeziehung auszugehen ist bzw. von einem Nebeneinander beider Richtungen im Prozess der Genese allgemeiner Lebenszu-friedenheit.

Die besondere Relevanz von Zufriedenheit innerhalb der Lebensqualitäts-forschung lässt sich aber nicht nur auf die Interaktion zwischen subjektiven und objektiven Faktoren zurückführen, sondern auch auf forschungspraktische Vor-teile. Zufriedenheitsangaben können sich auf ganz unterschiedliche Sachverhalte beziehen sowie auf verschiedene Abstraktionsniveaus: auf die Lebensführung insgesamt und das subjektive Wohlbefinden im Allgemeinen (Lebenszufrieden-heit), auf einzelne Lebensbereiche (bereichsspezifische Zufriedenheit wie die Zufriedenheit mit der Arbeit etc.) oder auf spezifische Merkmale individueller Lebensbedingungen innerhalb eines Lebensbereichs (z.B. Zufriedenheit mit dem Arbeitsspektrum, der Entlohnung, der Beziehung zu Kollegen und Vorgesetzten etc.). „Dies sind sehr unterschiedliche Dimensionen subjektiven Wohlbefindens, und eine herausragende Eigenschaft des Zufriedenheitskonzeptes ist, dass Indi-viduen keine Probleme haben, solche grundverschiedenen Sachverhalte mit dem Prädikat ‚zufrieden' oder ‚unzufrieden' zu bewerten. Zufriedenheitsurteile sind, wie keine andere Bewertung, nahezu generell anwendbar" (Glatzer 2002, 250).

Formen von Zufriedenheit

Zur Erklärung der Genese von Zufriedenheit wird im Rahmen der Zufrieden-heitsforschung (z.B. in Studien zur Arbeits- und Kundenzufriedenheit) insbeson-dere das Verhältnis zwischen Ist- und Soll-Wert im Prozess der Zufriedenheits-bildung sowie dessen Dynamik diskutiert (vgl. Schwetje 1999, 39 ff.; Filipp & Ferring 1992, 98). Bruggemann, Groskurth & Ulich (1975, 132 ff.) gehen davon aus, dass die aus dem Ist-Soll-Vergleich resultierenden Kongruenzen oder Dis-krepanzen regulierenden Prozessen des Individuums unterliegen. So hat eine Person theoretisch verschiedene Möglichkeiten, um die eigene Zufriedenheit aufrechtzuerhalten oder sogar zu steigern: entweder durch die Verbesserung des zu bewertenden Sachverhalts (was einer Steigerung der objektiven Lebensquali-tät gleichkommt) oder durch die Modifikation des eigenen Bewertungsmaßstabs. Dabei ist davon auszugehen, dass auf letztere Option insbesondere in den Situa-tionen zurückgegriffen wird, in denen eine Veränderung der Lebensbedingungen nicht zu verwirklichen ist oder zumindest subjektiv als nicht realisierbar er-scheint: Die Erwartungen an ein „gutes Leben" werden reduziert oder das An-spruchsniveau an die Erfahrungen zeitlich vorangegangener Zufriedenheitsbeur-teilungen angepasst.

Diese möglichen Verarbeitungs- und Adaptationsprozesse des Individuums führen folglich auch zu qualitativ unterschiedlichen Formen von Zufriedenheit bzw.
Unzufriedenheit (vgl. Abbildung 4).

Abbildung 4:   Formen von Zufriedenheit (Bruggemann, Groskurth & Ulich
                   1975, 134 f.)

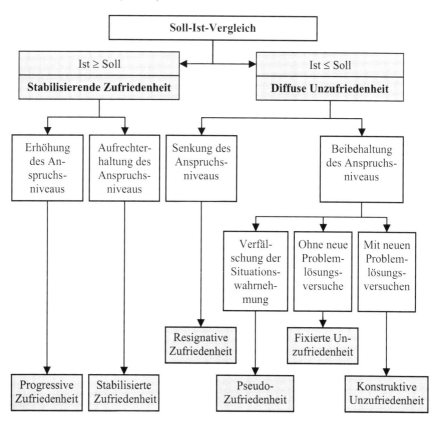

Das Modell von Bruggemann, Groskurth & Ulich (1975) fokussiert drei zentrale,
aufeinander folgende Prozesse der Zufriedenheitsbildung:

1.   Bestätigung bzw. Nicht-Bestätigung der Erwartungen im Ist-Soll-Vergleich,
2.   Erhöhung, Aufrechterhaltung oder Senkung des Anspruchsniveaus als Folge
     von Bestätigung oder Nicht-Bestätigung,

3. Problemlösung, -fixierung oder -verdrängung im Falle von Nicht-Bestäti-
    gung (vgl. Bruggemann, Groskurth & Ulich 1975, 132 ff.; Baumgartner &
    Udris 2006, 113).

So wird bei positivem Ist-Soll-Vergleich und einer Erhöhung des Anspruchsniveaus von *progressiver Zufriedenheit* gesprochen, die mit dem Wunsch und der
Erwartung einhergeht, in Zukunft weitergehende, neue Ziele zu erreichen. Bleiben die Ansprüche konstant, ist eine *stabilisierte Zufriedenheit* die Folge. Fällt
hingegen der Ist-Soll-Vergleich negativ aus und wird daraufhin das Anspruchsniveau als Folge eines Abwehrmechanismus auf das Niveau des Ist-Werts ge-
senkt (bewusst oder unterbewusst), entsteht *resignative Zufriedenheit*. Wird am
Anspruchsniveau festgehalten, können entweder die Situationswahrnehmung
verfälscht (*Pseudo-Zufriedenheit*), kein Versuch der Problemlösung oder Verbesserung der Lebenssituation unternommen (*fixierte Unzufriedenheit*) oder neue
Bemühungen eingeleitet werden, um eine Erhöhung des Ist-Werts auf das Soll-
Niveau einzuleiten (*konstruktive Unzufriedenheit*) (vgl. Bruggemann, Groskurth
& Ulich 1975, 132 ff.; Baumgartner & Udris 2006, 113; Schwetje 1999, 42 ff.).
    Diese Zufriedenheitsformen sind von Bruggemann im Kontext von Arbeits-
zufriedenheit eingeführt worden, besitzen aber generelle Aussagekraft (vgl.
Kniel & Windisch 2002, 68 f.; Baumgartner & Udris 2006; Büssing et al. 2006;
Schwetje 1999, 41 ff.). Fünf der sechs Zufriedenheitsformen sind operationalisiert und in Befragungsstudien empirisch bestätigt worden, lediglich die Pseudo-
Zufriedenheit erweist sich als schwer operationalisierbar, da davon auszugehen
ist, dass die Verfälschung der Situationswahrnehmung (Problemverdrängung)
den Betroffenen selbst nicht bewusst ist (vgl. Baumgartner & Udris 2006, 113).
    Eine Erweiterung um den Parameter „Wahrgenommene Kontrollierbarkeit
der Situation" erfährt das Modell durch Büssing et al. (2006). Nach diesem er-
weiterten Ansatz erleben „Resignativ-Zufriedene" und „Fixiert-Unzufriedene"
die zu bewertende Situation (evtl. aufgrund vorangegangener Erfahrungen) als
nicht beeinflussbar und als unabhängig vom eigenen Verhalten und Bemühen.
Dies hat zur verhaltensbezogenen Konsequenz, das Anspruchsniveau zu senken
(resignativ zufrieden) bzw. weitere Veränderungsversuche zu unterlassen (fixiert
unzufrieden). Demgegenüber reagieren Konstruktiv-Unzufriedene nach Nicht-
Bestätigung der Erwartungen mit aktiven Problemlösungsversuchen, da sie ihre
Situation als beeinflussbar und kontrollierbar wahrnehmen (vgl. Büssing et al.
2006, 137 f.).
    Insgesamt verdeutlicht das Modell von Bruggemann in Bezug auf die Erklä-
rung von Zufriedenheitsbeurteilungen, dass die Genese von (Un-)Zufriedenheit
ein komplexer Prozess ist, bei dem eine Reihe von Einflussgrößen Wirkkraft

entfalten. Zudem können qualitativ verschiedene Zufriedenheitsformen unterschiedliches Verhalten zur Folge haben (vgl. Büssing et al. 2006, 140; Schwetje
1999, 44 f.).

Homöostase subjektiven Wohlbefindens

In eine ähnliche Richtung wie die im obigen Modell fokussierten Anpassungsprozesse zielt die Theorie der „Homöostase subjektiven Wohlbefindens" des
australischen Lebensqualitätsforschers Robert A. Cummins. Ausgangsbasis bilden zahlreiche Studien zur subjektiv wahrgenommenen Lebensqualität, die übereinstimmend belegen, dass Fragen zur generellen Zufriedenheit zu hohen Zufriedenheitswerten führen: „It is normal for people to feel good about themselves"
(Cummins, Lau & Davern 2007). Dies lässt sich z. B. anhand der Umfragedaten
des Sozio-oekonomischen Panels (SOEP) aus dem Jahre 2005 aufzeigen. In dieser jährlich stattfindenden, umfangreich angelegten Bevölkerungsumfrage werden u. a. verschiedene Zufriedenheitsfragen gestellt, darunter auch die allgemeine
Lebenszufriedenheitsfrage „Wie zufrieden sind Sie gegenwärtig, alles in allem,
mit Ihrem Leben?". Zur Beantwortung wird eine Skala von 0 („ganz und gar unzufrieden") bis 10 („ganz und gar zufrieden") benutzt. Abbildung 5 veranschaulicht die Antworthäufigkeiten auf die Frage nach der Lebenszufriedenheit.

Abbildung 5:   Antworthäufigkeiten auf die allgemeine Lebenszufriedenheitsfrage (Angaben in %) (n=21.040) (vgl. SOEP-Monitor 2006,
113)

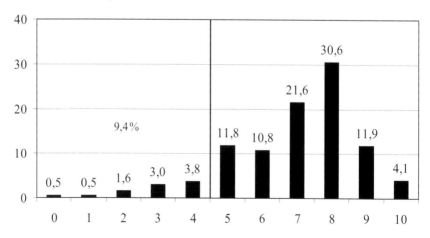

Die meisten Befragten verorten ihre Zufriedenheit im oberen Skalenbereich von 5 bis 10; lediglich bei insgesamt 9,4% der Befragten liegt der Zufriedenheitswert unterhalb der Skalenmitte in dem Wertebereich, der Unzufriedenheit ausdrückt (vgl. SOEP-Monitor 2006, 113).

Erstaunlich ist, dass sich die Zufriedenheitsverteilung auf Populationsebene in der Längsschnittuntersuchung als relativ zeitstabil herausstellt: So schwankt der Durchschnittswert für die allgemeine Lebenszufriedenheit erwachsener Befragungspersonen in Westdeutschland in einer Zeitreihe von 1984 bis 2005 lediglich zwischen 6,8 und 7,4 Skalenpunkten; auch die Randverteilungen bleiben dabei relativ konstant (vgl. SOEP-Monitor 2006; Glatzer 2002, 251).

Allerdings lassen sich trotz insgesamt konstanter Werte auch leichte Unterschiede festmachen, dies betrifft z.B. die Zufriedenheitsurteile von Bundesbürgern in Ost- und Westdeutschland (vgl. Abbildung 6).

In der Längsschnittbetrachtung ist in Ostdeutschland zunächst die Lebenszufriedenheit nach der deutschen Vereinigung merklich zurückgegangen, im Laufe der 1990er Jahre jedoch wieder angestiegen. Die Ende der 1990er Jahre tendenzielle Annäherung der Zufriedenheit in beiden Landesteilen ist zumindest zu einem Teil durch einen Rückgang der Zufriedenheit in den alten Bundesländern getragen. Seitdem scheinen sich die bestehenden Unterschiede jedoch eher verfestigt zu haben (vgl. Statistisches Bundesamt 2006a, 448). Trotz seiner Stabilität erscheint das globale Zufriedenheitsmaß dennoch sensitiv bezüglich verschiedener demografischer Gruppierungen sowie gegenüber sich verändernden Lebensbedingungen zu sein.

Abbildung 6:   Entwicklung der allgemeinen Lebenszufriedenheit in Ost- und Westdeutschland von 1990-2005 (vgl. SOEP-Monitor 2006)

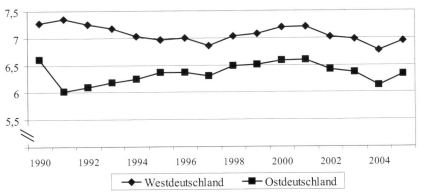

Ähnlich überzeugende Belege für die hohe Stabilität von globalen Zufriedenheitsurteilen hat Cummins (1995) in einer Meta-Analyse diverser Lebenszufrie-
denheitsstudien zusammengetragen. In dieser Analyse wurden Daten aus 16 Bevölkerungsumfragen ausgewertet, die in unterschiedlichen westlichen Nationen
zu verschiedenen Zeitpunkten (von 1970-1990) und mit unterschiedlichen Mess-
instrumenten (verschiedene Frageformulierungen und Ratingskalen) durchgeführt worden sind. Als Ergebnis zeigt sich, dass über alle aggregierten populati-
onsbezogenen Mittelwerte hinweg der durchschnittliche Zufriedenheitswert bei
75 % des Skalenmaximums liegt mit einer Standardabweichung von lediglich 2,5
Prozentpunkten. Mit anderen Worten: Will man die durchschnittliche Lebenszufriedenheit bezogen auf eine westliche Population mit einer 95%igen Wahrscheinlichkeit prognostizieren, kann ein Wert im Normbereich von 70 bis 80%
des Skalenmaximums (zwei Standardabweichungen um den Mittelwert herum)
angenommen werden. Den Zufriedenheitswert von 75% des Skalenmaximums
bezeichnet Cummins (1995, 179) entsprechend als „gold standard for subjective
well-being".

Zur Interpretation dieses „gold standards" müssen jedoch zwei Anmerkungen gemacht werden: Zum einen wurde der Normbereich auf der Grundlage von
Durchschnittswerten großer Bevölkerungsgruppen kalkuliert, nicht auf der Basis
von Individualdaten. Legt man letztere zugrunde, ist im Allgemeinen eine größere Streuung der Zufriedenheitswerte – wenngleich ebenfalls im oberen Wertebereich (zwischen 50 und 100% des Skalenmaximums) – feststellbar (vgl. Cummins, Lau & Davern 2007, 6). Zum anderen bezieht sich die obige Analyse ausschließlich auf Populationen aus westlichen Industrienationen. Schließt man
auch nicht-westliche Nationen (z.B. Entwicklungsländer) in die Betrachtung ein,
ist davon auszugehen, dass sich aufgrund größerer Unterschiede hinsichtlich der
wirtschaftlichen Bedingungen, des Lebensstandards, sozio-kultureller Bedingungen etc. in diesen Ländern auch insgesamt eine höhere Varianz der subjektiven
Lebenszufriedenheit zeigt (vgl. Cummins 1998).

Abbildung 7 veranschaulicht die Beziehung zwischen subjektivem Wohlbefinden und der Wirtschaftskraft von 65 Nationen (vgl. Inglehart & Klingemann
2000). Das subjektive Wohlbefinden wurde hier mit Hilfe einer vierstufigen Skala gemessen: „very satisfied/happy", „quite satisfied/happy", „not very satis-
fied/happy", „not at all satisfied/happy". Die Abbildung gibt auf der y-Achse den
Anteil der „(sehr) zufriedenen" bzw. „(sehr) glücklichen" Personen wieder; als
Indikator für die Wirtschaftskraft eines Landes (x-Achse) wurde das Bruttosozialprodukt pro Einwohner (Datenbasis der Weltbank) hinzugezogen.

Abbildung 7:   Beziehung zwischen subjektivem Wohlbefinden und Wirtschaftskraft im internationalen Vergleich (vgl. Inglehart & Klingemann 2000, 168 ff.)

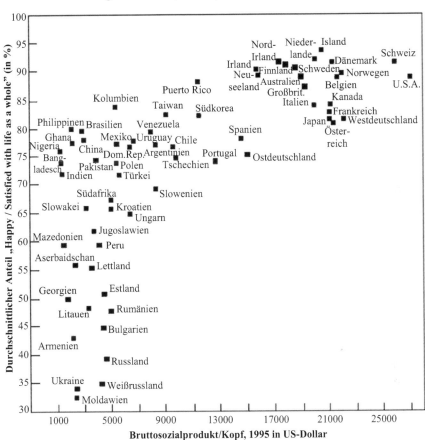

In der Abbildung wird ersichtlich, dass die durchschnittliche Lebenszufriedenheit einer Bevölkerung unter dem Einfluss wirtschaftlicher Lebensbedingungen eines Landes steht. Allerdings erklärt dieser Zusammenhang nicht sämtliche Zufriedenheitsdifferenzen und verläuft keineswegs linear. So differieren insbesondere Nationen mit niedrigem Bruttosozialprodukt (unterhalb von 5.000 Dollar) erheblich hinsichtlich ihres jeweiligen Anteils an zufriedenen Einwohner/innen (vgl. z.B. Moldawien vs. Philippinen); hier scheinen andere Einflussgrößen eine stärkere Rolle zu spielen als die wirtschaftlichen Bedingungen. Auffällig ist zudem, dass ab einer bestimmten Schwelle (ca. 13.000 Dollar) wiederum kein signifikanter Zusammenhang mehr zwischen wirtschaftlicher Entwicklung und subjektivem Wohlbefinden festzustellen ist (vgl. Inglehart & Klingemann 2000, 170 f.; Cummins, Lau & Davern 2007, 4 ff.; Diener 1984).

Anhand des Verhältnisses zwischen wirtschaftlicher Entwicklung und subjektivem Wohlbefinden wird deutlich, dass objektive Lebensbedingungen zwar das subjektive Wohlbefinden beeinflussen können, dass aber kein Determinismus besteht. Im Allgemeinen sind Zusammenhänge zwischen objektiven und subjektiven Faktoren empirisch weniger konsistent und geringer als erwartet. Cummins (2001) erklärt dieses Phänomen mit der Theorie der Homöostase, wonach Menschen ein internes Management subjektiven Wohlbefindens betreiben: „In order to understand how the objective world of tangible quantities influences the private world of perceived life quality, a theory of ‚subjective wellbeing homeostasis' has been proposed. This posits that, in a manner analogous to the homeostatic maintenance of blood pressure or temperature, SWB is actively controlled and mantained by a set of psychological devices […] that function under the control of core affect" (Cummins 2005a, 336).

Abbildung 8:   Modell des Homöostase-Mechanismus (vgl. Cummins 2005a, 342)

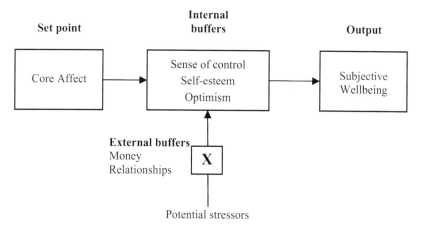

Unter dem Konstrukt „core affect" (Kernaffekt) wird ein unreflektiertes, nicht objekt-bezogenes Grundgefühl verstanden: „Core affect is a neurophysiological state that can be consciously accessed and is a blend of hedonic (pleasant-unpleasant) and arousal values (activation-deactivation)" (Davern 2004, 200). Der Kernaffekt ist allgegenwärtig, primitiv und universal und stellt eine Disposition des Menschen dar – die Abwesenheit herausfordernder Lebenssituationen vorausgesetzt –, ein positives Grundgefühl und Selbstbild zu haben, das den individuellen, genetisch programmierten Sollwert („set point") für das subjektive Wohlbefinden bestimmt (vgl. Abbildung 8; Cummins 2005a, 336 ff.).

Gemäß der Homöostase-Theorie stehen objektive Lebensbedingungen und subjektives Wohlbefinden in einem fortwährenden Spannungsverhältnis zueinander: „The set-point range of wellbeing is under constant threat" (Cummins 2005a, 337). Im Austauschverhältnis zwischen Individuum und Umwelt spielen die verfügbaren und wahrgenommenen Ressourcen eines Individuums eine bedeutende Rolle (vgl. Abbildung 8). Sie moderieren die Bewältigung von Anforderungen und Aufgaben bzw. schützen vor Überforderung im Sinne einer „Puffer-Funktion" (vgl. auch Antonovsky 1997; Bengel, Strittmatter & Willmann 2002). Bei widrigen Lebensbedingungen, die das subjektive Wohlbefinden potenziell gefährden, existieren nach Cummins (2005a, 337 ff.) im Wesentlichen zwei verschiedene Abwehrmechanismen: negative Erfahrungen mit Hilfe von externen Ressourcen („external buffers") zu vermeiden oder zumindest abzuschwächen (z.B. mit Hilfe des sozialen Netzwerks, materieller und finanzieller Ressourcen) bzw. das positive Grundgefühl und Selbstbild mit Hilfe interner Ressourcen („internal buffers") zu erhalten und vor negativer Einflussnahme zu schützen (z.B. Selbstwertgefühl, Optimismus, Kontrollüberzeugung, Kohärenzsinn, Bewältigungsstrategien).

Abbildung 9 veranschaulicht schematisch, wie das subjektive Wohlbefinden vom Homöostase-Mechanismus kontrolliert wird (die Buchstaben a bis c beziehen sich auf die Abbildung):

a. Stellen die Lebensbedingungen für eine Person keinerlei Bedrohung dar, liegt das subjektive Wohlbefinden im Normbereich (bei ca. 75 % des Skalenmaximums). Erlebt sie widrige Lebensumstände, aber auch Ressourcen der Bewältigung, variiert das Wohlbefinden dynamisch innerhalb des „set-point range" (70 bis 80 % des Maximums).

b. Werden diejenigen Merkmale der Lebensbedingungen, die das Wohlbefinden bedrohen, intensiver, entfaltet der homöostatische Abwehrmechanismus seine Wirkung, um das subjektive Wohlbefinden davor zu bewahren, den unteren Grenzwert des Normbereichs (70% des Skalenmaximums) zu unterschreiten. Nehmen die ungünstigen Lebensbedingungen weiter zu, wird dennoch das Ausmaß subjektiven Wohlbefindens – bis zu einem gewissen Grad – konstant auf dem Niveau dieses Grenzwerts gehalten.

c. Erst bei Überschreiten einer kritischen Schwelle ungünstiger Umstände (z. B. materielle Unterversorgung, permanenter Mangel an Intimbeziehungen, chronische Krankheit) wird der Homöostaseeffekt überwunden: Das subjektive Wohlbefinden fällt unterhalb des Normbereichs ab.

Abbildung 9:   Homöostatische Kontrolle subjektiven Wohlbefindens (vgl. Cummins, Lau & Davern 2007, 8)

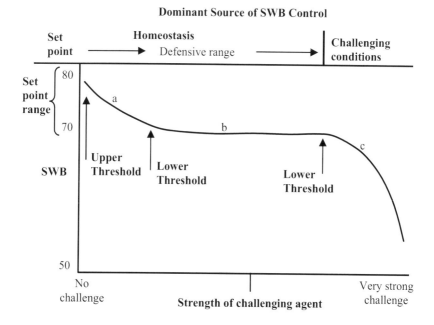

Der Homöostase-Mechanismus betrifft vor allem generelle Bewertungsfragen und die allgemeine Lebenszufriedenheit:

> „The operation of these devices is most evident at the level of general, personal well-being. That is, homeostasis operates at a non-specific, abstract level, as exemplified by the classic question ‚How satisfied are you with your life as a whole?' Given the extraordinary generality of this question, the response that people give reflects their

general state of SWB which it is proposed, is approximately at the level at which the homeostatic system operates." (Cummins 2005a, 336 f.)

Damit übereinstimmend sind auch Ergebnisse von Schwarz & Strack (1991), die theoretisch und experimentell aufzeigen, dass einer globalen und einer bereichsspezifischen Lebenszufriedenheit unterschiedliche Urteilsprozesse zugrunde liegen. Bewertende Aussagen über das ‚Leben im Allgemeinen' zeigen sich dabei in einem vergleichsweise stärkeren Ausmaße von der aktuellen Befindlichkeit abhängig, während bereichsspezifische Zufriedenheitsbewertungen weniger kontextabhängig sind und stärker auf dem Vergleich mit individuellen, erfahrungsgebundenen Standards basieren (vgl. Schwarz & Strack 1991, 40; Ferring, Filipp & Schmidt 1996, 142; Fischer & Belschak 2006, 102): „To some extent the two types of measures, global/abstract and specific/concrete, may reflect different types of SWB – global measures may be more reflective of a person's disposition while specific measures may reflect actual experiences" (Diener et al. 2000, 162). Je konkreter Zufriedenheit erfragt wird, desto mehr „verliert sich die rosarote Brille der Homöostase" (Wacker, Wansing & Hölscher 2003, 113).

Das Homöostase-Modell trägt zu einer Erklärung der relativ geringen intra- und interpersonellen Varianz subjektiven Wohlbefindens sowie der nichtlinearen, asymptotischen Beziehung zwischen objektiven und subjektiven Lebensqualitätsindikatoren bei (vgl. Cummins 2000): So hebt eine Verbesserung objektiver Lebensumstände die generellen Zufriedenheitswerte kaum, da der „set point" die obere Grenze subjektiven Wohlbefindens markiert. Hingegen wird unterhalb einer kritischen Schwelle (bei Versagen der Homöostase) wiederum der Einfluss objektiver Indikatoren auf das subjektive Wohlbefinden spürbar.

Zur Überprüfung des Homöostase-Modells wurden im Rahmen des „Australian Unity Projects" seit 2001 bis heute umfangreiche Bevölkerungsumfragen (insgesamt 16 Befragungswellen mit je ca. 2.000 Befragten) durchgeführt. Als Befragungsinstrument wurde der „Personal Wellbeing Index" (International Wellbeing Group 2006) eingesetzt, welcher aus sieben Zufriedenheitsfragen besteht (z.B. Zufriedenheit mit dem Lebensstandard, der Gesundheit, persönlichen Beziehungen). Aus den Antworten kann ein Summenwert gebildet werden, der gleichsam ein Maß für die allgemeine Lebenszufriedenheit verkörpert (vgl. Kap. 3.2.1). Die Vielzahl der Ergebnisse ist an dieser Stelle nicht darstellbar. Exemplarisch soll anhand zweier Variablen die Analyse des Verhältnisses zwischen objektiven Lebensbedingungen und Ressourcen auf der einen Seite und dem subjektiven Wohlbefinden auf der anderen Seite nachvollzogen werden: der Wirkung finanzieller sowie sozialer Ressourcen auf die Lebenszufriedenheit.

Abbildung 10 stellt das subjektive Wohlbefinden (Lebenszufriedenheit auf einer Skala von 0 bis 100) in Abhängigkeit vom Haushaltseinkommen (Jahreseinkommen in australischen Dollar) dar.

Abbildung 10: Beziehung zwischen subjektivem Wohlbefinden und Haushaltseinkommen (vgl. Cummins, Lau & Davern 2007, 11)

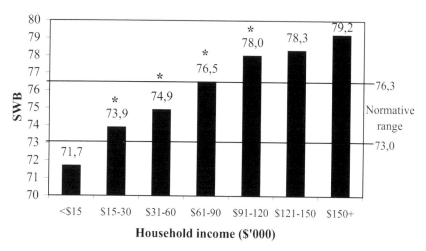

Die Ergebnisse zeigen, dass mit steigendem Einkommen auch die Lebenszufriedenheit ansteigt. Dieser Verlauf ist jedoch nicht linear: Bis zu einem Haushaltseinkommen von 91.000 bis 120.000 Dollar ist jeweils ein signifikanter Anstieg zu verzeichnen (markiert mit einem Stern); darüber hinaus nähert sich die Zufriedenheit dem vom Homöostase-Modell prognostizierten oberen Schwellenwert von 80% des Skalenmaximums an. Personen in der geringsten Einkommensklasse (weniger als 15.000 Dollar) weisen einen durchschnittlichen Zufriedenheitswert unterhalb des Normbereichs auf (vgl. Cummins, Lau & Davern 2007, 11 f.). Dies ist nicht nur darauf zurückzuführen, dass diesen Personen ausschließlich finanzielle Ressourcen fehlen, sondern auch dass diese Gruppe insbesondere aus arbeitslosen Personen und Menschen mit Behinderung besteht, die weiteren belastenden Lebensbedingungen ausgesetzt sind (vgl. Cummins et al. 2006, xii).

Die Beziehung zwischen Lebenszufriedenheit und Haushaltsstruktur ist in Abbildung 11 dargestellt. Auffällig ist, dass alle Personen, die mit einem Partner bzw. einer Partnerin zusammenleben, ihre Lebenszufriedenheit innerhalb des

Normbereichs einschätzen oder sogar darüber hinaus. Auf der anderen Seite weisen Personen, die in Haushaltsstrukturen ohne Lebenspartner/in wohnen, Zufriedenheitswerte unterhalb des Normbereichs auf (mit Ausnahme derjenigen Personen, die mit ihren Eltern zusammenleben) (vgl. Cummins, Lau & Davern 2007, 13 f.). Alleinlebende Personen äußern insbesondere geringere Zufriedenheit mit persönlichen Beziehungen und Gesundheit (vgl. Cummins et al. 2006, xiv).

Abbildung 11: Subjektives Wohlbefinden und Haushaltsstruktur (vgl. Cummins, Lau & Davern 2007, 13)

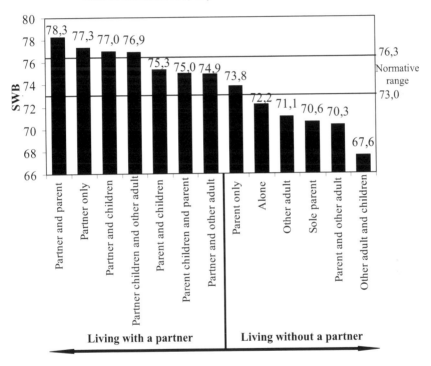

Bei der Interpretation dieser Daten ist jedoch zu berücksichtigen, dass die Beziehung zwischen subjektivem Wohlbefinden und sozialer Haushaltsstruktur von der Drittvariablen Haushaltseinkommen unterlaufen sein kann. Um dies zu überprüfen, untersuchen Cummins, Lau & Davern (2007, 14) das interaktive Verhältnis von finanziellen und sozialen Ressourcen in einer Zusammenschau (vgl. Abbildung 12).

Abbildung 12: Subjektives Wohlbefinden und die Interaktion zwischen Haushaltseinkommen und -struktur (vgl. Cummins, Lau & Davern 2007, 14)

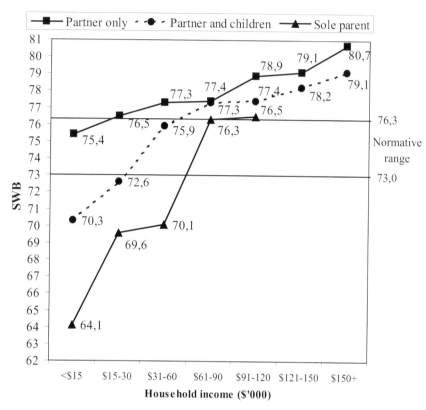

Die oberste Linie zeigt den Effekt des Haushaltseinkommens auf die Lebenszufriedenheit von Personen, die nur mit ihrem Partner zusammenleben. Deutlich wird, dass diese Lebensform offensichtlich zu einer hohen Resilienz führt, da selbst bei geringem Einkommen Zufriedenheitswerte in der Mitte des Normbereichs zu finden sind, was darauf hindeutet, dass das geringe Haushaltseinkommen in diesen Fällen nicht zum Versagen der Homöostase führt. Hingegen steigert ein höheres Einkommen die Lebenszufriedenheit nur marginal.

Die mittlere, gestrichelte Linie gibt die Werte für Personen mit Partner und mindestens einem Kind wieder. Hier scheint das Einkommen einen größeren

Effekt zu besitzen, da Familien mit geringem Haushaltseinkommen Zufriedenheitswerte unterhalb des Normbereichs aufweisen; erst ab einem Einkommen
von 30.000 Dollar unterscheiden sich zusammenlebende Partner mit und ohne
Kinder nicht mehr signifikant voneinander.

Die Situation alleinerziehender Elternteile (untere Linie) erscheint extremer:
Erst ab einem Einkommen von 61.000 bis 90.000 Dollar ist ein Zufriedenheitswert im Normbereich festzustellen; unterhalb dieser Einkommensklasse liegen
die Zufriedenheitswerte relativ weit vom Normbereich entfernt (vgl. Cummins,
Lau & Davern 2007, 14).

Diese Daten lassen den Schluss zu, dass finanzielle und soziale Ressourcen
wirksame Puffer im Kontext des Homöostase-Mechanismus subjektiven Wohlbefindens darstellen und dabei die Lebenszufriedenheit additiv beeinflussen. Die
auf der Basis des Homöostase-Modells getroffenen Vorhersagen können damit
weithin bestätigt werden. Aus der Theorie der Homöstase subjektiven Wohlbefindens lässt sich zusammenfassend ableiten: „Whether any form of intervention
can increase SWB will be highly dependent on its initial value. If SWB is al-
ready within the normal range it will be difficult to raise it to higher levels. If, on
the other hand, its initial value lies below the normative range, then the provision
of appropriate additional resources will allow the restoration of homeostatic
management and, as a consequence, SWB will rise" (Cummins 2005e, 704).

Fazit

Die dargestellten theoretischen Modelle subjektiven Wohlbefindens stimmen
darin überein, dass subjektives Wohlbefinden nicht als Ergebnis eines einfachen
rekursiven Beurteilungsprozesses betrachtet werden kann. Vielmehr stellen die
Modelle die menschliche Fähigkeit zur Adaptation in den Vordergrund: im Modell von Campbell, Converse & Rodgers (1976) ausgedrückt durch die Variabili-
tät des internen Vergleichsstandards, bei Bruggemann, Groskurth & Ulich (1975)
durch die Veränderung des Anspruchsniveaus, im Modell von Cummins (2005a)
durch den Begriff der Homöostase. Durch dieses Anpassungsbestreben sind
Menschen darauf angelegt, ein gewisses Niveau subjektiven Wohlbefindens unter variierenden Lebensbedingungen aufrechtzuerhalten. Hier spielen die verfügbaren Ressourcen eines Individuums eine wesentliche Rolle, da sie eine Puffer-
funktion ausüben, um die (potenzielle) Wirkung aversiver Lebensbedingungen
auf das subjektive Wohlbefinden abzufedern.

Die Modelle beziehen sich auf unterschiedliche Abstraktionsebenen: Brugge-
manns Ansatz fokussiert diejenigen Bewertungsprozesse, die sich auf spezifi-
schere Lebensbedingungen und -ereignisse beziehen, während das Erklärungs-
modell von Cummins eher bei einer generellen Bewertung des Lebens insgesamt
zum Tragen kommt. Kritisch ist anzumerken, dass beide Ansätze vereinfachte
Modelle darstellen, die nicht alle Wirkungsbeziehungen berücksichtigen. So ist
bezüglich des Modells von Bruggemann davon ausgehen, dass zwischen dem
Wunsch (Soll), dem tatsächlichen Ziel (Anspruchsniveau) und der erlebten
Wirklichkeit (Ist) komplexe Abhängigkeiten bestehen, wobei noch weitere,
komplexitätssteigernde Bezüge z. B. zu sozialen Vergleichsprozessen sogar ausgeblendet werden (vgl. Neuberger & Allerbeck 1978, 170 f.; Baumgartner &
Udris 2006, 116). Im Homöostase-Modell von Cummins wird nicht hinreichend
berücksichtigt, dass der Einfluss interner Ressourcen (wie Kontrollüberzeugun-
gen, Selbstbewusstsein etc.), welche den Vermittlungsprozess von Menschen-
Umwelt-Beziehungen moderieren, ebenfalls nicht eindimensional und linear verläuft und interne mit externen Ressourcen korrelieren können (z. B. Selbstbewusstsein und soziale Beziehungen). Dennoch – oder gerade weil – diese theoretischen Modelle komplexitätsreduzierend sind, erweisen sie sich als heuristisch
wertvoll, da sie klare (und damit widerlegbare) Voraussagen über die Beziehungen zwischen externen Bedingungen und Ressourcen sowie dem subjektiven
Wohlbefinden machen.

    Die Nicht-Linearität und insgesamt geringe Korrelation zwischen subjekti-
ven und objektiven Lebensqualitätsindikatoren wird zuweilen als Argument gegen die Nützlichkeit subjektiver Lebensqualitätsindikatoren gewertet (vgl. z. B.
Hatton 1998; Leonhardt & Siebeck 2002). Dem ist entgegen zu halten, dass eine
genaue Analyse spezifischer Lebenslagen durchaus Einflüsse objektiver Merkmale auf subjektive Dimensionen von Lebensqualität aufzudecken vermag; hierfür lassen sich überzeugende empirische Ergebnisse benennen (vgl. Glatzer &
Zapf 1984; Argyle 1996). Zudem spielen hier neben theoretischen auch methodische Problemstellen (z. B. der Effekt sozialer Erwünschtheit) eine Rolle (vgl.
Kap. 3.3). Des Weiteren ist zu konstatieren: Wäre das subjektive Wohlbefinden
mit objektiven Lebensqualitätsindikatoren hoch korreliert, wäre es für die Beurteilung von Lebensqualität ausreichend, ausschließlich externe Lebensbedingungen auf ihre Güte hin zu überprüfen. Gerade weil sich das subjektive Wohlbefinden als eigenständige Lebensqualitätskomponente zeigt, ist es für die Lebensqua-
litätsuntersuchung unabdingbar, den Blick gleichzeitig auf objektive und subjektive Indikatoren zu richten (vgl. Cummins 2002c).

2 Lebensqualität als Leitbegriff sozialer Dienstleistungen für Menschen mit Behinderung

Das Lebensqualitätskonzept bietet – wie in Kap. 1 aufgezeigt – einen mehrdimensionalen Betrachtungsrahmen zur Evaluation gesellschaftlicher Wohlfahrtsproduktion. Das Konzept stellt die Grundlage für eine systematische Informationssammlung und Sozialberichterstattung über Lebensbedingungen und deren Auswirkungen auf das subjektive Wohlbefinden dar. Dadurch lassen sich nicht nur objektive und subjektive Problemlagen, sondern insbesondere auch Kumulationen von unterschiedlichen objektiven und subjektiven Problemlagen erfassen (vgl. Berger 1984, 279).

Die Relevanz des Konzepts Lebensqualität für das Rehabilitationssystem liegt darin, einen empirischen Zugang zur Lage von Menschen mit Behinderung in der Gesellschaft zu öffnen sowie die Auswirkungen des sozialen Wandels und sozialpolitischer Maßnahmen auf diese Personengruppe zu fokussieren. Das Konzept ist „für eine umfassende empirische Lebenslagenforschung, die differenzierte Erfassung der (sozialen) Folgen individueller Beeinträchtigungen in unterschiedlichen Lebensbereichen und die Beschreibung realer Partizipationschancen (Integration)" (Beck 2001, 339) gewinnbringend. Dadurch kann es eine wichtige Basis für sozialplanerische und rehabilitationspolitische Entscheidungen darstellen (vgl. z.B. den „Bericht der Bundesregierung zur Lage behinderter Menschen und die Entwicklung ihrer Teilhabe"; Bundesregierung 2004).

Die Bedeutung des Lebensqualitätskonzepts für die Rehabilitation lässt sich aber nicht nur auf die Analyse der Lebenslagen von Menschen mit Behinderung auf gesamtgesellschaftlicher Ebene zurückführen. Besondere Relevanz besitzt das Konzept auch für die Planung, Gestaltung und Evaluation von personenbezogenen sozialen Dienstleistungen. Den sozialen Einrichtungen und Diensten (z.B. Assistenz- und Pflegedienste, Hilfen in Wohneinrichtungen und Werkstätten) kommt als Instrumenten des Wohlfahrtsstaats die Aufgabe zu, Unterstützung in den alltäglichen Lebensräumen von Menschen mit Behinderung zu leisten und deren individuelle Lebensqualität zu sichern oder zu verbessern. Damit agieren sie an den Schnittpunkten zwischen gesellschaftlichen Strukturen einerseits und lebensweltlichen Bezügen andererseits.

Unter diesem Blickwinkel stellt sich die Frage nach den Wirkungen von professionellen Dienstleistungen: „Was leisten die sozialen Dienste und Hilfen zur Verbesserung der Lebenslagen von Menschen mit einer [...] Behinderung, zur Herausbildung eines Lebensstils, der zum Wohlbefinden, zur Eröffnung von Partizipations- und Wahlmöglichkeiten, zur Selbstbestimmung beiträgt?" (Beck 1996, 4 f.). In diesem Zusammenhang ist das Lebensqualitätskonzept international zum führenden Bezugsrahmen zur Gestaltung, Qualitätsentwicklung und Wirkungsbeurteilung professioneller Dienstleistungen geworden (vgl. Wacker 1994; Beck 1994; Beck 1996; Keith & Schalock 2000; Schalock & Verdugo 2002).

2.1 Von der institutionellen zur personenbezogenen Orientierung

Im System der Behindertenhilfe ist seit einigen Jahren ein Perspektivenwechsel zu beobachten, der sich mit den Schlagworten „von der Versorgung zur Unterstützung" und „von der institutions- zur personenbezogenen Orientierung" beschreiben lässt (vgl. Schädler 2001; Wacker, Wansing & Schäfers 2005). Diese Umorientierung vollzieht sich in Richtung einer individuelleren Bearbeitung von Bedarfs- und Problemlagen. Damit reagiert das professionelle Hilfesystem auf Aspekte des gesellschaftlichen Wandels: die Freisetzung aus traditionell vorgegebenen Strukturen und Lebensmustern, die Individualisierung der Lebensentwürfe und Pluralisierung der Lebensstile. Diese Prozesse lassen den Einzelnen stärker als verantwortlichen Regisseur seines Lebens hervortreten (vgl. Rohrmann 2003).

Die traditionelle Behindertenhilfe mit ihren vorwiegend pauschalen Angeboten und standardisierten Versorgungspaketen steht im Widerspruch zu gesellschaftlichen Individualisierungs- und Pluralisierungsprozessen. Nicht die Bearbeitung kollektiver Risiken, sondern die Gestaltung individueller Leistungsarrangements, welche jede einzelne Person bei der Entwicklung eines eigenen Lebensstils und der Verwirklichung einer möglichst autonomen Lebensführung unterstützen, muss im Vordergrund stehen. „In einem modernen sozialpolitischen Konzept, sind es nicht mehr ,die Behinderten', für die ein pauschales Angebot zu machen ist, sondern einzelne, höchst verschiedene Individuen, die für sich die Chance zu einer selbstbestimmten Lebensführung einfordern" (Schädler 2002, 172; Hervorheb. i.O.). Das bedeutet, dass die Angebotsentwicklung und -veränderung aus der Perspektive der Nutzer/innen der Dienstleistungen erfolgen, also durch deren Vorstellungen, Wünsche und Bedürfnisse geleitet sein muss. Das bisherige System der Behindertenhilfe ist jedoch durch eine weit reichende Vorherrschaft struktureller Institutionsbezogenheit und paternalistischer Fürsorge gekennzeichnet. Bislang „ist die Formulierung von Zielen und Qualitätsstandards überwiegend professionell dominiert; die Sichtweisen der Betroffenen erfahren nur eine unzureichende Berücksichtigung" (Beck 1998a, 355).

Facetten der Institutionsbezogenheit im traditionellen System der Behindertenhilfe

Im traditionellen System der Behindertenhilfe lässt sich die Dominanz der Anbieterseite an vielen Stellen im Prozess der Leistungszuweisung und -erbringung festmachen. Bereits die Phase der Antragstellung, Bedarfsartikulation und -ermittlung wird maßgeblich von Seiten der Leistungserbringer gelenkt: In der Praxis ist es nicht ungewöhnlich, dass die erste Hilfebedarfseinschätzung mitsamt der Antragstellung und einem Vorschlag zur Leistungserbringung durch die sozialen Einrichtungen und Dienste (in Kooperation mit dem Leistungsberechtigten) vorgenommen wird (vgl. Consens o. J., 60; Schädler 2002, 177). Die Bedarfsfeststellung (z. B. bezüglich notwendiger Hilfen im Wohnbereich) dient formal der Platzierung und dessen Legitimation durch den Leistungsträger (z. B. Zuweisung eines Heimplatzes), die eigentliche Hilfeplanung – die Prozessebene der Leistungserbringung betreffend – geschieht in der Einrichtung. Wenn aber die Bedarfsermittlung und das Leistungsangebot in einer Hand liegen, „leiten sich die Ziele und Inhalte der Hilfeleistungen in Einrichtungen aus dem gegebenen Angebot und den üblichen Routinen ab" (Schädler 2002, 177 f.). Ein derartiges Verfahren, beruhend auf einem korporatistischen Konsens zwischen Leistungsträger und -erbringer, birgt strukturell die Gefahr, dass die Bedarfsfeststellung durch die Anbieter stets dergestalt erfolgt, dass die Formulierung des Hilfebedarfs zum eigenen vorgehaltenen Leistungsspektrum und Angebot passt – nicht umgekehrt. Der institutionelle Rahmen der Einrichtung bestimmt maßgeblich die Hilfeplanung, nicht die persönlichen Voraussetzungen, Wünsche und Bedürfnisse der Menschen mit Behinderung (vgl. Beck 2002, 52).

Eine Nebenwirkung hiervon ist, dass bestehende Leistungsstrukturen festgeschrieben und die Entwicklung neuer Angebote erschwert werden. Historisch betrachtet hat sich in Deutschland seit dem 19. Jahrhundert bis heute ein differenziertes Rehabilitationssystem entwickelt, das aufgrund seiner Entstehungsgeschichte von Sondereinrichtungen mit stationärem Charakter geprägt ist (z. B. Anstalten und Komplexeinrichtungen, Werkstätten für behinderte Menschen,

Sonderschulen etc.). Trotz verstärkter Bemühungen um Dezentralisierung und Ambulantisierung in den letzten Jahrzehnten ist die Dominanz stationärer Angebote bis heute ungebrochen. Im Jahre 2004 erhielt von insgesamt ca. 629.000 Empfänger/innen von Eingliederungshilfe für behinderte Menschen[1] ein Anteil von ca. 70% diese Leistungen in Einrichtungen und 30% außerhalb von Einrichtungen (vgl. Statistisches Bundesamt 2006b, 65, Tabelle A6). Betrachtet man nur die wohnbezogene Eingliederungshilfe, so ist für das Jahr 2005 eine ähnliche Verteilung festzustellen: Von 248.200 Menschen mit Behinderung wurden ca. 77% in stationären Wohneinrichtungen und 23% ambulant betreut. Laut einer Prognose für 2010 ergibt sich bei insgesamt rasant steigenden Fallzahlen nur eine leicht veränderte Verteilung, wenngleich der Trend zu einem höheren Anteil von Leistungsempfänger/innen im ambulanten Bereich geht (vgl. Tabelle 6). Dabei lassen sich z.T. beträchtliche regionale Disparitäten bezüglich des Verhältnisses von ambulant zu stationär feststellen – sowohl im Vergleich der Bundesländer (vgl. Consens o.J., 42) als auch auf kommunaler Ebene (vgl. z.B. für Nordrhein-Westfalen ZPE 2006).

Tabelle 6:   Empfänger von Eingliederungshilfe im Wohnbereich (vgl. BAGüS 2006, 10)

	2000		**2005**		**2010** (Prognose)	
	absolut	in %	absolut	in %	absolut	in %
Stationäre Wohn-einrichtungen	164.700	81%	191.100	77%	199.800	71%
Ambulant betreutes Wohnen	38.400	19%	57.100	23%	80.100	29%
Gesamt	203.100	100%	248.200	100%	279.900	100%

Das Verhältnis von ambulant zu stationär variiert auch in Abhängigkeit von der Behinderungsart: So zeigen z.B. aktuelle Zahlen bezogen auf Nordrhein-Westfalen, dass insbesondere Menschen mit geistiger Behinderung weniger im Fokus ambulanter Hilfen stehen. Im Vergleich dazu erscheint das Verhältnis von

---

1 Darin enthalten sind: Leistungen zur medizinischen Rehabilitation, heilpädagogische Leistungen für Kinder, Hilfe zu einer angemessenen Schulbildung, Leistungen zur Teilhabe am Arbeitsleben, Leistungen in Werkstätten für behinderte Menschen, Suchtkrankenhilfe und sonstige Eingliederungshilfe.

ambulant zu stationär bei Menschen mit seelischer Behinderung und Suchter-
krankung ausgeglichener (vgl. Tabelle 7; ZPE 2006).

Tabelle 7: Verhältnis von ambulanten zu stationären wohnbezogenen Hilfen
in Nordrhein-Westfalen zum 31.12.2005 (vgl. ZPE 2006, 10)

	geistige Behinde-rung	seelische Behinde-rung	Sucht-erkran-kung	Körper-behinde-rung	Gesamt
Verhältnis ambulant/ stationär in %	11 : 89	52 : 48	48 : 52	22 : 78	29 : 71

In stationären Wohneinrichtungen der Eingliederungshilfe in Nordrhein-
Westfalen bilden Menschen mit geistiger Behinderung etwa zwei Drittel der
Bewohnerschaft und damit mit Abstand die größte Gruppe, während dieser Per-
sonenkreis im ambulant betreuten Wohnen lediglich ein Fünftel ausmacht; hier
überwiegen Menschen mit seelischer Behinderung (vgl. Abbildung 13; auch
Consens o.J., 27; Wacker et al. 1998, 64).

Abbildung 13: Personen im ambulant und stationär betreuten Wohnen in
Nordrhein-Westfalen nach Behinderungsart zum 31.12.2005
(vgl. ZPE 2006, 2 ff.)

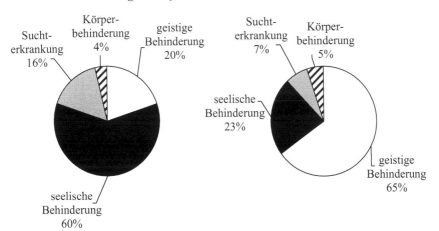

Bereits diese Übersichtszahlen verdeutlichen, dass im Wesentlichen das Angebot die Nachfrage steuert: Welche Angebotsstruktur eine Person mit Unterstützungsbedarf vorfindet und welche Hilfeformen ihr zugänglich gemacht werden, ist strukturell betrachtet vor allem vom Wohnort der Person, der örtlich vorfindbaren Infrastruktur und – für die leistungsrechtliche Gewährung von Hilfen richtunggebend – von der definierten Behinderungsart abhängig, nicht zwingend vom individuellen Unterstützungsbedarf oder dem Wunsch der Betroffenen und des sozialen Umfelds.

Abbildung 14:   Wohnwünsche von Menschen mit Behinderung (n=764; Mehrfachnennungen möglich) (vgl. Metzler & Rauscher 2004, 25)

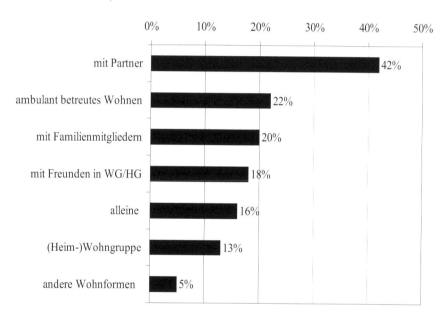

Seit Jahren protestieren Selbsthilfeverbände und Interessensvereinigungen gegen die stationäre Übermacht sowie gegen Prozesse fremdbestimmter Hilfezuweisung und fordern einen stärkeren Ausbau ambulanter und offener Hilfen und ein

Recht auf persönliche Assistenz.[2] In einer baden-württembergischen Studie (vgl. Metzler & Rauscher 2004) wurden 931 junge erwachsene Menschen mit Behinderung (Durchschnittsalter 27 Jahre) aus Schulen für Geistigbehinderte und Werkstätten für behinderte Menschen nach ihren Wohnwünschen befragt. Diese lebten zum Zeitpunkt der Erhebung zum größten Teil bei ihren Eltern (59%) oder in Wohngruppen (29%). Von diesen Befragten wünschten sich lediglich 13%, in einer Wohngruppe im Heim zu leben (vgl. Abbildung 14). Dieses Ergebnis steht in deutlichem Widerspruch zur vorhandenen Angebotsstruktur. Interessant ist, dass das Leben in einer Wohngruppe sowohl bei denjenigen Befragten, die gegenwärtig bei den Eltern wohnen, als auch bei denjenigen Personen, die bereits in einem Wohnheim leben, nur von einer Minderheit präferiert wird (vgl. Metzler & Rauscher 2004, 26). Die vorherrschende Stellung stationärer Betreuungsformen steht offensichtlich nicht im Einklang mit den Wünschen von Menschen mit Behinderung.

Am Leitbegriff Lebensqualität orientierte Reorganisation sozialer Dienstleistungen

Unter dem Leitbegriff Lebensqualität muss ein grundsätzlicher Wandel erfolgen von der angebotsbezogenen zur personenbezogenen und lebensweltorientierten Planung und Gestaltung von Unterstützung für Menschen mit Behinderung. Mit Hilfe der aus dem Konzept Lebensqualität abgeleiteten Bestimmungs- und Orientierungsgrößen zum personenbezogenen Arrangement von Unterstützung wendet sich der Blick von institutionellen und organisatorischen Interessen zur Frage nach der (auch subjektiv definierten) Relevanz sozialer Dienstleistungen. „Eine an lebensweltlichen Bedarfslagen ausgerichtete Bedarfsplanung muss [...] danach fragen, was Menschen brauchen, um in einer Gemeinde oder Region unter [...] allgemeinen Ziel- und ihren persönlichen Zukunftsperspektiven leben zu können, und nicht nach dem, was sie brauchen (dürfen) innerhalb eines (sich nicht verändernden) Angebots" (Beck 2002, 53).

---

2 Vgl. die „Deklaration von Madrid" der Teilnehmer/innen des Europäischen Behindertenkongresses von 2002 (http://www.enusp.org/documents/harassment/madrid.htm); die „Dortmunder Erklärung" der Teilnehmer/innen des Kongresses „Wir wollen mehr als nur dabei sein" der Bundesvereinigung Lebenshilfe von 2003 (vgl. Wacker et al. 2005, 9 f.); die Kampagne „Marsch aus den Institutionen: Reißt die Mauern nieder!" des Forums selbstbestimmter Assistenz behinderter Menschen e.V. (Forsea) von 2004 (http://www.forsea.de/projekte/2004_marsch/marsch_start.shtml).

In Deutschland hat das System der Behindertenhilfe bereits verschiedene Phasen der Neuorientierung und des Umbaus durchlaufen. Im Zuge der Diskussion um „Normalisierung der Hilfen" (vgl. Nirje 1994; Thimm 1989) sowie „Qualitätssicherung und -entwicklung" (vgl. Wacker 1994; Beck 1996) stand jedoch zunächst die Weiterentwicklung der Unterstützungssysteme der Behindertenhilfe nach fachlichen (objektiven) Leistungsstandards im Fokus. Nun rückt unter den Stichworten „Personenzentrierung" oder „Nutzerorientierung" (vgl. Klammer 2000; Bundesvereinigung Lebenshilfe 2000; Gromann 1996; Schaarschuch & Oelerich 2005) zunehmend die Frage nach den Wirkungen der Unterstützungsangebote und deren Beurteilung durch die Nutzer/innen selbst in den Vordergrund: „Heute erleben wir, daß behinderte Menschen selbst sich in diesen Diskussionsprozeß einbringen und zunehmend ihren Anspruch auf Selbstbestimmung und Selbstverantwortung auch bei der Organisation und Gestaltung erforderlicher Hilfen formulieren" (Metzler 1997, 406).

So richtete sich das „Normalisierungsprinzip", in den 1960er Jahren von Bank-Mikkelsen (Dänemark) formuliert und von Nirje (Schweden) und Wolfensberger (USA) fortentwickelt (vgl. zusammenfassend Thimm 1989), vor allem gegen die damals dominierende Form der Versorgung von Menschen mit (geistiger) Behinderung in großen Anstalten unter menschenunwürdigen und hospitalisierenden Lebensbedingungen. Als „Antidogma" (vgl. Beck 1994, 179) zum vorherrschenden biologistischen Menschenbild und zur Idee des Beschützens und Verwahrens gesetzt, intendierte das Normalisierungsprinzip eine Umgestaltung des Versorgungssystems dergestalt, dass Menschen mit Behinderung ein „Leben so normal wie möglich" führen können. Anhand der Prüfformel „Normalisierung" haben sich die Hilfestrukturen für Menschen mit Behinderung daran zu messen, inwiefern sie dazu beitragen, dass sich die Alltagsbedingungen von Menschen mit Behinderungen und ihre Möglichkeiten der Lebensbewältigung nicht wesentlich von denen ihrer Mitbürger/innen unterscheiden (vgl. Thimm 1989).

Das Konzept Lebensqualität stellt die logische Fortsetzung des pragmatisch auf die Verbesserung der objektiven Lebensbedingungen gerichteten Normalisierungsprinzips dar (vgl. Verdugo et al. 2005, 708). Als Evaluationskriterien behalten zwar die objektiven Merkmale der Lebensbedingungen von Menschen mit Behinderung und der Vergleich mit denen anderer Gesellschaftsmitglieder weiterhin zentralen Stellenwert (vgl. Metzler & Wacker 2001, 133). Zugleich greift Lebensqualität insofern tiefer, als über Standards hinaus auch subjektive Bedürfnisse, Erfahrungen und Bewertungen sowie individuelle Lebensstile und -entwürfe von Menschen mit Behinderung in den Blick genommen werden (vgl.

Schalock et al. 2002, 457). Die Frage, wie die Qualität der Unterstützungsangebote und deren Nutzwert für die Lebensgestaltung von den Menschen mit Behinderung beurteilt werden, rückt in den Vordergrund: „So gut wie gar nicht in An-
griff genommen wurde bisher die Fragestellung, wie denn aus der Sicht der Betroffenen integriertes Leben oder normalisierte Lebensumstände empfunden und
interpretiert werden" (Thimm 1989, 234). Genau hier setzt das Lebensqualitätskonzept an, indem es der persönlichen Beurteilung der Lebensbedingungen (z. B.
hinsichtlich Möglichkeiten der Bedürfnisbefriedigung, Zukunftserwartungen und
persönlichen Zufriedenheit) eine zentrale Bedeutung zuweist (vgl. Kap. 1).

Mit der Betonung des Subjektseins besitzt das Lebensqualitätskonzept für
die Lebenssituation von Menschen mit Behinderung emanzipatorische Trieb-
kraft: „Quality of life is thus emancipatory, accepting individual choices and re-
cognizing personal values" (Schalock et al. 2002, 460). Damit steht das Konzept
Lebensqualität in einer Entwicklungslinie mit der Bürgerrechtsbewegung und
der Auffassung von Menschen mit (geistiger) Behinderung als Nutzer/innen von
Dienstleistungen mit Selbstverfügungsgewalt und Regiekompetenz (vgl. Inclusion Europe 2003; Schalock et al. 2002, 457; Rapley 2003, 136). Gleichzeitig
werden Möglichkeiten individueller Lebensführung in Bezug zum sozialen, ökonomischen, kulturellen und politischen Leben und jeweiligen Partizipationschancen gesetzt. Damit korrespondiert das Lebensqualitätskonzept mit einem modernen Behinderungsbild, wie es z. B. in der „International Classification of Functioning, Disability and Health" (ICF) der Weltgesundheitsorganisation (WHO
2001) zum Ausdruck kommt. Hier wird den sozialen Einflussfaktoren bei der
Entstehung von Behinderung vermehrt Rechnung getragen. Behinderung wird
nicht mehr vorrangig als unmittelbare Folge von Schädigungen und Fähigkeits-
störungen gesehen, sondern als „Beeinträchtigung der Funktionsfähigkeit"
(DIMDI 2005, 4), also als problematische oder fehlgeschlagene Wechselbeziehung zwischen den individuellen bio-psycho-sozialen Aspekten vor dem Hintergrund relevanter Kontextfaktoren (personenbezogene und Umweltfaktoren) (vgl.
Abbildung 15).

Persönliche Merkmale und Schädigungsformen stellen demnach einen Bedingungsfaktor unter vielen anderen dar, die für die Entstehung und Ausprägung
von Funktionsfähigkeit bzw. Behinderung relevant sein können. Der Blick richtet sich insbesondere auf die Abhängigkeit der Funktionsfähigkeit von Umweltfaktoren und der Variation in verschiedenen Lebenszusammenhängen (Relatio-
nalität und Relativität). Die Ausprägung von Behinderung wird maßgeblich
durch die Eigenarten der gesellschaftlichen Funktionssysteme und deren Institu-

tionen, die nach bestimmten normierten Regeln funktionieren, mitbestimmt (z. B. Bildungssystem, Wirtschaft, Kultur etc.).

Abbildung 15: Bio-psycho-soziales Modell von Behinderung der ICF (DIMDI 2005, 23; vgl. WHO 2001, 18)

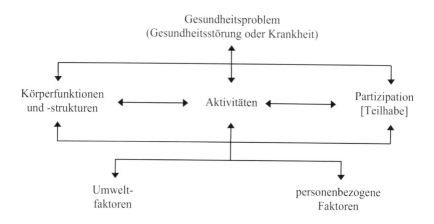

Hier erweist sich das Lebensqualitätskonzept als anschlussfähig: Das bio-psycho-soziale Modell von Behinderung spiegelt sich in der Mehrdimensionalität des Lebensqualitätskonzepts wider, da das Konzept sowohl materielle, soziale, physische und psychische Faktoren gleichzeitig umfasst und zueinander in Beziehung setzt (vgl. Kap. 1). Insbesondere das Verhältnis zwischen persönlichen Faktoren einerseits (z. B. Kompetenzen, individuelle Bedürfnisse und Wünsche) und Umweltfaktoren andererseits (z. B. durch die soziale Umwelt bereitgestellte Unterstützungsleistungen), deren Wahrnehmung durch das Subjekt als handelnder und bewertender Akteur sowie die Bedeutung für die individuelle Alltagsbewältigung machen die zentrale Blickrichtung des Lebensqualitätskonzepts aus.

Während die ICF der WHO (2001) eine objektive Einschätzung der Funktionsfähigkeit und Partizipation in spezifischen Lebenskontexten fokussiert (vgl. WHO 2001, 15; Ueda & Okawa 2003, 599), wird im Lebensqualitätskonzept insbesondere der Zusammenhang zwischen dem Partizipationsstatus (das Einbezogen- bzw. Nicht-Einbezogensein) und der subjektiven Erfahrung und Bewertung dieses Partizipationsstatus (z. B. Zugehörigkeitsgefühl, persönliche Zufriedenheit) in den Blick genommen: „It is evident that without evaluation of ‚satisfaction', the evaluation (coding) of participation only as performance would lose its important points and sometimes would mean almost nothing" (Ueda & Oka-wa 2003, 598). In welchen Lebenslagen befinden sich Personen mit Einschränkungen der Funktionsfähigkeit (insbesondere auf der Partizipationsebene), welche Folgen hat diese Beeinträchtigung bezogen auf Möglichkeiten der individuellen Alltagsbewältigung und Lebensführung, wie wird Behinderung von den Betroffenen erlebt und bewältigt?

Mit dieser Sicht auf Behinderung als soziale Konstruktion und der Zielperspektive Lebensqualität verändern sich die Aufgaben sozialer Dienste und Einrichtungen: „Es geht nicht mehr länger darum, Menschen mit Unterstützungsbedarfen nach einem paternalistischen Modell zu versorgen, indem besondere Hilfesysteme einen Mangel an Partizipationsmöglichkeiten kompensieren. Vielmehr müssen negative Wechselwirkungen zwischen funktionellen Einschränkungen und Kontextfaktoren aufgehoben werden durch Leistungen der Rehabilitation" (vgl. Wacker, Wansing & Schäfers 2005, 11). Ausgangspunkt einer am Konzept Lebensqualität orientierten Gestaltung von Unterstützung ist die soziale Dimension von Behinderung, sodass sich die Unterstützung auf die Vermittlungsprozesse zwischen den gesellschaftlichen Lebensbedingungen und Anforderungen einerseits sowie den subjektiven Bedürfnislagen und der Bewältigung der vielfältigen Aufgaben im Alltag anderseits bezieht. In diesem Sinne sind soziale Dienstleistungen als externe Ressourcen für Menschen mit Behinderung zu verstehen zur Realisierung einer selbstbestimmten Lebensführung und Teilhabe in gesellschaftlich relevanten, subjektiv bedeutsamen Lebensbereichen. „Durch die Orientierung an der Lebensqualität von Menschen mit Behinderung können soziale Dienstleistungen damit den gesellschaftlichen Bedingungen der Individualisierung von Lebensentwürfen verstärkt Rechnung tragen. Die Leitperspektive Lebensqualität ist dabei im Gesamtprozess der Leistungserstellung zu berücksichtigen – von der Leistungsplanung bis zur Ergebnisbeurteilung" (Wansing 2005b, 134; vgl. Gromann 2002).

2.2 Diskussion um die Qualität sozialer Dienstleistungen

Gerade im Zusammenhang mit der Qualitätsdiskussion im Feld sozialer Arbeit bietet das Lebensqualitätskonzept ein wertvolles Bezugssystem. Daher ist es nicht verwunderlich, dass seine Rezeption in Deutschland vor allem durch den Einzug des Qualitätsmanagements in den Bereich der Behindertenhilfe in den 1990er Jahren wesentliche Impulse erfährt (vgl. Wacker 1994; Häussler, Wacker

& Wetzler 1996; Dworschak, Wagner & Bundschuh 2001). Eine verstärkte Auseinandersetzung mit Qualität und Qualitätsmanagement in der sozialen Arbeit ist auf viele Entwicklungslinien zurückzuführen:

- veränderte sozialstaatliche Interessenlagen und die Ressourcenknappheit der öffentlichen Hand,
- Innovationen auf Seiten der Leistungserbringer verbunden mit einem
- veränderten professionellen Selbstverständnis (Dienstleistungsmodell und Nutzerorientierung) sowie
- umfangreiche gesetzliche Neuerungen (vgl. Schädler 2001, 23 ff.; BMFSFJ 2006, 238; Flösser 2001; Beckmann & Richter 2005).

Die sich anbahnende Ablösung der bisherigen staatlichen Finanzierungspraxis durch marktähnliche Strukturen und Gesetze führt dazu, dass die Qualität der Leistungen nicht mehr nur Ziel professioneller Bemühungen, sondern mit der Verteilung finanzieller Ressourcen verbunden ist. So erfolgt mit der Novellierung des Bundessozialhilfegesetzes (BSHG) Mitte der 1990er Jahre die Umstellung der Finanzierung von Einrichtungen der Eingliederungshilfe vom Selbstkostendeckungsprinzip hin zu prospektiven leistungsgerechten Entgelten. Zugleich werden die Leistungserbringer in § 93 Abs. 2 BSHG (jetzt § 75 Abs. 3 SGB XII) verpflichtet, Inhalt und Umfang ihrer Unterstützungsleistungen zu beschreiben und die Ergebnisqualität der Leistungen nachzuweisen. Der mit § 93a BSHG (jetzt: § 76 SGB XII) intendierte Systemwechsel ist allerdings bis heute nicht vollständig umgesetzt. Dies betrifft zum einen die Vergütungsmodalitäten, die sich nach wie vor nicht am Bedarf der Nutzer/innen, sondern weitgehend am Leistungsangebot mit einrichtungsspezifischen Charakteristika orientieren (vgl. Finke 2005, 3; Consens o.J., 48 ff.). Ausdruck dessen ist u. a., dass die Umstellung der Finanzierung fast ausnahmslos budgetneutral erfolgte (vgl. Consens o.J., 49). Zum anderen sind die Einflussmöglichkeiten der Nutzer/innen auf die Entwicklung der Angebote und deren Qualitätsbeurteilung weiterhin gering, da Inhalt, Umfang, Qualität und Kosten der Maßnahmen zwischen den Leistungsträgern und den Leistungserbringern verhandelt und vereinbart werden. Eine echte Nutzerkontrolle ist strukturell nicht hinreichend verankert (vgl. Wansing 2005b, 177).

Gesetzliche Vorgabe ist, dass die Leistungsträger mit den Einrichtungsträgern bzw. deren Verbänden in Landesrahmenverträgen Vereinbarungen über Inhalte und Verfahren der Qualitätsprüfung treffen (vgl. § 79 Abs. 1 Nr. 4 SGB XII). Um eine Orientierungsgrundlage für die Gestaltung von Landesrahmenverträgen zu schaffen, wurde eine gemeinsame Bundesempfehlung erarbeitet (nach

§ 93d Abs. 3 BSHG in noch geltender Fassung vom 15.02.99). Hier findet ausdrücklich Erwähnung, dass bei „der Beurteilung der Ergebnisqualität [...] das Befinden und die Zufriedenheit des Hilfeempfängers zu berücksichtigen" ist (§ 14 Abs. 5). Auch in der „Gemeinsamen Empfehlung Qualitätssicherung nach § 20 Abs. 1 SGB IX vom 27. März 2003" der Bundesarbeitsgemeinschaft für Rehabilitation (BAR 2003) wird betont: „Die wahrgenommene Qualität von Leistungen zur Teilhabe und deren Bewertung aus Sicht der Leistungsberechtigten ist ein wesentliches Merkmal von Qualitätssicherung. Die systematische Befragung der Leistungsberechtigten bildet eine wichtige Grundlage für die Berücksichtigung ihrer Belange" (§ 3 Abs. 7). Als wichtiges Kriterium der Ergebnisqualität wird u.a. die „Einschätzung der Leistungsberechtigten oder deren Vertrauenspersonen zur Veränderung der Lebensqualität und Nachhaltigkeit von Effekten" genannt (§ 5 Abs. 6).

Positiv zu bewerten ist, dass in den genannten Empfehlungen eine Mitwirkung der Leistungsberechtigten an Qualitätsbeurteilungen besondere Berücksichtigung erfährt. Jedoch ist zu bezweifeln, dass eine Nutzerbeteiligung in der praktischen Umsetzung auch regelhaft umgesetzt wird. Zum einen sind bis heute noch nicht in allen Bundesländern entsprechende Landesrahmenverträge zu Inhalten und Verfahren der Qualitätsprüfungen zustande gekommen (vgl. BMFSFJ 2006, 239). Zum anderen wird bei näherer Betrachtung der verabschiedeten Rahmenverträge auf Landesebene deutlich, dass eine Nutzerbeteiligung – die aufgeführten Empfehlungen abschwächend – nicht konsequent in das Regelwerk Einzug gehalten hat. Zum Beispiel wird im nordrhein-westfälischen Landesrahmenvertrag gemäß § 79 Abs. 1 SGB XII vom 23.08.2001 zwar festgelegt, dass die Leistungserbringer jährlich Qualitätsnachweise durch standardisierte Leistungsdokumentationen zu erbringen haben und dass die Leistungsempfänger/innen der Einrichtungen oder deren Vertretung daran zu beteiligen sind (§ 22). In diesen Dokumentationen werden aber lediglich Aspekte einrichtungsbezogener Strukturqualität abgefragt (Platzzahlen, betriebsnotwendige Anlagen, Personalstellen usw.); Aspekte der Prozess- und Ergebnisqualität fehlen. Im Landesrahmenvertrag wird diesbezüglich darauf verwiesen, dass eine einzelfallbezogene Prozessdokumentation zu führen ist und dass „das vereinbarte Ziel [...] mit den tatsächlich erreichten Ergebnissen zu vergleichen, zwischen dem Leistungerbringer (sic!) und dem Leistungsbezieher bzw. seinem Personensorgeberechtigten zu erörtern und in der Prozessdokumentation festzuhalten" ist (§ 10).

Damit wird es maßgeblich den Einrichtungsträgern überlassen, durch Maßnahmen des internen Qualitätsmanagements die Ergebnisse und Wirkungen ihrer

Leistungsangebote zu evaluieren und nachzuweisen: „Insgesamt verfügen die Einrichtungen und Dienste nach wie vor über einen relativ großen Spielraum bei der Auswahl und konkreten Gestaltung ihrer Qualitätssicherungsmaßnahmen" (Schwarte & Oberste-Ufer 2001, 20; Schädler 2001, 24). In den letzten Jahren haben Qualitätsmanagement-Systeme (wie z. B. „Total Quality Management" oder die Anwendung der DIN ISO 9000 ff.) zunehmend Einzug in die Behindertenhilfe gehalten (vgl. Wetzler 2003, 29 und 141 ff.). Zugleich haben die Wohlfahrtsverbände verschiedene Instrumente zur Selbstevaluation und Steuerung der Betreuungsplanung entwickelt und schrittweise eingeführt (vgl. Hartfiel 1998; Schwarte & Oberste-Ufer 2001, 48 ff.), z. B.:

- „GBM" (Gestaltung der Betreuung für Menschen mit Behinderung) des Bundesverbandes evangelische Behindertenhilfe (vgl. Klauss 2002),
- „SYLQUE" (System der Leistungsbeschreibung, Qualitätsbeschreibung, Qualitätsprüfung und Entgeltberechnung) des Verbands katholischer Einrichtungen und Dienste für lern- und geistigbehinderte Menschen (jetzt: Caritas Behindertenhilfe und Psychiatrie) (vgl. Bichler, Fink & Pohl 1995),
- „LEWO" (Lebensqualität in Wohnstätten für erwachsene Menschen mit geistiger Behinderung) im Auftrag der Lebenshilfe (vgl. Schwarte & Oberste-Ufer 2001).

Eine bundesweite Bestandsaufnahme zum Qualitätsmanagement in Wohneinrichtungen (Wetzler 2003) untersucht den Implementationsstand derartiger Instrumente. Die Ergebnisse verdeutlichen, dass ein Großteil der Wohneinrichtungen einzelne Verfahrenselemente der Qualitätssicherung und -entwicklung einsetzt, diese Bemühungen aber vor allem die strukturierende Ebene der Leistungserstellung betreffen (Verfahrensstandards in Handbüchern, formalisierte Ablaufbeschreibungen etc.). Dass die Nutzerzufriedenheit eine wichtige Rolle bei der Qualitätsbeurteilung spielt, bejahen über 90 % der Einrichtungen. Ergebnisevaluation wird aber nur von rund der Hälfte der Wohneinrichtungen vorgenommen, 16 % haben entsprechende Verfahren geplant, über ein Drittel sieht auch zukünftig kein Verfahren zur Erhebung von Ergebnisqualität vor (vgl. Wetzler 2003, 47). „Bezüglich des Leistungsgeschehens und der Qualitätssicherung liegen speziell für den Bereich der stationären Behindertenhilfe wenig aussagekräftige Informationen und Daten vor" (BMFSFJ 2006, 237). Vor diesem Hintergrund ist Ergebnisqualität „eine unbewältigte Herausforderung. [...] Qualitätsmanagement bleibt ein Torso ohne Verfahren zur Ergebnisevaluation" (Wetzler 2003, 87; vgl. Merchel 2001, 46 ff.).

Interessanterweise ist festzustellen, dass sich der Entwicklungsprozess von der anfänglichen Konzentration auf objektive Indikatoren hin zum Einbezug subjektiver Faktoren, welcher die Wohlfahrtsforschung nachhaltig geprägt hat (vgl. Kap. 1.1), in der Qualitätsdiskussion der Behindertenhilfe wiederholt: Auch hier richtet sich das Augenmerk zunächst auf objektive Qualitätsmerkmale (Strukturen, betriebliche Abläufe, Standards und standardisierte Prozesse) in einem „managerialistischen" und „technizistischen" Sinne (vgl. Beresford 2004, 347). Ergebnisqualität oder subjektive Wirkungsaspekte der Unterstützungsleistungen („Outcome") bleiben zunächst außen vor; Ergebnisse der Leistungen werden vorrangig im Sinne messbarer „Outputs" (Anzahl der betreuten Personen, Auslastung der vorgehaltenen Wohnheimplätze, Betreuer-Klienten-Relation usw.) interpretiert. „Während für die Beschreibung von Struktur- und Prozessqualität schon länger Anstrengungen in der Behindertenhilfe zu beobachten sind, rückt der Bereich der Ergebnisqualität in der bundesdeutschen Qualitätsdiskussion erst seit jüngster Zeit ins Blickfeld" (Wetzler 2003, 46).

2.3 Nutzerorientierte Evaluation und Wirkungsbeurteilung

Die Gründe für die geringe Bedeutung von Ergebnis- und Wirkungsorientierung in Forschung und Praxis sind vielfältig. Methodisch betrachtet ist die Bestimmung, Operationalisierung und Erhebung von Ergebnis- und Wirkungsaspekten im Vergleich zu objektiven Strukturen und Standards sicherlich schwieriger und aufwändiger (vgl. Metzler & Rauscher 2003, 235 f.). Zudem ist auf der Basis dienstleistungstheoretischer Analysen (vgl. Schaarschuch, Flösser & Otto 2001; Oelerich & Schaarschuch 2005b) die Besonderheit herauszustellen, dass soziale Dienstleistungen transaktionale Prozesse sind, in denen die „Produktion" und der „Verbrauch" der Dienstleistungen zeitlich und räumlich zusammenfallen („Unoactu-Prinzip") und Voraussetzung für den Erfolg der Leistungen eine aktive Mitwirkung der Nutzer/innen ist (vgl. Bauer 2001, 70 f.; Hamel & Windisch 2000, 13 f.; Baumgartner 2002, 50). „Der Nutzer ist der Produzent seines Lebens, seines Verhaltens, seiner Bildung etc., während die Rolle des Professionellen die des unterstützenden Ko-Produzenten ist" (Oelerich & Schaarschuch 2005a, 81). Damit sind die Wirkungen der Unterstützungsleistungen auch (und maßgeblich) von den Aneignungsstrukturen, Motiven, Vorstellungen und Handlungsweisen der Nutzer/innen abhängig. Aufgrund der Individualität der Zielvorstellungen, der Komplexität der sozialen Welt und Kontingenz der Lebenssituationen ist Ergebnisqualität stets von einer Vielzahl von Faktoren abhängig; damit steigt die Handlungsunsicherheit. Nach Luhmann & Schorr (1982) erschwert das dem pädagogischen Handeln strukturell inhärente „Technologiedefizit" die Identifizierung von Ziel-Mittel-Strukturen (vgl. Beck 1994, 161), die Wirkungen der Arbeit sind nur bedingt plan- und steuerbar und in der Regel nur retrospektiv zu bewerten (vgl. Flösser 2001, 1467; Schwarte & Oberste-Ufer 2001, 42; Merchel 2001, 45 f.).

Auf der anderen Seite sind Nutzer/innen im Wesentlichen „an der Gebrauchswerthaltigkeit der Dienstleistungen interessiert" (Beckmann & Richter 2005, 137; vgl. Inclusion Europe 2003, 3). In dem Maße, in dem die angebotene Leistung einerseits und die Bedürfnisse und darauf bezogenen Leistungserwartungen des Nutzers andererseits zueinander passen, steigen die Wahrscheinlichkeit für die Mitwirkungsbereitschaft des Nutzers und der subjektive Gebrauchswert der Leistung. Die Nutzer/innen „interessieren [...] sich für das Dienstleistungssystem nur insoweit, als es ihnen hilft oder sie daran hindert, das, was sie für ihr Leben benötigen, zu erreichen. Sie interessieren sich für die praktischen Effekte. Ihr Interesse bezieht sich auf ihr *Leben* und die *Qualität* ihres Lebens" (Beresford 2004, 348; Hervorheb. i.O.). Auf eine Überprüfung der Ergebnisse und Wirkungen der geleisteten Arbeit gänzlich zu verzichten, würde den subjektiven Nutzen sozialer Arbeit als irrelevant abstempeln und die Selbstbezüglichkeit des professionellen Hilfesystems mit seinen eigenen Qualitätsdefinitionen zementieren (vgl. Merchel 2001, 47; Wansing 2005b, 159 ff.; Hamel & Windisch 2000, 16): „Wir haben kein Recht, für die Betroffenen zu definieren, was für sie gut und qualitätsvoll ist. Dieses Handeln birgt die Gefahr der Bevormundung, der fürsorglichen Belagerung" (Keupp 2000, 15).

Ferner ist das „Technologiedefizit" in der pädagogischen Arbeit nicht als absolute, sondern als relative Kategorie zu begreifen (vgl. Schädler 2001, 14): Eine hohe Struktur- und Prozessqualität garantiert noch keine entsprechende Ergebnisqualität, andererseits herrscht keine völlige Beliebigkeit: „Forschungsergebnisse [...] zeigen relativ eindeutig, welch große Bedeutung strukturelle und funktionale Merkmale der Organisation für die Lebenssituation geistig behinderter Menschen haben" (Beck 1994, 234). In der Praxis ist zwar nur in Ausnahmefällen davon auszugehen, dass eine eindeutige Kausalität zwischen der Leistungserstellung und den erzielten Wirkungen nachweisbar ist. „Häufig lassen sich aber auch ohne lückenlose Kausalitätskette Beziehungen zwischen Leistungserstellung und Wirkung darstellen" (Schröder & Kettiger 2001, 15). Zudem erscheint es nicht ausreichend, die Nutzer/innen lediglich am Ende des Dienstleistungsprozesses einzubeziehen, Wirkungsaspekte abzubilden, mit vorab definierten Input-Variablen zu verknüpfen und schließlich mit Verweis auf das

„Technologiedefizit" nur schwache oder fehlende korrelative Wirkungsbeziehungen zu beklagen (vgl. Flösser 2001, 1468; Merchel 2001, 178): „Je mehr eine Beteiligung der Nutzer an personenbezogenen Dienstleistungen strukturell ausgeschlossen wird, desto eher werden die Anhaltspunkte und Kriterien zur Beurteilung des Verlaufs und des relativen Erfolgs von Leistungen und Interventionen verzerrt, fehlerintensiv und damit für eine fortlaufende situationsangemessene Optimierung unzureichend sein" (Schnurr 2001, 1334). Eine konsequente Nutzerorientierung und -beteiligung ist daher auf den gesamten Dienstleistungsprozess von der Planung über den Prozess der Leistungserbringung bis hin zur Auswertung zu beziehen. Evaluationen dürfen nicht ausschließlich summativ (also nach Leistungserstellung) erfolgen, sondern müssen Prozessindikatoren und für die Wirksamkeit der Leistungen relevant erscheinende nutzerbezogene Variablen einschließen:

> „Wird die hinter dem Diktum vom sog. ,strukturellen Technologiedefizit der Pädagogik' (Luhmann/Schorr) liegende Begründung ernst genommen, dann ist es die für pädagogische Programme unabdingbare Notwendigkeit der ko-produktiven Mitwirkung derjenigen, die das Programm in Anspruch nehmen, die aufgrund der ihnen zuzurechnenden Subjektivität ,technische', d.h. kausal-lineare Ziel-Mittel-Relationen systematisch unangemessen werden lässt. [...] Wenn diese Analyse zutrifft, dann erscheint es im Gegenzug vielversprechend, sich bei der Untersuchung der Prozesse sozialer Dienstleistung [...] in konsequenter Weise der Seite der Adressaten und Nutzer zuzuwenden. Die Frage lautet dann, was die Nutzerinnen und Nutzer *aus ihrer Perspektive* als nutzbringend im Zusammenhang mit den sich ihnen stellenden Aufgaben der Lebensführung betrachten – alltagssprachlich gewendet, was sie von den Angeboten der sozialen Arbeit ,haben', was ihnen das Angebot ,bringt'". (Oelerich & Schaarschuch 2005a, 80; Hervorheb. i. O.)

Nach diesem Verständnis ist danach zu fragen, aufgrund welcher subjektiven Kausal- und Wirkungsvorstellungen (Kausalpläne) die beteiligten Akteure handeln (vgl. Luhmann & Schorr 1982, 18). „Da es keine für soziale Systeme ausreichende Kausalgesetzlichkeit [...] gibt, gibt es auch keine objektiv richtige Technologie, die man nur erkennen und anwenden müsste. Es gibt lediglich operativ eingesetzte Komplexitätsreduktionen, verkürzte, eigentlich ,falsche' Kausalpläne, an den die Beteiligten sich selbst in bezug auf sich selbst und in bezug auf andere Beteiligte orientieren" (ebd., 19). Damit werden subjektive Kausalvorstellungen, deren Beeinflussbarkeit sowie ihre Auswirkungen auf die Leistungserbringung zum zentralen Gegenstand der Evaluation; das Technologiedefizit wird zur professionellen Herausforderung (vgl. Schädler 2001, 29). Nutzerorientierung und Ergebnisevaluation bedeuten für die betreffenden Einrichtungen und Mitarbeiter/innen der Dienste, die geleistete Arbeit aus der Nutzerperspektive heraus auf den Prüfstand zu stellen, Restriktionen aufzudecken, denen die Beteiligten Misserfolge oder ungewünschte Nebenwirkungen zuschreiben, sich auf Reflexionsprozesse einzulassen, Veränderungsbereitschaft zu zeigen und Vorstellungen darüber zu entwickeln, was auf der Basis der Evaluationsergebnisse aus fachlicher Sicht zukünftig (nicht) verändert werden sollte. Diese Bewertungsprozesse erfordern Fähigkeiten zur Selbstkritik und ein konsequentes professionelles Selbstverständnis der Dienstleister: „Nimmt man den Gedanken ernst, dass die Qualität sozialer Hilfen direkten Einfluss auf die Lebensqualität der davon abhängigen Menschen hat, dann kann eine systematisch betriebene Qualitätssicherung zu einer Professionalisierung der sozialer (sic!) Hilfen führen und die Position der Konsumenten der Dienstleistungen stärken" (Schädler 2001, 25). Derartige Wirksamkeitsdialoge können nicht nur konkrete Veränderungsprozesse hinsichtlich der Leistungsgestaltung einleiten, sie besitzen gleichsam selbstwirksames Potenzial: „Wenn auch Nutzer/innen in eine Selbstevaluation einbezogen sind, kann dies ihre Selbstbestimmung stärken und ihre Zufriedenheit mit den erbrachten Leistungen und Hilfen erhöhen" (Schädler 2001, 31 f.). Nutzer/innen an Fragen zur Qualitätsbeurteilung und -entwicklung zu beteiligen ist per se ein Empowerment-Prozess, stärkt die Nutzerposition, Selbstvertretungsmacht und Artikulationskraft (vgl. Aselmeier et al. 2001, 213; Seifert 2006a, 15). Die Leistungsberechtigten können sich als entscheidungsfähige Personen erfahren, selbstbewusster werden und ihre Rechte nachdrücklicher artikulieren und einfordern (vgl. Gromann & Niehoff-Dittmann 1999, 163): „Nutzerbefragungen stärken die Bewohner/innen in ihrer Rolle als kritische Verbraucher – das hebt ihr Selbstwertgefühl und das Bewusstsein, Kontrolle über das eigene Leben zu haben" (Seifert 2006a, 22).

Die Nutzerposition ist allerdings nicht der einzig legitime Standort zur Qualitätsbeurteilung, da soziale Leistungen im Unterschied zu anderen Dienstleistungen nicht auf einem bilateralen Beziehungsverhältnis „Kunde/Dienstleister" beruhen: Leistungsanbieter haben auch die Vorgaben und Interessen öffentlicher Leistungsträger zu berücksichtigen; mit den bewilligten und finanzierten Unterstützungsleistungen sind auch sozialpolitische Zielsetzungen verbunden, die mitunter mit subjektiven Vorstellungen und individuellen Präferenzen der Nutzer/innen kollidieren (vgl. Metzler et al. 2006, 24; Schädler 2001, 15). Aufgrund unterschiedlicher Interessenlagen und der Akteursgebundenheit der Qualitätskriterien ist ein absoluter Qualitätsbegriff nicht bestimmbar (vgl. Schaarschuch & Oelerich 2005, 14). Da ein Konsens darüber, was unter Qualität zu verstehen ist, nicht vorausgesetzt werden kann, erscheint es unentbehrlich, die Nutzer/innen an Qualitätsdefinitionen zu beteiligen und ihnen umfängliche Kontrollrechte einzuräumen (vgl. Gromann 1996). „Somit resultiert die strategische Bedeutung der Adressatenbeteiligung für das Qualitätsmanagement in der Sozialen Arbeit gleichermaßen aus den Wesensmerkmalen von Sozialen Dienstleistungen wie aus der Logik des Qualitätsbegriffs selbst" (Merchel 2001, 176).

Des Weiteren ist davon auszugehen, dass mit der Einführung eines Persönlichen Budgets in das Rehabilitationssystem die Nachfragerposition im Leistungsgeschehen strukturell weiter gestärkt wird, wodurch für die sozialen Dienste auch das Erfordernis einer nutzerorientierten Angebots- und Qualitätsentwicklung steigen dürfte (vgl. Wacker, Wansing & Schäfers 2005; Kastl & Metzler 2005; Metzler et al. 2006). So heißt es in der gesetzlichen Kernregelung zum Persönlichen Budget (§ 17 Abs. 2 Satz 1 SGB IX): „Auf Antrag können Leistungen zur Teilhabe auch durch ein Persönliches Budget ausgeführt werden, um den Leistungsberechtigten in eigener Verantwortung ein möglichst selbstbestimmtes Leben zu ermöglichen". Durch die Umlenkung der Geldmittel vom Anbieter zum Nutzer wird das traditionelle korporatistische Vertragsverhältnis zwischen Leistungsträger und -anbieter im Sachleistungssystem abgeschwächt. Im Geldleistungssystem erfolgt die Bedarfsfeststellung und Leistungszusage seitens des Leistungsträgers zunächst einmal losgelöst vom bestehenden Angebot der Leistungserbringer, der Mensch mit Behinderung (ggf. mit Unterstützung) steuert als Budgetnehmer über sein Budget die Leistungserbringung und damit das Angebot. Jetzt ist es im Wesentlichen der Budgetnehmer selbst (ggf. mit Unterstützung), der mit den Leistungsanbietern Vereinbarungen über die Leistungsgestaltung trifft und entsprechend seinen Vorstellungen und Wünschen Qualität definiert, also Leistungen danach beurteilt, inwiefern sie sich für die eigene Lebensführung als geeignet und förderlich erweisen und Ressourcen darstellen, um die Aufgaben des Alltags angemessen zu bewältigen.

In diesem Beziehungsgefüge müssen die Leistungserbringer ein wirtschaftliches Interesse daran haben, ihre Angebote nach den Bedürfnissen und Wünschen der Nutzer/innen auszurichten – nicht zuletzt auch aus monetären Gründen, wollen sie nicht Gefahr laufen, „Kunden" zu verlieren. Zwar sind die Budgetnehmerzahlen insgesamt (und insbesondere im Vergleich zu den Beziehern von Sachleistungen) noch gering[3]; es ist aber davon auszugehen, dass sich mit dem ab 2008 bestehendem Rechtsanspruch auf ein Persönliches Budget, steigendem Erfahrungszeitraum und größer werdendem Bekanntheitsgrad die Inan-

---

3 Es ist davon auszugehen, dass in Deutschland bis Mitte 2006 zwischen 4.300 und 4.500 Persönliche Budgets bewilligt wurden; diese Einschätzung beruht auf Erhebungen der wissenschaftlichen Begleitung der Modellprojekte „Trägerübergreifendes Persönliches Budget" (vgl. Metzler et al. 2006, 28).

spruchnahme des Persönlichen Budgets erhöhen wird. Unabhängig von der quantitativen Inanspruchnahme sendet dieses neue sozialpolitische Steuerungsinstrument das Signal eines grundlegenden Wandels hin zu einem personenbezogenen Unterstützungssystem, dem sich die sozialen Dienste und Einrichtungen stellen müssen, um zukunftsfähig zu sein: „Die Rolle der Professionellen verändert sich ebenso wie die der Betroffenen: von der Versorgung zur Partizipationsförderung, von der Angebots- zur Bedarfssteuerung, vom schematisierten Standardangebot zur individuellen, flexiblen Leistungsgestaltung; vom abhängigen, aber auch beschützten Hilfeempfänger zum selbstbestimmten, geforderten Nutzer mit neuen Rechten" (Beck 2004, 69).

Fazit

Zusammenfassend zeigt die Einordnung des Lebensqualitätskonzepts in Entwicklungslinien der Rehabilitation, dass das Konzept eine adäquate Bestimmungs- und Orientierungsgröße zur personenbezogenen Planung und Gestaltung von Unterstützung bietet, in denen die subjektive Nutzerperspektive handlungsleitend ist und nicht institutionelle und organisatorische Interessen und Bezugsgrößen im Vordergrund stehen. Mit der Orientierung am Lebensqualitätskonzept wird der gesellschaftliche Bezug und sozialpolitische Auftrag sozialer Dienstleistungen betont. Als sozialwissenschaftliches Konzept überwindet Lebensqualität eine verengte Analyse der Strukturen und systemimmanente Qualitätsdefinition der Behindertenhilfe zugunsten einer stärkeren Hinwendung in Richtung der Aufgaben und Leistungsfähigkeit des Systems bzw. seiner Institutionen im gesamtgesellschaftlichen Kontext. „Seine nachhaltige Wirkung für eine grundlegende Reform des Rehabilitationssystems kann das Konzept der Lebensqualität […] erst dann entfalten, wenn es über das professionelle Hilfesystem hinaus Anwendung findet" (Wansing 2005b, 135).

Aufgrund seiner Mehrdimensionalität und -funktionalität findet Lebensqualität inzwischen an vielen Stellen im Leistungsgeschehen Anwendung:

- zur systematischen Hilfeplanung und Erkundung der Bedürfnisse der Nutzer/innen (vgl. Beck 2002; Beck & Lübbe 2003),
- zur umfassenden Qualitätsentwicklung wohnbezogener Hilfen (vgl. Schwarte & Oberste-Ufer 2001; Aselmeier et al. 2001; Schalock & Verdugo 2002) und

- zur Evaluation durch Nutzerbefragungen (vgl. Gromann 1996; Wacker et al. 1998; Hamel & Windisch 2000; Gromann & Niehoff 2003; Inclusion Europe 2003; Dworschak 2004).

Im Folgenden soll Lebensqualität als Leitbegriff zur nutzerorientierten Evaluation sozialer Dienste und Einrichtungen in den Fokus genommen werden – insbesondere als Gestaltungsrahmen zur Befragung von Menschen mit geistiger Behinderung. Damit wendet sich der Blick von eher inhaltlichen und funktionalen Aspekten des Lebensqualitätskonzepts (vgl. Kap. 1 und 2) hin zu methodologischen und methodischen Fragestellungen bzw. Problemstellen, welche mit der Erhebung von Lebensqualität einhergehen (vgl. Kap. 3).

3   Methodologische und methodische Aspekte der Erhebung von Lebensqualität

Ist Lebensqualität als offenes und sensibilisierendes Konzept zu verstehen (vgl. Kap. 1.2), stellt sich die grundsätzliche Frage nach der Messbarkeit von Lebensqualität. Angesichts der vielfältigen Lebensentwürfe von Menschen, unterschiedlichen Lebensbedingungen und persönlichen Vorstellungen davon, was ein „qualitätsvolles Leben" ausmacht, können durchaus Zweifel an der Messbarkeit von Lebensqualität aufkommen (vgl. Matikka 2001, 37 f.; Rapley 2003, 84 ff.). Wie in Kap. 1 dargestellt, ist Lebensqualität kein Merkmal, das direkt beobachtbar oder erfahrbar ist. Vielmehr ist Lebensqualität als Konstrukt aufzufassen und als forschungsrelevantes Konzept, um unsere psychische, physische, soziale und materielle Realität verstehbar zu machen: „Quality is not a thing but a concept, a particular construction, or abstraction, of reality. It has no independent existence in the world" (Osborne 1992, 438). Das mit dem Begriff „Lebensqualität" Bezeichnete kann nur aus Indikatoren erschlossen werden, die wiederum das Ergebnis einer theoretisch mehr oder weniger sinnvollen Operationalisierung des Lebensqualitätskonzepts darstellen. Dabei ist kein einheitliches Betrachtungsmodell zu identifizieren: „We do not have an agreed-upon standard for determining anyone's quality of life" (Taylor & Bogdan 1996, 11).

Allerdings sind trotz aller individuellen Unterschiede und Gewichtungen erstaunliche Übereinstimmungen hinsichtlich derjenigen Aspekte der Lebensführung identifizierbar, die von nahezu allen Menschen als für ihre Lebensqualität essenziell genannt und anerkannt werden; analog besteht in der internationalen Lebensqualitätsforschung weitgehend Konsens über grundlegende Dimensionen und Prinzipien der Konzeptualisierung von Lebensqualität (vgl. Kap. 1.2). Diese sind in jeweiligen Untersuchungszusammenhängen immer wieder neu zu beleuchten, um relevante Indikatoren fokussieren zu können. Insofern ist die Frage der Messbarkeit in erster Linie eine Frage der theoretischen Konzeptualisierung und Operationalisierung von Lebensqualität (vgl. Heal & Sigelman 1996, 91). Die Ebene der Methodologie ist nachrangig: Welche methodologischen Implikationen birgt das Konstrukt Lebensqualität? Lassen sich abgeleitete Indikatoren überhaupt empirisch überprüfen – und wenn ja: Wie lassen sie sich erfassen?

„Selbstwertgefühl", „Zufriedenheit mit sozialen Beziehungen" oder „Lern- und Bildungsmöglichkeiten" können allesamt relevante Indikatoren für Lebensqualität sein, werfen aber in jeweiligen Forschungskontexten unterschiedliche methodische Probleme auf. Besonders beim Personenkreis der Menschen mit geistiger Behinderung stellt sich die Frage nach einem angemessenen methodischen Inventar zur Ermittlung subjektiver Lebensqualität. Bei der Ableitung methodischer Zugangsmöglichkeiten können sowohl Hinweise der empirischen Sozialforschung, der allgemeinen Lebensqualitätsforschung und Erfahrungen mit speziellen Methoden in der Anwendung beim Personenkreis der Menschen mit geistiger Behinderung dienlich sein. Die empirischen Erfahrungen wiederum beeinflussen in einer Rückkopplung weitergehende konzeptuelle Auseinandersetzungen und können damit zu theoretischen Präzisierungen führen.

Die Frage nach der Messbarkeit von Lebensqualität lässt sich also nicht generell, sondern nur in Abhängigkeit von den zugrunde liegenden theoretischen Vorstellungen und zu ermittelnden Indikatoren beantworten. Analog können bei der Planung einer Lebensqualitätsstudie konkrete methodologische Entscheidungen nicht vorab getroffen werden; sie müssen sich nach den jeweiligen Untersuchungszielen, dem Forschungsstand und dem spezifischen Erkenntnisinteresse richten (vgl. Bortz & Döring 2002, 53 ff.).

3.1 Methodologische Grundorientierungen und Zugangswege der Lebensqualitätsforschung

Unabhängig vom jeweiligen Setting einer Untersuchung finden sich Grundorientierungen in der Lebensqualitätsforschung wieder. Kernentscheidungen betreffen vor allem Fragen nach dem generellen Forschungsansatz (was?), der Informationsquelle (wer?) und dem Erhebungsinstrumentarium (wie?), sodass eine methodologische Taxonomie der Messung von Lebensqualität entsteht (vgl. Tabelle 8):

- Die Frage nach dem „*Was?*" beinhaltet zum einen die grundlegende Entscheidung, ob *objektive* Lebensbedingungen und/oder *subjektive* Wahrnehmungen und Erfahrungen gemessen werden sollen (vgl. objektivistische vs. subjektivistische Forschungsansätze, Kap. 1.1). Zum anderen ist in einer empirischen Erhebung über den generellen Ansatz zu entscheiden, Lebensqualität entweder als *Absolutum* (individuelle Einzelindikatoren werden zu einem Index zusammengezogen, der die Merkmalsausprägung widerspiegelt) oder als *Relativum* (individuelle Einschätzungen im Vergleich zu einer

Bezugsnorm, z. B. zu einem subjektiven Idealzustand, zu früheren Erfahrungen, zu Zukunftserwartungen, zu anderen relevanten Bezugspersonen) zu begreifen und abzubilden.

- Die Frage nach dem „*Wer?*" bezieht sich zum einen auf die *Informationsbzw. Auskunftsquelle*, zum anderen auf den *Urheber* der entwickelten Dimensionen (Kategorien, Indikatoren), die für die Erhebung von Lebensqualität als relevant angesehen werden. So kann Lebensqualität direkt (über Selbstauskünfte der Betroffenen) oder indirekt (über Fremdauskünfte, z. B. externe Einschätzungen durch den Untersuchungsleiter oder über stellvertretende Befragung) ermittelt werden. Analog können die in der Untersuchung eingesetzten Erhebungsinstrumente, relevanten Dimensionen und Indikatoren vom Untersuchungsleiter auf der Grundlage theoretischer Überlegungen entwickelt worden und a priori vorgegeben sein, oder die Lebensqualitätskriterien werden durch Betroffene (bzw. deren Bezugspersonen) selbst generiert, evtl. in der Untersuchung selbst (z. B. durch nicht oder wenig strukturierte Beobachtungen oder Befragungen der Betroffenen, um Wertesysteme und subjektive Perspektiven zu rekonstruieren) oder vor der eigentlichen Studie in Zusammenarbeit mit dem Untersuchungsleiter (z. B. indem das Erhebungsinstrument auf der Grundlage von Betroffenenaussagen entwickelt wird).

- Die Frage nach dem „*Wie?*" schließlich bezieht sich auf den *Typus der Datenerhebung* und auf das *Erhebungsinstrumentarium*, welche vom spezifischen inhaltlichen Untersuchungsbereich, dem Erkenntnisinteresse und dem Kontext der Studie abhängen. Die Instrumentenkonstruktion verkörpert die vorangegangenen in der Taxonomie dargestellten methodologischen Entscheidungen in einem Handlungsprodukt, indem theoriegeleitet relevante Kriterien, Kategorien, Indikatoren bzw. Items abgeleitet und zu einem Instrumentarium geformt werden (Beobachtungsbogen, Interviewleitfaden, Fragebogen, Checkliste etc.).

Ferner lassen sich die Forschungsansätze danach unterscheiden, auf welche Analyseebene sie sich beziehen: auf die Makroebene (z. B. die Einschätzung der gesellschaftlichen Wohlfahrt und des sozialen Wandels über ein System sozialer Indikatoren), Mesoebene (z. B. die Untersuchung regionaler Hilfestrukturen für Menschen mit Behinderung) oder die Mikroebene (z. B. die Erhebung individueller Selbstbestimmungsmöglichkeiten und der persönlichen Zufriedenheit mit den Lebensbedingungen) (vgl. Rapley 2003, 85 ff.; Schalock & Verdugo 2002, 20 ff.).

Tabelle 8:   Methodologische Taxonomie zur Erhebung von Lebensqualität
(modifiziert nach Heal & Sigelman 1996, 93)

Was? For- schungs- ansatz/ genereller Zugang	*Wer?* Aukunfts- quelle/ Ur- heber der Kriterien	*Wie?* Untersuchungsbereich/ Typ der Datenerhebung	Beispiele
objektiv/ absolut	Forscher/ Forscher	Erhebung struktureller Merkmale und objektiver Lebensbedingungen in Wohnheimen	Conroy 1996; Wacker et al. 1998
		Beobachtungen objektiver Verhaltens- weisen/ sozialer Interaktionen	Yu et al. 2002; Dieckmann 2002
objektiv/ relativ	Forscher/ Forscher	Normalisierte Lebensbedingungen im Vergleich zu kulturellen Normen	Flynn et al. 1991; Thimm et al. 1985
subjektiv/ absolut	Betroffener/ Forscher	direkte Befragung von Nutzern sozialer Dienstleistungen zu Lebensqualitätsaspekten (z. B. Zufriedenheit, Selbstbestimmung)	Kober & Eggleton 2006; Dworschak 2004; Seifert 2006b
		Befragung von Populationen zu ihrer Le- bensqualität (z. B. Zufriedenheit mit der Arbeit, Freizeit, Ehe usw.)	Andrews & Whitey 1976; Statistisches Bundesamt 2006a
	Stell- vertreter/ Forscher	Befragung von Angehörigen/ gesetzlichen Betreuern/ nahe stehenden Bezugspersonen von Nutzern sozialer Dienstleistungen zu deren Zufriedenheit	Nota, Soresi & Perry 2006; McVilly, Burton-Smith & Davidson 2000
	Betroffener/ Betroffener	Beobachtung des Lebensalltags von Heim- bewohnern	Edgerton 1996; Seifert, Fornefeld & Koenig 2001
		Analyse kritischer Lebenserfahrungen/ und -verläufe durch Biografieforschung	Flanagan 1978; Jantzen 1999
		Befragungen von Menschen mit geistiger Behinderung zur Zufriedenheit mittels Krite- rien, die von Betroffenen entwickelt wurden	Candussi & Fröhlich 2005
	Stell- vertreter/ Stell- vertreter	Befragungen von Bezugspersonen von Men- schen mit geistiger Behinderung zu deren Wohlbefinden mittels Lebensqualitätskrite- rien, die von den Bezugspersonen selbst entwickelt wurden	–
subjektiv/ relativ	Betroffener/ Forscher	Befragung von Populationen zu ihrem subjektiven Wohlbefinden: Vergleich zwischen aktuellem, retrospektivem und prospektivem Wohlbefinden	–

Die Matrix (vgl. Tabelle 8) zeigt ein breites Inventar an methodischen Zugangsmöglichkeiten, obwohl diese noch nicht einmal erschöpfend dargestellt sind. Diese methodische Breite findet sich in der Forschungspraxis nur bedingt wieder: Zwar lässt sich zu fast jeder Konstellation eine durchgeführte Untersuchung mit Bezug zum Personenkreis der Menschen mit geistiger Behinderung finden. Dennoch sind einige Zugangswege – vermutlich aus Gründen der Forschungstradition, der Untersuchungsökonomie oder besonderer Umsetzungsschwierigkeiten bei Personen mit kognitiven Beeinträchtigungen – verbreiteter als andere (vgl. Schnell, Hill & Esser 1999, 298; Heal & Sigelman 1996, 92).

So herrschten im angloamerikanischen Raum vor allem im Kontext der Evaluation von Deinstitutionalisierungsmaßnahmen in den 1980er Jahren – übereinstimmend mit der Entwicklung der Wohlfahrtsforschung (vgl. Kap. 1.1) – objektivistische Ansätze vor und damit forschungspraktisch die Erhebung sozialer Indikatoren bzw. externer Lebensbedingungen z.B. über Beobachtungsbögen oder Checklisten (vgl. Perry 2004, 116; Cummins 2005d, 9): „Objective assessment has dominated service evaluation in the mental retardation field" (Perry & Felce 2002, 446). Im Zuge der weiteren Entwicklung der Lebensqualitätsforschung (und damit einhergehend der zunehmenden Berücksichtigung in der Rehabilitation) rücken jedoch neben extern beobachtbaren Standards mehr und mehr auch subjektive Erfahrungen und Bewertungen von Menschen mit (geistiger) Behinderung in den Blick (vgl. Kap. 2.3): „In the last few years, techniques for assessing the satisfaction of people with mental retardation with various aspects of their lives have gained increasing prominence" (Perry & Felce 2002, 445). Inzwischen lässt sich eine Vielzahl von Studien finden, in denen Menschen mit geistiger Behinderung zu ihrer subjektiven Lebensqualität befragt wurden (z.B. Barlow & Kirby 1991; Conroy et al. 2003; Duvdevany, Ben-Zur & Ambar 2002; Harner & Heal 1993; Heal & Chadsey-Rusch 1985; Hensel et al. 2002; Matikka 2001; McVilly & Rawlinson 1998; Perry & Felce 2005; Rapley & Hopgood 1997; Schalock, Bonham & Marchand 2000; Schwartz 2003; Smyly & Elsworth 1997; Stancliffe, Abery & Smith 2000; Stancliffe 1995; Wehmeyer & Bolding 1999). Der Forschungsstand ist kaum darstellbar (vgl. Beck 2001, 338).

In Deutschland lassen sich ähnliche Entwicklungslinien (wenngleich mit zeitlicher Verzögerung) verfolgen. So wird das ab Anfang der 1990er Jahre durchgeführte Forschungsprogramm „Möglichkeiten und Grenzen selbstbestimmter Lebensführung" (MuG-Studien) noch deutlich von einem objektiven Ansatz geleitet. In Rahmen dieser Studien erfolgten Erhebungen der objektiven Lebensbedingungen von Menschen mit Behinderung in Privathaushalten (vgl. Häussler, Wacker & Wetzler 1996), zur Versorgungsstruktur in der Behindertenhilfe (vgl. Bormann, Häussler & Wacker 1996) und Lebenssituation in Wohn-heimen (vgl. Wacker et al. 1998). Methodisch betrachtet kamen verschiedene Formen der Datenerhebung zum Einsatz: In der Haushaltserhebung (vgl. Häuss-ler, Wacker & Wetzler 1996) wurden „Face-to-face"-Interviews von in Privat-wohnungen lebenden Menschen mit Behinderung mittels eines halbstandardisier-ten Fragebogens („HALM – Haushaltserhebung zur Lebenssituation behinderter Menschen") durchgeführt, wobei überwiegend objektive Aspekte der Lebenssi-tuation abgefragt wurden: Wohnsituation, Eigentums- und Mietverhältnisse, Haushaltsgröße, durchschnittliches Nettoeinkommen, Aktivitäten des täglichen Lebens (ADL-Skalen), Gebrauch technischer Hilfsmittel, Dauer von Klinikauf-enthalten und Bettlägerigkeit, Nutzung von Verkehrsmitteln, Infrastruktur des Wohnumfeldes, Erwerbstätigkeit etc.

Die umfangreiche Datenaggregation in der Heimerhebung (vgl. Wacker et al. 1998) stützte sich auf verschiedene Erhebungsinstrumente:

- schriftliche Befragung der Träger und Einrichtungen zum Gesamtangebot des Trägers, zu Strukturmerkmalen der Wohneinrichtungen und Betreu-ungsstandards (z.B. Art, Lage und Größe der Einrichtung, bauliche Gege-benheiten, Leistungsspektrum und Angebote der Freizeitgestaltung, perso-nelle Ausstattung) („Trägerbezogener Erhebungsbogen"; n=615; „Einrich-tungsbezogener Erhebungsbogen"; n=1.384)
- vertiefende schriftliche Befragung von Einrichtungen (z.B. betreuter Perso-nenkreis, Aufnahmekriterien, Organisation und Konzept, Gruppenstruktur, Vorgaben und Regeln) (Fragebogen „SPOK – Strukturelle, personelle, or-ganisatorische und konzeptionelle Merkmale"; n=217)
- mündliche Befragung der Heimbewohner/innen (z.B. zu Schul- und Be-rufsausbildung, Unterstützungsbedarf, Aktivitäten des täglichen Lebens, Ausstattung des Wohnbereichs, Regeln in der Wohneinrichtung) (Fragebo-gen „SPACE – Strukturelle und persönliche Alltagserfahrungen in charak-teristischen Einrichtungen"; n=188 aus 20 Wohneinrichtungen)
- mündliche Befragung der Mitarbeiter/innen von Wohneinrichtungen (z.B. Hilfe- und Pflegesituation, medizinisch-therapeutische Erfordernisse, Ar-beitsbelastung) (Fragebogen „BEAM – Befragung zur Arbeitssituation und Motivation"; n=38 aus 20 Wohneinrichtungen)
- strukturierte Beobachtung der Einrichtungen und des jeweiligen Umfeldes (z.B. Beschaffenheit des Außenbereichs, Verkehrslärm, Übersichtlichkeit des Gebäudes, Trennung von Wohn- und Schlafbereich, Interaktion zwi-schen Bewohnern und Mitarbeitern) (Fragebogen „UHURA – Beobachtung zu unterstützenden Haltungen und Rehabilitationshilfen im Alltag"; n=20)

Auch hier wurden überwiegend objektive Indikatoren der Versorgungssituation und Lebensqualität fokussiert, wobei ansatzweise lebensweltliche Aspekte zum Tragen kamen (Fragebogen „SPACE"), indem die Bewohner/innen nach ihrer subjektiven Wahrnehmung und Bewertung der Lebenssituation (z.B. psychische Belastungen und Lebenszufriedenheit) befragt wurden.

Neben den MuG-Studien liegen im deutschsprachigen Raum inzwischen einige empirische Untersuchungsergebnisse zu Aspekten der Lebensqualität von Menschen mit geistiger, mehrfacher bzw. schwerer Behinderung vor, die „zu einer schrittweisen Vergrößerung des Wissens um die Wirkungen externer Ressourcen auf die Lebenssituation geistig behinderter Menschen" (vgl. Beck 1994, 271) beitragen.

Tabelle 9 gibt eine Übersicht über die für diese Arbeit besonders relevant erscheinenden Studien zur Lebensqualität, wobei der Analyseschwerpunkt der Literaturrecherche auf den Personenkreis Menschen mit geistiger Behinderung und den Untersuchungsbereich Wohneinrichtungen bzw. wohnbezogene Hilfen gelegt wurde ohne Anspruch auf Vollständigkeit.

Tabelle 9:   Übersicht über empirische Lebensqualitätsstudien und Nutzerbefragungen von Menschen mit (geistiger) Behinderung im deutschsprachigen Raum

Quelle / Publikation	*Untersuchungskontext/ Stichprobe/ Untersuchungsbereich*	*Formen der Datenerhebung*
Jakobs 1987	Studie zur Lebenssituation und Lebenszufriedenheit Erwachsener mit geistiger Behinderung in verschiedenen Wohnformen (Wohnheime, betreute Wohngruppen, Familie)	
	Befragung von Menschen mit geistiger Behinderung (n=23)	Interview (Leitfaden)
	Biografische Aspekte, Tagesablauf, Wohnsituation, Sozialkontakte, Aktivitäten, Interessen, Freizeitgestaltung, emotionales Wohlbefinden, Wünsche, Lebenszufriedenheit	
Windisch et al. 1991	Studie zu Wohnformen und sozialen Netzwerken von Menschen mit geistiger Behinderung und psychischer Erkrankung	
	Befragung von Erwachsenen mit geistiger Behinderung und psychischer Erkrankung in verschiedenen Wohnformen (Wohnheime, Wohngemeinschaften, betreutes Einzel- und Paarwohnen) (n=85)	Interview (halbstandardisierter Fragebogen)
	Größe und Struktur des sozialen Netzwerks, Qualität und Dauer der Beziehungen, Interaktionshäufigkeit	

Windisch & Kniel 1993	Studie zu Hilfebedarf, sozialer Unterstützung und Integration von Erwachsenen mit Behinderung	
	Befragung von Menschen mit Körper-, Seh- und Hörschädigung (n=359)	Interview (halbstandardi-
	Wohnsituation, Arbeit, soziale Netzwerke, Hilfebedarf, Unterstützungspotenzial, soziale Abhängigkeit, Einsamkeit, Austausch von Hilfe, gesundheitliches Befinden, Zufriedenheit	sierter Fragebogen)
Albrecht et al. 1995 Albrecht et al. 1999	Evaluation des Enthospitalisierungsprozesses einer psychiatrischen Anstalt	
	Befragung von Bewohner/innen mit psychischer Erkrankung (n=125) vor und nach Deinstitutionalisierung	Interview (standardisierter
	Zufriedenheit mit der Wohnsituation, sozialen Beziehungen, Freizeit, Gesundheit, Arbeit, Geld, Betreuung	Fragebogen)
Seifert 1997	Studie zum Wohnalltag und zur Lebensqualität von Erwachsenen mit schwerer geistiger Behinderung in Wohnheimen und Psychiatrischen Kliniken	
	Befragung von Mitarbeiter/innen von Wohnheimen und Psychiatrischen Kliniken (n=22)	Interview (qualitativ,
	Interaktion der Bewohner/innen im Wohnbereich (Wohlbefinden, Kommunikation, Kompetenz, Autonomie), materielle Struktur (räumliche Gestaltung, Ausstattung, Lage und Infrastruktur), soziale Beziehungen (Mitbewohner, Angehörige, Nachbarschaft, Fachleute), Teilnahme am allgemeinen Leben, Akzeptanz, Arbeitszufriedenheit der Mitarbeiter	problem-zentriert)
Wirth 1997	Evaluation eines Enthospitalisierungsprogramms in psychiatrischen Kliniken	
	Befragung von Bewohner/innen mit psychischer Erkrankung (n=30) nach Auszug aus den Kliniken	Interview (standardisierter
	Zufriedenheit mit Wohnbedingungen, Selbstbestimmung, Regeln, Aufgaben des alltäglichen Lebens, Versorgung, Beschäftigung, finanzielle Situation, Gesundheit und Pflegebedürftigkeit, Veränderungen vor und nach Umzug	Fragebogen)
Gromann & Niehoff-Dittmann 1999	Erprobung von Lebensqualitätsfragebögen	
	Befragung von Bewohner/innen stationärer Wohneinrichtungen (k.A. über die Anzahl der Befragten; 2 beteiligte Wohnheime)	Interview (standardisierter
	Zufriedenheit, Selbstbestimmung, soziale Beziehungen, Aktivitäten und Arbeitssituation	Fragebogen)

Hagen 2001	Studie zur Situation von Menschen mit geistiger und mehrfacher Behinderung in Tagesstätten	
	Experteninterviews mit Mitarbeiter/innen der Tagesstätten: Bedeutung der Angebote für die Nutzer/innen, Probleme der Arbeitssituation (n=61; 9 Gruppendiskussionen)	Gruppen-diskussion (qualitativ)
	Beobachtungen in den Tagesstätten zu Alltagsstrukturen, Aktivitäten der Nutzer/innen, Interaktionen (n=120)	teilnehmende Beobachtung (unstrukturiert)
	Befragung von Menschen mit geistiger Behinderung (n=25): Zufriedenheit mit den Tätigkeiten und Angeboten	Interview (qualitativ, problem-zentriert)
Seifert, Fornefeld & Koenig 2001	Lebenssituation von Menschen mit schwerer Behinderung und hohem Hilfebedarf in Wohn- und Pflegeeinrichtungen (22 Bewohner aus 18 Gruppen bzw. 16 Einrichtungen)	
	Erhebung von Strukturdaten der Einrichtungen (z.B. Einrichtungstyp, Anzahl der Plätze, Angebote), der Gruppen (Räumlichkeiten, Personalstruktur, Mitwirkungsgremien) und Angaben zu den Bewohnern (Aufenthaltsdauer, biografische Aspekte, Verhaltensauffälligkeiten, Medikamente)	schriftliche Befragung
	Beobachtungen in der Wohngruppe zum physischen Wohlbefinden (z.B. Körperpflege, Ernährung, Entspannung), sozialem Wohlbefinden (z.B. Interaktion, Kommunikation, Wertschätzung), materiellem Wohlbefinden (z.B. räumliche Ausstattung, Eigentum), aktivitätsbezogenem Wohlbefinden (z.B. Tagesstruktur, Aktivitäten, Selbstbestimmung), emotionalem Wohlbefinden (z.B. Gefühlsausdruck, Stress, Sexualität) (durchschnittlich 40 Stunden im Alltag des Bewohners)	teilnehmende Beobachtung (strukturiert)
	Erkundung biografischer Aspekte der Bewohner/innen	Dokumenten-studium
	Befragung der Mitarbeiter/innen zur Lebenssituation der Bewohner (z.B. Lebensgeschichte, Unterstützungsbedarfe, Vorlieben, Verhaltensauffälligkeiten, soziale Beziehungen) und zur Arbeitssituation (z.B. Belastungen, Verhaltensregeln, Kooperation im Team) (n=20)	Interview (qualitativ, problem-zentriert)

Baumgartner 2002	Evaluation eines Projekts „Experiment Assistenzdienst" zur Erprobung Persönlicher Assistenz nach dem Arbeitgebermodell in der Schweiz	
	Panelbefragung von Menschen mit Körper- und Sinnesbehinderung mit Assistenzorganisation nach dem Arbeitgebermodell (n=17) und Befragung einer Vergleichsgruppe (n=19)	Interview (standardisierter Fragebogen)
	Fragebogen „Lebensbedingungen und Zufriedenheit behinderter Menschen" (Godenzi & Baumgartner 1999): Wohnsituation, soziale Beziehungen, Freizeitaktivitäten, Gesundheit, Arbeits- bzw. Ausbildungssituation, finanzielle Handlungsspielräume, Hilfeleistungen, allgemeine Lebenszufriedenheit	
Dieckmann 2002	Vergleichende Studie zu Wohnalltag und Kontaktchancen Erwachsener mit schwerer geistiger Behinderung in unterschiedlich zusammengesetzten Wohngruppen	
	Beobachtung des Wohngruppengeschehens; zusätzliche Befragung von Mitarbeiter/innen (zwei Teilstudien mit 40 bzw. 43 Wohngruppen)	teilnehmende Beobachtung (strukturiert) schriftliche Befragung (halbstandardisierter Fragebogen)
	Wohngeschehen (Handlung, beteiligte Personen, Art der Beteiligung, Örtlichkeit, Dauer), Kontaktaufnahmeverhalten (Häufigkeit, Qualität)	
Kniel & Windisch 2002 Kniel & Windisch 2005	Studie zum Nutzen und den Wirkungen von Selbsthilfevereinigungen von Menschen mit geistiger Behinderung auf ihre Mitglieder	
	Befragung von Menschen mit geistiger Behinderung mit und ohne Zugehörigkeit zu einer Selbsthilfevereinigung (n=51 bzw. 66; Gesamt 117)	Interview (standardisierter Fragebogen)
	Selbstbehauptung, Kompetenzen, Entscheidungsautonomie und -zufriedenheit, soziales Netzwerk und Netzwerkzufriedenheit, psychisches Befinden, Lebenszufriedenheit (zudem Zufriedenheit mit der Selbsthilfevereinigung und subjektiver Nutzen der Zugehörigkeit)	
Janssen et al. 2003	Evaluation der Wohnangebote eines Wohngruppenverbundes eines Einrichtungsträgers	
	Befragung von Bewohner/innen stationärer Wohneinrichtungen (n=39)	Interview (standardisierter Fragebogen)
	„Fragebogen zur Zufriedenheit und Lebensqualität der Nutzer/innen im Wohngruppenverbund": Zufriedenheit mit der Wohnsituation, Selbst- und Mitbestimmungsmöglichkeiten, Regeln, Bewertung der Betreuung, soziale Beziehungen, Freizeitaktivitäten, Infrastruktur	

Dennhöfer 2004	Befragung von Bewohner/innen einer Komplexeinrichtung (k.A. über die Anzahl der Befragten) Wohnsituation, Zusammenleben, Versorgung, Hobbys und Interessen, Beziehungen zu Mitarbeitenden und gesetzlichen Betreuern	Interview (qualitativ)
Dworschak 2004	Vergleichende Studie zur Lebenssituation in stationären Wohnformen für Erwachsene mit geistiger Behinderung	
	Befragung von Bewohner/innen verschiedener stationärer Wohnformen (n=143; 11 Einrichtungen bzw. 44 Wohngruppen) „Interview zu individuellen Entscheidungsmöglichkeiten und Lebenszufriedenheit im Bereich Wohnen" (Bundschuh & Dworschak 2002a): Zufriedenheit mit der Wohnsituation, Betreuung, dem sozialen Umfeld, sozialen Beziehungen, Arbeitssituation; Entscheidungsmöglichkeiten in den Bereichen Privatsphäre, Gruppengestaltung und -organisation, Tagesablauf und Freizeit (n=143) „Interview zu sozialem Netzwerk und Unterstützungsressourcen" (Bundschuh & Dworschak 2002b) (n=143)	Interview (standardisierter Fragebogen)
	Befragung der Mitarbeiter/innen der Wohneinrichtungen soziodemografische Angaben, Entscheidungsmöglichkeiten der Bewohner/innen (analog zum Bewohner-Fragebogen; vgl. Bundschuh & Dworschak 2002a) (n=41)	schriftliche Befragung (standardisierter Fragebogen)
	Analyse des sozialen Netzwerks von Bewohner/innen (n=8) einer Wohneinrichtung	Interview (qualitativ; problemzentriert; mit Unterstützung durch Netzwerkkarten)
Sonnenberg 2004	Befragung von Bewohner/innen (n=171) stationärer Wohneinrichtungen (6 Einrichtungen) Fragebogen „Selbstbestimmung und Zufriedenheit für Bewohnerinnen und Bewohner in Wohneinrichtungen für Menschen mit geistiger Behinderung": physische, soziale und materielle Aspekte, Aktivität, Emotionalität, Gesamtbewertung (Zufriedenheit, Selbstbestimmung)	Interview (standardisierter Fragebogen)
	Befragung von Mitarbeiter/innen der Wohneinrichtungen (n=101) und Angehörigen/ gesetzlichen Betreuern (n=109): s. oben	schriftliche Befragung (standardisierter Fragebogen)

Candussi & Fröhlich 2005	Evaluation von Wohnangeboten durch Nutzer/innen Befragung von Menschen mit geistiger Behinderung zur Qualität der Wohnangebote (n=über 1.000, wird fortlaufend durchgeführt; Stand 01.04.06: Prüfung von 333 Wohn- und Betreuungsangeboten) Wohn- und Betreuungsform, Wohnsituation und Infrastruktur, Regeln, Angebote, Selbstbestimmung, Sicherheit, Privatsphäre, Förderung, Betreuung	Interview (standardisierter Fragebogen)
Gredig et al. 2005	Studie zu den Lebenslagen von Menschen mit Behinderung in der Schweiz Befragung von (überwiegend in Privathaushalten lebenden) Menschen mit Behinderung (n=2.008) Formale Bildung, Arbeit, Tagesstruktur, materielle Situation, Wohnsituation, physischer und psychischer Gesundheitszustand, soziale Kontakte, Freizeit, Mobilität, Hilfe und Unterstützung, Selbstbestimmung, Diskriminierung, Integration, Partizipation	schriftliche Befragung (standardisierter Fragebogen)
Halfar & Jensen 2005	Projekt zum Benchmarking in Wohneinrichtungen eines Fachverbands der Behindertenhilfe Befragung der Einrichtungsleitung: betriebswirtschaftliche Aspekte, Personalwirtschaft, Angebotsstruktur, konzeptionelle Rahmenbedingungen von Wohneinrichtungen (35 Wohneinrichtungen von 9 Trägern)	Checklisten
	Befragung von Bewohner/innen der Wohneinrichtungen (vgl. Qualidata 2004): Persönliche Freiheit, Einsamkeit, Zufriedenheit mit den Angeboten, dem Mitarbeiterverhalten, Essensqualität und der Lebenssituation in Wohneinrichtungen (n=1.324)	Interview (standardisierter Fragebogen)
	Befragung von Mitarbeiter/innen der Wohneinrichtungen: Zufriedenheit mit dem Arbeitsumfeld, der Ausstattung, Arbeitsinhalten und -organisation, der Beziehung zu Vorgesetzten, Kollegen, Bewohnern, Arbeitsbelastung (n=649)	schriftliche Befragung (standardisierter Fragebogen)
	Befragung von Angehörigen/ gesetzlichen Betreuern: Zufriedenheit mit der Betreuung, dem pädagogischen Handeln, der Informationspolitik, Zusammenarbeit mit den Einrichtungen (n=959)	schriftliche Befragung (standardisierter Fragebogen)
	Befragung von Kooperationspartnern der Einrichtungen (Ärzten, Kliniken, Werkstätten, Schulen, Ämtern etc.): Zufriedenheit mit dem Engagement der Mitarbeiter/innen, Zusammenarbeit mit den Einrichtungen, Image der Einrichtungen (n=235)	schriftliche Befragung (standardisierter Fragebogen)

Löhr, Beier & Seifert 2005 Seifert 2006b	Evaluation der Wohnangebote für Menschen mit geistiger Behinderung in Wohngemeinschaften	
	Befragung von Menschen mit geistiger Behinderung in Wohngemeinschaften (n=176) Fragebogen „Schöner Wohnen in Berlin" (AG-Nutzerbefragung der Lebenshilfe Berlin o.J.): Wohnbedingungen, Zufriedenheit mit der Wohnsituation, Zusammenleben, persönliche Beziehungen, Selbstbestimmung und Mitwirkung im Wohnalltag, Freizeitgestaltung, Wünsche	Interview (standardisierter Fragebogen)
Metzler & Rauscher 2005	Studie zum Zusammenhang zwischen individuellem Hilfebedarf, Lebensqualität und erforderlichem Ressourceneinsatz in stationären Wohneinrichtungen und im ambulant betreuten Wohnen	
	Befragung der Träger von Wohneinrichtungen/ ambulanten Diensten Angebotsstruktur, Personal- und finanzielle Ressourcen von Wohneinrichtungen und ambulanten Dienste (8 Einrichtungsträger; 47 Leistungsangebote)	schriftliche Befragung (standardisierter Fragebogen)
	Befragung der Leitung von Wohneinrichtungen/ ambulanten Diensten Anzahl, Alter und Hilfebedarf der Bewohner/innen, Dienstplangestaltung, Personalplanung, Gestaltung der Betreuung (27 Wohngruppen bzw. Einzelbetreuungen)	schriftliche Befragung (standardisierter Fragebogen)
	Befragung von Mitarbeiter/innen von Wohneinrichtungen/ Diensten Hilfebedarf, Aktivitäten und Teilhabemöglichkeiten der Bewohner/innen (n=282)	schriftliche/ mündliche Befragung (standardisierter Fragebogen)
	Beobachtung in Wohneinrichtungen Infrastruktur, Wohnqualität, Interaktion zwischen Bewohner/innen und Mitarbeiter/innen (n=28)	strukturierte Beobachtung
	Befragung von Nutzer/innen stationärer Wohneinrichtungen/ ambulanter Dienste Wohnsituation, Tagesablauf, soziale Beziehungen, Aktivitäten, Selbstbestimmungsmöglichkeiten, Wünsche (n=68)	Interview (standardisierter Fragebogen)
Horst 2006	Befragung von Bewohner/innen (n=7) verschiedener stationärer Wohnformen eines Einrichtungsträgers und Mitarbeiter/innen (n=3) der Einrichtungen Soziale Beziehungen, materielle Aspekte (Räumlichkeit, Eigentum), Interaktion im Alltag, Teilhabe am gesellschaftlichen Leben, Akzeptanz	Interview (qualitativ, problemzentriert)

Schelbert & Kretschmer 2006	Evaluation der Wohn- und Betreuungsangebote im stationär begleiteten Wohnen	
	Mündliche Befragung von Menschen mit geistiger Behinderung im stationär begleiteten Wohnen (n=56)	Interview (halbstandardi-
	Zufriedenheit mit der Wohnsituation, Selbstbestimmungsmög- lichkeiten, Freizeitgestaltung, soziale Beziehungen, Selbststän- digkeit und Unterstützung	sierter Fragebo- gen)

Nicht alle der in Tabelle 9 aufgeführten empirischen Untersuchungen weisen einen expliziten Bezug zum Lebensqualitätskonzept auf, beziehen aber zumindest lebensqualitätsrelevante Aspekte mit ein. Dies hängt auch damit zusammen, dass ein Teil der Studien nicht primär von einem wissenschaftlichen Forschungsinteresse geleitet, sondern vorrangig mit praktischen Zielsetzungen verbunden sind (z. B. Nutzerbefragungen im Rahmen des Qualitätsmanagements; vgl. Dennhöfer 2004). Diesbezüglich ist anzumerken, dass in einer Reihe von Einrichtungen und Diensten für Menschen mit Behinderung spezielle Instrumente zur Nutzerbefragung z. B. im Rahmen von Projekten entwickelt und erprobt werden (vgl. z. B. Klammer 2000; Bundesvereinigung Lebenshilfe 2000); in vielen Fällen liegen jedoch die Instrumente und/oder entsprechende Erfahrungsberichte und Auswertungen nicht in publizierter Form vor, sodass sie in dieser Übersicht nicht berücksichtigt werden können.

Inhaltlich bezieht sich die Mehrzahl der aufgeführten Studien (mit explizitem oder implizitem Bezug zum Lebensqualitätskonzept) auf die Untersuchung der Lebenssituation von Menschen mit Behinderung in stationären Betreuungszusammenhängen (vgl. Seifert 1997; Wacker et al. 1998; Seifert, Fornefeld & Koenig 2001; Baumgartner 2002; Dieckmann 2002; Janssen et al. 2003; Dworschak 2004; Halfar & Jensen 2005; Metzler & Rauscher 2005; Schelbert & Kretschmer 2006). Dies hängt zum einen sicherlich mit der zunehmend Bedeutung erlangenden fachlichen und sozialpolitischen Forderung nach einer Evaluation von Angeboten und Unterstützungsleistungen zusammen (vgl. Kap. 2). Zum anderen ist forschungspraktisch relevant, dass potenzielle Untersuchungsteilnehmer/innen in Wohneinrichtungen im Vergleich z. B. zu in Privatwohnungen lebenden Personen schlichtweg leichter erreichbar sind.

Werden subjektive Lebensqualitätsaspekte (z. B. persönliche Zufriedenheit mit den Lebensbedingungen) berücksichtigt, so wird methodisch in der überwiegenden Zahl der Untersuchungen auf die *direkte Befragung* als Form der Datenerhebung zurückgegriffen. Eine Ausnahme bilden Untersuchungen zur Lebenssituation von Menschen mit schwerer Behinderung bzw. geringen sprachlichen Kompetenzen. Hier dient vor allem die teilnehmende Beobachtung als Erhebungsinstrument (vgl. Seifert, Fornefeld & Koenig 2001; Dieckmann 2002). Der Vorteil der Befragung gegenüber anderen Untersuchungstechniken liegt darin, dass insbesondere verbale bzw. schriftliche Antworten auf strukturierte Fragen oder Statements zur Bewertung der eigenen Lebensbedingungen gezielt Rückschlüsse auf subjektive Urteile und Befindlichkeiten erlauben: „Subjektive Bedeutungen lassen sich nur schwer aus Beobachtungen ableiten. Man muss hier die Subjekte selbst zur Sprache kommen lassen; sie selbst sind zunächst die Experten für ihre eigenen Bedeutungsgehalte" (Mayring 2002, 66; Mummendey 1995, 17).

Auf eine schriftliche Befragung wird offensichtlich dann zurückgegriffen, wenn stellvertretende Personen (z. B. Mitarbeiter/innen der Wohneinrichtungen) als Auskunftsquelle gewählt werden: Hier verspricht der Fragebogen zur schriftlichen Beantwortung ein ökonomisches, gleichzeitig adäquates Erhebungsinstrument zu sein. Zielt die Untersuchung hingegen auf eine Selbstauskunft der Betroffenen, so nimmt das Interview eine vorrangige Stellung ein (vgl. Tabelle 9). Nach einer systematischen Literaturanalyse zur Methodik der Lebensqualitätsforschung (vgl. Hughes & Hwang 1996) findet in über 90% der in die Analyse einbezogenen Studien aus dem angloamerikanischen Raum das Interview und/oder der Fragebogen zur schriftlichen Beantwortung Anwendung. Allerdings ist das Interview auch in der allgemeinen Sozialforschung die am häufigsten angewandte Erhebungsform, weshalb es auch als „Königsweg der empirischen Sozialforschung" bezeichnet wird (vgl. Schnell, Hill & Esser 1999, 298; Bortz & Döring 2002, 237; Diekmann 2004, 371).

In der Sozialforschung versteht man unter dem Interview als Forschungsinstrument – technisch formuliert – ein „planmäßiges Vorgehen mit wissenschaftlicher Zielsetzung, bei dem die Versuchsperson durch eine Reihe gezielter Fragen oder mitgeteilter Stimuli zu verbalen Informationen veranlaßt werden soll" (Scheuch 1973, 70f.; vgl. Lamnek 2005, 329 f.). Das Interview kann somit einerseits als relativ alltagsnahe Methode (im Vergleich mit anderen Erhebungstechniken) bezeichnet werden, da es Parallelen zu alltäglichen Gesprächssituationen aufweist. Andererseits ist das wissenschaftliche Interview eine besondere, künstliche Situation, die durch asymmetrische Interaktion zwischen mehr oder minder fremden Personen gekennzeichnet ist. Grundlegende Bedingungen dafür, durch Befragungen (relativ) unverfälschte Informationen zu gewinnen, sind

- erstens die Bereitschaft zur Teilnahme und Kooperation seitens der Befragten,
- zweitens eine „Norm der Aufrichtigkeit" gegenüber fremden Personen, also die Bereitschaft der Befragten bis zu einer individuellen Schwelle von als

unangenehm empfundener Fragen nach bestem Wissen und Gewissen zu
antworten und

- drittens eine ‚gemeinsame Sprache' zwischen der befragten Person und dem
  Interviewer, damit die Bedeutung von Frage und Antwort innerhalb eines
  konsensuellen Kommunikationsbereichs interpretiert werden kann (vgl.
  Scholl 2003, 24; Diekmann 2004, 376 f.; Laga 1982, 224 f.).

Die Befragung ist somit keineswegs als bloßes Abrufen von Informationen zu
verstehen, sondern als soziale Situation, welche durch Interaktionen, d.h. wech-
selseitige Wahrnehmungen, Interpretationen und Orientierungen zwischen Hand-
lungspartnern bestimmt wird. Insofern ist der Intervieweinsatz nicht voraussetzungslos. Im Hinblick auf die Zielgruppe der Menschen mit geistiger Behinderung stellt sich die Frage, ob die mündliche Befragung insbesondere aufgrund
möglicher kognitiver und kommunikativer Beeinträchtigungen der Befragten das
Mittel der Wahl ist und zu verlässlichen Einschätzungen ihrer subjektiv wahrgenommenen Lebensqualität führen kann: „By virtue of the cognitive and language
deficits of individuals with mental retardation (e.g., comprehension, memory,
and expression), obtaining their views, particularly about complex abstract issues, is obviously difficult" (Perry & Felce 2002, 446).

Vor diesem Hintergrund soll im Folgenden – auch im Hinblick auf die eigene Untersuchung – das Interview als Form der Datenerhebung in der Lebensqualitätsforschung fokussiert werden: Zunächst werden spezifische Befragungsinstrumente, die zur Erhebung subjektiver Lebensqualitätsindikatoren entwickelt
worden sind und in der Forschungspraxis beim Personenkreis der Menschen mit
geistiger Behinderung Anwendung finden, vorgestellt und analysiert (vgl. Kap.
3.2). Anschließend werden auf der Basis methodenanalytischer Untersuchungen
Erfahrungen bezüglich der Befragung von Menschen mit geistiger Behinderung
sowie mögliche Anwendungsschwierigkeiten der Interviewtechnik und relevante
Einflussfaktoren erörtert (vgl. Kap. 3.3), um schließlich Grenzen der Befragung
(vgl. Kap. 3.4) sowie Empfehlungen für die Planung, Durchführung, Auswertung
und Evaluation von Interviews zur Lebensqualität von Menschen mit geistiger
Behinderung ableiten zu können (vgl. Kap. 3.5).

3.2 Befragungsinstrumente zur Erhebung von Lebensqualität bei Menschen mit geistiger Behinderung

In der Lebensqualitätsforschung finden zur Ermittlung der subjektiven Sichtweisen der Betroffenen verschiedene Befragungsformen Anwendung, sowohl quali-

tativer als auch quantitativer Art (vgl. Rapley 2003, 84 ff.). Die Interviewformen lassen sich insbesondere danach unterscheiden, in welchem Maße und mit welchen Mitteln die Interviewsituation vom Forscher bzw. Interviewer strukturiert und reguliert wird (vgl. Abbildung 16).

Abbildung 16: Grad der Strukturierung von Interviews

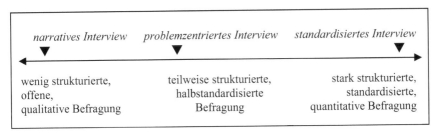

Während offene bzw. wenig strukturierte Befragungen am ehesten dem Alltagsgespräch nahe kommen, indem im Extremfall nur das generelle Thema der Befragung vorgegeben ist und die Frageformulierungen dem jeweiligen Gesprächsverlauf angepasst werden, werden im anderen Extrem in vollständig standardisierten Interviews mit Hilfe eines Fragebogens allen befragten Personen festgelegte Fragen in gleicher Formulierung und Reihenfolge (in der Regel auch mit gleichen Antwortkategorien) vorgelegt (vgl. Lamnek 2005, 334 ff.). Durch diese Vorgehensweise soll weitgehend sichergestellt werden, dass die gewonnenen Daten unabhängig von der Person ausfallen, die das Interview durchführt und auswertet (im Sinne hoher Durchführungs- und Auswertungsobjektivität). Die angestrebte Gleichheit der Interviewsituation dient dem Ziel, Informationen verschiedener Interviewpartner vergleichen zu können; bei variierenden Fragestellungen ist es schwierig zu entscheiden, ob mögliche Antwortunterschiede zwischen befragten Personen auf tatsächliche Unterschiede der zu messenden Merkmale oder auf unterschiedliche Fragestellungen zurückzuführen sind (vgl. Diekmann 2004, 374; Schnell, Hill & Esser 1999, 300 f.). Demgegenüber können individuelle Sinnkonstruktionen der Untersuchungsteilnehmer u. U. in offenen Befragungssituationen besser nachvollzogen werden, da in stark strukturierten Befragungen die Gefahr besteht, dass relevante Inhalte und Antworten, die außerhalb des vom standardisierten Befragungsinstrument abgedeckten Themenspektrums liegen, in der Erhebung unberücksichtigt bleiben und vom Forscher ausgeblendet werden.

Der Grad der Strukturierung durchdringt nicht nur die Gesamtgestalt des Interviews und den Befragungsprozess, sondern drückt sich auch auf der Mikroebene der Frageformulierung und dem praktischen Erhebungsinstrumentarium aus. Grundsätzlich können zwei Fragetypen unterschieden werden: *offene* und *geschlossene Fragen*. Bei offenen Fragen werden keine Antwortalternativen präsentiert, sondern die befragte Person erhält den Freiraum, selbst ihre Antworten zu formulieren. Der wesentliche Vorteil besteht darin, dass der Befragte „innerhalb seines Referenzsystems antworten kann, ohne z. B. durch die Vorgabe möglicher Antworten bereits in eine bestimmte (durch die Vorstellung der Fragebogenentwickler begründete) Richtung gelenkt zu werden. Offene Fragen unterstützen somit besser als geschlossene Fragen Äußerungen, die auch ‚tatsächlich' im Wissensbestand bzw. Einstellungsrahmen des Befragten verankert sind" (Schnell, Hill & Esser 1999, 309). Gleichzeitig sind offene Fragen anspruchsvoller insofern, als sie von der befragten Person eine hohe Ausdrucksfähigkeit bezüglich ihrer Einstellungen und Meinungen erfordern. Besonders bei Personen mit Verbalisierungsproblemen ist das Risiko höher, dass mögliche Antwortunterschiede nicht eindeutig auf tatsächliche Einstellungsunterschiede zurückzuführen sind, sondern u. U. auf unterschiedliche sprachliche Kompetenzen. Zudem sind offene Fragen anfälliger für Interviewereffekte, da in persönlichen Interviews z. T. kein wörtliches Protokollieren der Antworten möglich ist, sodass die Wahrscheinlichkeit des eigenständigen Editierens seitens des Interviewers durch Weglassen oder Hinzufügen steigt und damit ein bedeutsamer Interpretationsspielraum eingeräumt wird.

Demgegenüber zeichnen sich geschlossene Fragen dadurch aus, dass die möglichen Antworten vorgegeben sind, entweder implizit in der Fragestellung selbst oder explizit durch vorgegebene Antwortkategorien. Gebräuchliche Antwortformate sind z.B.: Fragen mit dichotomer Antwortstruktur, Auswahlantworten bzw. Mehrfachvorgaben mit Rangordnungen oder ungeordnete Antwortvorgaben (vgl. Tabelle 10). Die befragte Person muss entscheiden, welche der Antwortvorgaben seiner tatsächlichen Einstellung, Meinung, seinem Verhalten etc. entsprechen bzw. am nächsten kommen (vgl. Bortz & Döring 2002, 176; Schnell, Hill & Esser 1999, 308 ff.).

Geschlossene Fragen haben gegenüber offenen Fragen die Vorzüge der besseren Vergleichbarkeit der Antworten, der höheren Durchführungs- und Auswertungsobjektivität, der leichteren Beantwortbarkeit und der ökonomischeren Auswertungsmöglichkeit (vgl. Diekmann 2004, 408 f.; Lamnek 2005, 341). Andererseits bergen geschlossene Fragen das Risiko, zugespitzte Antwortkategorien vorzugeben, „an die der Befragte noch nie gedacht hat, und sie zwingen den Befragten, unter diesen, bisher nicht zu seinem ‚Alltagswissen' gehörenden Alternativen zu wählen" (Schnell, Hill & Esser 1999, 310). Um systematische Nachteile eines eher qualitativen Vorgehens (unstrukturierte Befragung mit offenen Frageformulierungen) auf der einen Seite bzw. einer eher quantitativen Ausrichtung (standardisiertes Interview mit geschlossenen Fragen) auf der anderen Seite zu minimieren, erscheint im Einzelfall eine Mischform zwischen „unstrukturiert" und „vollständig strukturiert" sinnvoll, indem teilstrukturierte bzw. halbstandardisierte Verfahren eingesetzt werden (z.B. Leitfadeninterviews oder der Einsatz von offenen Fragen in strukturierten Interviews).

Tabelle 10: Art der Antwortkategorie bei geschlossenen Frageformaten

Art der Antwort-kategorie	Beispiele
Alternativenvorgabe (dichotome Struktur)	*Haben Sie schon einmal an Freizeitmaßnahmen der Einrichtung teilgenommen?* ☐ ja ☐ nein (oder z.B. „stimme zu / lehne ab"; „entweder x oder y")
ungeordnete Mehrfachvorgabe	*Wie wohnen Sie?* ☐ in einem Appartement ☐ in einem Einzelzimmer ☐ in einem Zweitbettzimmer
Mehrfachvorgabe mit Rangordnung (Rating-Skalen)	*Sind Sie mit der Unterstützung durch Ihre Familie zufrieden?* ☐ ja, voll und ganz ☐ teilweise ☐ nein, gar nicht oder z.B.: Häufigkeiten: „nie / selten / gelegentlich / oft / immer"; Intensitäten: „nicht / wenig / mittelmäßig / ziemlich / viel"; Bewertungen: „stimmt nicht / stimmt teilweise / stimmt"
Mehrfachvorgabe mit Rangordnung und symbolischen Marken	*Wie zufrieden sind Sie mit Ihrem Einkommen?* ☺ ☐ ☹

In der Lebensqualitätsforschung werden subjektive Lebensqualitätsindikatoren (z.B. Zufriedenheit mit der Lebenssituation) häufig über standardisierte Fragebögen als Grundlage für persönliche Interviews erhoben, um Vergleiche zwischen Personengruppen möglich zu machen. Um Interviews durchführen zu können, die substanzielle und valide Ergebnisse erwartbar machen, bedarf es insbesondere im Hinblick auf den Personenkreis der Menschen mit geistiger Behinderung eines geeigneten Erhebungsinstruments, das sowohl dem Untersuchungsgegenstand als auch der Zielgruppe der Untersuchung gerecht wird (vgl. Schnell, Hill & Esser 1999, 299). Der Fragebogen als Instrument der Operationalisierung stellt das Bindeglied zwischen der Untersuchungsfrage und der empirischen Erfassung dar: Im Operationalisierungsprozess wird die Forschungsfrage bzw. das theoretische Konstrukt (Lebensqualität) in geeignete Variablen (Fragebogen-Items) überführt. Nach Durchführung der Befragung wird in der Phase der Auswertung und Dateninterpretation auf der Grundlage der gegebenen Antworten durch Indikatorenbildung der empirischen Variablen auf das mit der Forschungsfrage verbundene latente Konstrukt geschlossen (vgl. Abbildung 17).

Abbildung 17: Der Fragebogen als Instrument der Operationalisierung (Scholl 2003, 140)

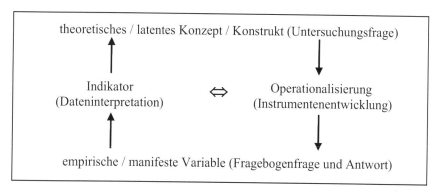

Abbildung 17 verdeutlicht, dass die Gestaltung des Erhebungsinstruments von der Forschungsfrage ausgehend zu steuern ist und zugleich inhaltlich und sprachlich auf die zu befragende Personengruppe abgestimmt werden muss, um durch die Befragung Antworten zu generieren, welche den Rückschluss auf das theoretische Konstrukt erwartbar machen.

  Da Lebensqualität als theoretisches Konstrukt in verschiedenen wissenschaftlichen Disziplinen, zahlreichen Untersuchungskontexten mit unterschiedlichen Schwerpunkten und in Bezug auf verschiedene Zielgruppen (Menschen in sozialen Randlagen, ohne und mit verschiedenen Beeinträchtigungen der Funktionsfähigkeit, in unterschiedlichen Lebenssituationen und institutionellen Zusammenhängen etc.) umgesetzt wird (vgl. Kap. 1), ist es nicht verwunderlich, dass umfangreiche Operationalisierungsvarianten existieren.[4] In einer systematischen Literaturanalyse soll nun der Frage nachgegangen werden, welche Befragungsinstrumente zur Erhebung von Lebensqualität vorfindbar sind, die speziell auf den Personenkreis der Menschen mit geistiger Behinderung zugeschnitten sind bzw. im Hinblick auf die Befragung dieser Zielgruppe anwendbar erscheinen (vgl. auch die Übersichten von Cummins 1997d; Hagerty et al. 2001; Cummins 2005b). Diese sollen sowohl den Anforderungen an ein reliables und valides Erhebungsinstrument zur Erfassung von subjektiver Lebensqualität als auch den kognitiv-kommunikativen Voraussetzungen von Menschen mit geistiger Behinderung gerecht werden.

In einem ersten Schritt werden dazu im Rahmen einer umfangreichen Literaturrecherche englisch- und deutschsprachige Erhebungsinstrumente zusammengetragen, welche insbesondere subjektive Lebensqualitätsaspekte (Zufriedenheit, erlebte Wahl- und Entscheidungsmöglichkeiten) thematisieren. In die Materialsammlung einbezogen werden ebenfalls Fragebögen, die nicht wissenschaftlichen Kontexten, sondern praktischen Anwendungszusammenhängen entstammen (z. B. Nutzerbefragungen von Wohn- und Pflegeeinrichtungen, ambulanten Betreuungsdiensten, Werkstätten für behinderte Menschen etc.). Eine Vielzahl der Instrumente (insbesondere aus amerikanischen Studien) liegt nicht in publizierter Form vor und ist daher nur schwer zugänglich; hier ist eine intensive Recherche über Zugangsmöglichkeiten sowie in einigen Fällen eine persönliche Kontaktaufnahme mit den Autoren und Urhebern erforderlich, um an entsprechende Fragebögen und Skalen zu gelangen. Tabelle 11 gibt eine Übersicht über die zusammengetragenen Instrumente.

Tabelle 11: Befragungsinstrumente zu Lebensqualität

Deutschsprachige Instrumente (Abkürzung)	**Autor/Quelle**
European Quality Management for Professionals working with Persons with Disabilities (EQM-PD; deutsche Version)	Pretis 2005
Fragen zur Erfassung der Dienstleistungsqualität in der WfB	Behindertenhilfe Leonberg 1998
Fragebogen Lebensqualität (Vragenlijst ‚kwaliteit van bestaan')	Janssen, Cranen & Stammen 2002
Fragebogen WfB	Heidelberger Werkst. o. J.

---

4 Vgl. z. B. Schumacher, Klaiberg & Brähler 2003 oder das Verzeichnis der Instrumente auf der Website des „Australian Centre on Quality of Life": http://acqol.deakin.edu.au/instruments/instrument.php.

Fragebögen Projekt „Lebenslage und Lebensbewältigung von Menschen mit Behinderung in der Schweiz"	o. A. 2003
Fragebögen Projekt „Selbstbestimmung und Selbstvertretung im Alltag"	Kniel & Windisch 2002
Fragebogen zu Lebenszielen und zur Lebenszufriedenheit (FLL)	Kraak & Nord-Rüdiger 1989
Fragebogen zur Erhebung der Zufriedenheit der Beschäftigten in den Werkstätten der Johannes-Anstalten	Johannes-Anstalten Mosbach 2000
Fragebogen zur Lebenszufriedenheit	Closs & Kempe 1986
Fragebogen zur Lebenszufriedenheit (FLZ)	Fahrenberg et al. 2000
Fragebogen zur Zufriedenheit und Lebensqualität der Nutzer/innen im Wohngruppenverbund	Janssen et al. 2003
Interview zu individuellen Entscheidungsmöglichkeiten und Lebenszufriedenheit im Bereich Wohnen	Bundschuh & Dworschak 2002a
Interview zu sozialem Netzwerk und Unterstützungsressourcen	Bundschuh & Dworschak 2002b
Lebensbedingungen und Zufriedenheit behinderter Menschen	Godenzi & Baumgartner 1999
Lebensqualität in Wohnstätten für erwachsenen Menschen mit geistiger Behinderung (LEWO II)	Schwarte & Oberste-Ufer 2001
Nutzerbefragung	Landeswohlfahrtsverband Hessen 2006
Nutzerbefragung Bereich „Wohnen"	Qualidata 2004
Qualitätssicherung offener Hilfen für Menschen mit Behinderung (QUOFHI)	Hamel & Windisch 2000
Schöner Wohnen	Gromann & Niehoff 2003
Schöner Wohnen in Berlin	AG-Nutzerbefragung der Lebenshilfe Berlin o. J.
Selbstbestimmung und Zufriedenheit für Bewohnerinnen und Bewohner in Wohneinrichtungen für Menschen mit geistiger Behinderung	Sonnenberg 2004
Strukturelle und persönliche Alltagserfahrungen in charakteristischen Einrichtungen (SPACE)	Forschungsstelle Lebenswelten behinderter Menschen 1995
Unterstützte Lebens- und Alltagsbewältigung in Wohneinrichtungen der Behindertenhilfe (ULA)	Forschungsstelle Lebenswelten behinderter Menschen 2003

Englischsprachige Instrumente (Abkürzung)	Autor/Quelle
Choice Questionnaire (CQ)	Stancliffe & Parmenter 1999
Comprehensive Quality of Life Scale (ComQol-I5)	Cummins 1997b
Importance/ Satisfaction Map (ISMAP)	NCOR 2000
Leisure Satisfaction Scale (LEISAT)	Hoover, Wheeler & Reetz 1992
Lifestyle Satisfaction Scale (LSS)	Heal, Chadsey-Rusch & Novak 1982
(Multifaceted) Lifestyle Satisfaction Scale (MLSS)	Heal et al. 1992
Personal Wellbeing Index (PWI-ID)	Cummins & Lau 2005a
Philadelphia Geriatric Center Morale Scale (PGC)	Lawton 1975
Quality of Life Questionnaire (QOL-Q)	Schalock & Keith 1993
Quality of Life Questionnaire	Evans et al. 1985
Rehabilitation Personal Questionnaire Manual	Brown & Bayer 1991
Residence Satisfaction Measure	Jacobson et al. 1991
Satisfaction with Life Scale (SWLS)	Pavot & Diener 1993
Subjective Well-Being Scale (SWBS)	Matikka, Hintsala & Vesala 1998
World Health Organization Quality of Life Instrument (WHOQOL-100/ WHOQOL-BREF)	WHOQOL 1995

In einem zweiten Schritt werden die Instrumente gesichtet und analysiert. Als Kriterien zur vertiefenden Analyse werden hinzugezogen (vgl. Cummins 2005b, 119):

- inhaltliche Aspekte (Lebensqualitätsdimensionen und -indikatoren),
- sprachliche Gesichtspunkte (verständliche Sprache, einfacher Satzbau etc.),
- formale Struktur der Instrumente (benutzte Frage- und Antwortformate, Skalierung der Items, Skalenstruktur),
- Reliabilität, Validität und Sensitivität.

Nachfolgend wird dieser Analyseschritt am Beispiel von jeweils drei englisch- und deutschsprachigen Befragungsinstrumenten nachvollzogen, die im Hinblick auf die Befragung von Menschen mit geistiger Behinderung zu ihrer subjektiven Lebensqualität besonders relevant erscheinen.

3.2.1 „Comprehensive Quality of Life Scale" / „Personal Wellbeing Index"

Vorstellung des Instruments

Die „Comprehensive Quality of Life Scale (ComQol)" in der fünften Edition wurde vom australischen Lebensqualitätsforscher Robert A. Cummins entwickelt. Das Befragungsinstrument liegt in drei Parallelversionen vor:

- für die Allgemeinbevölkerung im Erwachsenenalter („ComQol-Adult"; vgl. Cummins 1997a),
- für Menschen mit kognitiven Beeinträchtigungen („ComQol-Intellectual/ Cognitive Disability"; vgl. Cummins 1997b),
- für Kinder und Jugendliche ohne Behinderung im Schulalter („ComQol-School Version"; vgl. Cummins 1997c).

Durch die zielgruppenspezifischen Fragebogen-Varianten soll die Möglichkeit eröffnet werden, Lebensqualitätserhebungen bezüglich verschiedener Personengruppen (Menschen mit und ohne Behinderung) durchzuführen und deren Ergebnisse vergleichbar zu machen (vgl. Cummins 1997d). Die Intellectual Disability-Version liegt auch in deutscher Sprache vor (übersetzt von Krüger 1998).

Die ComQol-Scale besteht insgesamt aus 35 Items und zielt inhaltlich auf die Erhebung von sieben Lebensqualitätsdimensionen („Domains"): „material well-being, health, productivity, intimacy, safety, place in community, emotional wellbeing" (Cummins et al. 1997, 10). Das Instrument besteht aus einer objektiven und einer subjektiven Skala. Für die Bildung der objektiven Skala wird jede Domain mit Hilfe von drei Items erhoben, die jeweils zu einem Summenwert addiert werden können (insgesamt 21 Fragen). Zum Beispiel wird materielles Wohlbefinden durch Fragen zum Einkommen, zu Wohnverhältnissen und zum persönlichen Besitz repräsentiert. Den Fragen ist jeweils eine fünfstufige Rating-Skala zugrunde gelegt. Für die Bildung der subjektiven Skala wird analog die bereichsspezifische Zufriedenheit pro Domain (siebenstufige Skala) abgefragt, welche mit der durch den Befragten zugeschriebenen persönlichen Relevanz der Domain (fünfstufige Skala) gewichtet wird (Produkt aus Zufriedenheit und Wichtigkeit). Zum Beispiel: „How important to you are the things you have? Like the money you have and the things you own?" (Wichtigkeit); „How happy or sad do you feel about the things you have? Like the money you have and the things you own?" (Zufriedenheit). Für die objektive bzw. subjektive Gesamtskala wird jeweils der Summenwert über die sieben Domains hinweg errechnet.

Die skizzierte inhaltliche Skalenstruktur und Auswertungsprozedur gilt für alle drei ComQol-Versionen gleichermaßen. Die Besonderheit der Fragebogenfassung für die Zielgruppe der Menschen mit kognitiven Beeinträchtigungen (ComQol-I) liegt zunächst einmal in der sprachlichen Adaptierung. Tabelle 12 zeigt synoptisch die Unterschiede in der Formulierung der Zufriedenheitsfragen (subjektive Skala) zwischen den Fragebogenvarianten:

Tabelle 12: Formulierung der Zufriedenheitsfragen in den Fassungen der „Comprehensive Quality of Life Scale (ComQol)" (vgl. Cummins 1997a, b, c)

ComQol-Adult / ComQol-School	ComQol-Intellectual Disability
„How satisfied are you with...?"	*„How happy or sad do you feel about...?"*
1. the things you own?	1. the things you have? Like the money you have and the things you own?
2. your health?	2. how healthy you are?
3. what you achieve in life?	3. the things you make or the things you learn?
4. your close relationships with family or friends?	4. your friends or family?
5. how safe you feel?	5. how safe you feel?
6. doing things with people outside your home?	6. doing things with people outside your home?
7. your own happiness?"	7. your own happiness?"

Im direkten Vergleich wird deutlich, dass bereits der Fragestamm der ComQol-I gegenüber den beiden anderen Fassungen verändert ist: Während in der Version ComQol-A und ComQol-S als Frage „How satisfied are you with...?" („Wie zufrieden...?") benutzt wird, lautet der Frageterm in ComQol-I „How happy or sad do you feel about...?" („Wie glücklich oder traurig...?"). Des Weiteren werden einzelne Items leicht verändert, indem Wörter hinzugefügt oder weggelassen werden (Item 2 und 4). Andere Items erfahren eine stärkere Modifikation: In Item 1 wird das Originalverb „own" durch das leichter verständliche „have" ersetzt, was jedoch aufgrund seiner Unspezifität einen konkretisierenden Fragezusatz nötig macht, der den Bezug zum persönlichen Besitz herstellt („Like the money you have and the things you own?"). Analog wird in Item 3 das Originalverb „achieve" durch „the things you make or the things you learn" umschrieben. Item 5 bis 7 lauten in allen Fassungen gleich.

Neben den sprachlichen Nuancen unterscheidet sich die „Intellectual Disability"-Version von den anderen Versionen dadurch, dass der Beantwortung der zur subjektiven Skala gehörenden Fragen ein Pretest vorgeschaltet ist. Dieser soll ermitteln, inwiefern die befragte Person grundsätzlich in der Lage ist, valide Antworten zu geben. Hierzu wird in einem ersten Schritt getestet, ob die Person dazu neigt, systematisch und inhaltsunabhängig mit „ja" zu antworten (auch „Ja-Sage-Tendenz" oder „Akquieszenz" genannt; vgl. Finlay & Lyons 2002). Akquieszenz ist ein Zeichen für die Überforderung des Befragten und/oder sozial erwünschte Antworten, welche die Validität der Befragungsergebnisse gefährden können (vgl. dazu auch Kap. 3.3.2). Dem Befragten werden vier Akquieszenz-Fragen gestellt:

1.   (Point to the client's watch or some item of clothing.) „Does that (watch) belong to you?"
2.   „Do you make all your own clothes and shoes?"
3.   „Have you seen the people who live next door?"
4.   „Did you choose who lives next door?" (Cummins 1997b, 61)

Beantwortet die Person Frage 2 und 4 positiv, so wird dies als akquieszente Antwort gewertet (die Validität der Antworten wird bezweifelt) und die Befragung an dieser Stelle abgebrochen.

Des Weiteren wird die diskriminative Kompetenz der Person ermittelt: Als Erstes werden hierzu dem Befragten dreidimensional gezeichnete Blöcke (Würfel) unterschiedlicher Größe präsentiert. Der Befragte soll nun nach Intervieweranweisung (z.B. „Please point to the biggest block!") die Blöcke ihrer Größenrelation entsprechend identifizieren.

Als Zweites wird die Aufgabe gestellt, unterschiedlich große Quader, die zusammen eine Treppe bilden, einer ikonischen Wichtigkeits-Skala (vgl. Abbildung 18) zuzuordnen (z.B.: der größte Quader bedeutet „very important", der kleinste Würfel bedeutet „not important").

Als Drittes wird überprüft, ob die Person diese Wichtigkeits-Skala in einem abstrakten Sinne nutzen kann, indem sie einen Gegenstand, von dem bekannt ist, dass dieser der Person wertvoll ist, mit Hilfe der Skala nach dessen Wichtigkeit einstuft. Bei jeder dieser drei Aufgaben wird die Komplexität (zwei-, drei- und fünfstufiges Rating) sukzessive gesteigert. Die höchste erfolgreich absolvierte Komplexitätsstufe zeigt an, mit welcher Rating-Skala die eigentliche Befragung durchzuführen ist. Durch dieses Prozedere soll ein Optimum zwischen der Differenzierungsfähigkeit des Befragten und der Validität des Ratings erreicht werden (vgl. Cummins 1997b, 10).

Abbildung 18: Darstellung der Wichtigkeitsabstufungen (Cummins 1997b)

In ähnlicher Form wird in einem weiteren Pretest bezüglich der Fragen zur Zufriedenheit verfahren um herauszufinden, wie viele Abstufungen (zwei-, drei- oder fünfstufig) einer Likert-Skala mit ikonischen Marken (eine Reihe von Gesichtern von traurig bis fröhlich) der diskriminativen Kompetenz des Befragten entspricht (vgl. Abbildung 19).

Abbildung 19: Darstellung der Zufriedenheitsabstufungen (Cummins 1997b)

Der Interviewer prüft das Zeichenverständnis, indem er den Befragten auffordert, auf ein Gesicht zu zeigen, welches einem bestimmten Gefühlszustand entspricht (z.B. „If you felt very sad about something which face would you point to?"). Auch hier markiert die höchste durch den Befragten erfolgreich absolvierte Stufe, welche Ratingskala bei den Zufriedenheitsfragen zu benutzen ist (vgl. Cummins 1997b).

Reliabilität, Validität und Sensitivität

Die unterschiedlichen Editionen und zielgruppenspezifischen Fragebogenfassungen (ComQol-A, -I und -S) wurden in diversen Studien theoretisch und empirisch auf Reliabilität und Validität überprüft. Validitätshinweise für die Grundversion ComQol-A finden sich bei Cummins (1996) und Cummins (1997a, 49 ff.). So liegt der mit Hilfe des ComQol-A gewonnene Zufriedenheitssummenwert aller Domains entsprechend dem „Gold Standard" der allgemeinen Lebenszufriedenheit („Wie zufrieden sind Sie insgesamt mit ihrem Leben?") im Bereich von 70-80% des Skalenmaximums (vgl. zur Homöostase-Theorie und zum „Gold Standard" Kap. 1.1). Eine Faktorenanalyse der Zufriedenheitsitems der sieben Lebensqualitätsdimensionen ergibt eine einfaktorielle Lösung mit einer Varianzerklärung von 48%. Die Zufriedenheitsskala korreliert mit der „Satisfaction with Life Scale" (vgl. Pavot & Diener 1993) in Höhe von 0,53 (vgl. Cummins 2001, 7).

Bezüglich der Anwendung des ComQol-I mit kognitiv beeinträchtigten Menschen werden Reliabilitätskoeffizienten (als Maß für die interne Konsistenz der einzelnen Subskalen) im mittleren Wertebereich angeführt: 0,47 für die objektive Skala, 0,48 für die Wichtigkeits-Skala, 0,65 für die Zufriedenheitsskala und 0,68 für das Produkt aus Wichtigkeits- und Zufriedenheitsskala (vgl. Cummins 1997a, 211). Auffällig ist, dass einzelne Items der objektiven Skala von ComQol-I nur geringe oder sogar negative Korrelationen mit dem Summenscore der Skalen aufweisen, z.B. die Indikatoren der Dimensionen „material wellbeing" und „intimacy" (vgl. Cummins 1997b, 56).

In einer weiteren Studie (vgl. Cummins et al. 1997) wurde die Retest-Reliabilität der mit Hilfe des ComQol-I generierten Antworten gemessen, indem ein Teil der Stichprobe (n=31) in einem Zeitraum von ein bis zwei Wochen, drei bis vier Wochen oder fünf bis acht Wochen nach der Erstbefragung wiederholt interviewt wurde. Die Wiederholungsbefragung nach ein bis zwei Wochen (n=8) ergab eine Retest-Reliabilität von 0,87 für die Wichtigkeits-Skala und 0,82 für die Zufriedenheitsskala; nach einem längeren Zeitintervall zwischen Erst- und Wiederholungsbefragung ist die Retest-Reliabilität hingegen abfallend (vgl. Cummins et al. 1997, 14).

Kritik

Die theoriegeleitete Konstruktion der „Comprehensive Quality of Life Scale" erscheint stimmig und nachvollziehbar: Die Auswahl der sieben Dimensionen wird ausführlich theoretisch und empirisch begründet (vgl. Cummins 1996) und weist eine hohe Deckungsgleichheit mit den von Schalock et al. (2002) vorgeschlagenen Kerndimensionen von Lebensqualität auf (vgl. Kap. 1.2). Seit der ersten Version, die 1991 erstellt worden ist, wurde das Erhebungsinstrument stetig weiter entwickelt und empirisch überprüft. Die Ansprüche gemäß den Standard-Gütekriterien (Objektivität, Reliabilität, Validität und Sensitivität) werden von dem Instrument ComQol-Adult weitgehend erfüllt.

ComQol erhebt den Anspruch, Lebensqualitätsmessungen bei verschiedenen Personengruppen (Menschen mit und ohne Behinderung, Erwachsene und Kinder) durchführen und eine Vergleichbarkeit der Daten herstellen zu können: „It can be used with any section of the population" (Cummins 1997a, 7). Die inhaltliche und formale Gestaltung legt nahe, dass das Instrument als „first-level deconstruction of ‚life as a whole'" (Cummins 2002a, 4) und primär für „große" Bevölkerungsumfragen konzipiert worden ist, um globale Aussagen über die Lebensqualität von Subpopulationen treffen zu können (vgl. Hagerty et al. 2001, 57). Bezüglich der ComQol-Version für Personen mit kognitiven Beeinträchtigungen ergeben sich durch diese Schwerpunktsetzung jedoch Schwierigkeiten, da vom Befragten eine Gesamtbetrachtung und -evaluation der einzelnen Lebensbereiche abverlangt wird. In der subjektiven Skala wird ein Lebensbereich jeweils durch ein einzelnes Item abgedeckt (z.B. „How happy or sad do you feel about how safe you feel?"), in der objektiven Skala durch drei Items (z.B. „sleep well", „safe at home", „worried or anxious" als Indikatoren für „safety"). Eine solche zusammenfassende Gesamtbewertung eines Lebensbereichs ist eine komplexe Aufgabe und kognitiv anspruchsvoll (vgl. Filipp & Ferring 1992, 102). Das wird auch sprachlich deutlich, da die Formulierung der Items der befragten Person vermitteln muss, dass z.B. die Beantwortung eines Zufriedenheitsitems eine bereichsumfassende Gesamtbewertung zum Ziel haben soll. Eine sprachliche Vereinfachung fällt dabei nicht leicht, da der Frageinhalt komplex ist. Zum Beispiel geht die Abwandlung der Originalfrage „How satisfied are you with what you achieve in life?" (Item 3 der Zufriedenheitsskala in ComQol-A) zu „How happy or sad do you feel about the things you make or the things you learn?" (ComQol-I) mit leichten Bedeutungsunterschieden einher. Das „achieve in life" (domain „productivity") zielt auf das, was man im Leben vollbringt, schafft, leistet und worin man Erfolg hat (vgl. Cummins 2005e, 702). Der Term

„the things you make or the things you learn" in der modifizierten Frage der ComQol-I kann diesen Bedeutungsgehalt nicht äquivalent transportieren. Zudem wird die Frage durch den Umschreibungsversuch länger und komplexer, was Auswirkungen auf die Verständlichkeit haben könnte (vgl. Kap. 3.3.1).

Des Weiteren wird in allen Zufriedenheitsfragen das „How satisfied are you...?" durch „How happy or sad do you feel about...?" ersetzt. Die Beweggründe hierfür sind nicht ganz ersichtlich. Zunächst einmal sind „satisfaction" (Zufriedenheit) und „happiness" (Glück) zwei theoretisch voneinander zu unterscheidende Konstrukte (vgl. Rupprecht 1993, 28; Hagerty et al. 2001, 11; Cummins & Lau 2005a, 5): „Glück" beschreibt einen emotionalen Zustand, während „Zufriedenheit" das Ergebnis eines kognitiven Bewertungsprozesses ist (vgl. Kap. 1.3). Dennoch werden die beiden Begriffe häufig synonym verwendet und scheinen in der englischen Sprache semantisch einander näher zu liegen als in der deutschen Sprache. So wird in der deutschen Fassung von ComQol-I (vgl. Krüger 1998) folgerichtig auch „zufrieden" und nicht „glücklich" benutzt. Die sprachliche Adaptierung im Englischen wird damit gerechtfertigt, dass die Verwendung der Adverbien „satisfied" und „happy" in Befragungen ähnliche Ergebnisse liefern (vgl. Cummins & Lau 2005a, 5) und dass „happy" in der Alltagssprache gebräuchlicher als „satisfied" ist und daher verständlicher erscheint: „We use ‚happy' in the belief that it is simpler to understand than ‚satisfied'" (Cummins 2005c, 1). Zudem kann angenommen werden, dass in ComQol-I durch „How happy or sad do you feel...?" eine stärkere Referenz zu den weinenden und lachenden Gesichtern der Likert-Skala (vgl. Abbildung 19) hergestellt werden soll.

Auf der anderen Seite ziehen die Autoren in einer früheren Analyse durchaus in Betracht, „[that] the substitution of ‚satisfaction' in ComQol with ‚happiness' in ComQol-ID may not represent response equivalence" (Cummins et al. 1997, 16). Dafür spricht, dass die nach längeren Zeitintervallen zwischen Erst- und Wiederholungsbefragung gemessene Retest-Reliabilität der Zufriedenheitsskala relativ gering ausfällt (s. oben). Diese Instabilität ist eigentlich ein Merkmal von „happiness" (Glück), das stärker von temporären Stimmungen bestimmt ist, während „satisfaction" (Zufriedenheit) im Allgemeinen zeitlich stabiler erscheint (vgl. Diener 1984). Insofern kann dies durchaus als ein Indiz für Bedeutungsunterschiede, welche die Befragten mit dem Frageterm „How happy or sad do you feel about...?" verbinden, gewertet werden. Die Schwierigkeit dieser Bedeutungsüberschneidung wird in Item 7 offenkundig, das in der Originalfassung der ComQol-Adult auf die kognitive Bewertung („satisfied") des emotionalen Wohlbefindens (operationalisiert als „happiness") hinauslaufen soll: „How satisfied are you about your own happiness?". In der Frageversion der ComQol-I führt die Abänderung des Fragestamms zu der bedeutungsdiffusen und fast schon paradoxen Frage „How happy or sad do you feel about your own happiness?". Hier wird offenkundig, dass „happiness" nicht den Charakter einer Domain besitzt, welche sowohl objektiv als auch subjektiv operationalisierbar ist. Dies räumt auch Cummins (2002, 4) ein: „The domain of ‚happiness' seems out of place in that it is not a domain in the same sense as the others. Specifically, it cannot be reliably operationalized both objectively and subjectively [...], and refers to an affective state rather than a domain of life".

Nicht weniger komplex und daher problematisch sind die Fragen der objektiven Skala (vgl. Tabelle 13):

Tabelle 13: Exemplarische Fragen der objektiven Skala der „Comprehensive Quality of Life Scale-Intellectual/Cognitive Disability (ComQol-I)" (vgl. Cummins 1997b, 14 ff.)

1(b) (Prompt: Think about the things you own, like your clothes, furniture, etc.) *How many personal possessions do you have compared with other people?*				
More than almost anyone ☐	More than most people ☐	About average ☐	Less than most people ☐	Less than almost anyone ☐

3(a) How many hours do you spend on the following each week? *(Average over past 3 months)*				
Hours paid work	0 ☐ 1-10 ☐	11-20 ☐	21-30 ☐	31-40+ ☐
Hours formal education	0 ☐ 1-10 ☐	11-20 ☐	21-30 ☐	31-40+ ☐
Hours unpaid child care	0 ☐ 1-10 ☐	11-20 ☐	21-30 ☐	31-40+ ☐

Um diese Fragen verstehen und auf einer fünfstufigen Rating-Skala beantworten zu können, bedarf es sprachlicher und kognitiver Kompetenzen, welche bei Menschen mit geistiger Behinderung nicht immer vorausgesetzt werden können (z.B. Reihenbildung, Zahlverständnis). Zudem sind spezifische Fragen zur Wohnsituation (Item 1a) und dem Haushaltseinkommen (Item 1c) insbesondere für Personen, die in institutionellen Settings leben, schwer zu beantworten, sodass sich die Frage stellt, ob hier eine stellvertretende Befragung nicht verlässlicher und gewinnbringender ist. Des Weiteren wird einzelnen Items eine Ratingskala zugrunde gelegt, welche die Annahme einer (zumindest annähernden) Intervallskalenqualität der Daten nicht rechtfertigt (z.B. Item 3a; vgl. Tabelle 13), sodass die

Bildung eines Summenwerts messtheoretisch problematisch ist (vgl. Bortz & Döring 2002, 180 f.). Insgesamt ist es vor diesem Hintergrund nicht verwunderlich, dass einzelne Items nur gering oder sogar negativ mit dem Summenscore der objektiven Skala korrelieren (s. oben). Des Weiteren ist die der Konstruktionsabsicht entsprechende Faktorenstruktur der objektiven Skala nicht verlässlich reproduzierbar (vgl. Cummins 2002a, 1), sodass die Konstruktvalidität auf der Ebene der Domains als nicht gegeben anzusehen ist.

Kritisch anzumerken ist ferner, dass die Reliabilitätswerte der ComQol-Adult (vgl. Cummins 1997a, 45) allesamt deutlich höher ausfallen als die Reliabilität der ComQol-Intellectual Disability-Version (vgl. Cummins 1997b, 56). Dies weist darauf hin, dass die „Omnipotenz" der ComQol-Scale zumindest eingeschränkt ist und das Ziel, ein möglichst gleichförmiges Instrument für verschiedene Zielgruppen zu schaffen, zulasten der Reliabilität der ComQol-I verfolgt wurde. In dem Pretest-Protokoll der ComQol-I wird eine Möglichkeit gesehen, das Instrument der Differenzierungsfähigkeit des Befragten anzupassen und auf diese Weise größtmögliche Reliabilität und Validität der Antworten zu erreichen. Kritisch anzumerken ist jedoch, dass die Pretest-Prozedur, welche zeitaufwändiger als die Beantwortung der eigentlichen Items der subjektiven Skala erscheint, die Praktikabilität des Erhebungsinstruments deutlich einschränkt: „As yet, the ComQOL has not been as widely used as its psychometric properties deserve. It is possible that this is due to both the length of the scale and to the complex pre-testing procedure involved in the intellectual disability parallel form" (Rapley 2003, 95). Zudem bekommt das Interview dadurch den Charakter einer Testsituation, die von den Befragten als unangenehm empfunden werden kann.

Ein weiteres grundsätzliches statistisches und messtheoretisches Problem betrifft die in der ComQol-Scale vorgenommene Prozedur, die Zufriedenheit mit der Wichtigkeit der jeweiligen Domains zu gewichten (Produkt aus dem „Satisfaction"- und „Importance"-Score). Dadurch soll der befragten Person die Möglichkeit eingeräumt werden, das Zufriedenheitsurteil bezüglich der für sie persönlich als wichtig bzw. unwichtig erachteten Lebensbereiche entsprechend zu gewichten, damit unwichtige Lebensbereiche einen geringeren Beitrag zum Gesamtscore liefern als wichtige Lebensbereiche (vgl. Cummins 2002a, 1 f.). Obwohl dieser Gedanke prinzipiell einleuchtend erscheint, ist mit der Vorgehensweise eine Vielzahl von Problemen verbunden (vgl. Trauer & Mackinnon 2001). Die Multiplikation der beiden Skalen setzt prinzipiell eine Ratioskala voraus; es kann jedoch noch nicht einmal zweifelsfrei vorausgesetzt werden, dass die Abstufungen auf der Wichtigkeits-Skala denselben Abstand besitzen wie die Skalenpunkte der Zufriedenheitsskala (vgl. Cummins 2002a, 2). Da bei der ComQol-I die Möglichkeit eingeräumt wird, die Fragen zur Wichtigkeit und Zufriedenheit mit unterschiedlich differenzierten Ratingskalen (von zwei bis fünf Skalenstufen) zu beantworten, ist die Annahme einer Äquidistanz der Abstufungen kaum zu rechtfertigen.

Des Weiteren zeigt sich in empirischen Studien, dass der Gebrauch gewichteter Scores keine wesentlichen Vorteile gegenüber dem Einsatz ungewichteter Scores mit sich bringt, da in beiden Fällen ähnliche Ergebnisse erwartbar sind. In empirischen Studien demonstrieren sowohl Russell et al. (2006) als auch Wu & Yao (2006), dass die Korrelation zwischen einer gewichteten Zufriedenheitsskala (Produkt aus Wichtigkeit und Zufriedenheit) und der „Satisfaction with Life Scale (SWLS)" (vgl. Pavot & Diener 1993) als Referenzskala nicht signifikant höher ist als bei einer ungewichteten Zufriedenheitsskala. Durch eine Regressionsanalyse mit dem SWLS-Score als abhängige Variable wird bestätigt, dass zwar die Zufriedenheitsskala signifikant zur Varianzaufklärung beiträgt, aber weder die Wichtigkeitsskala noch das Produkt aus Wichtigkeits- und Zufriedenheitsskala einen zusätzlich Beitrag leisten (vgl. Russell et al. 2006, 157 f.). Insofern ist davon auszugehen, dass im Allgemeinen die alleinige Benutzung der Zufriedenheitsskala der Gewichtungsprozedur vorzuziehen ist (vgl. Cummins 2002a, 2), zumal mit der Abfrage der Wichtigkeit der einzelnen Lebensbereiche auch ein hoher Zeitaufwand verbunden ist.

Weiterentwicklung des Instruments zum „Personal Wellbeing Index"

Einige Kritikpunkte haben Cummins dazu veranlasst, die „Comprehensive Quality of Life Scale" nicht weiter zu überarbeiten, sondern aufbauend auf den bisherigen Erfahrungen mit Hilfe einer internationalen Forschergruppe („International Wellbeing Group") eine neue Skala („Personal Wellbeing Index") zu entwerfen und empirisch fortzuentwickeln (vgl. Cummins 2002a). Auch der Personal Wellbeing Index (PWI) ist in verschiedenen Fassungen verfügbar:

- für die Allgemeinbevölkerung im Erwachsenenalter („PWI-Adult"; vgl. International Wellbeing Group 2006),
- für Menschen mit kognitiven Beeinträchtigungen („PWI-Intellectual Disability"; vgl. Cummins & Lau 2005a),
- für Kinder und Jugendliche ohne Behinderung im Schulalter („PWI-School Version"; vgl. Cummins & Lau 2005b).

- für Kinder ohne Behinderung im Vorschulalter („PWI-Pre-School"; vgl.
  Cummins & Lau 2004).

Bei der Neukonstruktion der Skala wurde auf eine objektive Subskala verzichtet
und die Gewichtungsprozedur mit der Wichtigkeits-Skala aufgegeben. Der Personal Wellbeing Index entspricht in etwa der Zufriedenheits-Subskala der Com-
Qol. Die inhaltliche Ausrichtung wurde beibehalten, lediglich die Bezeichnun-
gen der Domains haben sich z. T. leicht verändert (vgl. Tabelle 14). Einzige wesentliche Änderung besteht darin, die Domain „emotional wellbeing" durch „future security" auszutauschen. Zudem wurde zu einem späteren Zeitpunkt im
Entwicklungsprozess des PWI die Domain „spirituality/religion" testweise hinzugefügt (vgl. International Wellbeing Group 2006, 8).

Tabelle 14:   Domains der „Comprehensive Quality of Life Scale" und des
              „Personal Wellbeing Index" im Vergleich

ComQol	PWI
material well-being	standard of living
health	health
productivity	life achievement
intimacy	personal relationships
safety	personal safety
place in community	community-connectedness
emotional wellbeing	*future security*

Vergleicht man die Items der ComQol-Intellectual Disability und PWI-
Intellectual Disability (vgl. Tabelle 15), so sind folgende Änderungen erkennbar:

- Der den Items der ComQol-I inhärente Fragestamm „How happy or sad
  …?" wurde in der PWI-ID zu „How happy…?" verändert, um eine größere
  Ähnlichkeit zu „How satisfied …?" der PWI-Adult-Version zu erreichen.

- Item 4 wurde von „your friends and family" zu „getting on with the people
  you know" abgewandelt. Hierdurch soll stärker der Frageversion der Com-
  Qol-A entsprochen werden („How satisfied are you with your personal relationships?"), die auf die Gesamtheit der persönlichen Beziehungen zielt.

- „Doing things outside your home" (Item 6) soll als Indikator für die Domain
  „community-connectedness" (Zugehörigkeitsgefühl zur sozialen Gemein-
  schaft) fungieren. In der PWI-ID wird bewusst das Wort „community" auf-

grund seiner Mehrfachbedeutung vermieden: „The term ‚community' may take the form of a distinct group (e.g. school) or the larger community (e.g. district-based), which is to be left at the discretion of the respondents' personal interpretation. This ‚sense of connectedness' or ‚belonging' may be derived through either behavioral or non-behavioral acts, with or without other people, outside the home" (Cummins & Lau 2005a, 6). Da diese Modifikation aufgrund der hohen Abstraktion des Frageinhalts nicht gänzlich bedeutungsgleich zu vollziehen ist, soll die Praktikabilität dieses Items in weiteren Studien empirisch überprüft werden.

▪ Die neue Domain „future security" wird durch das Item „how things will be later on in your life" operationalisiert.

Tabelle 15: Formulierung der Items in der „Comprehensive Quality of Life Scale (ComQol-I)" (vgl. Cummins 1997b) und dem „Personal Wellbeing Index (PWI-ID)" (vgl. Cummins & Lau 2005a)

ComQol-Intellectual Disability	PWI-Intellectual Disability
„How happy or sad do you feel about...?"	*„How happy do you feel about...?"*
1. the things you have? Like the money you have and the things you own?	1. the things you have? Like the money you have and the things you own?
2. how healthy you are?	2. how healthy you are?
3. the things you make or the things you learn?	3. the things you make or the things you learn?
4. your friends or family?	4. getting on with the people you know?
5. how safe you feel?	5. how safe you feel?
6. doing things with people outside your home?	6. doing things outside your home?
7. your own happiness?"	7. how things will be later on in your life?"

Die Reliabilität, Validität und Sensitivität der PWI-Adult-Version wurde inzwischen in einer Reihe von Studien mit umfangreicher Datensammlung in verschiedenen Ländern bestätigt (vgl. International Wellbeing Group 2006). Zur Validierung der Intellectual Disability-Version wurden bislang über 400 Menschen mit kognitiven Beeinträchtigungen in Hongkong und Australien befragt. Die Datenauswertung ist bis zum jetzigen Zeitpunkt noch nicht abgeschlossen (persönliche Korrespondenz mit Robert Cummins und Anna Lau; Februar 2007).

3.2.2 „Quality of Life Questionnaire"

Vorstellung des Instruments

Der „Quality of Life Questionnaire (QOL-Q)" von Schalock & Keith (1993) ist ein standardisierter Fragebogen, der aus insgesamt 40 Items besteht. Der Fragebogen ist speziell für den Personenkreis der Menschen mit geistiger Behinderung konstruiert worden und ist neben der Version für Erwachsene auch in einer Fassung für Jugendliche im Schulalter erhältlich. Ähnlich wie das Instrument Com-Qol wurde QOL-Q über einen Zeitraum von mehreren Jahren entwickelt. Eine Vorläuferversion bestehend aus 28 Items findet sich bei Schalock et al. (1989) (vgl. auch Campo et al. 1996); Erfahrungen mit dieser Version in deutscher Sprache schildern Gromann & Niehoff-Dittmann (1999).

QOL-Q besteht aus vier faktorenanalytisch gebildeten Subskalen, die jeweils zehn Items umfassen:

- „satisfaction": z.B. Items zu „overall view of life", „fun and enjoyment", „comparison with others", „rewarding events or activities", „satisfaction with living arrangements",

- „competence/productivity": z.B. Items zu „worthwhile job or daily activity", „satisfaction with skills and experience on the job", „receivement of fair pay", „satisfaction with benefits at the workplace",

- „empowerment/independence": z.B. Items zu „choice of job", „control over money", „control over daily activities", „opportunity to get visited",

- „social belonging/community integration": z.B. Items zu „belonging to community clubs or organizations", „friends visiting person", „opportunities for dating", „treatment by neighbors" (vgl. Schalock & Keith 1993; Kober & Eggleton 2002, 161 f.).

Die Items sind als Multiple-Choice-Fragen konstruiert mit drei Antwortkategorien, denen jeweils ein bis drei Punkte zugeordnet werden, die gleichsam die Ausprägung des Merkmals widerspiegeln (vgl. Tabelle 16).

Tabelle 16: Auszug aus dem „Quality of Life Questionnaire" (vgl. Schalock & Keith 1993)

Questions	Answer Alternatives		
	3 Points	*2 Points*	*1 Point*
Satisfaction			
1. Overall, would you say that life:	Brings out the best in you?	Treats you like everybody else?	Doesn't give you a chance?
Competence/Productivity			
13. How good do you feel you are at your job?	Very good, and others tell me I am good	I'm good, but no one tells me	I'm having trouble on my job
Empowerment/Independence			
22. Who decides how you spend your money?	I do	I do, with assistance from others	Never on my own
Social belonging/Community integration			
36. How often do you attend recreational activities (homes, parties, dances, concerts, plays) in your community?	3-4 per month	1-2 per month	Less than 1 per month

Der Fragebogen umfasst Items, die sowohl subjektive Indikatoren (z.B. Item 1 und 13) als auch objektive Indikatoren (z.B. Item 22 und 36) von Lebensqualität darstellen. Anders als bei ComQol laufen nicht alle Fragen auf eine direkte Bewertung der Lebenssituation hinaus (z.B. „How satisfied are you with your current home or living arrangement?"), sondern sind z.T. so formuliert, dass auf indirektem Wege evaluative Aussagen generiert werden (z.B. „How do people treat you on your job?"). Der Befragte wählt die Antwortalternative aus, die seiner Meinung oder Einschätzung der Lebensumstände am nächsten kommt. Die gemäß den Antworten erzielten Werte können pro Subskala summiert werden, und es kann daraus ein Gesamtscore errechnet werden mit einer theoretischen Spannweite von 40 bis 120 Punkten (vgl. Schalock & Keith 1993).

In einer weiterentwickelten Fassung des QOL-Q wurde versuchsweise eine zusätzliche Subskala („dignity") konstruiert mit Items zu „safety, health, concern expressed by others, helpfulness of others, and receiving assistance in reaching goals" (Schalock, Bonham & Marchand 2000, 81), die sich faktorenanalytisch aber nicht betätigen ließ. Zudem wurde hier eine optische Beantwortungshilfe („flash card") benutzt in Form von drei Gesichtern mit fröhlichem, neutralem und traurigem Ausdruck: „The flash card has three stylized faces numbered from 1 to 3, corresponding to the faces and numbers next to the responses on the survey form" (Schalock, Bonham & Marchand 2000, 81). Diese Version liegt allerdings nicht in publizierter Form vor.

Reliabilität, Validität und Sensitivität

Die Reliabilität und Validität des „Quality of Life Questionnaire" wurde in diversen Studien überprüft. So konnten in einer Befragung von 193 Personen mit Lern- und geistiger Behinderung in England (vgl. Rapley & Lobley 1995) im Ergebnis 32 der 40 Items eindeutig den Ursprungsfaktoren zugeordnet werden (mit einer Varianzaufklärung der Faktorlösung von 45%). Unterschiede ergaben sich vor allem bezüglich der „Satisfaction"-Subskala, da hier hohe Faktorladungen bei den Items aus der ursprünglichen „Empowerment/Independence"-Subskala festzustellen waren, welche auf Selbstbestimmungsmöglichkeiten im Wohnbereich zielen (z.B. „When can friends visit your home?"). In einer australischen Untersuchung von Kober & Eggleton (2002) mit 172 Befragten lag die Replizierbarkeitsquote der Faktoren sogar bei 37 von 40 Items bei einer Varianzaufklärung von ca. 32%. Auch hier betrafen zwei der drei anders ladenden Items die „Satisfaction"-Subskala. In einer Replikationsstudie von Caballo et al. (2005) mit einer mexikanischen (n=209) und einer spanischen Stichprobe (n=424) konnten 34 Items der spanischen Fassung des QOL-Q den Ursprungsfaktoren zugeordnet werden (Varianzaufklärung von 44% bzw. ca. 35%). Insgesamt bestätigen diese Untersuchungen somit die von Schalock & Keith (1993) identifizierte Faktorstruktur in weiten Teilen; die „Satisfaction"-Subskala scheint aber faktoriell am instabilsten zu sein (vgl. Cummins 2005b, 128).

Tabelle 17 führt die in verschiedenen Untersuchungen ermittelten Reliabilitätskoeffizienten (Cronbachs Alpha als Maß für die interne Konsistenz) der Subskalen und des Gesamtscores des QOL-Q auf. Dabei liegen die Werte für die Subskalen im zufrieden stellenden bis guten Wertebereich: von 0,62 bis 0,91 (vgl. Caballo et al. 2005), von 0,61 bis 0,67 (vgl. Kober & Eggleton 2002) bzw. von 0,73 bis 0,81 (vgl. Schalock, Bonham & Marchand 2000).

In einer Studie zu den Wirkungen verschiedener Beschäftigungsformen („open employment" vs. „sheltered employment") auf die Lebensqualität von Menschen mit geistiger Behinderung (vgl. Kober & Eggleton 2005; 2006) konnte mittels des QOL-Q nachgewiesen werden, dass Arbeitende in unterstützten Beschäftigungsformen zu signifikant positiveren Bewertungen kommen als Arbeitende in geschützten Beschäftigungsformen. Vergleichbare Unterschiede sind mit Hilfe des QOL-Q auch zwischen verschiedenen Wohnformen („community" vs. „institution") festgestellt worden (vgl. Otrebski 2000; Cummins 1997d, 209). Diese Untersuchungsergebnisse deuten auf die Validität und Sensitivität des Erhebungsinstruments QOL-Q hin. Durch Korrelation mit der „Multifaceted Lifestyle Satisfaction Scale" (Harner & Heal 1993; vgl. Kap. 3.2.3) in Höhe von 0,57 ergeben sich Anhaltspunkte für konkurrente Validität.

Tabelle 17: Interne Konsistenz (Cronbachs Alpha) der Subskalen und Gesamtskala des „Quality of Life Questionnaire" in verschiedenen Studien

	Caballo et al. (2005) (n=424)	Kober & Eggleton (2002) (n=172)	Schalock, Bonham & Marchand (2000) (n=237)
satisfaction	0,70	0,63	0,74
competence/productivity	0,91	0,62	0,81
empowerment/independence	0,69	0,67	0,79
social belonging/community integr.	0,62	0,61	0,73
Total	0,83	0,72	–

Kritik

Der „Quality of Life Questionnaire" ist neben ComQol das verbreiteste Instrument zur Erhebung von Lebensqualität von Menschen mit kognitiven Beeinträchtigungen (vgl. Schalock & Verdugo 2002, 223). Seine psychometrischen Eigenschaften sind in vielen Studien überprüft und weithin bestätigt worden; der QOL-Q hat sich in der Forschungspraxis in unterschiedlichen Untersuchungskontexten als sensitiv und nützlich erwiesen.

Inhaltlich fokussiert das Instrument die Lebensqualitätsdimensionen soziale Inklusion, emotionales Wohlbefinden, persönliche Entwicklung und Selbstbestimmung (vgl. Schalock, Bonham & Marchand 2000; Schalock & Verdugo 2002, 223). Unterrepräsentiert erscheinen in diesem Zusammenhang Items zum materiellen und vor allem physischen Wohlbefinden/Gesundheit (vgl. Felce & Perry 1995, 64; Cummins 1997d, 208). Schwerwiegender ist allerdings das Problem der Durchmischung objektiver und subjektiver Indikatoren von Lebensqualität innerhalb der Subskalen „Empowerment" und „Social belonging" (vgl. Schwartz & Rabinovitz 2003, 76). So beinhaltet die „Empowerment"-Subskala z. B. folgende Items:

- „Do you have a key to your home?" (Item 26)
- „Overall, would you say that your life is: Free, Somewhat planned for you, Cannot usually do what you want" (Item 30)

Während Item 26 einen objektiven Indikator der Lebensqualitätsdimension „Wahlmöglichkeiten und persönliche Kontrolle" darstellt (Besitz eines Schlüssels, um z. B. das Haus verlassen zu können), bezieht sich Item 30 auf die subjektive Wahrnehmung und Bewertung der persönlichen Kontrollmöglichkeiten im Leben des Befragten. Diese Durchmischung ist aus theoretischen und methodischen Gründen problematisch, schließlich sind objektive Lebensbedingungen und subjektives Erleben unterschiedliche Komponenten von Lebensqualität (vgl. Kap. 1), die auch unterschiedlich interpretiert werden müssen: „Measures of objective and subjective life quality must be made seperately" (Cummins 2005d, 12).

Des Weiteren sind einzelne Itemformulierungen mit Schwierigkeiten verbunden: Zum Beispiel fordert die Frage „Do you ever feel out of place in social situations?" (Item 8) vom Befragten eine hohe Abstraktionsleistung ab. Eine andere Frage ist sehr komplex und uneindeutig formuliert: „Do you feel your job or other daily activity is worthwhile and relevant to either yourself or others?" (Item 12). Hier bleibt unklar, ob sich die Aussage auf die eigene Wahrnehmung des Befragten („relevant to yourself") bezieht oder darauf, wie die befragte Person Bewertungen anderer Personen wahrnimmt („relevant to others"). Eine Reihe von Items erfordert eine hohe Gedächtnisleistung, um die Fragen angemessen beantworten zu können, z. B. „How many times per month do you feel lonely?" (Item 7) (vgl. Cummins 1997d, 210).

Ein weiterer Kritikpunkt betrifft das Format von Frage und Antwort. Nach jeder Frage müssen alle drei zugehörigen Antwortmöglichkeiten präsentiert werden. Insbesondere bei mündlicher Befragung, die in der Regel bei Menschen mit geistiger Behinderung angezeigt erscheint, kann dies zu Verständnisproblemen führen, da nach der eigentlichen Frage zunächst alle Antwortvorgaben abgewartet werden müssen, bei der Beantwortung die einzelnen Antwortvorgaben in Erinnerung geholt, mit der Ausgangsfrage in Verbindung gebracht und schließlich gegeneinander abgewogen werden müssen, um die dem eigenen Urteil entsprechende Antwortmöglichkeit auswählen zu können. Dies ist insbesondere bei langen Fragekonstruktionen eine komplexe Herausforderung für die Befragten (vgl.

Cummins 2005d, 16). Zum Beispiel lauten die Antwortmöglichkeiten auf die Frage „What about opportunities for dating or marriage?": „I am married, or have the opportunity to date anyone I choose/ I have limited opportunities to date or marry/ I have no opportunity to date or marry" (Item 38). Hier wird deutlich, dass manche Fragen eher für eine schriftliche denn für eine mündliche Befragungsform konzipiert erscheinen. Potenzielle Problemstellen, die mit diesem Frageformat in „Face-to-face"-Interviews einhergehen, werden in Kap. 3.3.3 erörtert.

Um den Schwierigkeiten mit diesem Frage- und Antwortformat begegnen zu können, wurde in einer Studie von Schalock, Bonham & Marchand (2000) eine weiterentwickelte Version des QOL-Q benutzt, die eine optische Darstellung der dreistufigen Rating-Skala (fröhliches, neutrales und trauriges Gesicht) anbietet. Zwar ist es durchaus nachvollziehbar, dass mit der symbolischen Darstellung eine stärkere Fokussierung auf Antwortoptionen erreicht und damit z. B. eine vorschnelle Antwort der Befragten vermieden werden kann, allerdings ist das semantische Verhältnis zwischen Symbol und sprachlicher Fassung bei verschiedenen Frageinhalten nicht äquivalent und daher problematisch. So weisen die beiden Fragen „How much fun and enjoyment do you get out of life?" (Item 2) und „Do you have more or fewer problems than other people?" (Item 6) in unterschiedliche Bedeutungsrichtungen, die mit demselben Zeichensystem beantwortet werden müssen: Ein lachendes Gesicht bedeutet im ersten Fall „viel Freude", im zweiten Fall „wenig Probleme". Zur validen Beantwortung muss diese Bedeutungszuweisung vom Befragten erst einmal geleistet werden.

Vor dem Hintergrund der skizzierten Kritikpunkte ist der „Quality of Life Questionnaire" als solides empirisches Instrument zu bewerten, das zur Beantwortung jedoch ein vergleichsweise hohes kognitives und sprachliches Niveau voraussetzt und daher nur bei einem Teil der relevanten Zielgruppe der Menschen mit geistiger Behinderung anwendbar erscheint.

3.2.3   „Lifestyle Satisfaction Scale" / „Multifaceted Lifestyle Satisfaction Scale"

Vorstellung des Instruments

Die „Lifestyle Satisfaction Scale (LSS)" von Heal, Chadsey-Rusch & Novak (1982) ist ein aus 29 Items bestehender Fragebogen für persönliche Interviews. Im Vergleich zu ComQol und QOL-Q bezieht sich LSS speziell auf die Zielgruppe der Menschen mit geistiger Behinderung, die in Wohneinrichtungen leben. „The Lifestyle Satisfaction Scale (LSS) was developed to assess mentally retarded persons' satisfaction with their residence and its community setting and associated services" (Heal & Chadsey-Rusch 1985, 475). Das Instrument beschränkt sich auf die Erhebung subjektiver Indikatoren von Lebensqualität, objektive Indikatoren werden nicht einbezogen.

Die Items der LSS verteilen sich auf folgende konzeptionell gebildete Subskalen:

- „community satisfaction" (9 Items), z. B. Items zur Zufriedenheit mit der Wohnsituation, dem Zusammenleben, der Umgebung,
- „friends and free time satisfaction" (6 Items), z. B. Items zur Zufriedenheit mit der Freizeitgestaltung und Freunden,
- „satisfaction with services" (7 Items), z. B. Items zur Zufriedenheit mit Dienstleistungen wie Wäschereinigung, Fahrdiensten, Kursen, Einkaufsmöglichkeiten,
- „general satisfaction" (5 Items), z. B. Items zur Zufriedenheit mit der Betreuung, den Vorgaben und Regeln in der Wohneinrichtung,
- „job satisfaction" (1 Item) zur Zufriedenheit mit der Arbeit.

Ein zusätzliches Item dient zur Überprüfung der Antworten auf Akquieszenz (Ja-Sage-Tendenz).

Die Items der LSS fordern in der Mehrzahl (bei 13 Items) eine „Ja/Nein"-Antwort (z. B. „Do you have enough friends?"), bei 6 Items eine „Gut/Schlecht"-Bewertung (z. B. „How do you like living here?"). Die Antwortrichtungen der Fragen sind so konstruiert, dass bei 21 Items eine Bejahung der Frage auf Zufriedenheit (z. B. „Do you have enough things to do in your free time?"), bei 8 Items auf Unzufriedenheit deutet (z. B. „Do you wish you had more friends?"). Zudem werden bei sieben Items von der befragten Person zusätzlich bestätigende Beispiele für eine Ja-Antwort gefordert, bevor die Antwort vom Interviewer endgültig als „ja" kodiert wird, z. B.: „Can you think of a better place to live? Where would that be?" (Item 2). Durch diese Maßnahmen sollen akquieszente Antworten der Befragten vermieden bzw. entdeckt werden (vgl. Heal & Chadsey-Rusch 1985, 478).

Zur Bewertung der Antworten wird eine fünfstufige Skala zugrundegelegt: Die Antworten der Befragten werden vom Interviewer von „+2" (sehr positive Bewertung), „+1" (positive Bewertung), „0" (neutrale oder ambilvalente Antwort), „-1" (negative Bewertung), „-2" (sehr negative Bewertung) kodiert (vgl. Heal & Chadsey-Rusch 1985, 478). Aufgrund der unterschiedlichen Itemanzahlen der Subskalen werden die Summenwerte pro Subskala so umgerechnet, dass sie von -20 bis +20 reichen. Der Gesamtscore der LSS besteht aus vier Subskalen (die Subskala „job satisfaction" wird nicht hinzugezählt) und weist entsprechend eine Spannweite von -80 bis +80 auf.

Reliabilität, Validität und Sensitivität

Heal & Chadsey-Rusch (1985) berichten bezüglich der Entwicklungsstichprobe der LSS von folgenden Reliabilitätskoeffizienten (Cronbachs Alpha) für die Subskalen: 0,79 für „community satisfaction"; 0,66 für „friends and free time satisfaction"; 0,68 für „satisfaction with services"; 0,67 für „general satisfaction" und 0,85 für die Gesamtskala. In einer Befragungstudie von Schwartz (2003, 232) wurden Reliabilitätskoeffizienten der Subskalen einer hebräischen Fassung der LSS von 0,73 bis 0,85 ermittelt; bei Duvdevany, Ben-Zur & Ambar (2002, 383) fallen die Werte insgesamt geringer aus: von 0,27 („general satisfaction") bis 0,70 („community satisfaction") sowie 0,78 für die Gesamtskala.

Die Retest-Reliabilität wurde von Heal & Chadsey-Rusch (1985) bei 98 Personen mit Hilfe einer wiederholten Befragung durch einen anderen Interviewer nach einem Zeitintervall von 7 bis 29 Tagen ermittelt und reicht von 0,44 für „friends and free time satisfaction" bis 0,83 für „community satisfaction" (für die Gesamtskala: 0,74). Die Beurteiler-Reliabilität (Intraklassen-Korrelation zwischen den Ergebnissen von Erst- und Wiederholungsbefragung) liegt zwischen 0,85 für „friends and free time satisfaction" bis 0,98 für „general satisfaction" (für die Gesamtskala: 0,95).

In derselben Studie konnten erwartungsgemäß signifikante Zufriedenheitsunterschiede zwischen den Bewohner/innen eines Wohnheims (n=27) und in Appartements lebenden Personen (n=11) hinsichtlich der Subskalen „community satisfaction" und „general satisfaction" sowie der Gesamtskala ermittelt werden (vgl. Heal & Chadsey-Rusch 1985, 482 f.).

Ähnliche Belege für die Sensitivität und Validität der LSS liefert die australische Studie von Yu, Jupp & Taylor (1996), in der Menschen mit geistiger Behinderung in verschiedenen Wohnformen („hospital wards", „cottages on the hospital ground" und „group homes in the community") zu ihrer Zufriedenheit befragt wurden (n=49). Dabei äußerten Menschen in stationären Settings geringere Zufriedenheit in den Bereichen „community satisfaction" und „friends and free time satisfaction", aber höhere Zufriedenheit mit den Dienstleistungen („service satisfaction") (vgl. Yu, Jupp & Taylor 1996, 13).

In einer Untersuchung von Schwartz & Ben-Menachem (1999) mit 58 erwachsenen Israelis mit geistiger Behinderung, die entweder in einer Wohneinrichtung,
in Wohnungen mit ambulanter Betreuung oder bei ihren Eltern lebten, konnten
mit der hebräischen Fassung der LSS als Erhebungsinstrument ebenfalls signifikante Unterschiede festgestellt werden. In den Bereichen „community satisfaction", „friends and free time satisfaction" und der Gesamtskala der LSS fanden
sich die größten Zufriedenheitswerte bei Personen in Wohnformen mit ambulanter Betreuung. In Wohneinrichtungen lebende Personen zeigten sich am wenigsten zufrieden mit ihrer Wohnsituation („community satisfaction"), bei ihren Eltern wohnende Personen am wenigsten zufrieden im Bereich „friends and free
time satisfaction" und bezüglich der Gesamtskala (vgl. Schwartz & Ben-
Menachem 1999, 127). Diese Ergebnisse werden durch Duvdevany, Ben-Zur
und Ambar (2002) weithin bestätigt, die in Wohneinrichtungen („group homes")
oder bei ihren Eltern lebende Personen mit der LSS befragt haben (n=80): Hier
fanden sich signifikant höhere Zufriedenheitswerte bei Bewohner/innen der
Wohneinrichtungen bezüglich „community satisfaction", „friends and free time
satisfaction", „service satisfaction" und „job satisfaction" (vgl. Duvdevany, Ben-
Zur und Ambar 2002, 384).

Die LSS kam in einer weiteren Untersuchung in Israel mit einer größeren
Stichprobe zum Einsatz, in der 247 Personen mit geistiger Behinderung, die in
verschiedenen Wohnformen („group home", „semi-independent apartement",
„independent apartement") lebten, befragt wurden (vgl. Schwartz 2003). Im Vergleich der Wohnformen fand sich die größte Zufriedenheit mit der Wohnsituation („community satisfaction") bei Bewohner/innen der „independent apartements". In „group homes" lebende Personen äußerten in vier Bereichen höhere
Zufriedenheit als Personen, die in „semi-independent apartements" wohnen,
nämlich „friends and free time satisfaction", „service satisfaction", „general satisfaction" und bezüglich der Gesamtskala (vgl. Schwartz 2003, 233 f.). Auf der
anderen Seite führte die in der Studie durchgeführte Regressionsanalyse zu dem
Ergebnis, dass personenbezogene Variablen der Befragten einen größeren Beitrag zur Varianzaufklärung bezüglich der Gesamtzufriedenheit leisteten als die
Wohnformen: Personen ohne Unterstützungsbedarf im Bereich Mobilität bzw.
mit geringeren Verhaltensauffälligkeiten äußerten insgesamt höhere Zufriedenheit (vgl. Schwartz 2003, 236).

Kritik

Die „Lifestyle Satisfaction Scale" zeichnet sich dadurch aus, dass die Fragen vergleichsweise einfach formuliert sind und – insbesondere im Vergleich zu ComQol und QOL-Q – ein unkompliziertes Antwortformat (Ja/Nein-Struktur) aufweisen (vgl. Cummins 2005b, 123). Daher erscheint LSS bei Menschen mit kognitiv-kommunikativen Beeinträchtigungen insgesamt besser anwendbar.

Der im Allgemeinen mit Ja/Nein-Fragen einhergehenden leichteren Anfälligkeit für systematische Antworttendenzen („Ja-Sage-Tendenz") wird durch wechselnde Antwortrichtungen und die Möglichkeit der Akquieszenzkorrektur durch eine Akquieszenzskala (vgl. Heal & Chadsey-Rusch 1985, 483) entgegengewirkt. Um trotz der dichtomen Struktur der Fragen eine größere Differenzierungsfähigkeit der Skala zu erreichen, benutzt der Interviewer eine fünfstufige Skala (von „+2" bis „-2") zur Antwortkodierung. Allerdings wird dadurch dem Interviewer ein beträchtlicher Interpretationsspielraum eingeräumt, da nicht unbedingt davon auszugehen ist, dass die Antworten der Befragten auf Ja/Nein-Fragen in jedem Fall eine zuverlässige Kodierung auf diesem Differenzierungsniveau erlauben (vgl. Cummins 2005b, 123 f.). Nichtsdestotrotz wird von Heal & Chadsey-Rusch (1985, 481) eine hohe Beurteiler-Reliabilität (zwischen 0,85 und 0,98) angegeben, die diesen Kritikpunkt abzuschwächen scheint. Die Aussagekraft dieser Daten wird jedoch dadurch eingeschränkt, dass die Autoren die Beurteiler-Reliabilität durch Korrelation der von den Befragten zu zwei verschiedenen Zeitpunkten gegebenen Antworten (Erst- und Wiederholungsbefragung) errechnet haben (vgl. Heal & Chadsey-Rusch 1985, 479). Diese Vorgehensweise ist unzulässig, da sich zur Bestimmung der Beurteilerreliabilität die Ratings der Beurteiler stets auf denselben einzuschätzenden Gegenstand zu beziehen haben – hier jeweils auf die Antwort eines Befragten auf ein Item der LSS zu einem Interviewzeitpunkt (vgl. Bortz & Döring 2002, 274; Cummins 1997d, 206). Somit wurde hier die Retest- und Beurteilerreliabilität quasi simultan erhoben, was die Interpretation der Kennwerte erschwert und möglicherweise potenzielle Schwierigkeiten mit der Antwortkodierung auf einer fünfstufigen Skala überdeckt.

LSS setzt inhaltliche Akzente auf die Bewertung der Wohnsituation, wohnbezogenen Hilfen und Dienstleistungen sowie Freizeitsituation und Freundschaften. Insofern ist das durch die Skala abgedeckte thematische Spektrum relativ begrenzt. Die Kerndimensionen soziale Beziehungen (z. B. familiäre Situation, Intimbeziehungen) und persönliche Entwicklung (Arbeitssituation) werden lediglich durch einzelne Items gestreift, Fragen zum materiellen und physischen Wohlbefinden fehlen gänzlich. Die Subskalen erscheinen ungleich differenziert, da sie unterschiedlich viele Items umfassen: von bloß einem Item („job satisfaction") bis hin zu 9 Items („community satisfaction"). „The LSS lacked comprehensive assessments in the areas of job satisfaction, satisfaction with recreation and leisure activities, and satisfaction with interpersonal interactions" (Harner & Heal 1993, 223; vgl. Cummins 1997d, 206).

Die Reliabilitätsanforderungen werden von der LSS angemessen erfüllt, wenngleich auch hier die Kürze einiger Subskalen (vor allem „general satisfaction") negativ zum Tragen kommt und verbesserungswürdig erscheint, da im Allgemeinen die interne Konsistenz einer (Sub-)Skala auch von deren Länge abhängt (vgl. Bortz & Döring 2002, 198). Unklar bleibt, warum die LSS neben der itemanalytischen Betrachtung nicht auch faktorenanalytisch überprüft wurde, da eine hohe interne Konsistenz kein Garant dafür ist, dass die einbezogenen Items auch tatsächlich dasselbe latente Merkmal messen (vgl. Brosius 2002, 767). Hier ist vermutlich die geringe Stichprobengröße (< 100) ausschlaggebend (vgl. Heal & Chadsey-Rusch 1985), bei der die Durchführung einer Faktorenanalyse nicht sinnvoll erscheint.

Trotz dieser Kritikpunkte hat sich die LSS forschungspraktisch – insbesondere in Vergleichsstudien bezüglich verschiedener Wohnformen und deren Bewertung durch ihre Bewohner/innen – als praktikabel und sensitiv erwiesen. Die relativ leichte Anwendbarkeit des Instruments ist für das Forschungsfeld als gewinnbringend und akzeptanzfördernd zu bewerten.

Weiterentwicklung des Instruments zur „(Multifaceted) Lifestyle Satisfaction Scale"

In einem Revisionsprozess der „Lifestyle Satisfaction Scale" wurde versucht, die inhaltliche Reichweite des Instruments auszudehnen. Dazu wurden die 29 Items der LSS durch zusätzliche 47 Items angereichert, zu einer neuen Testskala – der „Multifaceted Lifestyle Satisfaction Scale (MLSS)" – geformt und in einer Befragung von 149 Personen mit geistiger Behinderung erprobt (vgl. Harner & Heal 1993). Nach Durchführung einer Itemanalyse (Überprüfung auf interne Konsistenz und Retest-Reliabilität) und Regruppierung der Items wurden folgende Subskalen gebildet:

- „community satisfaction" (12 Items),
- „friends and free time satisfaction" (7 Items),
- „job satisfaction" (8 Items),
- „recreation and leisure satisfaction" (17 Items),

- „client control and self-determination" (7 Items),
- „general satisfaction" (6 Items).

Die Subskala „service satisfaction" der ursprünglichen LSS und eine neu ge-schaffene Subskala „satisfaction with interpersonal interactions" wurden auf-grund geringer Interkorrelation und Reliabilität der Items aufgegeben, womit ein wesentliches Ziel der Revision verfehlt wurde. Auf der anderen Seite erscheint die Itemanzahl der neu gebildeten Subskalen im Vergleich zur alten LSS-Fassung ausgeglichener, lediglich „recreation and leisure satisfaction" sticht mit 17 Items hervor; die Subskala „job satisfaction" ist mit 8 Items nunmehr breiter aufgestellt.

Die MLSS wurde in einem weiteren Schritt – aufgrund geringer interner Konsistenz der entstandenen Subskalen „client control and self-determination" (0,10) und „general satisfaction" (0,11) sowie geringer konkurrenter Validität (vgl. Harner & Heal 1993) – nochmals revidiert, indem Items entfernt und neu gruppiert wurden (die Dokumentation dieses Entwicklungsprozesses liegt jedoch nicht in publizierter Form vor). Die endgültige Fassung der neuen „Lifestyle Satisfaction Scale" (Heal et al. 1992) besteht jetzt aus 45 Items und nur noch drei Subskalen (vgl. Cummins 2005b, 121):

- „community satisfaction" (12 Items)
- „recreation satisfaction" (25 Items)
- „job satisfaction" (8 Items)

Vergleicht man die neue Fassung mit der originalen Fassung der LSS, so stellt man fest, dass die erste Subskala aus allen Items der ursprünglichen „community satisfaction" besteht, die durch Fragen zur Nachbarschaft ergänzt wurden. Die zweite Subskala „recreation satisfaction" ist aus der Fusion der zwei Ursprungs-Skalen „friends and free time" und „recreation and leisure" der MLSS entstanden, die inhaltlich schwer voneinander abzugrenzen sind (vgl. Cummins 1997d, 206 f.) und dementsprechend hoch miteinander korrelieren (vgl. Harner & Heal 1993, 230). Hierin sind alle 6 Items der originalen LSS-Subskala „friends and free time satisfaction" enthalten. Eine Reihe von Fragen zur Zufriedenheit mit den Möglichkeiten, spezifische Freizeitaktivitäten ausführen zu können (z.B. Sport treiben, ins Kino gehen, spazieren gehen), wurden hinzugefügt; dement-sprechend weist die Skala eine hohe Itemanzahl auf. Die dritte Subskala „job satisfaction" besteht aus dem einen Item der gleichnamigen Suskala der alten LSS zuzüglich sieben weiterer Items zur Bewertung der Arbeitssituation.

Nahezu alle Items der ursprünglichen LSS-Subskala „general satisfaction" und die gesamte Subskala „satisfaction with services" wurden hingegen entfernt. Insgesamt haben von den 29 Items der LSS-Originalversion 18 Items Einzug in die neue LSS-Version erhalten.

Die Reliabilitätswerte der Gesamtskala der neuen LSS wurden in einer Befragungsstudie mit zwei verschiedenen Samples überprüft: Die interne Konsistenz wurde dabei mit Koeffizienten in Höhe von 0,88 (n=65) bzw. 0,87 (n=55) ermittelt, die Retest-Reliabilität mit 0,70 (n=40) bzw. 0,86 (n=30) und die Interrater-Reliabilität mit 0,99 (n=110) (vgl. Heal & Rubin 1993, zit. n. Perry & Felce 2003, 16).

Da die neue LSS-Version von Heal et al. (1992) nicht frei zugänglich ist, scheint das Erhebungsinstrument weniger verbreitet zu sein als die alte Fassung von Heal, Chadsey-Rusch & Novak (1982). Anwendung fand die neue LSS-Fassung in einer Studie von Perry & Felce (2003) in Wales und England, in der 154 Personen aus gemeindeintegrierten Wohnformen verschiedener Leistungsanbieter befragt wurden. Hier fanden sich in „local authority settings" gegenüber dem „private sector" und „voluntary sector" signifikant geringere Werte bezüglich der Subskala „friends, free time, recreation and leisure" der neuen LSS (vgl. Perry & Felce 2003, 22). Weitere Sensitivitäts- und Validitätshinweise der neuen LSS-Version sind nicht bekannt.

3.2.4 „Strukturelle und persönliche Alltagserfahrungen in charakteristischen Einrichtungen"

Vorstellung des Instruments

Der Fragebogen „Strukturelle und persönliche Alltagserfahrungen in charakteristischen Einrichtungen (SPACE)" (Forschungsstelle Lebenswelten behinderter Menschen 1995) wurde im Rahmen der bereits oben erwähnten MuG-Studie „Leben im Heim" (Wacker et al. 1998) entwickelt und angewendet. Der teilstandardisierte Fragebogen umfasst insgesamt über 200 Fragen und ist für die mündliche Befragung von in Wohneinrichtungen lebenden Menschen mit geistiger Behinderung konzipiert. Er umfasst folgende Inhaltsbereiche: Soziodemografische Daten, Hilfe- und Pflegesituation, Medizinisch-therapeutische Fragen, Schul- und Berufsausbildung/ Arbeit, Freizeit, Soziales Netzwerk, Wohlbefinden und Diskriminierung, Strukturelle Vorgaben und Regeln, Betreuungssituation,

Wohnen, Gruppensituation, Partizipation, Infrastruktur/ Mobilität, Zukunftsperspektiven (vgl. Wacker et al. 1998, 36).

Die Fragen sind teils offen, teils geschlossen formuliert und zielen sowohl auf subjektive als auch auf objektive Indikatoren der Versorgungssituation und Lebensqualität. Beispiele für objektive Indikatoren der Versorgungs- und Betreuungssituation sind: „Bereiten Sie warme Mahlzeiten selber zu?" (B12); „An welchen Freizeitangeboten der Einrichtung nehmen Sie teil?" (E12). Beispiele für Items zur subjektiven Wahrnehmung und Bewertung der Lebensbedingungen durch die Heimbewohner/innen sind: „Sind Sie mit der Hilfe im pflegerischen Bereich zufrieden?" (B5); „In welchen Situationen empfinden Sie es als besonders belastend, von anderen Personen abhängig zu sein?" (B18).

Zusätzlich sind in den Fragebogen insgesamt über 30 Items aus bereits vorhandenen Lebensqualitätsinstrumenten (LSS und QOL-Q) eingegangen (vgl. Wacker et al. 1998, 292). Aus diesen wurde ein eigener Zufriedenheitsindex mit 15 Items konstruiert (vgl. Tabelle 18). Dabei wurden neun Fragen in Anlehnung an Items aus einer Vorläuferversion des QOL-Q (vgl. Schalock et al. 1989) formuliert und vier Items der LSS (vgl. Heal, Chadsey-Rusch & Novak 1982) entnommen (zwei selbst formulierte Items wurden hinzugefügt). Die Items werden auf der Basis einer zwei- oder dreistufigen Ratingskala beantwortet und mit zwei Punkten für eine positive Antwort, einem Punkt für eine neutrale Antwort (bei dreistufiger Skalierung) und null Punkten bei einer negativen Antwort gezählt.

Tabelle 18:   Exemplarische Items des Index „Zufriedenheit" des Fragebogens SPACE

Nr.	Index „Zufriedenheit" (n=103)
F6	Finden Sie, daß Sie genügend Freunde haben?
E17	Haben Sie in Ihrer Freizeit genügend Gelegenheit, andere Menschen kennenzulernen (auch einen Partner/ eine Partnerin)?
G6	Insgesamt gesehen, würden Sie sagen, daß Ihr Leben Ihnen wenig Chancen bietet oder genug Chancen bietet, das Beste aus sich zu machen?
G11	Kommt es vor, dass Sie sich, wenn Sie mit anderen Menschen zusammen sind, fehl am Platz vorkommen?
J14	Wie zufrieden Sind Sie mit der gegenwärtigen Wohnsituation?
E15	Wie würden Sie Ihre Freizeit beschreiben? - *mir ist meist langweilig und ich würde mir mehr Spaß in meiner Freizeit wünschen;* - *z. T. genieße ich meine Freizeit, z. T. ist mir langweilig;* - *ich habe/weiß genügend Dinge zu tun und genieße meine Freizeit*

Des Weiteren wurde aus 15 Items des Fragebogens ein Index „Einrichtungsbezogene Einschränkungen und Vorgaben" gebildet (vgl. Tabelle 19). Diese Items fragen Vorgaben und Reglementierungen durch die Einrichtungen ab, welche die Handlungsspielräume der Bewohner/innen einschränken. Die Fragen sind dichotom strukturiert und werden mit einem Punkt (für keine Vorgaben) bzw. null Punkten (für bestehende Vorgaben und Einschränkungen) gewertet (vgl. Wacker et al. 1998, 293 f.).

Tabelle 19:   Exemplarische Items des Index „Einschränkungen und Vorgaben"
des Fragebogens SPACE

Nr.	Index „Vorgaben und Einschränkungen" (n=113)
J5	Können Sie Ihr Zimmer nach eigenen Vorstellungen gestalten?
H5	Können Sie Besuch auf Ihrem Zimmer empfangen?
L9	Dürfen Sie selbständig Lebensmittel im Kühlschrank aufbewahren oder sich dort Lebensmittel herausnehmen?
H3	Ist es Ihnen bei Besuchen außerhalb des Heims gestattet, dort über Nacht zu bleiben?
E4	Können Sie bestimmen, was Sie am Wochenende tun?
K7	Müssen Sie an gemeinsamen Aktivitäten der Wohngruppe teilnehmen?

Für beide Indizes können Summenwerte durch Addition der Punkte der jeweiligen Items errechnet werden, welche die Ausprägung der Merkmale („Zufriedenheit" bzw. „Vorgaben und Einschränkungen") widerspiegeln. Theoretisch reichen die Summenwerte somit von 0 bis maximal 30 Punkte beim Zufriedenheitsindex und 0 bis 15 Punkten beim Vorgabenindex.

Reliabilität, Validität und Sensitivität

Der Fragebogen SPACE und die konstruierten Indizes wurden in der Untersuchung „Leben im Heim" (vgl. Wacker et al. 1998) angewendet. Insgesamt wurden in dieser Studie 188 Bewohner/innen aus 20 Wohneinrichtungen interviewt. Vor Auswertung der Befragungsergebnisse bezüglich der konstruierten Indizes wurde definiert, dass für eine befragte Person nur dann ein Summenscore errechnet wird, wenn für die Items der jeweiligen Indizes keine fehlenden Werte vorliegen, d.h. eine Person jeweils alle 15 Items valide beantwortet hat. Dadurch reduzierte sich die Zahl der in die Analyse eingegangen Datensätze von 188 auf

103 Fälle (für den Zufriedenheitsindex) bzw. 113 Fälle (für den Vorgabenindex) (vgl. Wacker et al. 1998, 291 ff.).

Angaben zur Reliabilität der Indizes oder Ergebnisse von Faktorenanalysen liegen nicht vor (vgl. Wacker et al. 1998; Dworschak 2004, 79). Da jedoch von den Autoren die Datensätze mit den Befragungsergebnissen der Studie zur Verfügung gestellt wurden, kann nachträglich eine entsprechende sekundärstatistische Analyse durchgeführt werden. Mit dem Datensatz wird zunächst eine Faktorenanalyse (Hauptkomponentenmethode mit Varimax-Rotation, getrennt für beide Indizes) durchgeführt (vgl. Kap. 5.2.1) mit dem Ergebnis, dass der Eigenwerteverlauf für den Index „Zufriedenheit" eine einfaktorielle Lösung nahelegt, während sich bei dem Index „Vorgaben und Einschränkungen" keine eindimensionale Struktur festmachen lässt. Auf Itemebene ist zu erkennen, dass fünf der insgesamt 15 Items des Zufriedenheitsindex nur eine geringe oder negative Faktorladung und/oder Trennschärfe (Korrelation zwischen dem Item- und Skalenwert) aufweisen. Die interne Konsistenz (Cronbachs Alpha) des aus den 15 Items gebildeten Gesamtindex beträgt 0,54. Ähnliches gilt für den „Vorgaben- und Einschränkungsindex": Auch hier lässt sich bei fünf Items nur eine geringe oder negative Faktorladung und/oder Trennschärfe feststellen. Cronbachs Alpha des Vorgabenindex (15 Items) liegt bei 0,56.

In der Studie „Leben im Heim" wurden zur weiteren Analyse die Summenscores in eine fünfstufige Ordinalskala überführt mit den Ausprägungen „sehr unzufrieden", „unzufrieden", „neutral", „zufrieden" und „sehr zufrieden" (für den Index „Zufriedenheit") bzw. „sehr dominant", „dominant", „teils-teils", „weniger dominant" und „nicht dominant" (für den Vorgabenindex) (vgl. Wacker et al. 1998, 292 ff.). Mit Hilfe des Untersuchungsinstruments konnte gezeigt werden, dass die meisten Befragten (70% der Bewohner/innen) mit ihrem Leben insgesamt zufrieden oder sehr zufrieden sind. Die geäußerten Zufriedenheitsmaße sind unabhängig vom Geschlecht, weisen aber einen Zusammenhang mit der Aufenthaltsdauer im Heim auf. Hier sind drei Phasen zu beobachten, die eine Anpassung der Bewohner/innen an ihre Lebensumstände mit längerer Verweildauer im Heim vermuten lassen: Während Bewohner/innen sich zu Beginn ihres Heimaufenthalts eher zufrieden äußern, verringert sich dann die Lebenszufriedenheit bei einer Verweildauer bis zu fünf Jahren, um danach bei längerem Aufenthalt wieder anzusteigen. Gelingende Sozialkontakte (Partnerschaftsbeziehungen und Freundschaften) und mehr persönliche Entscheidungs- und Handlungsspielräume (geringe Reglementierungen im Heim) gehen mit einer höheren Lebenszufriedenheit einher (vgl. Wacker et al. 1998, 291 ff.).

Kritik

Der Fragebogen „Strukturelle und persönliche Alltagserfahrungen in charakteristischen Einrichtungen" stellt einen der ersten Versuche dar, bereits entwickelte englischsprachige Instrumente zur Erhebung von Lebensqualität bei Menschen mit geistiger Behinderung für die Forschungsarbeit in Deutschland nutzbar zu machen. Zu diesem Zwecke wurden in den Fragebogen Abfrageroutinen eingefügt, um zwei Indizes für eine quantitative Analyse konstruieren zu können. Diese Indizes nehmen im Fragebogen SPACE und der Gesamtauswertung der Befragungsergebnisse jedoch einen vergleichsweise geringen Stellenwert ein; das Hauptaugenmerk der Studie „Leben im Heim" liegt auf die Erkundung der Lebenssituation der Bewohner/innen durch objektive Indikatoren (vgl. Kap. 3.1).

Die Indizes „Zufriedenheit" und „Vorgaben und Einschränkungen" wurden ohne systematische Itemselektion auf Grundlage einer Faktoren- und Reliabilitätsanalyse gebildet; die Kriterien zur Auswahl der Items und Zusammenstellung der Indizes werden nicht genau beschrieben. Eine nachträgliche Analyse zeigt, dass die Indizes insgesamt eine relativ geringe Reliabilität aufweisen und die Konstruktvalidität nicht überzeugend ist. Die Konstruktion des Zufriedenheitsindex orientierte sich im Wesentlichen an der QOL-Q und der LSS. Dabei wurde jedoch nur ein Teil der Items übernommen, sodass die für die LSS geltenden Kritikpunkte – insbesondere die geringe inhaltliche Reichweite – für diesen Index in noch stärkerem Maße zutreffend sind. Das durch die Items abgedeckte inhaltliche Spektrum ist aufgrund der geringen Itemanzahl nicht ausreichend, um eine umfängliche Betrachtung verschiedener Lebensbereiche mit einem angemessenen Anspruch auf Generalisierbarkeit vornehmen zu können.

Die Fragen weisen ein unterschiedliches Antwortformat auf: teils dichotom, teils Multiple-Choice-Struktur. Während der „Vorgaben- und Einschränkungen-Index" relativ leicht beantwortbar erscheint, sind insbesondere die Multiple-Choice-Items des „Zufriedenheitsindex" sprachlich sehr komplex (vgl. auch die Kritik am QOL-Q), sodass es nicht verwunderlich ist, dass einzelne Items von den Befragten oft nicht beantwortet werden konnten, was eine Reduktion der Datensätze für die quantitative Auswertung der Indizes zur Folge hatte. Insofern erscheint eine Weiterentwicklung und Verbesserung der Indizes angebracht.

Trotz dieser Einschränkungen konnten mit den Indizes interessante Erkenntnisse über den Zusammenhang zwischen Zufriedenheit einerseits und der Aufenthaltsdauer in stationären Betreuungszusammenhängen bzw. der einrichtungsbezogenen Vorgaben und Einschränkungen andererseits gewonnen werden. Diese Analyse wurde allerdings auf der Basis einer Transformation der Indexwerte in ordinalskalierte Abstufungen gewonnen, was mit einem Informations- und Genauigkeitsverlust einhergeht (vgl. Baur 2004b, 224). Zudem wurde die Zusammenhangsanalyse zwischen „Zufriedenheit" und „Vorgaben und Einschränkungen" auf Nominalskalenniveau (Berechnung des Kontingenzkoeffizienten als Zusammenhangsmaß) durchgeführt (vgl. Bühl & Zöfel 2002, 246), obwohl die Daten ordinalskaliert sind. Insofern ist eine Überprüfung dieser Zusammenhänge notwendig.

Insgesamt ist zu resümieren, dass der in der Studie verfolgte Ansatz, von bereits entwickelten Indizes ausgehend ein optimiertes Instrument zur Lebensqualitätsmessung zu entwickeln, gewinnbringend erscheint. Da der aus wenigen Fragen zusammengestellte Zufriedenheitsindex nur ein relativ globales Maß darstellt, erlaubt dieser allerdings keine tiefergehenden Einsichten in Wirkungszusammenhänge.

3.2.5 „Interview zu individuellen Entscheidungsmöglichkeiten und Lebenszufriedenheit im Bereich Wohnen"

Vorstellung des Instruments

Der Fragebogen zu „individuellen Entscheidungsmöglichkeiten und Lebenszufriedenheit im Bereich Wohnen" von Bundschuh & Dworschak (2002a) wurde im Rahmen einer vergleichenden Studie zur Lebenssituation von Menschen mit geistiger Behinderung in verschiedenen stationären Wohnformen entwickelt (vgl. Dworschak 2004; Bundschuh & Dworschak 2003). Der Fragebogen umfasst insgesamt 43 Items mit zwei konstruierten Indizes: „Lebenszufriedenheit" und „Individuelle Entscheidungsmöglichkeiten". Der Zufriedenheitsindex besteht aus 17 Items, von denen 15 Items dem bereits skizzierten Fragebogen SPACE (vgl. Kap. 3.2.4) entnommen sind (vgl. Tabelle 20):

Die Fragen zur Zufriedenheit wurden nach inhaltlichen Gesichtspunkten in zwei Subindizes unterteilt:

- „Wohnen/ Betreuung" (9 Items zum Leben in der Wohngruppe und den vorgehaltenen Unterstützungsleistungen) und
- „Soziales Umfeld/ Soziale Beziehungen" (8 Items zur Arbeitssituation, näheren Wohnumgebung und Bezugspersonen im Wohnheim).

Alle Fragen sind dichotom konstruiert („ja/nein" bzw. „gut/schlecht"). Eine positive Bewertung wird mit zwei Punkten, eine negative Bewertung mit null Punk-

ten kodiert, sodass ein Summenwert für die beiden Subindizes und den Gesamtindex errechnet werden kann (vgl. Dworschak 2004, 78 f.).

Tabelle 20:   Exemplarische Items des Zufriedenheitsindex (vgl. Bundschuh &
Dworschak 2002a)

Nr.	Items des Zufriedenheitsindex
3	Würden Sie lieber woanders wohnen?
6	Gehen Sie gerne zur Arbeit?
9	Würden Sie lieber allein in einem Zimmer wohnen/ mit jemandem zusammen in einem Zimmer wohnen?
19	Gibt es Mitarbeiter in Ihrer Gruppe, die Sie gar nicht mögen?
26	Wie klappt das bei Ihnen mit dem Wäschewaschen?
33	Sie wollen am Wochenende in die Stadt gehen. Gibt es da festgelegte Zeiten, oder sprechen Sie das von Fall zu Fall mit den Mitarbeitern ab? → Wie finden Sie diese Abmachung mit dem ‚In-die-Stadt-gehen'?
37	Finden Sie, dass Sie zu wenig Freunde haben?

Der zweite Gesamtindex zu individuellen Entscheidungsmöglichkeiten besteht
aus 23 Items und fokussiert den privaten Lebensbereich der befragten Personen
(vgl. Tabelle 21). Auch hier werden inhaltsanalytisch vier Subindizes unterschieden:

- „Privatsphäre" (10 Items zu persönlichen Belangen wie das eigene Zimmer oder Kleidung),
- „Partizipation" (12 Items zur Gruppengestaltung wie die Erstellung des Speiseplans),
- „Alltägliche Lebensführung" (12 Items zur Tagesstruktur in der Wohngrup-pe) und
- „Freizeit" (12 Items) (vgl. Dworschak 2004, 80).

Die Zuordnung der Items zu den Subindizes wird bei Dworschak (2004) nicht
eindeutig und umfänglich beschrieben und kann daher an dieser Stelle nicht
nachvollziehbar gemacht werden.

Die Items des Index zu individuellen Entscheidungsmöglichkeiten sind in
gleicher Weise wie die Zufriedenheitsfragen konstruiert und werden ebenfalls
mit zwei Punkten für eine positive Antwort („ich kann mit entscheiden bzw. alleine entscheiden") bzw. null Punkten für eine negative Antwort („ich kann nicht
entscheiden/ die Mitarbeiter entscheiden") kodiert. Abweichend davon liegen

zwei Items eine dreistufige Ratingskala mit einem mittleren Skalenpunkt zugrunde („ich kann in Absprache/ mit Unterstützung entscheiden"), der entsprechend mit einem Punkt gewertet wird. Auch hier können Summenscores für die Subindizes und den Gesamtindex errechnet werden (vgl. Dworschak 2004, 80).

Tabelle 21:   Exemplarische Items des Index „Individuelle Entscheidungsmöglichkeiten" (vgl. Bundschuh & Dworschak 2002a)

Nr.	Items des Index zu individuellen Entscheidungsmöglichkeiten
10	Wie ist das mit Bildern, Vorhängen oder mit... in Ihrem Zimmer? → Haben Sie die ausgesucht? Haben Sie Ihr Zimmer gestaltet?
12	Haben Sie einen eigenen Schlüssel für Ihr Zimmer? → Dürfen Sie Ihr Zimmer abschließen?
15	Wenn Sie mal wieder einen neuen Pullover brauchen, gehen Sie da allein zum Einkaufen oder hilft Ihnen da jemand?
23	Können Sie sich aussuchen, ob Sie alleine oder mit der Gruppe essen wollen?
24	Dürfen Sie Bier oder so was trinken?
27	Können Sie am Wochenende oder im Urlaub ausschlafen?
41	Wenn ein neuer Bewohner auf Ihre Gruppe kommen soll. Werden Sie da vorher gefragt, können Sie da mitbestimmen?

Reliabilität, Validität und Sensitivität

Für beide Gesamtindizes wurde die interne Konsistenz (Cronbachs Alpha) als Reliabilitätsmaß ermittelt: Dworschak (2004, 80) gibt für den Gesamtindex „Lebenszufriedenheit" einen Konsistenzkoeffizienten von 0,66 an und für den Index „Individuelle Entscheidungsmöglichkeiten" einen Koeffizienten von 0,74.

In der vergleichenden Untersuchung verschiedener Wohnformen für Menschen mit geistiger Behinderung (vgl. Dworschak 2004; Bundschuh & Dworschak 2003) wurden mit dem Fragebogen 143 Personen aus 41 Wohngruppen befragt. Folgende Wohnformen wurden dabei berücksichtigt: Komplexeinrichtung, Dorfgemeinschaft, Wohnheim, Außenwohngruppe und eigenständige Wohngruppe (vgl. Dworschak 2004, 88). Bezüglich des Gesamtindex „Entscheidungsmöglichkeiten" fanden sich bei den beiden Wohnformen „Komplexeinrichtung" und „Dorfgemeinschaft" signifikant geringere Index-Summenwerte gegenüber den drei anderen Wohnformen („Wohnheim", „Außenwohngruppe" und „eigenständige Wohngruppe"). Die größten Entscheidungsmöglichkeiten äußerten die „Wohnheim"-Bewohner/innen (vgl. Dworschak 2004, 113). Signifikante Unterschiede hinsichtlich des Lebenszufriedenheitsindex konnten nicht identifiziert werden. Darüber hinaus waren auch keine Zusammenhänge zwischen Zufriedenheit und Entscheidungsmöglichkeiten bzw. Zufriedenheit und Indikatoren des sozialen Netzwerks feststellbar (vgl. Dworschak 2004, 106 und 147).

Kritik

Das „Interview zu individuellen Entscheidungsmöglichkeiten und Lebenszufriedenheit im Bereich Wohnen" von Bundschuh & Dworschak (2002a) ist ein einfach strukturierter und unkompliziert formulierter Fragebogen, der zur Befragung von Menschen mit kognitiven Beeinträchtigungen gut anwendbar erscheint. Darauf weisen auch die in der Befragungsstudie von Dworschak (2004, 152) gesammelten Erfahrungen mit dem Erhebungsinstrument hin: Mit dem Fragebogen konnte eine insgesamt hohe Beantwortungsquote erreicht werden – lediglich ca. 3% der Fragen wurden im Durchschnitt als ungültig kodiert, d.h. nicht beantwortet.

Hinsichtlich des vom Zufriedenheitsindex abgedeckten inhaltlichen Spektrums gelten dieselben Einschränkungen wie die bereits bei der Analyse der Fragebögen SPACE und LSS genannten Gesichtspunkte, da die Items des Zufriedenheitsindex im Wesentlichen auf Fragen aus SPACE bzw. der LSS beruhen (vgl. Kap. 3.2.4). Der Index „Entscheidungsmöglichkeiten" bezieht sich vorrangig auf die alltäglichen Lebensbedingungen in Wohneinrichtungen – entsprechend dem Untersuchungsbereich und den Intentionen der Studie. Im Gegensatz zum Zufriedenheitsindex stellen die Fragen zu Entscheidungsmöglichkeiten eher objektive denn subjektive Indikatoren von Lebensqualität dar, da sie auf Aspekte jener Lebensbedingungen gerichtet sind, die prinzipiell auch von außen beobachtbar sind (z.B. Verfügung über Taschengeld, Mitbestimmung des Speiseplans). Dem objektiven Charakter entsprechend fand sich bezüglich dieses Index auch eine relativ hohe Übereinstimmung zwischen der Selbstauskunft (durch die Bewohner/innen) und der Fremdauskunft (durch die Mitarbeiter/innen der Wohneinrichtungen) (vgl. Dworschak 2004, 124). Insofern ist die von Dworschak (2004, 107) vertretene Auffassung, dass der Index die subjektive Bewertung der Entscheidungsmöglichkeiten fokussiert, nicht ganz zutreffend.

Auffällig ist zum einen, dass der Index „Entscheidungsmöglichkeiten" im Vergleich zum Zufriedenheitsindex mehr Items zu hypothetischen Sachverhalten enthält, z.B.: „Sie wollen am Wochenende in die Stadt gehen..." (Item 32), „Sie wollen am Wochenende Freunde oder Verwandte zu sich einladen..." (Item 30) oder „Wenn Sie mal wieder einen neuen Pullover brauchen..." (Item 15). Abstrakte, hypothetische Frageinhalte sind im Allgemeinen schwieriger zu beantworten als konkrete Fragen. Zudem führen die den eigentlichen Fragen vorangestellten Einleitungssätze zu längeren Itemkonstruktionen, was sich negativ auf die Verständlichkeit der Fragen auswirken könnte (vgl. Kap. 3.3.1).

Die angegebenen Reliabilitäten der Gesamtindizes sind durchaus zufrieden stellend, wenngleich dies auch wesentlich der Länge der Indizes (17 bzw. 23 Items) geschuldet sein kann, da Cronbachs Alpha gemeinhin mit steigender Itemanzahl zunimmt. Für die aus weniger Items bestehenden Subindizes wurden keine Reliabilitätskoeffizienten angegeben. Ebenfalls wurde keine faktorenanalytische Überprüfung der inhaltsanalytisch gebildeten Indizes durchgeführt, was evtl. die Konstruktvalidität des Fragebogens hätte stützen können. Insgesamt ist die Validität und Sensitivität des Befragungsinstruments schwer einschätzbar (vgl. Dworschak 2004, 153). So konnten einige Hypothesen der Vergleichsstudie bestätigt (z.B. Unterschiede hinsichtlich der geäußerten Entscheidungsmöglichkeiten in Abhängigkeit verschiedener Wohnformen), andere wiederum nicht bestätigt werden (z.B. Unterschiede hinsichtlich der Zufriedenheit von Bewohner/innen verschiedener Wohnformen). Da bei der Konstruktion des Erhebungsinstruments auf bereits vorhandene Lebensqualitätsverfahren zurückgegriffen wurde (vgl. Dworschak 2004, 86), erscheint jedoch die „Face-Validität" des Instruments als gegeben.

3.2.6 „Schöner Wohnen"

Vorstellung des Instruments

„Schöner Wohnen" von Gromann & Niehoff (2003) ist ein Instrument zur Nutzerbefragung im Wohnbereich bestehend aus Fragebogen und zugehörigem Kartenset. Der Fragenkatalog umfasst knapp 180 Fragen, die in sechs Inhaltsbereiche gliedert sind (vgl. Tabelle 22).

Jeder Inhaltsbereich ist im Fragebogen und den zugehörigen Fragekarten farblich unterschiedlich gestaltet und mit verschiedenen Symbolen für die einzelnen Themengebiete versehen. Die Fragekarten sollen Frageinhalte veranschaulichen (vgl. Gromann & Niehoff 2003, 28) und weisen dazu auf der einen Kartenseite das Symbol des Themengebiets und die jeweilige Nummer der Frage im Fragebogen auf (in der linken oberen Ecke) sowie eine das Thema der Frage wiedergebende zeichnerische Darstellung (in der Kartenmitte). Auf der anderen Seite der Karte ist die Frage schriftsprachlich (wie im Fragebogen formuliert) abgedruckt.

Tabelle 22:   Inhaltsbereiche und Beispiel-Fragen des Instruments „Schöner Wohnen" (vgl. Gromann & Niehoff 2003)

Inhaltsbereich	Exemplarische Items
Allgemeine Fragen (6 Statements)	• „Ich wohne gerne hier und bin zufrieden." • „Meine Wünsche werden hier beachtet."
Lebensstandard: Wie wohne ich? (34 Fragen)	• „Wer macht Ihr Zimmer sauber?" • „Wie finden Sie die Größe Ihrer Wohnstätte?" • „Wissen Sie, was Sie im Notfall tun müssen, zum Beispiel bei Brand oder Unfall?"
Beziehungen: Wie ist das Zusammenleben geregelt? (30 Fragen)	• „Verstehen Sie sich gut mit den Mitarbeiter(inne)n?" • „Haben Sie Einfluss auf den Dienstplan?" • „Gibt es Regeln für das Zusammenleben, eine Wohnstättenordnung?" • „Wie ist Ihr Kontakt zu Ihren Angehörigen?"
Selbstständigkeit: Was kann ich selbst tun? (37 Fragen)	• „Können Sie rausgehen, wann Sie wollen?" • „Wie schmeckt Ihnen das Essen hier?" • „Können Sie an freien Tagen selbst entscheiden, wann Sie aufstehen?" • „Welche Möglichkeiten haben Sie, etwas Neues zu lernen? (Zum Beispiel, wie man mit Geld umgeht oder kocht.)"
Individualität: Darf ich so sein, wie ich wirklich bin? (36 Fragen)	• „Können Sie bestimmen, wer Ihr Zimmer betritt?" • „Wenn Sie beim Waschen Unterstützung benötigen, können Sie dann entscheiden, ob Ihnen ein Mann oder eine Frau hilft?" • „Haben Sie einen Partner/eine Partnerin innerhalb der Wohnstätte?"
Einfluss- und Wahlmöglichkeiten: Kann ich mitbestimmen? (35 Fragen)	• „Haben Sie einen eigenen Haustürschlüssel?" • „Konnten Sie vor Ihrem Einzug aus verschiedenen Wohnformen auswählen? (Zum Beispiel Wohnheim, Außen-Wohngruppe oder betreutes Wohnen.)" • „Bekommen Sie Unterstützung bei politischen Wahlen? (Zum Beispiel bei den Landtagswahlen oder wenn eine neue Bundesregierung gewählt wird.)"

Der Fragebogen beinhaltet Items zu objektiven und subjektiven Lebensqualitäts-aspekten:

- objektive Wohn- und Lebenssituation (z.B. Zimmerbelegung, Sauberkeit im Wohnheim, Freizeitaktivitäten, Vorhandensein von Regeln, Kontakt zu Nachbarn),
- Kenntnisse und Kompetenzen (z.B. Kenntnis der Fluchtwege, Benutzung von Verkehrsmitteln),
- subjektive Bewertung/ Zufriedenheit (mit der Wohnsituation, mit Regeln, mit sozialen Beziehungen),
- subjektive Relevanz und Wichtigkeit von abgefragten Aspekten („Ist Ihnen das wichtig?"),
- Wünsche (in Bezug zur Freizeit, Unterstützungsleistungen, Änderungen im Wohnheim),
- Wahl- und Entscheidungsmöglichkeiten, persönliche Kontrolle (Wahl der Pflegeperson, Einfluss auf Dienstplan, Empfangen von Besuch, Besitz von Schlüsseln, Wahl der Wohnform).

Die Items weisen überwiegend ein geschlossenes oder halboffenes Format auf; einige Fragen werden offen gestellt, z.B.: „Wie wünschen Sie sich die Mitarbeiter(innen)? (Item 22). Die Antwortformate der geschlossenen Fragen zur subjektiven Bewertung der Lebenssituation sind wechselnd (vgl. Tabelle 23).

Tabelle 23 veranschaulicht ferner, dass bei den Bewertungsfragen sowohl zwei-, drei- als auch vierstufige Ratingskalen mit unterschiedlicher Formulierung der Antwortmöglichkeiten benutzt werden. Als Antworthilfen werden Symbolkarten angeboten, auf denen gelbe Sterne vor blauem Grund in unterschiedlicher Anzahl (von 1 bis 4) abgebildet sind: „Die Assoziation zur Kategorisierung von Hotels ist nicht unbeabsichtigt" (Gromann & Niehoff 2003, 29). Des Weiteren gibt es Symbolkarten für „Nein" (rote Karte), „Ja" (grüne Karte) und „Ich weiß nicht" (rot-grüne Karte).

Das Instrument ist als Fragenkatalog gedacht, aus dem zur konkreten Befragungsdurchführung einzelne Fragen oder Abschnitte ausgewählt werden müssen. Als Richtschnur wird für die Auswahl eine Obergrenze von 15 bis 25 Fragen angegeben (vgl. Gromann & Niehoff 2003, 17). Die Autoren empfehlen, sowohl allgemeine Bewertungsfragen (die Vergleiche ermöglichen) als auch spezielle Bewertungsfragen (welche die Bedingungen vor Ort berücksichtigen) einzubeziehen. Zudem werden verschiedene inhaltliche Akzentuierungs- und Strukturierungsmöglichkeiten genannt (vgl. Gromann & Niehoff 2003, 24 ff.).

Tabelle 23: Beispiele für Items mit zwei-, drei- und vierstufigen Ratingskalen des Instruments „Schöner Wohnen" (vgl. Gromann & Niehoff 2003)

Ratingskala	Exemplarische Items
zweistufig	*Fühlen Sie sich wohl hier? (Item 8)* ☐ Ja ☐ Nein ☐ Weiß nicht
dreistufig	*Verstehen Sie sich gut mit den Mitbewohner(inne)n? (Item 26)* ☐ Ja ☐ Mit manchen gut, mit anderen nicht gut. ☐ Nein *Hätten Sie gerne mehr Kontakt zu Nachbarn?* ☐ Ja ☐ Nein ☐ Es ist okay so.
vierstufig	*Meine Wünsche werden hier beachtet. (Item 3, Teil 1)* ☐ Ja ☐ Meistens ☐ Oft nicht ☐ Nein *Wie schmeckt Ihnen das Essen hier? (Item 37)* ☐ Gut ☐ Fast immer gut ☐ Oft schmeckt es nicht. ☐ Das Essen schmeckt nicht.

Reliabilität, Validität und Sensitivität

Das Instrument „Schöner Wohnen" wurde von den Autoren auf der Basis konzeptioneller Überlegungen, ihrer Erfahrungen mit Nutzerbefragungen und der Auseinandersetzung mit bereits entwickelten Befragungsinstrumenten (vgl. z.B. Gromann 1996; Gromann & Niehoff-Dittmann 1999) entworfen. Im Konstruktionsprozess empirisch erprobt, überprüft und optimiert wurde der Fragebogen mitsamt zugehörigem Material nicht.

Ein publizierter Erfahrungsbericht liegt jedoch für ein Instrument vor, welches aus dem Fragenkatalog abgeleitet wurde: „Schöner Wohnen in Berlin" (vgl. AG-Nutzerbefragung der Lebenshilfe Berlin o.J.). Dieses wurde zur Evaluation von Wohnangeboten für Menschen mit geistiger Behinderung genutzt und in einer Befragung von 176 Menschen mit geistiger Behinderung in Wohngemeinschaften verwendet (vgl. Löhr, Beier & Seifert 2005; Seifert 2006b). Der Fragebogen „Schöner Wohnen in Berlin" umfasst 80 Items zu Wohnbedingungen, zur Zufriedenheit mit der Wohnsituation, dem Zusammenleben und persönlichen Beziehungen, Selbstbestimmung und Mitwirkung im Wohnalltag, Freizeitgestaltung und Wünsche. Die Bewertungsfragen sind – wie bei Gromann & Niehoff (2003) auch – abwechselnd mit zwei-, drei- oder vierstufigen Antwortmöglichkeiten versehen, die in Form von Häufigkeitsverteilungen, Balkendiagrammen und Kreuztabellen ausgewertet werden (vgl. Löhr, Beier & Seifert 2005). Eine Zusammenfassung der wesentlichen Ergebnisse ist bei Seifert (2006c) zu finden. Informationen zur Evaluation des Instruments liegen nicht vor.

Kritik

Das Instrument „Schöner Wohnen" ist spezifisch für die Befragung von Bewohner/innen stationärer Wohneinrichtungen konzipiert worden. Es zeichnet sich durch ein umfängliches Themenspektrum, verständliche Formulierung der Fragen und ansprechende Gestaltung des Materials aus. Der aus knapp 180 Fragen bestehende Fragebogen mitsamt Benutzerhandbuch und Veranschaulichungsmitteln ist als Anleitung, Orientierungshilfe und Fragenkatalog gedacht: Für die Durchführung einer konkreten Nutzerbefragung müssen begründet Schwerpunkte gesetzt und Fragen ausgewählt werden.

Auf der einen Seite kann positiv gewertet werden, dass zu jedem Inhaltsbereich eine Vielzahl möglicher Items aufgeführt wird, aus der eine Auswahl getroffen werden kann. Auf der anderen Seite können dadurch inhaltliche Redundanzen nicht vermieden werden. Eine Reihe von Items ist sehr ähnlich formuliert oder zumindest von ähnlicher Bedeutung, z.B.: „Ich wohne gerne hier und bin zufrieden" (Item 1, Allgemeine Fragen) und „Wie zufrieden sind Sie mit Ihrer Wohnsituation?" (Item 1, Lebensstandard). Einige Fragen beziehen sich auf spezifische Sachverhalte, die nicht für alle Bewohner/innen von Wohneinrichtungen relevant und zutreffend sind, z.B. die Frage nach der Erreichbarkeit von Bushaltestellen (Item 13). Aufgrund der Fülle an detaillierten Fragestellungen wird es dem Anwender nicht einfach gemacht, besonders prägnante Items als Indikator für die Wohn-, Dienstleistungs- oder Lebensqualität auszuwählen. Die von Gromann & Niehoff (2003, 24) vorgeschlagene Vorgehensweise zur Auswahl von Fragen (z.B. durch die Bewohner/innen selbst oder Selbstvertretungsgremien) ist

sehr allgemein gehalten. Um Fragen gezielt nach den von den Autoren skizzierten inhaltlichen Kriterien aussuchen zu können, muss die Zuordnung vom Anwender vorgenommen werden, sodass sich die Frage stellt, warum das Instrument nicht bereits eine Strukturierungs- oder Zuordnungshilfe beinhaltet – zumal
auch empirische Erfahrungen mit dem Instrument kaum Hinweise geben können.

Aus einem inhaltlich-konzeptionellen Blickwinkel sind drei Punkte zu kritisieren: Erstens werden einige begriffliche Konzepte in Fragestellungen unpräzise
verwendet, zweitens wird die Zuordnung der Items zu Inhaltsbereichen nicht
immer zweifelsfrei vorgenommen und drittens werden objektive und subjektive
Indikatoren nicht klar voneinander getrennt. So zielen einige Items des Fragebogens – ähnlich wie bei ComQol (vgl. Kap. 3.2.1) – gleichzeitig auf die objektive
Dimension der Lebenssituation, die subjektive Bewertung durch den Befragten
(Zufriedenheit), gefolgt von der Frage nach der subjektiven Relevanz des zu bewertenden Aspekts (Wichtigkeit). Zum Beispiel thematisieren die Items 27 bis
29 aus dem Abschnitt „Wie ist das Zusammenleben geregelt?" die Wohnstättenordnung als Regelwerk für das Zusammenleben im Wohnheim: Item 27 fragt
zunächst nach dem Vorhandensein einer Wohnstättenordnung („Gibt es Regeln
für das Zusammenleben, eine Wohnstättenordnung?"), der Kenntnis dieser Ordnung („Kennen Sie die Wohnstättenordnung?") und der Mitwirkung der Bewoh-
ner/innen an seiner Erstellung („Wer hat die Regeln gemacht?"). Item 28 fordert
vom Befragten eine Bewertung der vereinbarten Regelungen („Wie zufrieden
sind Sie mit der Wohnstättenordnung?"), in Item 29 eine Einschätzung der subjektiven Relevanz („Ist es Ihnen wichtig, einmal über die Wohnstättenordnung
zu sprechen?"). Hier werden zu einem Aspekt der Lebensbedingungen sowohl
objektive als auch subjektive Indikatoren erhoben. Dem Anwender werden jedoch keine Auswertungsstrategien an die Hand gegeben, um das durch dieses
Vorgehen gewonnene umfangreiche Datenmaterial auswerten, reduzieren oder
aufeinander beziehen zu können. Zudem sind die verwendeten begrifflichen
Konzepte nicht immer trennscharf, z. B. folgt auf die Frage „Können Sie rausgehen, wann Sie wollen? (Item 34) die Frage nach der persönlichen Wichtigkeit:
„Wie wichtig ist diese Frage für Sie?". Die Antwortmöglichkeiten dieses Items
erlauben jedoch keine Einschätzung der Wichtigkeit, sondern der Zufriedenheit:
„Es ist okay so" bzw. „Ich will selbst darüber bestimmen, wann ich gehe". Diese
begrifflichen Ungenauigkeiten führen in der Befragung, Auswertung und Interpretation der Daten zu Schwierigkeiten.

Die sechs Bereiche des Fragebogens erscheinen inhaltlich nicht präzise definiert bzw. die zu einem Inhaltsbereich gehörenden Items nicht homogen. So
beinhaltet der Abschnitt „Selbstständigkeit: Was kann ich selbst tun?" nicht nur

Fragen zur Selbständigkeit, sondern auch zu den Dimensionen Selbstbestimmung (z.B. „Können Sie selbst entscheiden, wann Sie baden oder duschen?"; Item 45), Kompetenzentwicklung („Welche Möglichkeiten haben Sie, etwas Neues zu lernen?"; Item 50) und Zufriedenheit („Wie zufrieden sind Sie mit den Lernmöglichkeiten?"; Item 50). Es ergeben sich insbesondere Überschneidungen zwischen den Bereichen „Selbstständigkeit", „Individualität" und „Einfluss- und Wahlmöglichkeiten"; in allen drei Abschnitten sind Fragen zur Selbstbestimmung und persönlichen Kontrolle zu finden, z.B.: „Können Sie bestimmen, wer Ihr Zimmer betritt?" (Item 3 aus Abschnitt „Individualität"); „Können Sie mitbestimmen, wenn jemand in die Wohngruppe einziehen soll?" (Item 75 aus Abschnitt „Einfluss- und Wahlmöglichkeiten"). Diese Begriffe sind jedoch konzeptionell klar voneinander zu trennen und durch Ableitung von Indikatoren zu operationalisieren.

Die symbolische Kennzeichnung und unterschiedliche Farbgestaltung der thematischen Bereiche können sicherlich zu einer besseren Strukturierung des Interviews beitragen und sich positiv auf die Orientierung und Motivation der Interviewpartner auswirken. Aufgrund unterschiedlicher Frageinhalte sind die Möglichkeiten, das Frageverständnis durch optische Darstellungen (Fragekarten) zu unterstützen, jedoch begrenzt. Während die Frage „Haben Sie einen eigenen Haustürschlüssel?" (Item 71) zeichnerisch relativ gut darstellbar ist, da sie sich auf ein konkretes Objekt bezieht, ist die Frage „Fühlen Sie sich wohl hier?" (Item 8) nicht ohne Weiteres zu veranschaulichen, weil die Frage auf einen abstrakten, innerpsychischen Zustand rekurriert. Insofern können die Fragekarten keine valide Beantwortung garantieren (vgl. Kap. 3.3.1).

Weitere Kritikpunkte betreffen die formale Ebene: Die ständig wechselnden Frage- und Antwortformate – insbesondere bei subjektiven Bewertungsfragen – wirken unruhig und irritierend (vgl. Tabelle 23). Zudem sind die Beweggründe für diese Formatwechsel nicht nachvollziehbar. Warum einzelne Fragen auf einem zwei-, drei- oder vierstufigen Differenzierungsniveau oder offen beantwortet werden sollen, richtet sich weder nach dem Frageinhalt (Zufriedenheit, Wichtigkeit, Wahlmöglichkeiten) noch der Frageform (Ja/Nein-Frage, Multiple-Choice-Frage). Des Weiteren wirkt die verbale Umschreibung der Skalenstufen z.T. unbalanciert, z.B.: „Ja, Nein, Es ist okay so" (Item 26); „Sehr, Meistens ja, Meistens nein, Gar nicht" (Item 1) oder „Sehr zufrieden, Zufrieden, Oft nicht zufrieden, Gar nicht zufrieden" (Item 50). Die Ordinalskalierung der Stufen fällt nicht immer völlig eindeutig aus, und es stellt sich die Frage, wie der Interviewer so zu einer verlässlichen Einschätzung der Antworten kommt. Das wechselnde Antwortformat und die unterschiedlichen Ratings verhindern darüber hinaus die

Bildung eines sinnvollen Summenscores und schließen damit eine zusätzliche quantitative Auswertungsoption aus.

An vielen Stellen des Fragebogens fehlen nach Filterfragen Intervieweranweisungen, die angeben, mit welcher Frage das Interview bei welcher Antwort des Befragten fortzusetzen ist (z.B. Items 3, 8 und 27). Des Weiteren gehen manche vorgegebenen Antwortmöglichkeiten über die zugehörige Frage hinaus. Zum Beispiel fordert die Frage „Haben Sie Freunde außerhalb der Wohnstätte?" (Item 18) eigentlich eine „Ja/Nein"-Antwort, besitzt aber die Antwortmöglichkeiten: „Ja, ich kann sie regelmäßig treffen; Ja, aber wir treffen uns nur hin und wieder; Ja, aber leider sehen wir uns nur selten oder zufällig; Nein". Hier kommt der Interviewer ohne Folgefragen nicht aus; diese sind aber im Fragebogen nicht vermerkt (z.B. „Treffen Sie Ihre Freunde regelmäßig?"). Einige Multiple-Choice-Fragen erfordern das Vorlesen aller Antwortoptionen und werden dadurch relativ lang und komplex, z.B.: „Mit wem würden Sie gern zusammen leben? Ich würde gern nur mit Frauen zusammen leben, nur mit Männern zusammen leben, mit Männern und Frauen zusammen leben" (Item 15).

Trotz der angeführten Kritikpunkte ist „Schöner Wohnen" von Gromann & Niehoff (2003) als wertvolle Arbeitshilfe zu beurteilen, welche für die Entwicklung eines konkreten Fragebogens Orientierung und Anregung geben kann. Im Prozess der Ableitung eines konkreten Befragungsinstruments und Modifikation würde sich neben einer begründet vorgenommenen Itemauswahl auch eine weitgehende Vereinheitlichung der Antwortformate und Festlegung von statistischen Auswertungsverfahren anbieten.

3.2.7 Fazit

Dass die Konstruktion von Lebensqualitätsinstrumenten zur Befragung von Menschen mit geistiger Behinderung keine leichte Aufgabe ist, davon zeugen die stetigen Bemühungen zur Überarbeitung und Weiterentwicklung der einzelnen Verfahren. Eine Empfehlung für ein bestimmtes Instrument ist schwer auszusprechen, da jeder Fragebogen Vor- und Nachteile aufweist. Eine Auswahl kann nur vor dem Hintergrund der geplanten Untersuchung getroffen werden, da die Befragungsinstrumente mit verschiedenen Zielsetzungen entwickelt worden sind und sich hinsichtlich ihres Generalitätsanspruchs unterscheiden: Während ComQol und PWI als „first-level deconstruction of ‚life as a whole'" (Cummins 2002a, 4) konzipiert worden und mit dem Anspruch auf universelle Anwendbarkeit verbunden sind, zielen die übrigen vorgestellten Erhebungsinstrumente speziell auf die Befragung von Menschen mit geistiger Behinderung. Unter letzteren Instrumenten ist nach inhaltlichen Kriterien der QOL-Q sicherlich das unspezifischste Verfahren – LSS und MLSS fokussieren hingegen die Lebenssituation in betreuten Wohnformen. Auf der anderen Seite sind LSS und MLSS jedoch sprachlich einfacher gestaltet und erscheinen daher für die Befragung von Personen mit kognitiv-kommunikativen Beeinträchtigungen besser umsetzbar.

Die deutschsprachigen Instrumente orientieren sich an den bereits entwickelten englischsprachigen Verfahren (insbesondere dem QOL-Q und der LSS) und verkörpern viel versprechende Ansätze, um Menschen mit geistiger Behinderung zu ihrer Lebensqualität befragen zu können. Die Instrumente der Forschungsstelle Lebenswelten behinderter Menschen (1995) und von Bundschuh & Dworschak (2002a) sind jedoch eher als „Mittel zum Zweck" entstanden, um die Voraussetzung für die Durchführung empirischer Untersuchungen zur Lebenssituation von Menschen mit geistiger Behinderung in Wohneinrichtungen zu schaffen. Sie wurden nicht als „Hauptzweck" auf der Basis einer systematischen Itemanalyse entwickelt sowie empirisch überprüft und für weitere Befragungen optimiert. Letzteres gilt auch für „Schöner Wohnen" von Gromann & Niehoff (2003), das eher den Charakter einer Arbeitshilfe besitzt. Daher erscheinen weiterführende Forschungsarbeiten zur Entwicklung von Lebensqualitätsinstrumenten gewinnbringend, die an den wertvollen Vorarbeiten anknüpfen.

3.3 Ergebnisse der Methodenforschung zur Befragung von Menschen mit geistiger Behinderung

Während sich in Kap. 3.2 der Blick auf spezielle Befragungsinstrumente zur Lebensqualitätserhebung richtete, sollen nun – unabhängig von einem spezifischen Erhebungsinstrument – die Vor- und Nachteile der unterschiedlichen Fragetechniken und Interviewformen analysiert werden. Diese sind in den allgemeinen Sozialwissenschaften Gegenstand einer intensiven systematischen Methodenforschung (vgl. Schnell, Hill & Esser 1999, 302). Deren Ergebnisse sind für die Lebensqualitätsforschung und die Entwicklung von Befragungsinstrumenten richtungweisend, lassen sich jedoch nicht ohne Weiteres auf die Befragung des Personenkreises der Menschen mit geistiger Behinderung übertragen: „One must still expect that questioning respondents with mental retardation about their quality of life will raise some unique methodological problems" (Heal & Sigelman 1996, 96). Da diese Zielgruppe erst in den letzten Jahren als Auskunftsquelle bezüglich ihrer subjektiven Lebensqualität „entdeckt" wurde, liegen vor allem im

deutschsprachigen Bereich bislang nur wenige Erfahrungsberichte über die Angemessenheit und Umsetzbarkeit verschiedener Interviewmethoden zur Erfor-
schung subjektiver Konzepte, Einstellungen, Merkmale und Theorien vor (vgl.
Dworschak 2004, 26). Im Folgenden sollen vorliegende Forschungsergebnisse
zur Befragung von Menschen mit geistiger Behinderung (vor allem aus US-
amerikanischen Studien) zusammengefasst werden, die Hinweise für das methodische Design der eigenen Untersuchung liefern.

Abbildung 20: Mögliche Fehlerquellen für verzerrte Antwortreaktionen
               (modifiziert nach Diekmann 2004, 403)

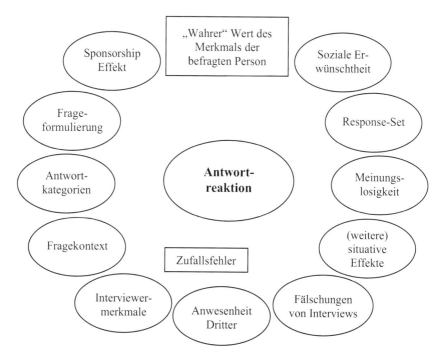

Grundsätzlich lässt sich eine Reihe von verschiedenen Faktoren festmachen, die
auf das Antwortverhalten der befragten Person einwirken und signifikante Stör-
quellen bedeuten können (vgl. Abbildung 20): Eine spezifische Antwortreaktion
spiegelt nicht unmittelbar eine Merkmalsausprägung der befragten Person, die
als „wahr" angenommen wird, wider. Einflussnehmende Faktoren beziehen sich
dabei:

- *auf die befragte Person:* z.B. durch sozial erwünschte Antworten, systematische Antworttendenzen (Response-Set), Meinungslosigkeit, Antwortverweigerung,
- *auf die Fragen selbst:* z.B. durch die Frageformulierung, Vorgabe von Antwortkategorien, durch den Fragekontext (z.B. Fragereihenfolge bzw. Frageposition im Fragebogen),
- *auf den Interviewer und situative Aspekte des Interviews:* z.B. durch spezifische Interviewermerkmale (z.B. Geschlecht, Alter, Aussehen, Verhalten), die Anwesenheit Dritter, Fälschungen von Interviews, durch situative Effekte (z.B. Störungen).

Die Darstellung potenzieller Fehlerquellen illustriert, dass das Interview eine komplexe Situation ist, welche vielfältigen Einflüssen ausgesetzt ist. Dabei können die einzelnen Faktoren den Interviewprozess zu verschiedenen Zeitpunkten beeinträchtigen, sowohl vor dem eigentlichen Beginn der Befragung (z.B. Verweigerung der Untersuchungsteilnahme) als auch während des Interviews (z.B. durch die Anwesenheit einer dritten Person) oder in der Auswertungsphase (z.B. durch unbewusste Fehlinterpretation der Daten oder bewusste Fälschung durch den Forscher).

Die Methodenforschung selbst bedient sich sowohl qualitativer als auch quantitativer Techniken, um die Güte der mit einem Interview gewonnen Daten abzuschätzen bzw. mögliche Störvariablen in Interviews zu identifizieren. So werden einerseits in quantitativen Designs Methodenfaktoren experimentell variiert (z.B. Veränderung der Reihenfolge von Fragen in einem Fragebogen) und die Auswirkungen dieser Variationen auf das Antwortverhalten beobachtet (vgl. Diekmann 2004, 382). Andererseits finden auch – besonders in der Entwicklung von Erhebungsinstrumentarien – qualitative Evaluationsgespräche mit Interviewern und/oder Befragten nach der Durchführung von Interviews zu ihren Erfahrungen in den Interviewsituationen Anwendung, um Probleme im Umgang mit den Erhebungsinstrumenten über „weiche Daten" auszumachen. Des Weiteren werden z.B. Interviewtranskriptionen mit Hilfe von konversationsanalytischen Techniken untersucht, um Besonderheiten der Interaktion zwischen den Interviewpartnern zu beleuchten.

Die in Abbildung 20 aufgeführten methodischen Probleme sind zunächst einmal grundsätzlicher Natur, können also bei jeder Befragungsform und Population die Gültigkeit der Ergebnisse beeinträchtigen. Im Zusammenhang mit der Befragung von Menschen mit geistiger Behinderung (speziell zu ihrer wahrgenommen Lebensqualität) werden jedoch in der Fachliteratur einzelne Problemstellen des Interviews fokussiert, die hinsichtlich der Anwendung des Interviews bei dieser Zielgruppe als besonders kritisch angenommen werden. Neuralgische Gesichtspunkte beziehen sich dabei insbesondere auf

- inhaltliche und sprachliche Aspekte der Fragen (vgl. Kap. 3.3.1),
- Frageformate und Antworttendenzen (vgl. Kap. 3.3.2),
- die Interviewsituation (vgl. Kap. 3.3.3).

Diese Bereiche lassen sich nicht immer scharf abgrenzen. So tangieren einige Fehlerquellen (z. B. systematische Antworttendenzen) sowohl die sprachliche, formale als auch situative Ebene des Interviews. Dennoch ist eine Unterscheidung der Ebenen zur analytischen Betrachtung sinnvoll, um relevante Einflussgrößen besser einschätzen und entsprechende Gegenmaßnahmen entwickeln zu können.

Im Folgenden sollen wesentliche methodische Aspekte auf diesen Ebenen näher betrachtet und miteinander in Beziehung gesetzt werden, um ermessen zu können, welche Datenqualität mit Hilfe des Interviews in der Lebensqualitätsforschung bei Menschen mit geistiger Behinderung zu erwarten ist.

3.3.1 Inhaltliche und sprachliche Aspekte

Interviews sind sprachlich gebunden, insofern kommt der Aufgabe, eine „gemeinsame Sprache" zwischen den Interviewpartnern zu schaffen, besondere Relevanz zu (vgl. Diekmann 2004, 376 f.). Besonders bei der Befragung von Menschen mit geistiger Behinderung gilt es im Hinblick auf mögliche kognitiv-kommunikative Beeinträchtigungen, Inhalte und sprachliche Formulierung der Fragestellungen so zu wählen, zu gestalten und aufeinander abzustimmen, dass die Bedeutung von Frage und Antwort gleichermaßen interpretiert werden kann: „The person may be unfamiliar with the constructs and vocabulary that the interviewer uses or may be unable or unaccustomed to making the type of judgements requested" (Finlay & Lyons 2001, 320). Die Notwendigkeit einer gemeinsamen kommunikativen Annäherung an den Sinngehalt des Kommunikats betrifft beide Interviewpartner in derselben Weise: So muss die befragte Person sowohl die Fragen des Interviewers verstehen als auch eigene Gedanken in Worte fassen, die wiederum der Interviewer zu interpretieren versucht usw. Inhaltliche und sprachliche Angemessenheit sind somit Grundvoraussetzungen für eine Erfolg versprechende Anwendung des Interviews als Forschungsinstrument: „Sophisticated vocabulary, difficult propositions and complex linguistics raise a respondent's intellectual demand and increase the probablity that someone with intellectual disability will either not respond or respond inappropriately" (Prosser & Bromley 1998, 106). Neben allgemeinen Empfehlungen in Richtung einer einfachen und leicht verständlichen Sprachgestaltung (die allgemein bei der Planung und Durchführung von Interviews fundamental sind), werfen einzelne inhaltliche und sprachliche Aspekte in der Befragung von Menschen mit geistiger Behinderung zu ihrer Lebensqualität spezielle Probleme und Herausforderungen auf.

Quantitative Einschätzungen und der Einsatz von Rating-Skalen

So werden in Lebensqualitätsinterviews Selbsteinschätzungen oftmals auf der Basis von Rating-Skalen getroffen (vgl. Bortz & Döring 2002, 175 ff.), welche die unterschiedliche Ausprägungen des Merkmals mit Hilfe von numerischen oder verbalen Marken repräsentieren (z.B. fünfstufige Rating-Skala mit den Abstufungen „nie – selten – gelegentlich – oft – immer").

Auf der einen Seite sind bei der Erhebung einzelner Lebensqualitätsdimensionen Einschätzungen auf quantitativer Basis (Häufigkeiten, Intensitäten, Wahrscheinlichkeiten etc.) kaum zu vermeiden, wenn es z.B. darum geht, soziale Aktivitäten hinsichtlich ihrer Häufigkeit und Frequenz als Indikatoren für realisierte Teilhabe am gesellschaftlichen Leben zu ermitteln. Auf der anderen Seite verdeutlichen empirische Studien, dass Menschen mit geistiger Behinderung gerade mit der Beantwortung von Fragen, die auf quantitative Daten (auch zeitliche Einschätzungen) zielen, Schwierigkeiten haben, z.B. hinsichtlich der Auftretenshäufigkeit eines Sachverhalts bzw. Gefühlzustandes oder der zeitlichen Frequenz einer Aktivität. Diese relativ abstrakte Darstellungsform in Frage- und Antwortformaten erweist sich in der Forschungspraxis als kognitiv anspruchsvoll mit der Folge, dass viele Personen derartige Fragen nicht bzw. nicht valide beantworten können (vgl. Finlay & Lyons 2001, 320 f.).

Eine Metaanalyse über den Einsatz von Ratingskalen bei Menschen mit geistiger Behinderung von Hartley & MacLean (2006) kommt zu dem Ergebnis, dass die Reliabilität und Validität der mit Hilfe der Ratingskalen gewonnenen Ergebnisse in der Mehrzahl der Studien im zufrieden stellenden Bereich liegen. Positiv wirkt sich zum einen aus, die Anzahl der Skalenstufen der individuellen Differenzierungsfähigkeit der zu befragenden Personen anzupassen (vgl. Hartley & MacLean 2006, 818 ff.; Cummins 1997d, 211), zum anderen, konkrete lebensgeschichtliche Ereignisse (z.B. Wohnorte, relevante Bezugspersonen) der Befragten als zeitliche Marken anstelle abstrakter Daten zu benutzen (vgl. Prosser & Bromlay 1998, 108 f.; Tassé et al. 2005, 6 f.; Finlay & Lyons 2001, 320);

dies setzt allerdings eine intensive Auseinandersetzung mit der Biografie des Interviewpartners in der Vorbereitung des Interviews voraus, die in der Praxis aus ökonomischen Gründen in der Regel nicht realisierbar erscheint.

Abstraktheit der Inhalte und semantische Differenzen

Bei der Erhebung subjektiver Lebensqualität liegt eine weitere Herausforderung darin, dass Lebensqualität zunächst einmal ein relativ abstraktes Konzept darstellt und zugleich dem Interviewpartner generalisierte Beurteilungen der Lebensbedingungen abverlangt. Erfahrungen mit der Befragung von Menschen mit geistiger Behinderung legen jedoch nahe, dass Fragen zu konkreten Aktivitäten, Ereignissen oder persönlichen Erlebnissen erheblich einfacher zu beantworten sind als Fragen, die sich auf abstrakte Konzepte (wie z.B. kognitive Bewertungen oder Gefühlszustände) beziehen (vgl. Finlay & Lyons 2001, 321; Heal & Sigelman 1990, 169): „Comprehension at the abstract level that is inherent in subjective measurement is difficult" (Cummins 1997d, 201). Hinzu kommen Schwierigkeiten, einzelne Erfahrungen in einer Gesamtschau zu betrachten und zu einer generalisierten Evaluation zusammenzuziehen. So wird in einer Studie zum Selbstkonzept von Menschen mit geistiger Behinderung auf der Grundlage einer Analyse von Interviewtranskriptionen aufgezeigt, dass sich ein Großteil der Aussagen der befragten Personen eher auf spezifische Erlebnisse und episodenhafte Geschehnisse beziehen und weniger Gesamtbeurteilungen beinhalten. In solchen Fällen ist es mitunter schwierig zu ermessen, ob diese Auskünfte lediglich beispielhaften und situativen Charakter besitzen oder sich verallgemeinern lassen (vgl. Finlay & Lyons 2001, 321).

Ähnliche Unklarheiten können auch – gerade bei abstrakten Konzepten – durch das Bemühen des Interviewers entstehen, über veranschaulichende Beispiele den Inhaltsbereich der Frage auf eine konkretere Ebene zu stellen. Diese Strategie ist mit der Gefahr verbunden, dass der Befragte seine Antworten dann ausschließlich auf einzelne Beispiele bezieht bzw. die vom Interviewer angeführten Beispiele einfach als Antworten wiedergibt (vgl. Antaki 1999, 443). Derartige Reaktionen können sowohl ein Indiz für Verständnisprobleme als auch für Wahrnehmungsbesonderheiten (z.B. Perseveration) sein (vgl. Finlay & Lyons 2001, 323). Insofern gilt es, sowohl im Vorfeld besonders prägnante Beispiele auszuwählen, die stellvertretend für den gesamten Inhaltsbereich stehen, als auch in der konkreten Interviewsituation den Fokus des Befragten durch Erläuterungen von einzelnen Exempeln wieder auf die Gesamtfragestellung zu lenken.

Unterschiede in begrifflichen Vorstellungen betreffen jedoch nicht nur abstrakte Konzepte, sondern z.T. auch Begriffe aus der Alltagssprache. In einer Studie zur Lebenszufriedenheit von Menschen mit geistiger Behinderung (vgl. Barlow & Kirby 1991) wird davon berichtet, dass die Untersuchungsteilnehmer/innen den Begriff „Freund" in einem weiteren Sinne interpretierten als der Interviewer, nämlich „Freund" nicht nur im Sinne einer engen Vertrauensperson im sozialen Nahraum, sondern ebenfalls im Sinne von Bekannten, die sich dem Befragten gegenüber freundlich verhalten (vgl. Barlow & Kirby 1991, 11 ff.; Finlay & Lyons 2001, 321). Bei der Entstehung derartiger semantischer Differenzen spielen neben kognitiv-kommunikativen Kompetenzen vermutlich Umgebungsvariablen eine nicht zu unterschätzende Rolle: Unterschiedliche Lebensrealitäten der Interviewpartner spiegeln sich in andersartiger Sprachverwendung wider. Damit einhergehend scheint ebenfalls der Vergleichskontext und -maßstab zu variieren: Indizien dafür sind z.B. Ergebnisse einer Befragung zu Selbstbestimmungs- und Wahlmöglichkeiten von Menschen mit Lern- und geistiger Behinderung (vgl. Stancliffe 1995). Der Vergleich zwischen Selbstbeurteilung (durch die Betroffenen) und Fremdbeurteilung (durch ihre Assistenten) zeigt dabei, dass in drei von zehn Entscheidungsfeldern die Selbstaussagen auf signifikant mehr Wahlmöglichkeiten als die Fremdbeurteilungen hinweisen. Diese Differenzen betreffen Entscheidungen, wofür eigenes Geld ausgegeben wird, die Auswahl anderer Mitbewohner und die Wahl der Arbeitsstelle (vgl. Stancliffe 1995, 423; Finlay & Lyons 2001, 321). Eine mögliche Erklärung dieser unterschiedlichen Einschätzungen ist, dass in der Urteilsfindung der Betroffenen und Mitarbeiter jeweils unterschiedliche soziale Bezugsgruppen als Referenzrahmen fungieren, die besonders in den drei aufgeführten Entscheidungsbereichen andersartige Vergleichsmaßstäbe liefern (z.B. die Autonomie anderer Bewohner einer Wohneinrichtung vs. die Autonomie erwachsener Menschen im Allgemeinen) (vgl. Stancliffe 1995, 426; Finlay & Lyons 2001, 321). Zudem ist besonders in institutionellen Zusammenhängen davon auszugehen, dass die befragten Betroffenen u.U. engere Gestaltungsspielräume erfahren (z.B. aufgrund höherer Abhängigkeit von Hilfe) und somit ihre Selbstbeurteilungen an diesen gewohnten Erfahrungsräumen ausrichten. Dadurch, dass diese lediglich „begrenztes Wissen über denkbare Wahlmöglichkeiten haben" (Hagen 2002, 298), kann es dazu kommen, dass selbst geringe Entscheidungsspielräume im Ergebnis positiv bewertet werden (vgl. Wansing, Hölscher & Wacker 2003, 218).

Die notwendige Abstraktionsleistung, die zum Verstehen eines Begriffes notwendig ist, lässt sich durch ausschließlich theoretische Überlegungen kaum bestimmen. Erfahrungen weisen vielmehr darauf hin, dass einerseits von Experten (z. B. Forscher, Assistenten, Bezugspersonen) im Vorfeld als leicht verständlich eingestufte Begriffe zuweilen in der Interviewpraxis von den Befragten missverstanden werden, während andere als problematisch eingeschätzte Fragen im Praxistest brauchbare Ergebnisse liefern, „zumal nicht vom aktiven Sprachgebrauch unmittelbar auf das passive Sprachverständnis geschlossen werden kann" (Hagen 2002, 300; vgl. Finlay & Lyons 2001, 324; Perry & Felce 2002, 453). Interview-Pretests, in denen das Begriffsverständnis getestet wird, können in diesem Zusammenhang aufschlussreich sein (vgl. Diekmann 2004, 415 f.).

Allerdings müssen differierende begriffliche Vorstellungen bei Selbsteinschätzungen nicht in jedem Fall als schwerwiegendes Problem aufgefasst werden. Bei der Erhebung subjektiver Lebensqualität stehen gerade die individuellen Vorstellungen, Wahrnehmungen und Verarbeitungsstrategien der zu befragenden Personen im Vordergrund (vgl. Hagen 2002, 298), welche lebensweltlich bedeutsam sind und vor dem Hintergrund jeweiliger sozialer und materieller Erlebens- und Handlungsräume interpretiert werden müssen – eventuell relativ unabhängig von Definitionen oder Standards, die der Forscher im Kopf hat.

Grammatikalische Aspekte

Weitere Erschwernisse in der Befragung von Menschen mit geistiger Behinderung, die sich vornehmlich auf die sprachliche Formulierung der Fragen beziehen, liegen z. B. im Gebrauch sprachlicher Modifikationen (durch Morpheme, Wörter, Phrasen oder Satzteile), welche den Sinn der Gesamtfrage verändern. In der Interviewpraxis können solche Fragekonstruktionen zu dem Phänomen führen, dass die Modifikation vom Befragten nicht wahrgenommen wird, sodass z. B. Antworten nicht auf die Originalfrage „Was würden Sie gerne ändern, was Ihre Arbeit betrifft?", sondern auf die verkürzte Frage ohne Relativsatz „Was würden Sie gerne ändern?" bezogen werden (vgl. Finlay & Lyons 2001, 323). Modifikationen führen in der Regel zu längeren Satzkonstruktionen; vielfältige Untersuchungen zeigen auf, dass sich Fragen mit komplexem und hypotaktischem Satzbau (gemessen an der Anzahl der Wörter pro Satz, Anzahl der Nebensätze) sowie langen Wörtern (Anzahl der Buchstaben pro Wort) sich negativ auf das Verständnis der Frage auswirken (vgl. Hagen 2002, 297; Cummins 1997d, 201).

Des Weiteren belegen experimentelle Studien, dass negativ formulierte Fragen (z. B. durch den Zusatz von Negationspräfixen oder -wörtern wie „nicht" oder „kein") im Allgemeinen schwieriger zu beantworten sind als positiv formulierte Fragen (vgl. Finlay & Lyons 2001, 323): So fällt die Beantwortung der Frage „Sind Sie *unzufrieden* mit Ihrer Arbeit?" deutlich schwerer als die Beantwortung der Frage „Sind Sie *zufrieden* mit Ihrer Arbeit?": Erstere Frage erfordert nachweislich eine längere Reaktionszeit und produziert mehr inkonsistente Antworten. In Interviews zu subjektiven Einschätzungen (z.B. der persönlichen Zufriedenheit) sind negativ polierte Fragen und Items deshalb nützlich, weil sie dazu dienen können, stereotypes Antworten durch gelegentliche Änderung der Fragerichtung zu vermeiden sowie das Interesse und die Aufmerksamkeit des Befragten im Interviewverlauf aufrechtzuerhalten. Des Weiteren fehlt manchen negativen Begriffsformen, die wesentliche Bestandteile des zu untersuchenden Konzepts sein können, ein gebräuchliches positiv formuliertes Pandon (z.B. „unachtsam" oder „unaufhaltsam"; vgl. Bühner 2004, 62). Insofern ist an den Stellen, an denen sich negativ formulierte Passagen nicht ersetzen lassen, bereits bei der Interviewplanung bzw. der Fragebogenkonstruktion darauf zu achten, vor allem solche negativ formulierten Wörter zu benutzen, die allgemein gebräuchlich und der befragten Person mit hoher Wahrscheinlichkeit vertraut sind, um eine angemessene Balance zwischen positiv und negativ polierten Fragen herstellen zu können.

Einsatz von Veranschaulichungshilfen

Trotz aller (präventiven und kompensierenden) Maßnahmen ist das Interview insbesondere aufgrund seiner Abhängigkeit von den sprachlichen Kompetenzen der Untersuchungsteilnehmer fehleranfällig – dies gilt nicht nur für die Befragung von Menschen mit geistiger Behinderung. Um eventuell auftretende sprachliche Barrieren (sowohl hinsichtlich rezeptiver als auch expressiver Sprache) zu vermeiden oder zumindest zu minimieren, wird zuweilen der Einsatz optischer Hilfen empfohlen (vgl. Gromann 1996, 218; Gromann & Niehoff-Dittmann 1999, 159; Gromann 2002, 164; Dworschak 2004, 31). Diese können sowohl dem Interviewer zur Verdeutlichung von Fragekomplexen (z.B. Fotos eines Wohnhauses als Repräsentant des Themenbereichs „Wohnen"; vgl. Gromann & Niehoff 2003), dem Befragten zur Beantwortung der Fragen dienen (z.B. mittels Smiley-Skalen; vgl. Cummins 2005d) oder Gesprächsanlässe anbieten (z.B. in „foto-gestützten Interviews"; vgl. Folkestad 2000; Germain 2004): „Hilfsmittel zur Verdeutlichung von Fragekomplexen sind je nach Bedarf einzusetzen: z.B. können visuelle Hinweise, Bilder, Hörbeispiele und Symbole gut eingesetzt werden [...]. Auch Auswertungshilfen – wie z.B. die [...] Bewertungsskala eines fünffachen Übergangs von lachendem, lächelndem, neutralem, kritischem und ablehnendem Gesichtssymbol (Smiley-Skala) – können viel dazu beitragen, dass Bewertungen verdichtet werden" (Gromann 1996, 218).

Zu bedenken ist jedoch, dass derartige Darstellungsmittel nicht per se eine Hilfe darstellen; die Bedeutung der Darstellungen (Fotos, Bilder, Piktogramme, Symbole) und der Umgang mit ihnen müssen gelernt sein (vgl. Seifert, Fornefeld & Koenig 2001, 114). Zudem unterscheiden sich optische Hilfen hinsichtlich ihrer Ikonizität (Grad der Ähnlichkeit zwischen Abbildung und Bezugsobjekt): Fotos und Bilder weisen im Allgemeinen eine höhere Ikonizität auf als Piktogramme oder Symbole. Ikonische Darstellungen machen die Bedeutung des Bezugsobjekts transparent und sind daher leichter verstehbar; jedoch bezeichnen sie tendenziell etwas Konkretes und eignen sich demzufolge weniger für die Veranschaulichung abstrakter Begriffe und Konzepte. Gerade hier zeigen Menschen mit geistiger Behinderung jedoch die meisten Verständnisprobleme. Abstrakte Begriffe lassen sich eher durch weniger ikonische Darstellungen (z.B. Symbole) repräsentieren; das Verständnis von Symbolen erfordert jedoch ebenfalls eine relativ hohe Abstraktionsleistung, sodass sich die Frage stellt, was damit im Vergleich zur sprachlichen Darstellung gewonnen ist.

Hinzu kommt, dass viele begriffliche Definitionen insbesondere im Kontext von Lebensqualität auf sprachlichen Konstruktionen und Bezügen aufbauen, wodurch sprachfreie Erklärungen nahezu unmöglich werden: „Many subjective quality of life questions appeal to abstract concepts, such as satisfaction, happiness, or contentment […]. Understanding of constructs is a relatively sophisticated language stage, and it is this which might best be viewed as setting a limiting criterion to the people from whom subjective opinions can be elicited. Although it is clearly possible to employ nonverbal means of expression, it is much more difficult to pose questions in a way that is similarly independent of spoken language" (Perry & Felce 2002, 453).

Darstellungsmittel werden in Interviews zur Lebensqualität aber nicht nur für die Hand des Interviewers, sondern ebenso für die des Befragten eingesetzt, indem sprachfreie Antwortmöglichkeiten unter Zuhilfenahme von Rating-Skalen (vor allem Likert-Skalen) mit symbolischen Marken angeboten werden (vgl. Abbildung 21). Symbole können insbesondere bei Rating-Skalen mit vielen Abstufungen sicherlich übersichtlicher wirken als verbale Marken (vgl. Bortz & Döring 2002, 178); zudem führen sie nachweislich zu höheren Beantwortungsquoten (vgl. Sigelman et al. 1981a, 355; Heal & Sigelman 1996, 97; Hartley & MacLean 2006). Allerdings ist dies noch keine Garantie dafür, dass die zu beantwortende Frage, die vom Interviewer in der Regel sprachlich dargeboten wird, sowie die Bedeutung der Antwortsymbole vom Befragten auch verstehbar sind: „It would be a mistake to attend solely to ease of nonverbal expression, as in pointing to one of a range of iconic representations, without giving equal consideration to how to communicate the nature of the question and whether it is or could be understood" (Perry & Felce 2002, 453).

Abbildung 21: Grafische Darstellungen von Rating-Skalen (vgl. Dagnan & Rudick 1995, 22; Bundesvereinigung Lebenshilfe 2000; Cummins & Lau 2005a, 39)

Die in Abbildung 21 dargestellten Rating-Skalen verlangen vom Befragten, sich bei der Sinnentnahme der Zeichen auf bestimmte grafische Merkmale zu konzentrieren, die den intendierten Bedeutungsunterschied ausmachen, und gleichzeitig andere Merkmale auszublenden. In der Skala von Cummins & Lau

(2005a) sind es der variierende Mund, die Augen und die Augenbrauen, welche eine traurige von einer fröhlichen Person unterscheiden. Gleichzeitig sind jedoch bei genauer Betrachtung der unterschiedlichen Personen z.B. auch leichte Unterschiede hinsichtlich der grafischen Darstellung der Haare erkennbar; diese machen aber keinen (gewollten) Bedeutungsunterschied aus und müssen vom Befragten bei der Interpretation der Grafiken außen vor gelassen werden. In den Skalen, die der Sammlung von Instrumenten zur Nutzerbefragung der Bundesvereinigung Lebenshilfe (2000) entnommen sind, sind die unterschiedlichen Handstellungen entscheidend, die nicht nur erkannt, sondern auch mit deren (in unserem Kulturkreis verankerten) Bedeutungen in Verbindung gebracht werden müssen („Daumen rauf" für positive Bewertung, „Daumen runter" für negative Bewertung). Anhand dieser Beispiele wird plastisch, dass das Symbollesen auch bei nicht-sprachlichen Zeichensystemen ein komplexer Vorgang ist.

Gromann (1998, 262 ff.) berichtet von Erfahrungen mit dem Einsatz eines Fragebogens zur Evaluation der Wohnsituation, welcher dadurch modifiziert wurde, dass im Fragebogen neben die Ja- und Nein-Antwortkästchen Smileys gesetzt wurden, „um damit mehr Verständlichkeit für das Selbstausfüllen zu erreichen" (Gromann 1998, 263). Die Verwendung dieser optischen Darstellungsform führte in den konkreten Interviews jedoch häufig zu widersprüchlichen Antworten: „Die optische Verdeutlichung durch die Smileys hat bei diesem Fragebogen eher schlechte Erfahrungen gebracht: viele Befragte sagten nein und kreuzten dennoch das lächelnde Gesicht an" (Gromann 1998, 264).

Die Autorin erklärt diese Reaktionen mit dem Effekt sozialer Erwünschtheit bzw. dem „Druck zur freundlichen Anpassung" (Gromann 1998, 264). Viel nahe liegender sind jedoch Erklärungen, die auf sprachlich-kommunikativen Überlegungen fußen. So sind „Ja" und „Nein" abstrakte Begriffe, die in unterschiedlichen Bedeutungszusammenhängen verschiedene Funktionen haben können. Beispielsweise können Antworten auf assertive (behauptende) Fragen, die ein Ja oder Nein erwarten, nicht nichtsymbolisch gegeben werden (besonders wenn der Wahrheitswert und die affektive Bewertung in gegensätzliche Richtungen gehen).

Abbildung 22: Probleme bei der Beantwortung assertiver Fragen mit Hilfe von Symbolen

Machen Sie sich oft Sorgen?	☺ ja ☺ teils/teils ☹ nein

Ein Beispiel verdeutlich dieses Dilemma (vgl. Abbildung 22): Auf die Interviewfrage „Machen Sie sich oft Sorgen?" kann ein Befragter antworten, indem er die Antworthilfe (lächelndes Gesicht für „Ja", trauriges Gesicht für „Nein") benutzt und auf das Symbol mit dem lächelnden Gesicht deutet. Die Interpretation dieser Antwort bleibt trotz der eindeutigen Geste unklar, da das lächelnde Gesicht „Ja" bedeuten kann (im Sinne von richtig), aber im speziellen Fragekontext auch ein „Nein" darstellen kann (im Sinne von „Nein, mir geht es gut, ich mache mir keine Sorgen") (vgl. Volbers 1992). Das Beispiel verdeutlicht, dass abstrakte Begriffe nicht ohne Weiteres durch symbolische Darstellungen ersetzt werden können bzw. nicht unmittelbar zu eindeutigen Antworten führen.

Trotz der aufgeführten Einwände können optische Hilfen in Einzelfällen durchaus eine sinnvolle Funktion haben, z.B. um bei längeren Interviews die Fragenkomplexe zu strukturieren bzw. die Urteilsabgaben aufzulockern. Insgesamt hängt die Sinnhaltigkeit einer optischen Unterstützung von der grafischen Darstellung und der Qualität der eingesetzten Darstellungsmittel ab (vgl. Cummins 2005d, 13), insbesondere von ihrer Einfachheit, Prägnanz, Transparenz (d.h. die Bedeutung des Zeichens kann leicht erraten werden), Transluzenz (der Zusammenhang zwischen Bedeutung und Zeichen kann hergestellt werden, wenn die Wortbedeutung mitgeteilt wurde) und somit vor allem von der Komplementärbeziehung zwischen Zeichen und Bedeutung (Ikonizität vs. Abstraktion). Auch ikonische Darstellungsformen sind dabei nicht unbedingt als universell verstehbar einzustufen: „The essential graphical criteria, that forms the basic for such depictions, are assumed to be universal and so not defined. This is likely contestable, most certainly for the depiction of affective states intermediate between overtly happy and sad" (Cummins 2005d, 13 f.).

Optische Veranschaulichungen scheinen mehr den oberflächlichen Eindruck von Anschaulichkeit zu erwecken und weniger tatsächlich zu einer besseren Verständlichkeit (insbesondere abstrakter Begriffe) bzw. zu einer validen Beurteilung seitens des Befragten zu führen: „A visual aid [...] is often given to facilitate such judgments, although the efficacy of this method remains to be demonstrated. Although it may enable the range of options to be remembered more easily, it is unlikely to overcome the difficulties that people may have with making the estimate itself" (Finlay & Lyons 2001, 320; vgl. Cummins 2005d, 13 f.).

Fazit

Vor dem Hintergrund der dargestellten inhaltlich-sprachlichen Schwierigkeiten und Herausforderungen wird deutlich, dass das Interview eine intensive Phase der Interviewvorbereitung und – im Speziellen – eine sorgfältige Entwicklung eines Erhebungsinstruments zur Lebensqualität von Menschen mit geistiger Behinderung erforderlich macht. Hierbei kommt der Operationalisierung des Lebensqualitätskonzepts ein hoher Stellenwert zu. Die Operationalisierung, d.h. Übersetzung in überprüfbare Indikatoren, befindet sich stets im Spannungsfeld zwischen der theoretischen Konzeptualisierung einerseits, die auf der Grundlage analytischer Begriffsbestimmungen den Referenzrahmen von Lebensqualität vorgibt, und der forschungspraktischen Möglichkeiten der empirischen Erfassung von Lebensqualität andererseits, die sich u.a. an den (kognitiven, sozialen, sprachlich-kommunikativen) Voraussetzungen der betroffenen Untersuchungsteilnehmer orientieren muss. Die Überführung von Indikatoren in konkrete Fragestellungen (eines Interviewleitfadens oder Fragebogens) macht daher im Hinblick auf die Befragung von Menschen mit geistiger Behinderung „den Einsatz einfacher und verständlicher Sprache und u.U. eine vertretbare Reduktion der Komplexität des Fragegegenstandes" (Dworschak 2004, 27) erforderlich: „In the areas of intellectual disability, other forms of cognitive impairment and childhood, there is the difficult issue of asking questions that lie within the cognitive capacity of the respondent" (Cummins 1997d, 201; vgl. Kniel & Windisch 2005, 13).

3.3.2 Frageformate und Antworttendenzen

Bei der Konstruktion (teil-)standardisierter Erhebungsinstrumente (z.B. eines Fragebogens) spielen neben Frageinhalten und einer angemessenen sprachlichen Formulierung der Fragen die Wahl spezifischer Frageformate bzw. zugehöriger Antwortkategorien der Items eine wichtige Rolle. Offene Fragen, dichotome Ja/Nein-Fragen, Fragen mit Auswahlantworten (Multiple-Choice) bzw. Entweder/Oder-Fragen haben – neben den zu Anfang des Kapitels 3.3 skizzierten grundsätzlichen Vor- und Nachteilen – mehr oder minder starken Einfluss auf das Antwortverhalten der befragten Person.

Zur Beurteilung der Brauchbarkeit verschiedener Frageformate (bzw. der Antworten, die diese generieren) werden in der Methodenforschung u.a. folgende Kriterien genannt:

- *Beantwortbarkeit der Fragen:* Die trivialste Grundbedingung, die eine angemessene Interviewfrage erfüllen muss, ist, dass diese von möglichst vielen Befragten beantwortet werden kann. Die Beantwortbarkeit einer Interviewfrage wird ausgedrückt durch den Anteil der befragten Personen, die bezüglich einer Frage eine Auskunft geben (Beantwortungsquote), unabhängig davon, ob diese Antwort als „wahr" einzustufen ist (vgl. Heal & Sigelman 1996, 96). Damit stellt dieses Kriterium ein Indiz für den kognitiv-kommunikativen Anspruch beim Verstehen und Beantworten einer Frage dar (vgl. Perry & Felce 2002, 446).

- *Reliabilität der Antworten:* Reliabilität bezeichnet die Zuverlässigkeit, d.h. die Genauigkeit des Erhebungsinstruments, mit der das zu überprüfende Merkmal gemessen wird (vgl. Bortz & Döring 2002, 195). Innerhalb der quantitativen Forschung stellt dieses Kriterium eine notwendige – wenngleich nicht hinreichende – Bedingung für die Validität (Gültigkeit) des Verfahrens dar (inwiefern misst das Instrument genau das, was es messen soll). Die Reliabilität der Ergebnisse eines standardisierten Interviews kann z.B. über eine Wiederholung der Befragung bei derselben Stichprobe eingeschätzt werden (Retest-Reliabilität): Eine hohe Reliabilität liegt dann vor, wenn die Antworten der ersten und zweiten Befragung (z.B. nach einer Woche) hoch miteinander korrelieren.

- *Freiheit von systematischen Antworttendenzen:* Unter Antworttendenzen (Response-Sets) in Befragungen werden stereotype Antwortmuster verstanden, die unabhängig vom Inhalt der Fragen auftreten. So können Personen in Interviews dazu neigen, eher zustimmend zu antworten (so genannte Ja-Sage-Tendenz oder Akquieszenz) oder eher ablehnend zu reagieren (Nein-Sage-Tendenz). Auch die systematische inhaltsunabhängige Wahl der Mittelkategorie (Tendenz zur Mitte) z.B. bei fünf- oder siebenstufigen Rating-Skalen kann ein Response-Set darstellen (vgl. Bortz & Döring 2002, 183 u. 236; Diekmann 2004, 386).

Mit Blick auf diese drei Standardkriterien zeigen die verschiedenen Frage- und Antwortformate in Interviews (im Speziellen mit Menschen mit geistiger Behinderung) unterschiedliche Eigenschaften.

Beantwortbarkeit der Fragen

Offene Fragen, welche hauptsächlich in qualitativen, aber auch in halbstandardisierten Interviews Verwendung finden, fordern den Befragten relativ hohe kognitive und kommunikative Fähigkeiten ab, da sie ihre Ansichten frei äußern müssen. Dies schlägt sich im Vergleich zu geschlossenen Frageformen in niedrigeren Beantwortungsquoten nieder, mit anderen Worten: Interviewpartner mit geistiger Behinderung reagieren auf offene Fragen oftmals mit Antwortverweigerung oder einer „Weiß-nicht"-Antwort (vgl. Perry 2004, 120; Finlay & Lyons 2001, 325; Gromann 2002, 163). So zeigen experimentelle Vergleiche zwischen verschiedenen Frage- und Antwortformaten in angloamerikanischen Studien auf, dass Ja/Nein-Fragen und Auswahlfragen mit symbolischen Repräsentanten (z.B. vier Smileys) zu höheren Antwortquoten (über 80% in drei verschiedenen Samples) als Entweder/Oder-Fragen (66% bis 73%) führen; Multiple-Choice-Fragen und offene Fragen ohne Vorgabe einer Antwortkategorie hingegen erweisen sich hier als die Frageformate mit den geringsten Antwortquoten (ca. 50% bis 70%) (vgl. Heal & Sigelman 1995, 334; Heal & Sigelman 1996, 97; Finlay & Lyons 2001, 324).

Allerdings haben offene Fragen den Vorzug, durch die Freiheiten des Befragten in der Antwortformulierung weniger direktiv und suggestiv zu sein sowie insgesamt weniger anfällig für Antwortverzerrungen (vgl. Finlay & Lyons 2001, 325). Unberücksichtigt der grundlegenden Schwierigkeiten mit offenen Fragestellungen werden qualitative Interviews bei dem Personenkreis der Menschen mit geistiger Behinderung vor allem dann eingesetzt, wenn bislang kaum Erkenntnisse über den Untersuchungsgegenstand vorliegen und daher ein offener Ansatz angebracht erscheint (vgl. Finlay & Lyons 2001, 326).

Der Forschungsstand bezüglich der Durchführbarkeit qualitativer Befragungsmethoden bei Menschen mit geistiger Behinderung ist begrenzt, die gesammelten Erfahrungen sind uneindeutig (vgl. Folkestad 2000): Während in Teilen der Fachliteratur qualitative Interviews bei Menschen mit geistiger Behinderung in Abhängigkeit vom Setting der Untersuchung als durchaus umsetzbar bewertet werden (vgl. Wüllenweber 2006, 569; Smyly & Elsworth 1997, 67; Oberholzer 1999, 71; Müller-Kohlenberg & Kammann 2000, 105; Kammann 2005, 102 ff.), kommen andere Autoren zu negativen Einschätzungen bezüglich ihrer Anwendbarkeit (vgl. Wendeler 1992, 17 ff.; Laga 1982, 233 ff.): „Some informants kept talking about an earlier theme and didn't answer new questions, some gave very short answers, while others provided more information than questions called for" (Folkestad 2000, 4). Diese widersprüchlichen Berichte sind schwer einzuordnen, da die methodische Adäquanz qualitativer Interviews aufgrund ihrer Offenheit und Flexibilität naturgemäß schwierig zu beurteilen ist. Zudem erfolgt die methodische Vorgehensweise insgesamt eher gegenstandsbezogen denn generalistisch, was eine Beurteilung der Methodik weiter erschwert.

Von diesen allgemeinen Bewertungshürden abgesehen ist kritisch zu konstatie-ren, dass die in der Literatur vorfindbaren Einschätzungen der Anwendbarkeit qualitativer Methoden häufig subjektiv eingefärbt erscheinen: Problematisch ist insbesondere (nicht nur, aber insbesondere in qualitativen Studien), dass der In-terviewer in der Regel zugleich „Erhebungsinstrument" ist, die Daten analysiert und interpretiert und anschließend die methodische Vorgehensweise reflektiert und bewertet. Auf eine Beurteilung der Untersuchungsdurchführung, Validie-rung der Interpretationsergebnisse und argumentative Konsensbildung durch ein mehrköpfiges Forscherteam wird nur in seltenen Fällen zurückgegriffen (vermut-lich auch aus forschungsökonomischen Gründen).

Als weitere Kritikpunkte sind zu nennen, dass die Erfahrungen in qualitati-ven Studien häufig nur auf einer geringen Anzahl durchgeführter Interviews fu-ßen, so dass der Erfolg des Befragungsverlaufs in hohem Maße von den Bedin-gungen des Einzelfalls abhängig ist. Zudem werden nicht selten die Untersu-chungsteilnehmer/innen nach ihrer Sprachkompetenz ausgewählt: Als Ergebnis wird den Befragten dann „Erzählkompetenzen und verbale Fähigkeiten" (Kam-mann 2005, 102) zugesprochen, die aber bereits vor Durchführung der Inter-views als Teilnahmebedingung vorausgesetzt wurden. Vor dem Hintergrund die-ser Problemstellen fällt letztlich eine tragfähige Bewertung der Anwendbarkeit qualitativer Befragungsmethoden bei Menschen mit geistiger Behinderung schwer.

Reliabilität der Antworten und systematische Antworttendenzen

Hinsichtlich der Reliabilität der Antworten, die mittels der unterschiedlichen Frageformate gewonnen werden, ergeben sich sehr variable Ergebnisse. In einer Befragung von Kindern mit geistiger Behinderung, die in Wohneinrichtungen leben, über ihre Aktivitäten in der vergangenen Woche (vgl. Heal & Sigelman 1996, 97) stellten sich bei der Wiederholung der Befragung zu einem späteren Zeitpunkt (Retest-Reliabilität) ein hoher Anteil der Antworten auf Ja/Nein-Fragen als konsistent heraus (durchschnittlich 87%). Multiple-Choice-Fragen mit optischer Beantwortungshilfe (vier Gesichter von fröhlich bis traurig) über die Zufriedenheit mit den Lebensbedingungen hingegen führten in der Interview-Wiederholung nur bei 46% der Fragen zu konsistenten Antworten (vgl. Finlay & Lyons 2001, 325). Allerdings lassen sich diese Ergebnisse zur Reliabilität nur schwer interpretieren, ohne die Gültigkeit der Antworten zu berücksichtigen. So kann die hohe Retest-Reliabilität der Ja/Nein-Fragen auch ein Zeichen systematischer Zustimmungstendenzen sein: Dann wären die Ja-Sage-Tendenzen reliabel und nicht die Informationen der Aussagen selbst (vgl. Heal & Sigelman 1996, 97; Perry & Felce 2002, 446).

Geschlossene Fragen (z.B. Ja/Nein-, Entweder/Oder-Fragen) verleiten Interviewpartner stärker zu inhaltsunabhängigen Antworttendenzen. Dieses Phänomen in der Befragung von Menschen mit geistiger Behinderung wird in einer Reihe von Studien untersucht, die zum einen versuchen, deren Ausmaß einzuschätzen, und zum anderen mögliche Ursachen und Gegenmaßnahmen zu identifizieren (vgl. zum Überblick Finlay & Lyons 2002; Perry & Felce 2002; Matikka & Vesala 1997; Heal & Sigelman 1996; Heal & Sigelman 1995). Zur Ermittlung von Antworttendenzen (z.B. Akquieszenz) in Interviews werden dabei unterschiedliche Techniken eingesetzt:

- *Fragepaare gleichen Inhalts mit semantischer Polierung:* Eine Ja-Sage-Tendenz liegt dann vor, wenn Personen auf semantisch „gedrehte" Fragepaare jeweils mit „ja" antworten, z.B.: „Sind Sie mit Ihrer Wohnung zufrieden?" (positiv gepolt) vs. „Sind Sie mit Ihrer Wohnung unzufrieden?" (negativ gepolt).
- *Fragepaare gleichen Inhalts in unterschiedlichen Frageformaten:* Eine Ja-Sage-Tendenz liegt dann vor, wenn Personen z.B. auf Ja/Nein-Fragen und Entweder/Oder-Fragen inkonsistent antworten: „Leben Sie gern hier?" vs. „Leben Sie gern hier oder leben Sie ungern hier?"
- *Nonsens-Fragen:* Eine Ja-Sage-Tendenz liegt dann vor, wenn Personen auf unsinnige Fragen, die zu verneinen sind, stereotyp mit „ja" antworten, z.B.: „Schneit es hier im Sommer meistens?"

Diverse Untersuchungen, die sich dieser Techniken bedienen, verdeutlichen, dass Antworttendenzen schwerwiegende methodische Probleme bei der Befragung von Menschen mit geistiger Behinderung bedeuten können (vgl. Perry 2004, 122 ff.; Finlay & Lyons 2002, 15; Heal & Sigelman 1996, 97 f.; Heal & Sigelman 1995). So gibt es in der Methodenforschung übereinstimmende Belege für eine hohe Auftretenswahrscheinlichkeit von systematischen Antwortmustern (vor allem der Akquieszenz): „People with mental retardation respond acquiescently more often than is the norm, which may seriously threaten the validity of quality of life studies" (Matikka & Vesala 1997, 76; vgl. Finlay & Lyons 2002, 14).

Sigelman et al. (1981b, 55) z.B. zeigen, dass von Untersuchungsteilnehmern, denen in Interviews zwei gegensätzlich formulierte Fragepaare mit einer Ja/Nein-Antwortstruktur gestellt wurden, durchschnittlich ca. 40% der Befragten inkonsistente Antworten zeigten (mit einer Spanne von ca. 39% bis 51% bei den einzelnen Fragen in drei verschiedenen Samples). Weitere Studien geben ebenfalls hohe Auftretenshäufigkeiten von Akquieszenz in Interviews zur persönlichen Einschätzung der Lebensqualität an, welche sich in der Spanne zwischen ca. 35% und 55% der Befragten befinden (vgl. Sigelman et al. 1981a, 354; Heal & Sigelman 1995, 336; Heal & Sigelman 1996, 97; Matikka & Vesala 1997, 76; Perry & Felce 2002, 446; Finlay & Lyons 2001, 323 f.).

Dabei werden offensichtlich spezifische Antwortverzerrungen durch verschiedene Frageformate erzeugt: Während Ja/Nein-Fragen eher Zustimmungstendenzen provozieren (aber kaum Nein-Sage-Tendenzen; vgl. Heal & Sigelman 1990; Matikka & Vesala 1997, 76), sind z.B. Entweder/Oder-Fragen oder Multiple-Choice-Fragen für andere Formen von Antwortverzerrungen anfällig: So antworteten Befragte in Interviews, in denen Entweder/Oder-Fragen mit vertauschten Antwortkategorien (z.B. „Sind Sie gewöhnlich fröhlich oder traurig?" vs. „Sind Sie gewöhnlich traurig oder fröhlich?") benutzt wurden, bei durchschnittlich 21% der Fragepaare inkonsistent, indem sie bei beiden Fragen die letztgenannte Antwortmöglichkeit wählten (vgl. Heal & Sigelman 1996, 98; Heal & Sigelman 1995, 336). Dieser so genannte „Recency-Effekt" bei Multiple-Choice-Fragen tritt im Allgemeinen zwar nicht so häufig auf wie Akquieszenz bei Ja/Nein-Fragen, kann sich dennoch negativ auf die Validität der Befragung auswirken (vgl. Perry & Felce 2002, 446; Perry 2004, 123; Bortz & Döring 2002, 183). Der Recency-Effekt nimmt zwar ab, wenn ikonische Marken die Auswahlkategorien repräsentieren (vgl. Heal & Sigelman 1995, 335), damit ist allerdings keineswegs die Validität des Verfahrens sichergestellt: „Confirmation of verbal understanding is not provided by pointing to an iconic representation" (Perry & Felce 2002, 453).

In keiner der genannten Studien lässt sich aufgrund der Untersuchungsanlage die Analyse der Frageformate von der des Frageinhalts trennen, wodurch nicht klar abzugrenzen ist, welche Einflussstärke jeweils formale und inhaltlich-sprachliche Aspekte auf die Antwortergebnisse besitzen. In einer Studie von Heal & Rubin (1993, zit. n. Heal & Sigelman 1995) wurde dieses Desiderat im Studiendesign aufgegriffen, indem die Antwortvarianz in einer Faktorenanalyse mit zwei orthogonalen Faktoren (Format und Inhalt) untersucht wurde. Erwachsene mit geistiger Behinderung wurden dabei zu ihrer Zufriedenheit (mit ihrer Wohnung, Arbeit, Freunden etc.) befragt, jeweils auf der Grundlage zwölf verschiedener Antwortformate. Unabhängig vom Frageinhalt (der bereichsspezifischen Zufriedenheit) ergab sich bei Ja/Nein-Fragen eine Akquieszenzrate von 50%, bei gegensätzlich formulierten Entweder/Oder-Fragen eine Wahl der letztgenannten Antwortmöglichkeit (Recency) von 10% der Fragen. Dadurch wird die Annahme bestätigt, dass Antworttendenzen mit dem spezifischen Frage- und Antwortformat zusammenhängen (vgl. Heal & Sigelman 1996, 98; Perry 2004): „The validity of an interview with respondents of limited intelligence depends greatly on the format of its questions" (Heal & Sigelman 1995, 331).

Dies erklärt jedoch nicht, warum Menschen mit geistiger Behinderung in Befragungen systematische Antwortmuster generell (unabhängig von der Verwendung unterschiedlicher Fragetypen) häufiger zeigen als die Allgemeinpopulation. Diesbezüglich erklären einige Forschungsergebnisse Zustimmungstendenzen mit negativ korrelierten Intelligenzleistungen der Untersuchungsteilnehmer (vgl. Heal & Sigelman 1990, 170; Finlay & Lyons 2002, 15) bzw. adaptiven Kompetenzen (vgl. Perry & Felce 2002, 451).[5] Zudem scheint der so genannte „Effekt sozialer Erwünschtheit" – also die Orientierung des Antwortverhaltens an bestehenden Normen und Erwartungen, um soziale Missbilligungen zu vermeiden – eine gewisse Rolle zu spielen: So wurde in Untersuchungen die Erfahrung gemacht, dass systematische Antworttendenzen dann ansteigen, wenn die Fragestellungen sozial unerwünschte Inhalte und Tabus thematisieren (vgl. Matikka & Vesala 1997, 76; Heal & Sigelman 1996, 98; Heal & Sigelman 1995, 336). In einer amerikanischen Studie (vgl. Heal & Sigelman 1990, 170) wurden Art und Auftretenshäufigkeit verschiedener Antwortmuster bei inhaltlich variierenden Ja/Nein-Fragen, die jeweils als Fragepaare mit unterschiedlicher Antwortrichtung dargeboten wurden, verglichen. Dabei stellte sich bei Fragen zu sozial nicht akzeptierten Aktivitäten (z.B. „Ist es verboten, dass du andere schlägst?" bzw. „Darfst du andere schlagen?") heraus, dass nur bei diesen speziellen Fragen Nein-Sage-Tendenzen häufiger vorkamen als Ja-Sage-Tendenzen (durchschnittlich 38% vs. 18% der Befragten).

Bezugnehmend auf diese Ergebnisse schlussfolgern Heal & Sigelman (1996, 97): „It may well be that persons with mental retardation may say yes to many yes-no questions in order to be agreeable and may say no to questions that mention socially undesirable behaviors to deny any association with these taboos". Zwar sind sozial erwünschte Antworten kein spezifisches methodisches Problem der Befragung von Menschen mit geistiger Behinderung, dennoch scheinen Menschen mit geistiger Behinderung „offenbar in besonderem Maße dazu zu neigen, ihre Antworten an dem zu orientieren, was sie als erwartet vermuten" (Hagen 2002, 294).

---

5 Im Widerspruch dazu wurden in einer Untersuchung von Matikka & Vesala (1997) keine signifikanten Zusammenhänge zwischen Akquieszenz und Intelligenz der Befragten festgestellt.

Diese Argumentation kann – für sich genommen – zu dem Schluss führen, dass vorfindbare Antworttendenzen vor allem in der Person des Befragten begründet sind, sich kaum vermeiden lassen und ihr spezifisches Zustandekommen in jeweiligen Forschungskontexten bzw. Interviewzusammenhängen nicht weiter hinterfragt wird. „It is [...] clearly suggested in the literature that acquiescence is primarily a matter of spontaneous preference, or dispositional tendency, effectively independent of the interview situation" (Rapley 2000, 164). Dies hat zur Folge, dass z. T. die Durchführbarkeit von Interviews bei diesem Personenkreis generell in Frage gestellt wird: „The widespread, uncritical acceptance of the phenomenon of ‚acquiescence' [...] has, inadvertently perhaps, tended to discredit the views of service recipients. People with mental retardation have, in effect, been rendered incompetent to comment on their own feeling states" (Rapley 2000, 164). So kommt auch Laga (1982, 228) in einer frühen methodenkritischen Betrachtung zu dem Fazit, dass Menschen mit geistiger Behinderung „im Regelfall sämtliche Bedingungen der Befragbarkeit [...] nicht erfüllen. Es kann von ihnen deshalb nicht erwartet werden, dass sie in der Lage sind, im Sekundärkontakt ‚Forschungsinterview' die Rolle des detachierten Datenlieferanten problemlos zu übernehmen" (vgl. Dworschak 2004, 29 f.).

Neuere Studien und Übersichtsarbeiten, welche über personenbezogene Merkmale hinaus formale und sprachliche Aspekte, Eigenschaften der Erhebungsinstrumente und Aspekte der Interviewsituation als mögliche erklärende Einflussgrößen hinzunehmen, weisen auf ein multifaktorielles Bedingungsgefüge zur Entstehung von Antworttendenzen hin: „Acquiescence is considered to be the result of multiple factors. [...] Although the literature on acquiescence by people with mental retardation has tended to concentrate on explanations relating to social desirability or submissiveness, other important determinants of acquiescence, which may have more implications for interviewing practice, have received less intention" (Finlay & Lyons 2002, 14).

Bei näherer Betrachtung des Phänomens Akquieszenz wird deutlich, dass diese nicht einzig und unmittelbar ein Hinweis dafür ist, dass Menschen mit geistiger Behinderung aufgrund persönlicher Dispositionen bzw. kognitiver Beeinträchtigungen zu sozial erwünschten Antworten neigen (vgl. Hagen 2001, 295). Diverse Untersuchungen legen nahe, dass sich hinter derartigen Reaktionen verschiedene Antwortstrategien verbergen können: nicht nur soziale Missbilligungen zu vermeiden, sondern auch über Unwissenheit hinwegzutäuschen, sich anstrengendem Nachdenken zu entziehen oder Unsicherheit bzw. Verständnisprobleme zu überdecken (vgl. Finlay & Lyons 2002, 18 ff.). Diese Reaktionen sind aber nicht ausschließlich als Streben nach sozialer Anerkennung zu deuten, sondern auch als Reaktion auf inhaltlich und/oder sprachlich zu komplexe Fragen (s. oben), welche zu einer Verunsicherung oder Überforderung der befragten Person führen: „When in doubt, say yes" (Sigelman et al. 1981b, 53). Akquieszenz aufgrund sozialer Erwünschtheit ist insofern kaum abgrenzbar von Akquieszenz aufgrund inhaltlich-sprachlicher Unangemessenheit des Interviews: „Yea-saying may be more likely to arise when the answer is not known or when questions are too long or the structure is too complex" (Finlay & Lyons 2001, 324).

Auf eine Verbindung zwischen sprachlicher Kompetenz und Akquieszenz zielen auch die Ergebnisse einer Untersuchung von Perry & Felce (2002): Der Vergleich zwischen der Gruppe der Befragten, deren Antworten (zu Fragen der Zufriedenheit und wahrgenommenen Wahlmöglichkeiten) sich als konsistent erwiesen, und der Gruppe, deren Antworten Zustimmungstendenzen offenbarten, zeigte signifikante Unterschiede hinsichtlich der rezeptiven Sprachkompetenz. Allerdings sind diese Gruppen keineswegs als homogen zu betrachten, da auch innerhalb der Befragtengruppe ohne akquieszente Antworten eine große Spannweite bezüglich des jeweiligen Sprachverständnisses und der adaptiven Kompetenzen festzustellen war (vgl. Perry & Felce 2002, 451), was die Aussagekraft der Ergebnisse relativiert.

Des Weiteren sind bei der Ableitung von Erklärungsversuchen für vorfindbare Antworttendenzen auch die methodischen Techniken zu ihrer Ermittlung selbst in den Blick zu nehmen (vgl. Finlay & Lyons 2002, 15 ff.). So wird Akquieszenz in einigen Studien über Nonsens-Fragen ermittelt (z.B. „Schneit es hier im Sommer gewöhnlich?", „Können Sie ein Flugzeug fliegen?"). Der Einsatz solcher Fragen ist deshalb problematisch, da Antworten auf Nonsens-Fragen sich nicht eins-zu-eins auf sinnhaltige Fragen übertragen lassen und darüber hinaus verschiedene Interpretationen erlauben, die nicht unbedingt auf inkonsistente Antworten schließen lassen: „Affirmative answers might indicate the person is sharing a joke, playing along, or is simply perplexed" (vgl. Finlay & Lyons 2002, 16).

Eine andere Möglichkeit der Messung von Akquieszenz stellt die Verwendung von Fragepaaren mit gegensätzlicher Bedeutung dar (z.B. „Wirst du gerecht behandelt?" vs. „Wirst du ungerecht behandelt?"). Auch diese Technik wirft Probleme auf: Zum einen sind negativ formulierte Aussagen insgesamt kognitiv anspruchsvoller und daher schwerer zu beantworten (s. oben). Zum anderen muss eine Bejahung beider Fragen nicht in jedem Fall unlogisch und damit inkonsistent sein (vgl. Mummendey 1995, 144 f.). In einer Studie von Matikka & Vesala (1997) beispielsweise wurden zur Aufdeckung von Akquieszenz vier Fragepaaren mit semantischer Polierung genutzt (z.B. „Wirst du gerecht behandelt?" vs. „Wirst du ungerecht behandelt?"). Durchschnittlich 25% der Befragten antworteten akquieszent (mit einer Spanne von 11% bis 36% bei den vier Fragepaaren), wobei lediglich 8% der Befragten bei drei oder vier Fragepaaren (von insgesamt vier Paaren) Akquieszenz zeigten (vgl. Matikka & Vesala 1997, 75). Die Akquieszenz-Unterschiede in den einzelnen Fragepaaren lassen sich z. T. damit erklären, dass mit einer gegensätzlichen semantischen Formulierung nicht immer ein logischer Gegensatz einhergeht: „It is possible to understand the questions in such a way that a ‚yes' answer can be given both to a question and its opposite without being illogical. The question and its opposite can, for example, elicit different images on which to base answers. For example there can be situations where an individual may feel he or she is being treated fairly and others where he or she perceives unfair treatment. This means that ‚yes/yes' answers given to each question pair are not necessarily all reflecting acquiescent response bias" (Matikka & Vesala 1997, 80). Insofern sollte erst bei inkonsistenter Beantwortung mehrerer gegensätzlich formulierter Fragepaare von vorliegenden Antworttendenzen ausgegangen werden (vgl. Matikka & Vesala 1997, 80; Finlay & Lyons 2002, 16).

Interessant sind darüber hinaus Hinweise auf Lerneffekte durch zunehmende Interviewpraxis: Im Kontext einer Evaluationsstudie von Dezentralisierungsmaßnahmen (vgl. Conroy 1996) wurden Menschen mit geistiger Behinderung zur Zufriedenheit mit ihren Lebensbedingungen befragt. Während bei der ersten Befragung lediglich 16 von 23 Personen auf Ja/Nein-Fragen bzw. Multiple-Choice-Fragen mit Smileys übereinstimmend antworteten, zeigten bei einer erneuten Befragung vier Jahre später all diejenigen, die in eine gemeindenahe Wohnform wechselten, perfekte Antwortkonsistenz. Aber auch bei denjenigen Personen, die in der institutionellen Wohneinrichtung verblieben sind, erhöhte sich die Antwortkonsistenz substanziell (vgl. Conroy & Bradley 1985, zit. n. Heal & Sigelman 1996, 98; vgl. Heal & Sigelman 1995, 335). Trotz der kleinen Stichprobe verweist die Studie darauf, dass Antwortinkonsistenzen bei Menschen mit geistiger Behinderung z. T. auch auf fehlende praktische Erfahrungen mit dem Befragt-Werden zurückzuführen sind und zudem davon abhängen können, inwiefern der eigene Lebensalltag (z. B. durch institutionelle Strukturen) reglementiert ist (vgl. Hagen 2002, 296; Gromann 2002, 164).

Insgesamt wird deutlich, dass systematische Antwortmuster die Validität der Befragung von Menschen mit geistiger Behinderung unterlaufen können, zugleich, dass Antworttendenzen von vielen Faktoren abhängen, die zum Teil bereits in der Interviewplanung (bzw. der Entwicklung eines Erhebungsinstruments), während der Durchführung und bei der Auswertung eines Interviews

(z. B. durch statistische Diagnoseverfahren) unter Kontrolle gehalten werden können: „The possibility of biased responding exists whenever anyone undertakes a self-report questionnaire or interview. The likelihood of bias occurring is greater among people with mental retardation […] although it is by no means inevitable" (Perry & Felce 2002, 447; vgl. Hagen 2002). Dabei lässt sich keine klare Empfehlung für ein Frageformat festmachen: „However questions are posed, one needs to be aware of the potential for biased responses" (Perry 2004, 120).

3.3.3 Interviewsituation und -interaktion

In der konkreten Interviewsituation kommt – unabhängig von der jeweiligen Befragungsmethode – der Person des Interviewers eine wichtige Funktion zu. In qualitativen Befragungen nimmt der Interviewer die Rolle eines aktiven Gesprächspartners ein und wird damit selbst zu einem „Erhebungsinstrument", da die Interaktion zwischen Befragtem und Interviewer innerhalb des qualitativen Paradigmas eine bedeutsame Informationsquelle darstellt (vgl. Bortz & Döring 2002, 308). Strukturierte Interviews mittels eines standardisierten Befragungsinstruments erfordern vom Interviewer in der Regel ein „höflich-distanziertes" und möglichst gleichförmiges Verhalten. Dennoch ist auch bei standardisierten Interviews davon auszugehen, dass das Interviewresultat nicht unabhängig von der Person des Interviewers, seinem Verhalten, der entstehenden Interaktion mit dem Befragten und anderen situativen Einflüssen ist (vgl. Diekmann 2004, 399 ff.). Selbst ein neutraler Interviewer kann ungewollte Interviewereffekte hervorrufen, z. B. durch äußere Merkmale (Geschlecht, Alter, Kleidung, Haarmode usw.) (vgl. Bortz & Döring 2002, 246 f.).

Insbesondere bei der Befragung von Menschen mit geistiger Behinderung muss der Interviewer eine Reihe von elementaren (sozialen und kommunikativen) Kompetenzen mitbringen, schließlich ist es seine Aufgabe, den Befragten durch das Interview zu führen und auftretende Verständnisprobleme auszuräumen, um verzerrte Antwortreaktionen zu vermeiden und valide Ergebnisse erwartbar werden zu lassen. „Der Interviewer ist gehalten, die Begleitumstände der Befragung so gut wie möglich zu standardisieren; der eigentliche Interviewablauf ist jedoch nicht exakt vorhersagbar, wenn – was eher der Regelfall als die Ausnahme sein dürfte – der Interviewer auf individuelle Verständnisfragen eingehen muß, wenn er bei Themen, die der befragten Person interessant erscheinen, länger als vorgesehen verweilt, usw." (Bortz & Döring 2002, 237). Insofern sind die Ergebnisse des Interviews z.T. abhängig von der Steuerung der Gesprächssituation durch den Interviewer und der sich daraus entwickelnden Interaktion zwischen den Interviewpartnern.

Interessante Einblicke bezüglich des Interviewerverhaltens und der Interaktion in Lebensqualitätsinterviews mit Menschen mit geistiger Behinderung erlaubt eine Studie, die mittels konversationsanalytischer Techniken den Dialogverlauf nachverfolgt sowie den genauen Wortlaut der Fragen und Antworten in strukturierten Interviews unter die Lupe nimmt (vgl. Antaki 1999; Houtkoop-Steenstra & Antaki 1997; Rapley 2000). Dabei werden insbesondere Abwandlungen der Original-Fragestellungen im standardisierten Fragebogen durch den Interviewer in den Blick genommen, die dieser in der Regel mit der Absicht vornimmt, die Fragen verständlicher zu formulieren und den individuellen Voraussetzungen der jeweiligen befragten Person anzupassen: „The work that goes on to actually ask a question and receive an answer is much more complicated than the official script might suggest, and this work poses a therious threat to claims that the questions are standardized" (Antaki 1999, 437 f.).

Der genannten Studie liegen zehn Transkriptionen von Interviews zur Lebensqualität zugrunde, welche mit dem „Quality of Life Questionnaire" (vgl. Schalock & Keith 1993) geführt wurden. Dieser weit verbreitete standardisierte Fragebogen besteht aus 40 Multiple-Choice-Fragen mit drei Antwortkategorien, denen jeweils ein bis drei Punkte zugeordnet werden, die gleichsam die Ausprägung des Merkmals bei der befragten Person widerspiegeln (vgl. Kap. 3.2.2).

Die Verwendung des standardisierten Erhebungsinstruments orientiert sich in etwa an folgendem idealtypischen Ablauf:

- Der Interviewer gibt die gesamte Fragestellung (Fragestamm plus Antwortalternativen) wörtlich wieder.
- Wenn der Befragte die Frage oder einen Teil der Frage nicht versteht, wiederholt der Interviewer die gesamte Frage. Dabei sollte der Interviewer vermeiden, dass der Befragte beeinflusst wird, z.B. indem lediglich einzelne Antwortalternativen präsentiert werden.
- Wenn die Antwort des Befragten nicht angemessen oder unvollständig erscheint, sollte der Interviewer klärend nachfragen, ohne direktiv oder suggestiv zu wirken.
- Die Antwort sollte dann den Antworten des Befragten entsprechend notiert werden, ohne die eigene Einschätzung des Sachverhalts durch den Interviewer einfließen zu lassen (vgl. Houtkoop-Steenstra & Antaki 1997, 288).

In der Gebrauchsanweisung des „Quality of Life Questionnaire" wird explizit darauf verwiesen, dass der Interviewer sich an die exakte Formulierung der Fragen zu halten habe; zugleich wird dem Interviewer im Falle von Verständnisschwierigkeiten die Freiheit eingeräumt, die Fragen umzuformulieren, ohne dass jedoch genaue handlungsleitende Regeln zur Paraphrasierung genannt werden: „The examiner needs to be sensitive to the possibility that the respondent may not understand some of the items or the meaning of some of the words. If this happens, it is okay to paraphrase the item to improve understanding" (vgl. Schalock & Keith 1993, 6).

In der Praxis zeigt sich, dass die Interviewdialoge z. T. erheblich von der Fragebogenformulierung abweichen: „There is on the one hand, a printed interview schedule, and on the other hand, there is what actually happens when the schedule is delivered in real talk; the two things are not the same" (Houtkoop-Steenstra & Antaki 1997, 289). So gleichen in den zehn Interviews, die allesamt von ausgebildeten Psychologen mit Interviewerfahrung geführt wurden, durchschnittlich nur 13 % der Initialfragen wörtlich bzw. nahezu wörtlich (z. B. unter Zuhilfenahme von Synonymen) dem originären Fragebogenskript (vgl. Antaki 1999, 442). Dabei lassen sich die empirisch beobachteten Interventionen seitens des Interviewers im Wesentlichen vier Bereichen zuordnen:

- Interviewer wandeln ihre Fragen ab in Reaktion auf eine offensichtliche Verständnisschwierigkeit des Befragten bei der Ausgangsfrage („third turn repair").
- Interviewer wandeln bereits ihre Initialfragen zu Beginn einer Frage-Antwort-Sequenz ab („first turn repair").
- Interviewer greifen Bedeutungsaspekte uneindeutiger und inkonsistenter Antworten des Befragten auf und formen daraus eine neue Frage in Richtung kodierbarer Antworten.
- Interviewer ignorieren Teilinformationen von Antwortpassagen, die als nicht relevant angesehen werden (vgl. Houtkoop-Steenstra & Antaki 1997; Antaki 1999; Rapley 2000).

Grundsätzlich sind nicht alle Abweichungen vom Fragebogenskript als problematisch anzusehen und daher zu kritisieren; gerade in dieser Handlungsmöglichkeit des Interviewers kann ein Vorteil der mündlichen im Gegensatz zur schriftlichen Befragung liegen. Houtkoop-Steenstra & Antaki (1997) kommen jedoch zu der Erkenntnis, dass in den zehn Interviews nahezu alle Interventionen des Interviewers systematisch zu sozial positiven Antworten führen und damit schlussendlich zu inflationären Werten auf der Lebensqualitätsskala: „Interviewers [...] redesign questions ‚sensitively' in ways that lower the social and personal criteria for a high score" (Antaki 1999, 437).

Ein Beispiel einer Interviewpassage, die mit Hilfe der Konversationsanalyse detailliert untersucht wurde, verdeutlicht diesen Effekt (vgl. Tabelle 24):

Tabelle 24: Konversationsanalyse einer Interviewpassage (modifiziert nach Houtkoop-Steenstra & Antaki 1997, 290 f.)

Originalfrage des Fragebogens			
9. How successful do you think you are, compared to others?	*Probably more successful than the average person*	*About as successful as the average person*	*Less successful than the average person*
Interviewtranskription:	(I = Interviewer, B = Befragter)[6]		
1	I:	↑how successful (0.2) d'you think you are (0.2)	
2		compared to other ↓people (0.2) ↑yeh?	
3		(0.5)	
4	B:	↑m	
5	I:	↑more successful than average (0.2) a↑bout as	
6		successful as average (0.2) or ↓less successful	
7		(0.5)	
8	B:	°( )°.	
9	I:	gi'me one of them	
10	B:	↑yeh	
11	I:	↑which ↓one	
12		(0.8)	
13	I:	>↑d'you think you do< ↑better at things	
14		than the ⌐(public) ( )	
15	B:	└↑better (0.8) better ↓now	
16	I:	↑yeh?	
17		(0.2)	
18	B:	yes	
19		(2.0)	
Kodierung:	3 Punkte		

Zu Beginn der Sequenz gibt der Interviewer sowohl die Fragestellung (Zeilen 1-2) als auch die Antwortalternativen (Zeilen 5-6) relativ wortgetreu wieder; allerdings wählt der Befragte darauf hin keine der genannten Antwortmöglichkeiten (Zeile 7). Auch die weiteren Aufforderungen seitens des Interviewers

---

6 Erklärung der wichtigsten Transkriptionszeichen: „(0.5)" = Pause von 0,5 Sekunden; „↑/↓" = steigende/ fallende Intonation; „[" = gleichzeitiges Sprechen (vgl. Antaki 1999, 452 f.).

(„gi'me one of them" und „which one" in den Zeilen 10 und 12) führen nicht zu einer erwünschten Reaktion, sodass der Interviewer die Frage umformuliert („d'you think you do better at things than the public", Zeilen 13-14). Auf diese Frageversion antwortet schließlich der Befragte zustimmend („better, better now", Zeile 16); im Fragebogen wird eine „3" (als höchster Wert) kodiert.

Auffällig ist, dass der Interviewer nach den augenfälligen Schwierigkeiten des Befragten, die Auswahlfrage adäquat zu beantworten, die Fragestellung nicht mit anderen Worten, sondern in einem anderen Frageformat wiederholt: Aus der ursprünglichen Multiple-Choice-Frage wird eine Ja/Nein-Frage, die wesentlich kürzer und einfacher zu beantworten ist. Diese Strategie, welche bei aufkommenden Verständnisschwierigkeiten sehr häufig verwandt wird, ist zunächst einmal nachvollziehbar und scheint erfolgreich zu sein, schließlich wird eine adäquate Antwort generiert. Problematisch ist jedoch, dass der „erfolgreichen" Ja/Nein-Frage fast immer die positivste Antwortmöglichkeit zugrunde gelegt wird (vgl. Houtkoop-Steenstra & Antaki 1997). Dadurch werden die Befragten in eine positive Antwortrichtung gelenkt und die Befragungsergebnisse systematisch verzerrt: „We not only see the interviewers design questions to lower the *cognitive* difficulty of the task, but they design questions to lower the bar of what will count as a *socially* positive answer" (Antaki 1999, 451; Hervorheb. i.O.). Aus diesem Blickwinkel sind systematische Antworttendenzen in erster Linie nicht als persönliche Disposition, sondern als interaktionales Produkt zu betrachten (vgl. Rapley 2000, 164).

Die Gründe für diese interindividuellen Verhaltensmuster in den Interviews sind vielfältig und betreffen verschiedenartige Begründungsebenen: Auf der Ebene des Sprachgebrauchs ist zunächst einmal anzumerken, dass Ja/Nein-Fragen üblicherweise positiv und nicht negativ ausgedrückt werden, da der positive Begriff in der Regel die unmarkierte Hauptvariante (z.B. „Sind Sie zufrieden mit Ihrem Leben?") darstellt und die negative Formulierung als markierte Version (z.B. „Sind Sie unzufrieden mit ihrem Leben?") einen impliziten Begründungszwang auslöst: „Niemand muss einem anderen gegenüber begründen, dass er zufrieden ist – wenn er sich aber als unzufrieden bezeichnet, wird nach dem Warum gefragt" (Neuberger & Allerbeck 1978, 66). In unmarkierten, positiv formulierten Fragen schwingt bereits eine Erwartungshaltung in Richtung einer zustimmenden Antwort mit; auf diese mit einer negativen Antwort („nein") zu reagieren, „takes more interactional work than leaving it at the initial agreement" (Houtkoop-Steenstra & Antaki 1997, 287).

Zum anderen kann diese Strategie des Interviewers auch als Versuch interpretiert werden, unangenehme Gesprächssituationen zu vermeiden und den Interviewpartner sozial aufzuwerten: „One might say, then, that to lower the bar is generously to head off the threat that the respondents' answers will embarrassingly fail to reach even the lower of the rungs on the ladder of alternatives" (Antaki 1999, 451; vgl. Houtkoop-Steenstra & Antaki 1997, 285 ff.). Diese Interpretation wird durch die spezifische Umgangsweise von Interviewern mit „unkodierbarem Interviewmaterial" (scheinbar nicht relevante oder inkonsistente Aussagen) gestützt: In der Studie stellte sich heraus, dass Interviewer – nachdem sie auf der Grundlage der Aussagen des Befragten eine Hypothese in Richtung einer positiven Antwort entwickelt haben – dazu neigen, ihre Hypothese durch weiteres direktiv-suggestives Nachfragen zu bestätigen versuchen (vgl. Antaki 1999, 443 ff.): „When respondents give unclear or inconsistent answers, we propose that the interviewer follow a procedural rule to select the most optimistic answer unless there are clear indications in the respondent's talk that another answer is more in accord with that the respondent meant to say" (Houtkoop-Steenstra & Antaki 1997, 311). Dabei werden Ausführungen des Befragten, die dieser Hypothese entgegenstehen, vom Interviewer z. T. als irrelevant angesehen (z. B. weil diese nicht in das Kodierungsschema passen) und bei der verdichteten Bewertung ausgeklammert: „The interviewer disposes the power to deem as relevant or irrelevant extra-item material that the interviewee brings up as personally relevant to his or her quality-of-life construction. This power is one that the interviewers were frequently seen to excercise, often to the exclusion of material obviously relevant and important to the interviewee [...] that occurred at the ‚wrong' place in the interview" (Rapley 2000, 164).

Interessant ist darüber hinaus, dass der Interviewer nicht nur aufgrund des Scheiterns des Befragten an der Ursprungsfrage eine einfachere Neuformulierung versucht („third turn repair"), sondern häufig bereits bei der ersten Darbietung der Initialfrage von der Fragebogenversion abweicht („first turn repair"). Dahinter steht die implizite Annahme des Interviewers, dass die ursprüngliche Version der Frage vom Interviewpartner voraussichtlich nicht problemlos beantwortet werden kann. Durch diese Problemzuschreibung, welche der Interviewer z. B. aufgrund der bisherigen Erfahrungen mit dem Befragten im Interviewverlauf oder aufgrund des „offiziellen" Status des Betroffenen als „kognitiv beeinträchtigt" vornimmt, erhält der Befragte erst gar nicht die Chance, auf die Originalfrage zu antworten und deren Frage- und Antwortstruktur verstehen zu lernen (vgl. Antaki 1999, 446): „Unofficially lowering the bar in this way might seem generous, but it constructs the respondent as impaired" (Antaki 1999, 437; vgl. Gromann & Niehoff 2003, 8).

Diese aufgeführten Untersuchungsergebnisse dürfen nicht darüber hinwegtäuschen, dass der Interviewer in weiten Teilen zu einer Abwandlung der Fragen geradezu „gezwungen" wird, z. B. durch sprachlich zu komplexe Fragestellungen und Antwortformate, welche die kognitive Kompetenz der befragten Person übersteigen und zu manifesten Verständnisproblemen oder Widersprüchlichkeiten in den Äußerungen führen. Das spezifische Erhebungsinstrument („Quality of Life Questionnaire") gibt jedoch keinerlei praktisch relevanten Hilfestellungen durch Handlungsanweisungen oder Anhaltspunkte im Hinblick darauf, auf welche Weise Fragen angemessen (d.h. ohne suggestiv zu wirken) umformuliert werden können.

Insgesamt zeigen die skizzierten Untersuchungsergebnisse eindrücklich, dass die Ergebnisse eines Lebensqualitätsinterviews insbesondere von der Interviewsituation, d.h. der Interaktion zwischen den Interviewpartnern abhängen können und damit sozial konstruiert werden: „The moment-by-moment delivery and recording of quality-of-life judgments in standardized questionnaire items is a jointly negotiated, or fundamentally intersubjective, activity. Quality-of-life scores are thus not strictly interpretable as ‚belonging to' the interviewee, but rather are jointly confected products of the interaction between interviewer and interviewee" (Rapley 2000, 163 f.).

3.4 Grenzen der Befragung von Menschen mit geistiger Behinderung und methodische Alternativen

Aufgrund der sprachlichen Gebundenheit ist das Interview nicht bei jedem Personenkreis als „Königsweg" zur Erhebung subjektiver Lebensqualität anzusehen. „Besondere Probleme ergeben sich bei Menschen mit schwerer Behinderung, die sich nicht verbal artikulieren oder Fragen adäquat verstehen können" (Seifert, Fornefeld & Koenig 2001, 114; vgl. Dworschak 2004, 31). Zwar lassen sich aufgrund der Heterogenität des Personenkreises und des Sachverhalts, dass nicht immer vom expressiven Sprachgebrauch auf die rezeptive Sprachkompetenz einer Person geschlossen werden kann (vgl. Perry & Felce 2002, 453), kaum allgemein gültige Kriterien zur Einschätzung der Befragbarkeit einer Person im Vorfeld einer Befragung treffen. Dennoch ergibt sich die forschungspraktische Herausforderung, dass die Befragung nicht bei allen Personen mit geistiger, mehrfacher oder schwerer Behinderung umsetzbar erscheint, sodass sich die Frage nach methodischen Alternativen zur Erfassung subjektiver Sichtweisen und

Einschätzungen derjenigen Personen stellt, die sich Außenstehenden nicht eindeutig auf verbalem Wege mitteilen können.

Eine Möglichkeit liegt darin, dass Stellvertreter (Proxy), welche die betroffene Person gut kennen (z.B. Angehörige, Freunde, Assistenten, gesetzliche Betreuer), für die Person sprechen und Fragen zur Lebensqualität im Sinne des Betroffenen zu beantworten versuchen. Dieses Vorgehen wurde in einigen Studien auf seine Adäquanz überprüft, indem Selbstauskünfte (von Menschen mit geistiger Behinderung) und Fremdauskünfte (zumeist von Eltern oder Assistenten) auf ihre Kongruenz untersucht wurden. Die Ergebnisse dieser Untersuchungen sind widersprüchlich: „Research on that issue has left uncertainty as to whether proxy responses can substitute for self-reporting" (Perry & Felce 2002, 447; vgl. Schalock & Felce 2004, 272; McVilly & Rawlinson 1998, 209). Während einige Studien über relativ hohe Übereinstimmungen berichten (vgl. McVilly, Burton-Smith & Davidson 2000; Schalock et al. 1989, 27), kommen andere Untersuchungen zu entgegengesetzten Ergebnissen (vgl. Janssen, Schuengel & Stolk 2005; Perry & Felce 2002; Stancliffe 1995; Wehmeyer & Metzler 1995; Helmkamp 2000, 3).

Perry & Felce (2002, 451 f.) zeigen auf, dass der Grad der Übereinstimmung zwischen Selbst- und Fremdauskunft vom zu messenden Merkmal abhängt: In ihrer Studie erwiesen sich Korrelationen zwischen den Einschätzungen der Betroffenen und ihren Assistenten bei eher subjektiven Indikatoren (z.B. persönliche Zufriedenheit) als nicht signifikant, bei eher objektiven Indikatoren (z.B. Wahlmöglichkeiten) hingegen als signifikant (vgl. Schalock et al. 1989; McVilly, Burton-Smith & Davidson 2000, 35; Helmkamp 2000, 3; Saintfort, Becker & Diamond 1996, 501; Schalock & Felce 2004, 273; McVilly & Rawlinson 1998, 210 f.). McVilly, Burton-Smith & Davidson (2000) kommen in vergleichenden Studien, in denen sowohl Selbstauskünfte von Personen mit als auch von Personen ohne Behinderung jeweils mit komplementären Fremdauskünften (von Familienmitgliedern oder Bezugsbetreuern) gegenüber gestellt wurden, insgesamt zu relativ hohen Übereinstimmungen. Zugleich zeigte sich, dass Stellvertreter tendenziell dazu neigen, objektive Lebensqualitätsindikatoren zu überschätzen und subjektive Indikatoren zu unterschätzen (im Vergleich zu Selbstauskünften), auch wenn sich diese Abweichungen in engen Grenzen hielten (vgl. McVilly, Burton-Smith & Davidson 2000, 34; Wehmeyer & Metzler 1995, 114; Cummins 2002b, 191). Bei der Betrachtung möglicher intermittierender Variablen (Geschlecht, Alter und Empathiefähigkeit der Stellvertreter, Art und Qualität der Beziehung etc.) kommen die Autoren zu dem Schluss, dass die Vertrautheit und Häufigkeit des Kontaktes zwischen der betroffenen Person und seinem

Stellvertreter eine gewichtigere Rolle für die Validität der stellvertretenden Befragung darzustellen scheint, als die Natur der Beziehung (z. B. naher Angehöriger vs. Bezugsbetreuer) (vgl. McVilly, Burton-Smith & Davidson 2000, 36; McVilly & Rawlinson 1998, 212; Cummins 2002b, 196).

In der Gesamtschau der Studien wird deutlich, dass Schwierigkeiten mit der Befragung von Dritten zum einen dadurch entstehen, dass sich nicht immer klare Grenzen zwischen den Vergleichsmaßstäben des Stellvertreters und dem Wertesystem des Betroffenen ziehen lassen: „It is evident that it can be difficult for proxy respondents to keep a clear distinction between their own values and standards and those of the clients themselves" (Janssen, Schuengel & Stolk 2005, 60; vgl. Cummins 2002b, 192). Zum anderen ist die Validität der stellvertretenden Befragung gerade bei dem Personenkreis der Menschen mit schwerer Behinderung, bei dem dieses Verfahren angezeigt erscheint, schwer einzuschätzen, da hier der angenommene „wahre" Wert des zu messenden Merkmals (z. B. die individuelle Zufriedenheit) gerade unbekannt ist (vgl. Janssen, Schuengel & Stolk 2005, 60): „It remains an open question as to whether findings of agreement between proxies and self-reports from verbal individuals can be generalized to non-verbal people with more profound mental retardation who cannot respond for themselves" (Stancliffe 2000, 90, zit. n. Perry & Felce 2002, 447). So bleibt insgesamt eine gewisse Unsicherheit, inwiefern die stellvertretende Befragung im Kontext der Erhebung subjektiver Lebensqualität nützliche Ergebnisse liefern kann: „Overall research findings to date indicate a need for caution when interpreting proxy-based data" (McVilly, Burton-Smith & Davidson 2000, 21; vgl. Verdugo et al. 2005, 711; Cummins 2002b, 197 ff.; Hagen 2002, 304).

Neben der stellvertretenden Befragung kommen als weitere Alternative Erhebungsmethoden in Betracht, die nicht auf verbaler Kommunikation basieren. So wurde z. B. in einer Reihe von experimentellen Studien (vgl. Green & Reid 1996; Green & Reid 1999; Yu et al. 2002; Lyons 2005) versucht, über Beobachtungen definierter Verhaltensweisen (z. B. Gesichtsausdrücke und Vokalisationen) von Menschen mit schweren Behinderungen auf glückliche bzw. unglückliche Gefühlszustände zu schließen. Dabei wurden die Untersuchungsteilnehmer in unterschiedlichen Situationen und festgelegten Zeitintervallen beobachtet, spezifische Verhaltensweisen notiert und anschließend quantitative Indizes gebildet (vgl. Green & Reid 1996).

Derartige Verfahren können zu einer Annäherung an die Befindlichkeit der betroffenen Personen beitragen, unterstellen jedoch implizit, dass beobachtbare Verhaltensweisen zwangsläufig mit inneren Gefühlszuständen korrelieren. Dieser angenommene Zusammenhang ist bis zu einem gewissen Grad begründbar, jedoch nicht als zwingend anzusehen: „Specifically, because happiness and un-happiness are private events [...], it cannot be certain that the observed behavioral indices truly represents happiness and unhappiness" (Green & Reid 1999, 292). Zudem ist es gerade bei dem Personenkreis schwierig, Verbindungen zwischen dem gezeigten Verhalten und anderen subjektiven Befindlichkeiten herzustellen, die uneindeutigere Verhaltensweisen produzieren (z. B. Einsamkeit, Langeweile, Stress). Hier zeigen sich deutliche Grenzen der Erhebung subjektiver Lebensqualitätsaspekte über Verhaltensbeobachtungen (vgl. Cummins 2005d, 17 f.).

In einer eher qualitativ ausgerichteten Studie zur Lebenssituation von Menschen mit schwerer Behinderung in Wohneinrichtungen (vgl. Seifert, Fornefeld & Koenig 2001) wurden verschiedene Methoden zur Ermittlung individueller Lebensqualität eingesetzt (Fragebogen zur Erhebung von Strukturdaten, Problemzentrierte Interviews mit Mitarbeitern der Wohneinrichtungen, Dokumentenstudium), darunter als wesentliche Informationsquelle die leitfadengestützte teilnehmende Beobachtung von Bewohnern verschiedener Wohneinrichtungen in ihrem Gruppenalltag. Diese offenere Vorgehensweise wurde gewählt, „da die Daten in der Lebenswelt der Bewohner erhoben werden und zur Erhellung ihrer subjektiven Befindlichkeit unter den jeweils gegebenen Bedingungen beitragen können. Dabei ist das Ausdrucksverhalten der Bewohner in unterschiedlichen Situationen und das Interaktionsgeschehen in der Gruppe von besonderem Interesse" (Seifert, Fornefeld & Koenig 2001, 121 f.).

Zu bedenken ist jedoch auch hier das grundsätzliche methodologische Problem, dass die „Einschätzung der persönlichen Zufriedenheit mit den Lebensbedingungen nur durch das Individuum selbst im Kontext seiner Werthaltungen vorgenommen werden kann" (Seifert, Fornefeld & Koenig 2001, 130), die begrenzten Kommunikationsmöglichkeiten dies jedoch nicht immer erlauben. Durch Prozesse des Wahrnehmens und Verstehens individuellen Ausdrucksverhaltens aus der Außenperspektive kann versucht werden, vom beobachtbaren Verhalten auf dessen subjektiven Sinngehalt und die darin zum Ausdruck kommende individuelle Befindlichkeit zu schließen. Allerdings ist „das subjektive Erleben von Bewohnern, die sich nicht verbal artikulieren, [...] für Außenstehende nur bedingt erkennbar. Von daher können die Ergebnisse der Untersuchung im Feld nur eine Annäherung an die Perspektive schwer behinderter Menschen" (Seifert 2002, 207) sein. Zudem sind diese Reflexionsprozesse nicht unabhängig von der Erlebniswelt des Beobachters, die nicht der Innenperspektive und dem Erfahrungshorizont des Betroffenen gleichen muss: „Whether or not people with severe disabilities who cannot speak experience the world like other people is probably unprovable" (Taylor & Bogdan 1996, 19).

Die gravierenden methodischen Nachteile der skizzierten Alternativen zum Interview verdeutlichen, dass die direkte Befragung der betroffenen Personen – ungeachtet der eigenen spezifischen Probleme – indirekten und nicht-reaktiven Verfahren (z.B. stellvertretende Befragung oder andere sprachfreie Erhebungs-methoden) im Allgemeinen vorzuziehen ist (vgl. Verdugo et al. 2005, 710; Dworschak 2004, 32). Indirekte Erhebungsmethoden erscheinen vor allem dann angezeigt und gewinnbringend, wenn die Durchführung des Interviews bei dem im Mittelpunkt der Untersuchung stehenden Personenkreis nicht möglich er-scheint. Zudem können diese Verfahren die mit Hilfe direkter Befragung gewon-nen Daten ergänzen und einen mehrperspektivischen Zugang zur Einschätzung der Lebenssituation der betroffenen Personen eröffnen (vgl. Seifert 2002, 207; Dworschak 2004, 32).

3.5 Zusammenfassung und Empfehlungen

Die skizzierten Problemstellen und potenziellen Fehlerquellen bei der Befragung von Menschen mit geistiger Behinderung zu Aspekten ihrer Lebensqualität sind neben einzelnen Gegenmaßnahmen und Lösungsvorschlägen zur Prävention oder Überwindung der Schwierigkeiten in Tabelle 25 zusammengefasst (vgl. Finlay & Lyons 2001, 331; Perry 2004, 121).[7]

Zu bedenken ist, dass die aufgeführten Gegenmaßnahmen allesamt „metho-denimmanent" bleiben, indem sie sich auf Korrekturmöglichkeiten innerhalb der Befragungsmethode beziehen. Wenn die Erwartbarkeit massiver Fehlerquellen zu hoch ist, wäre zu erwägen, ob alternative Erhebungsmethoden (vgl. Kap. 3.4) voraussichtlich bessere Ergebnisse liefern und damit dem Untersuchungszweck angemessener erscheinen würden (vgl. Diekmann 2004, 389).

---

7   Zu weiteren Empfehlungen und Richtlinien zur Befragung im Allgemeinen vgl. Diekmann 2004, 410 ff.; Schnell, Hill & Esser 1999, 299 ff.; Bortz & Döring 2002, 244 ff.; Scholl 2003. Zur Be-fragung von Menschen mit (geistiger) Behinderung im Speziellen vgl. Heal & Sigelman 1996, 99 ff.; Prosser & Bromley 1998; Flynn 1986; Perry 2004; Tassé et al. 2005; Gromann 2002; Gro-mann & Niehoff 2003.

Tabelle 25: Übersicht über spezifische Probleme und Gegenmaßnahmen in Interviews

Ebene des Interviews	*Spezifische Verfahren/ Problembereiche*	*Mögliche Gegenmaßnahmen*
Inhaltlich-sprachliche Aspekte	quantitative Einschätzungen (z.B. über Rating-Skalen)	so wenig Skalenstufen wie möglich und so viele wie nötig erstellen Anzahl der Skalenstufen der individuellen Differenzierungsfähigkeit des Befragten anpassen
	zeitliche Einschätzungen (z.B. der zeitlichen Frequenz)	grobe zeitliche Maße als Referenz verwenden (z.B. letzte Woche, letzter Monat, letztes Jahr) spezifische Ereignisse als zeitliche Marken setzen
	abstrakte Begriffe und Konzepte, generalisierte Urteile	sich weitgehend auf faktisch-konkrete Sachverhalte beziehen die Bedeutung der verwendeten Begriffe erläutern, umschreiben und klarstellen typische und prägnante Beispiele verwenden, zugleich auf den gesamten Referenzrahmen der Fragestellung hinweisen das Begriffsverständnis des Befragten überprüfen verständliche und geeignete Begriffe in einem Pretest herausfinden
	Modifikationen und negative Formulierungen	Modifikationswörter, vor allem am Ende eines Satzes, vermeiden kurze und einfache Syntax gestalten (z.B. mehrere Nebensätze in einem Satz vermeiden) gebräuchliche negative Wortformen wählen, möglichst kein Hinzufügen von „kein", „nicht" o.Ä. doppelte Verneinungen vermeiden das Begriffsverständnis überprüfen
	optische Hilfen zur Veranschaulichung der Fragen und zur Beantwortung	optische Hilfen zur Strukturierung des Interviews verwenden (zur Kennzeichnung verschiedener Themengebiete) angemessene Beziehung zwischen der Ikonizität des Zeichens und der Abstraktheit des Begriffs herstellen (eher ikonische Zeichen bei konkreten Begriffen, eher symbolische Zeichen bei abstrakten Begriffen) Verständnis der Zeichenbedeutung überprüfen (oder vorher einüben)

Frage-formate und Antwort-tendenzen	offene Fragen	einfache und kurze Fragen formulieren möglichst auf konkrete Sachverhalte beziehen
	Ja/Nein-Fragen	Antwortrichtungen der Fragen ausbalancieren (sowohl positiv als auch negativ auf die Zieldimension polen) Fragen möglichst neutral formulieren (ohne suggestive Formulierungen) nach Beispielen für inhaltliche Antwortaspekte nachfragen, um das Begriffsverständnis zu überprüfen und stereotypes Antworten zu erkennen
	Multiple-Choice-Fragen	kurze oder gleichbleibend formulierte Antwortmöglichkeiten anbieten möglichst wenige Antwortmöglichkeiten verwenden, z. B. nur Entweder/Oder-Fragen symbolische Repräsentanten nur verwenden, wenn das Zeichenverständnis sichergestellt ist
	systematische Antworttendenzen	Antworten auf systematische Muster überprüfen inhaltliche und sprachliche Komplexität der für Antwortmuster anfälligen Fragen reduzieren diejenigen Fragen, bei denen sich gehäuft Antworttendenzen zeigen, aus dem Fragebogen entfernen (oder für weitere Interviews verändern) bei der Auswertung die durch Antworttendenzen verzerrten Ergebnisse korrigieren (durch statistische Verfahren, Ausschluss von Fällen etc.)
Interviewsituation und -interaktion	Abwandlungen und Neuformulierungen der Fragen	Fragen wortgetreu (wie im Fragebogen formuliert) wiedergeben bei Verständnisschwierigkeiten zunächst Fragen wiederholen bei weiterhin bestehenden Problemen die Frage mit anderen Worten formulieren oder durch Beispiele erläutern, ohne den Sinngehalt zu verändern oder Antworten zu suggerieren in den Fragebogen alternative Formulierungen der Fragen einbauen oder erläuternde Beispiele hinzufügen

| Interviewsi-tuation und -interaktion | Umgang mit unein-deutigen und inkon-sistenten Antworten | bei Interpretationsproblemen nachfragen, ohne Antworten zu suggerieren
Frage zu einem späteren Zeitpunkt im Interview wiederholen
Interviews auf Tonband aufzeichnen und unklare Textpassagen analysieren bzw. enthaltene Informationen auf Sinnhaltigkeit prüfen
Bewertungen und Interpretationen überprüfen, ggf. revidieren
bei weiterhin bestehenden Unklarheiten/ Uneindeutigkeiten die Antwort als „unklar/ nicht kodierbar" einstufen und dokumentieren |
| | Missachtung von Inhalten/ Interpretation von Teilinformationen als nicht relevant | Interviews auf Tonband aufzeichnen und enthaltene Informationen auf Sinnhaltigkeit prüfen (ggf. anderen Fragekomplexen zuordnen)
Bewertung der Antwort hinsichtlich ihrer Relevanz überprüfen |

Die Übersicht verdeutlicht, dass das Interview vielfältigen Einflüssen ausgesetzt sein kann, denen man sich bei der Planung, Durchführung und Auswertung eines Interviews bewusst sein sollte. Die Komplexität einer Interviewsituation wird besonders am Beispiel der Akquieszenz plastisch: An der Entstehung vieler potenzieller Fehlerquellen in Interviews sind mannigfaltige Faktoren auf unterschiedlichen Ebenen beteiligt, die sich wiederum gegenseitig bedingen und beeinflussen: So können z.B. zu komplexe Fragestellungen den Interviewer aufgrund der kognitiv-kommunikativen Voraussetzungen des Befragten zu einer Neuformulierung der Fragen zwingen, die wiederum Sinngehalt und Antwortrichtung dergestalt verändern, dass systematische Antworttendenzen wahrscheinlicher werden. An dieser Stelle kristallisiert sich deutlich heraus, dass in der Regel einfache Ursachenzuschreibungen zu kurz greifen und stattdessen multiple Faktoren in den Blick genommen werden müssen.

Dieselbe Komplexität macht die Ableitung eines Best-Practice-Ansatzes zur Befragung unmöglich; jede Befragungsmethode weist spezifische Vor- und Nachteile auf: „It is not possible to recommend a particular approach to asking questions. When designing an interview schedule, one should be mindful of the advantages and disadvantages of each approach, and their suitability to the question content and respondent characteristics" (Perry 2004, 122).

Trotz der nicht zu leugnenden besonderen Erschwernisse der Befragungssituation beim Personenkreis der Menschen mit geistiger Behinderung ist zu konstatieren, dass die Befragung eine zentrale Rolle in der Messung von Lebensqualität spielt, da die subjektiven Einschätzungen und Sichtweisen der Betroffenen in der Forschung an Bedeutung gewinnen: „Because quality of life is something that is experienced subjectively by the indivdual, the individual's perspective or point of view must be the primary focus of any study of quality of life" (Taylor & Bogdan 1996, 18 f.). Zur Erhebung subjektiver Lebensqualität ist das Interview – auch bei Menschen mit geistiger Behinderung – ohne vergleichbare methodische Alternative und damit aus Lebensqualitätsstudien nicht wegzudenken. Zwar ist davon auszugehen, dass sich die skizzierten methodischen Probleme nicht gänzlich verhindern lassen; ihnen kann aber durch Ableitung entsprechender Gegenmaßnahmen, die bereits in der Phase der Entwicklung eines Befragungsinstruments zum Tragen kommen, begegnet werden.

In der nun folgenden empirischen Studie wird der Versuch unternommen, vor dem Hintergrund der dargestellten methodenanalytischen Ergebnisse ein Instrument zur Erhebung von Lebensqualität zu konstruieren, welches die Fehlerquellen der Befragung bestmöglich kontrolliert und der Zielgruppe der Menschen mit geistiger Behinderung gerecht wird.

4 Konzeption der empirischen Studie und Instrumententwicklung

4.1 Zielsetzungen und Untersuchungsbereich

Das übergeordnete Ziel der vorliegenden Studie besteht darin, die Lebensqualität von Menschen mit geistiger Behinderung, die in Wohneinrichtungen der Behindertenhilfe leben, zu erheben. Bestimmendes Moment ist dabei, die Nutzer/innen der wohnbezogenen Unterstützungsangebote als „Experten in eigener Sache" selbst zu Wort kommen zu lassen, um deren subjektive Wahrnehmungen und Bewertungen ihrer Lebenssituation erfassen zu können. Die besondere methodische Herausforderung liegt darin, dass einerseits die Einschätzung subjektiver Lebensqualität nicht aus der Außenperspektive erfolgen kann (vgl. Kap. 1.1), andererseits die Erfahrungen mit der Befragung von Menschen mit geistiger Behinderung – insbesondere zu subjektiven Lebensqualitätsaspekten – im deutschsprachigen Raum zwar zunehmen, aber insgesamt immer noch sehr begrenzt sind (vgl. Kap. 3.1). Obwohl es einige viel versprechende Ansätze zur Entwicklung von Instrumenten zur Erhebung von Lebensqualität bei diesem Personenkreis gibt, erscheinen diese Befragungsinstrumente aber vor dem Hintergrund ihres inhaltlichen Spektrums, formaler Gesichtspunkte und/oder den Anforderungen gemäß der Standard-Gütekriterien nicht optimal und verbesserungsfähig (vgl. Kap. 3.2).

Für die vorliegende Untersuchung ergeben sich drei wesentliche Zielsetzungen und Aufgaben:

1. die Konstruktion und empirische Überprüfung eines Befragungsinstruments zur Erhebung von Lebensqualität (in Form eines teilstandardisierten Fragebogens),

2. die Erhebung und Analyse subjektiver und objektiver Lebensqualitätsaspekte von Menschen mit geistiger Behinderung im Kontext stationärer Wohneinrichtungen und deren Unterstützungsstrukturen,

3. die Evaluation der Interviewmethodik und die Beurteilung ihrer Anwendbarkeit bei Menschen mit geistiger Behinderung.

Das Untersuchungsinteresse bezieht sich somit sowohl auf methodische als auch auf inhaltliche Aspekte des Lebensqualitätskonzepts: Als ein wesentliches produktorientiertes Ergebnis soll die Studie ein Instrument zur Lebensqualitätserhebung hervorbringen, das bei Menschen mit geistiger Behinderung, die in Wohneinrichtungen der Behindertenhilfe leben, anwendbar erscheint. Darüber hinaus werden Erkenntnisse über das Ausmaß der subjektiven Lebensqualität von Menschen mit geistiger Behinderung in verschiedenen Lebensbereichen, deren Bedingungsfaktoren sowie Zusammenhänge zwischen subjektiven Lebensqualitätsindikatoren und weiteren Hintergrundvariablen (z.B. soziodemografische Variablen, strukturelle Merkmale der Wohneinrichtungen) erwartet, die – neben inhaltlichen Erkenntnissen – Hinweise auf die Validität des Erhebungsinstruments geben können. Ferner erlaubt die Arbeit grundsätzliche Aussagen über Möglichkeiten und Grenzen der Befragung von Menschen mit geistiger Behinderung, die deshalb von besonderem Interesse sind, da bezüglich Nutzerbefragungen dieses Personenkreises in wissenschaftlichen Zusammenhängen bisher noch zu wenig Erfahrungen vorliegen.

Perspektivisch betrachtet soll die empirische Studie eine Grundlage dafür bieten, aus Nutzersicht Faktoren und Bedingungsvariablen identifizieren zu können, von denen die Lebensqualität von Menschen mit geistiger Behinderung in Wohneinrichtungen und wohnbezogenen Diensten abhängt oder beeinflusst wird: Inwiefern stellen Wohnangebote und Unterstützungsleistungen für die Bewohner/innen Ressourcen dar, mit deren Hilfe eigene Lebensstile und Kompetenzen entwickelt sowie eine angemessene Bedürfnisbefriedigung und selbstbestimmte Lebensführung ermöglicht werden? Daraus lassen sich praxisrelevante Rückschlüsse für die Konzipierung und Organisation von Wohn- und Hilfeformen für diesen Personenkreis ziehen (vgl. Kap. 2.3).

Bei der inhaltlichen Ausrichtung des Erhebungsinstruments ist handlungsleitend, dass der Fragebogen im Sinne eines subjektbezogenen Blickwinkels die Lebenslagen der Menschen mit geistiger Behinderung im Kontext der Bedingungen in den Wohneinrichtungen und -gruppen fokussiert, andererseits aber auch darüber hinausgehende teilhaberelevante Lebensbereiche berücksichtigt (vgl. Seifert, Fornefeld & Koenig 2001, 86 ff.). Vor dem Hintergrund des Lebensqualitätskonzepts geht es nicht nur darum, wie die Nutzer/innen die Wohneinrichtungen hinsichtlich der Qualität der Dienstleistungen beurteilen, sondern insbesondere auch, wie sie die Unterstützungsleistungen im Hinblick auf die sich dadurch eröffnenden (oder evtl. auch verschließenden) Möglichkeiten einer selbstbestimmten Lebensführung und Alltagsbewältigung sowie der gesellschaftlichen Teilhabe bewerten (vgl. Metzler & Rauscher 2003, 242). Dies macht einen Blick über System- und Organisationsgrenzen der Wohneinrichtungen hinaus auf weitere Teilhabebereiche (Freizeit und Kultur, Arbeits- und Wirtschaftsleben, soziales Netzwerk etc.) und damit einen gesellschaftlichen Bezug erforderlich.

Aufgrund seiner Komplexität macht das Konstrukt Lebensqualität eine allumfassende empirische Untersuchung unmöglich. Die Evaluation der Lebensqualität soll vor allem drei Kerndimensionen fokussieren:

- subjektives Wohlbefinden – als „Zufriedenheit in Lebensbereichen",
- Selbstbestimmungsmöglichkeiten – als „Wahlfreiheiten und Reglementierungen",
- Partizipation am gemeinschaftlichen und kulturellen Leben – als „soziale Aktivitäten".

Diese Dimensionen werden deshalb ausgewählt, da sie zentrale Komponenten subjektiven Wohlbefindens („Zufriedenheit") bzw. gesetzlich verankerte Zielsetzungen aller Rehabilitationsleistungen darstellen („Selbstbestimmung" und „Teilhabe/ Partizipation").

Zufriedenheit wird dabei als Ergebnis eines kognitiven Bewertungsprozesses verstanden, der auf dem Vergleich zwischen individuellen Erwartungen an die Lebensbedingungen (Soll-Zustand) und wahrgenommenen Merkmalen der Lebensbedingungen (Ist-Zustand) basiert (vgl. Kap. 1.3). Fragen zur Zufriedenheit sollen auf verschiedene Lebensbereiche bezogen und bereichsspezifisch konkretisiert werden.

Selbstbestimmung zielt auf die Kontrolle über das eigene Leben und die autonome Gestaltung des Alltags. Der Begriff enthält – abhängig von den Bezugssystemen seiner Konzeptualisierung (individuell, sozial, gesellschaftlich) – verschiedene Bedeutungsfacetten, z.B. Selbstbestimmung im Sinne von Entscheidungskompetenz und -autonomie, Eigenverantwortlichkeit, Wahlfreiheit, Erschließen von Freiheitsräumen zur Bedürfnisrealisierung, individuelle Lebensführung (vgl. Rohrmann 2003). Aufgrund dessen scheint eine Eingrenzung und Konkretisierung notwendig: In der Erhebung soll Selbstbestimmung auf die konkrete Alltagssituation der Bewohner/innen in den Einrichtungen und die objektiven, strukturellen Aspekte der Unterstützungsorganisation bezogen werden – sowohl positiv (als *„Wahlfreiheiten"*) als auch negativ (als *„Reglementierungen"*).

Partizipation ist eine komplexe Lebensqualitätsdimension, die auf das Einbezogensein in Lebensvollzüge, den Zugang zu gesellschaftlichen Funktionssystemen und die Ausübung üblicher sozialer Rollen zielt (vgl. Beck 2004; Wansing 2005a). Aufgrund der Vielfalt der Lebensbereiche und Kontextfaktoren ist eine

Operationalisierung mit Schwierigkeiten verbunden. In dieser Studie soll Partizipation auf das gemeinschaftliche und kulturelle Leben bezogen werden, um eine Ausweitung des Blickfelds über den unmittelbaren Nahraum der Befragten hinaus zu ermöglichen. Dabei wird als Indikator die realisierte Teilhabe als Ausübung von bzw. Teilnahme an Aktivitäten in diesem Lebensbereich (*„soziale Aktivitäten"*) fokussiert. Theoretisch davon abzugrenzen sind die Zugänge zu Lebensbereichen und Möglichkeiten der Verwirklichung jenseits der tatsächlichen Realisierung. Der Aspekt der Zugänglichkeit muss hier unberücksichtigt bleiben, um eine Überfrachtung der empirischen Erfassung zu vermeiden.

In dieser Untersuchung werden die im Zentrum stehenden Lebensqualitätsdimensionen direkt, d.h. über Selbstauskünfte der Betroffenen ermittelt. Insofern stellen die individuellen Wahrnehmungen der Befragten im Vordergrund. Im Unterschied zu „Zufriedenheit" als Komponente subjektiven Wohlbefindens stellen „Wahlfreiheiten" und „soziale Aktivitäten" prinzipiell objektive Aspekte von Lebensqualität dar, da diese Indikatoren grundsätzlich auch von außen beobachtbar sind. Insbesondere bei der Erfassung von „Wahlfreiheiten" ist jedoch das subjektive Erleben und die Erfahrung von Wahlmöglichkeiten und Reglementierungen von Bedeutung, also die Frage, wie die Bewohner/innen der Einrichtungen ihre Wahlfreiheiten sehen und nicht wie diese objektiv (von außen) einzuschätzen sind.

4.2 Untersuchungsansatz

Hinsichtlich der Untersuchungsplanung gilt es, mit Blick auf die oben angeführten Zielsetzungen der Untersuchung ein geeignetes methodisches Vorgehen zu wählen. Grundsätzlich bedient sich die Lebensqualitätsforschung verschiedener Methoden, sowohl quantitativer als auch qualitativer Art (vgl. Kap. 3.1). Im Rahmen dieser Studie wird ein quantitativ-empirischer Ansatz gewählt, indem als Kerninstrument ein teilstandardisierter Fragebogen konstruiert und zur Datenerhebung verwendet wird.

Neben den allgemeinen Vorteilen einer standardisierten Befragung (vgl. Kap. 3.2) bietet dieses Vorgehen bezüglich der oben (in Kap. 4.1) formulierten Fragestellungen den Vorzug, dass sich über quantifizierbare Daten spezifische Indizes bilden lassen. Dadurch entsteht die Möglichkeit, die Variablen „Zufriedenheit", „Wahlfreiheiten und Reglementierungen" sowie „soziale Aktivitäten" zu messen, diese auf Zusammenhänge zu untersuchen und in Abhängigkeit anderer Variablen (z.B. soziodemografischer oder einrichtungsbezogener Merkmale) zu betrachten. Der Abgleich objektiver mit subjektiven Indikatoren kann wertvolle Hinweise darauf liefern, wie die unterschiedlichen Lebenssituationen von den Bewohner/innen der Wohneinrichtungen erlebt und bewertet werden.

Neben konzeptionell-analytischen lassen sich praxisrelevante Gründe für einen quantitativen Ansatz und die Entwicklung eines standardisierten Befragungsinstruments aufführen: So kann der im Rahmen der Untersuchung konstruierte, empirisch überprüfte und optimierte Fragebogen im Rahmen des Qualitätsmanagements von Wohneinrichtungen zur wirkungsorientierten Qualitätsbeurteilung (Ergebnisqualität) eingesetzt werden (vgl. Kap. 2.3). Gerade für dieses Einsatzgebiet gilt es, ein praktikables, gleichwohl valides Instrument zur Verfügung zu stellen, das eine ökonomische Datenerhebung und -auswertung für eine größere Personengruppe umsetzbar erscheinen lässt. Das Befragungsinstrument kann dabei zur regelmäßigen Nutzer/innen-Befragung eingesetzt oder in ein umfassenderes Qualitätsmanagement- bzw. Benchmarking-System einbezogen werden, um zu überprüfen, welche Qualitäten mit unterschiedlichen Formen der Leistungserbringung in verschiedenen Settings erreicht werden (vgl. Wetzler 2003).

Zur methodischen Vorgehensweise ist kritisch anzumerken, dass die mit dem Untersuchungsansatz einhergehende Fokussierung interessierender Lebensqualitätsdimensionen und -indikatoren und damit faktisch eine Reduktion der Komplexität einerseits notwendig ist, um die Lebenssituation der Menschen mit geistiger Behinderung und ihre subjektiven Bewertungen analysieren zu können. Andererseits besteht jedoch durch diese Eingrenzung grundsätzlich die Gefahr – nicht nur, aber insbesondere in quantitativen Untersuchungen –, dass individuelle Wahrnehmungen, Weltanschauungen und relevante Wertepositionen der jeweiligen Person u. U. nicht im festgelegten Untersuchungsbereich liegen und daher unberücksichtigt bleiben. Die Dimensionen und operationalisierten Indikatoren fußen zwar auf theoretischen Überlegungen und sind begründet ausgewählt, dennoch kann dadurch nicht sichergestellt werden, dass sich die zugrunde gelegte Konzeptualisierung von Lebensqualität, die durch das Erhebungsinstrument verkörpert wird, in den persönlichen Sinnstrukturen eines Untersuchungsteilnehmers widerspiegelt. Insofern ist insbesondere bei der Interpretation der Daten zu bedenken, dass das Lebensqualitätskonzept ein Forschungskonstrukt darstellt, das keine vom Beobachter unabhängige Realität beschreibt (vgl. Seifert, Fornefeld & Koenig 2001, 133). Vor diesem Hintergrund stellt die vorliegende Studie den Versuch dar, aus der Nutzerperspektive heraus eine Annäherung an die subjektive Lebensqualität von Menschen mit geistiger Behinderung in Wohneinrichtungen zu erreichen.

Des Weiteren ist ein häufiges Argument gegen den Einsatz von standardisierten Befragungsinstrumenten bei Menschen mit geistiger Behinderung, dass hier in erhöhtem Maße Verständnisprobleme, systematische Antwortverzerrungen aufgrund sozialer Erwünschtheit oder Zustimmungstendenzen (Akquieszenz) zu erwarten seien (vgl. Kap. 3.3.2). Abgesehen davon, dass qualitative Befragungen eigene Durchführungsprobleme mit sich bringen (z.B. eine schwierigere Beantwortbarkeit aufgrund höherer kognitiv-kommunikativer Anforderungen bei offenen Fragen), sind die genannten Fehlerquellen Phänomene, die grundsätzlich bei Befragungen auftreten können und denen daher bei der Planung, Durchführung und Auswertung von Interviews Rechnung getragen werden muss. Gerade deshalb ist ein sorgsam konstruiertes Erhebungsinstrument sowie ein kontrolliertes Durchführungs- und Auswertungsverfahren vonnöten, welches sich unanfällig für systematische Fehlerquellen zeigt und eine solide Datenqualität erwartbar macht.

4.3 Stichprobenauswahl

Bezüglich des Vorhabens, Menschen mit geistiger Behinderung in stationären Wohneinrichtungen zu ihrer Lebensqualität zu befragen, stellt sich die Frage nach einem geeigneten Stichprobenverfahren. Eine repräsentative Stichprobe aus der Grundgesamtheit aller Bewohner/innen stationärer Wohneinrichtungen in Deutschland, z.B. per Zufalls- oder Quotenauswahl (vgl. Diekmann 2004, 328 ff.), wäre in diesem Zusammenhang mit erheblichen praktischen Schwierigkeiten verbunden. So liegt z.B. in Deutschland keine aufgelistete Zusammenstellung des Gesamtangebots an Wohneinrichtungen und -plätzen für Menschen mit Behinderungen vor; ein solcher Adressenpool müsste erst generiert werden (vgl. Wacker et al. 1998, 30 ff.).

Mit Blick auf die Hauptzielsetzung der Studie (die Entwicklung eines Befragungsinstruments und die Sicherstellung interner und externer Validität) muss die Stichprobenrealisierung vor allem gewährleisten, dass keine Einschränkung der Varianz der Lebensqualitätsmerkmale zu erwarten ist (vgl. Rost 2004, 72 f.; Mummendey 1995, 93). Vor diesem Hintergrund würde eine repräsentative Stichprobenziehung einen unverhältnismäßig hohen finanziellen und zeitlichen Aufwand bedeuten.

Um zu aussagekräftigen Ergebnissen zu kommen, wird ein zweischrittiges Vorgehen zur Stichprobengewinnung gewählt: In einem ersten Schritt werden die Wohneinrichtungen ausgewählt, die in die Studie einbezogen werden sollen.

Hierbei werden bestehende Kontakte zum empirischen Feld über die Anbindung an zwei Forschungsprojekte[8] genutzt, sodass man von einer „Ad-hoc-Stichprobe" (Bortz & Döring 2002, 405) der Wohneinrichtungen sprechen kann. Die beteiligten Wohnheime gehören zwei großen Einrichtungsträgern der Diakonie in Baden-Württemberg (Nordbaden) und Nordrhein-Westfalen (Ostwestfalen) an, die insofern für die Untersuchungsdurchführung prädestiniert erscheinen, als sie ein breites Angebotsspektrum im stationären Wohnbereich vorhalten. Sie verkörpern eine gewisse Bandbreite an typischen Wohn- und Lebensbedingungen aufgrund unterschiedlicher Standorte in verschiedenen Regionen, unterschiedlicher Einrichtungs- und Gruppengrößen sowie verschiedenartiger konzeptioneller Orientierungen.

In einem zweiten Schritt wird aus den ausgewählten Wohneinrichtungen und -gruppen, die für eine Untersuchungsteilnahme gewonnen werden konnten, eine Bewohner/innen-Stichprobe gezogen. Bei der Auswahl der für die Untersuchung in Frage kommenden Personen ist insbesondere zu beachten, dass aufgrund der Sprachgebundenheit der Befragung Menschen mit stark eingeschränkten oder fehlenden Möglichkeiten, sich verbal auszudrücken oder über Kommunikationshilfen zu kommunizieren, in dieser Untersuchung nicht berücksichtigt werden können. Für diesen Personenkreis sind andere methodische Wege zu suchen, die nicht Gegenstand der vorliegenden Arbeit sind (vgl. Kap. 3.4). Insgesamt werden folgende Einschlusskriterien für die Teilnahme an der Untersuchung formuliert: Die Teilnehmer/innen sollen

1. mindestens 20 Jahre alt sein,
2. seit mindestens einem Jahr in der jeweiligen stationären Einrichtung für Menschen mit geistiger Behinderung wohnen,
3. sich freiwillig zur Teilnahme an der Befragung bereit erklärt haben,
4. über ein Mindestmaß an passiver und aktiver Sprachkompetenz verfügen.

Als Zielgröße für die Gesamtstichprobe der Bewohner/innen, die in die Untersuchung einbezogen werden sollen, wird ein Umfang von ca. 150 Untersuchungsteilnehmer/innen avisiert, da eine direkte Befragung dieser Personenanzahl mit den zur Verfügung stehenden Ressourcen realisierbar erscheint, zugleich die geplanten statistischen Analysen (vgl. Kap. 4.6) anwendbar sowie eine gewisse Verallgemeinerung der Untersuchungsergebnisse begründbar werden.

---

8 Projekt „Personenbezogene Unterstützung und Lebensqualität (PerLe)" (Universität Dortmund, Rehabilitationssoziologie; vgl. Wacker, Wansing & Schäfers 2005) und „Projekt zur Entwicklung und Anwendung einer Nutzer/innen-Befragung (PEAN)" (Universität Dortmund, Qualitätsmanagement; vgl. Wetzler 2006).

Bei der Stichprobenrealisierung werden zwei Teilstichproben gebildet: Während beim westfälischen Einrichtungsträger (Wohnheim mit 24 Plätzen) alle relevanten Personen befragt werden (Teilstichprobe A), wird aus der Bewohnerschaft der Wohneinrichtungen des nordbadischen Einrichtungsträgers aufgrund der hohen Zahl an Wohnplätzen eine Zufallsstichprobe gezogen. Dabei werden zunächst diejenigen Bewohner/innen von den Wohnheimleitungen erfasst, welche die beiden erstgenannten Kriterien erfüllen (mindestens 20 Jahre alt, mindestens ein Jahr in der Einrichtung), und anonym in einer Liste aufgeführt (insgesamt 720 Personen). Da bei der späteren Realisierung der Befragung mit Ausfällen (z.B. aufgrund Interviewverweigerung, nicht ausreichender sprachlicher Kompetenz, organisatorischen Schwierigkeiten, Krankheit o.Ä.) zu rechnen ist, wird aus dem Pool der grundsätzlich in Frage kommenden Bewohner/innen eine höhere Zufallsstichprobe von 200 Personen gezogen (Teilstichprobe B).

Bei beiden Teilstichproben werden anschließend die relevanten Mitarbeiter/innen der Wohneinrichtungen bzw. -gruppen darum gebeten, die ausgewählten Bewohner/innen über das Vorhaben – insbesondere die Freiwilligkeit der Teilnahme und zugesicherte Anonymität – zu informieren und auf ihre Interviewbereitschaft hin anzusprechen. Zudem sollen sie einschätzen, ob die jeweilige Person über Basisfähigkeiten der mündlichen Kommunikation verfügt, die eine Interviewdurchführung prinzipiell umsetzbar erscheinen lässt. Der Vorteil dieses Vorgehens liegt darin, dass die Bewohner/innen so durch vertraute Personen auf die Befragungsdurchführung vorbereitet werden. Gleichzeitig wird den Mitarbeiter/innen hinsichtlich der Befragbarkeit der Bewohner/innen Interpretationsspielraum eingeräumt, der sich auf die Stichprobenziehung nachteilig auswirken könnte: „Die Beurteilung der Interviewfähigkeit durch das Personal unterliegt [...] oft starken subjektiven Einflüssen und stellt damit eine Quelle der Stichprobenselektivität dar" (Kelle & Niggemann 2003, 8).

So besteht prinzipiell die Gefahr, dass Mitarbeiter/innen die Teilnehmer/innen nicht nur nach ihren sprachlich-kognitiven Kompetenzen aussuchen, sondern willkürlich z.B. auch (oder stattdessen) nach Sympathie oder deren Grundeinstellung der Einrichtung gegenüber[9] (als besonders kritisch geltende

---

9 So wurden in einer Studie zur Zufriedenheit von Bewohner/innen stationärer Altenhilfeeinrichtungen zwei verschiedene Auswahlprinzipien angewendet: neben einer Vollerhebung in einem Pflegeheim auch eine Stichprobenziehung nach dem „Schneeballprinzip" in 13 anderen Einrichtungen. Dabei zeigte sich systematisch eine geringere Zufriedenheit bei den Teilnehmern der Vollerhebung im Vergleich zu den Teilnehmern, die nach dem Schneeballprinzip gewonnen wurden. Dies legt die Erklärung nahe, dass die Zufriedenheitsunterschiede (zumindest zu einem Teil) durch die mitarbeitergesteuerte Auswahl der Bewohner/innen im „Schneeballsample" erzeugt wurde (vgl. Kelle & Niggemann 2003, 11).

Personen und „ewige Nörgler" werden von der Befragung ausgeschlossen). Dieses Risiko wird für die vorliegende Untersuchung jedoch als gering eingeschätzt, da dem Mitarbeiterurteil bezüglich der Befragbarkeit der Bewohner/innen eine zufallsgesteuerte Auswahl der in Frage kommenden Bewohner/innen vorgeschaltet wird, sodass die Mitarbeiter/innen nicht alleinig und frei über die Befragtenstichprobe entscheiden können.

Abbildung 23: Schematische Darstellung der Stichprobenauswahl

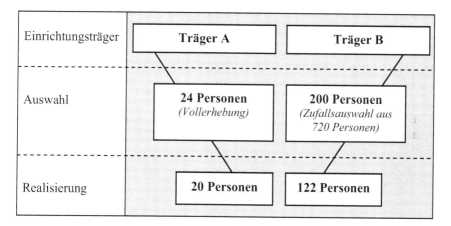

Zusammenfassend zeichnet sich die Stichprobenziehung also durch eine „Adhoc-Stichprobe" der Wohneinrichtungen und einer nachgeordneten Bewohnerstichprobe bestehend aus zwei Teilstichproben (Vollerhebung bei Teilstichprobe A, Zufallsauswahl bei Teilstichprobe B) aus (vgl. Abbildung 23). Trotz der fehlenden Repräsentativität kann durch dieses Vorgehen mit Blick auf die Hauptzielsetzung der Studie (der Konstruktion eines Erhebungsinstruments) begründet davon ausgegangen werden, dass die Gesamtstichprobe typische Lebensbedingungen von Bewohner/innen stationärer Einrichtungen widerspiegelt und keine besonderen Einschränkungen der Variation der zu untersuchenden Personenmerkmale erwarten lässt (vgl. Rost 2004, 72 f.).

Als Ergebnis nehmen schließlich insgesamt 142 Personen an der Befragung teil (20 Personen der Teilstichprobe A, 122 Personen der Teilstichprobe B). Eine Beschreibung der Einrichtungen und der Bewohnerstichprobe findet sich in Kap. 5.1.

4.4 Konstruktion des Erhebungsinstruments

Für die quantitative Erhebung wird ein teilstandardisierter Fragebogen entwickelt, welcher zum einen die Anforderungen an ein reliables und valides Erhebungsinstrument zur Erfassung von Lebensqualität erfüllen und zum anderen den kognitiv-kommunikativen Voraussetzungen von Menschen mit geistiger Behinderung entsprechen und hohe Praktikabilität besitzen soll. Das Befragungsinstrument ist „so differenziert wie nötig, aber zugleich so einfach wie möglich" (Wacker 1994, 276) zu gestalten. Die Instrumententwicklung soll an bereits vorfindbare methodische Überlegungen zur Konstruktion von Erhebungsinstrumenten anknüpfen (vgl. Kap. 3.2), diese Ansätze weiterführen und vertiefen.

Das zu entwickelnde Befragungsinstrument kann charakterisiert werden als strukturierter Fragebogen für persönliche Interviews, welcher über Bewertungen der Lebensbedingungen quantitative Aussagen zu fokussierten Lebensqualitätsdimensionen (vor allem „Zufriedenheit", aber auch „Wahlfreiheiten und Reglementierungen" sowie „sozialen Aktivitäten") erlaubt. Dabei ist das Erhebungsinstrument Endprodukt einer Vielzahl von Entscheidungen, die sich überblicksartig wie folgt veranschaulichen lassen (vgl. Abbildung 24).

zu A: *Welcher methodische Zugang soll gewählt werden?*
Als erstes stellt sich die Frage nach dem grundsätzlichen methodischen Zugang (vgl. Kap. 3.1): Da in der Untersuchung die subjektiven Wahrnehmungen und Bewertungen der Menschen mit Behinderung im Vordergrund stehen, wird die direkte Befragung der Betroffenen als unabdingbar angesehen, um über die Aussagen der Untersuchungsteilnehmer/innen Rückschlüsse auf deren subjektive Lebensqualität ziehen zu können.

zu B: *Welche Form der Befragung soll gewählt werden?*
Eine schriftliche Befragung ist vor dem Hintergrund, dass viele Menschen mit geistiger Behinderung über nicht ausreichende Lese- und Schreibkompetenzen verfügen, zu komplex und daher wenig Erfolg versprechend (vgl. Dworschak 2004, 83). Eine mündliche Befragung bietet – ungeachtet eigener methodischer Probleme (vgl. Kap. 3.3) – den Vorteil, bei Verständnisproblemen Nachfragen stellen und Fragen anpassen zu können. Da damit gerechnet werden muss, dass die Interviewpartner wenig Erfahrungen mit dem Befragt-Werden haben und eine Befragungssituation evtl. sogar Verunsicherung erzeugt (vgl. Hagen 2002, 301), kommt der Herstellung einer Vertrauensbasis bei den Befragten besondere Bedeutung zu. Dies lässt sich vor allem über die physische Präsenz des Interviewers im persönlichen Kontakt erreichen (vgl. Schnell, Hill & Esser 1999, 343 f.), sodass das „Face-to-face"-Interview dem Telefoninterview vorzuziehen ist.

Abbildung 24: Entscheidungsfelder zur Wahl eines Erhebungsverfahrens (in Anlehnung an Neuberger & Allerbeck 1978, 34)

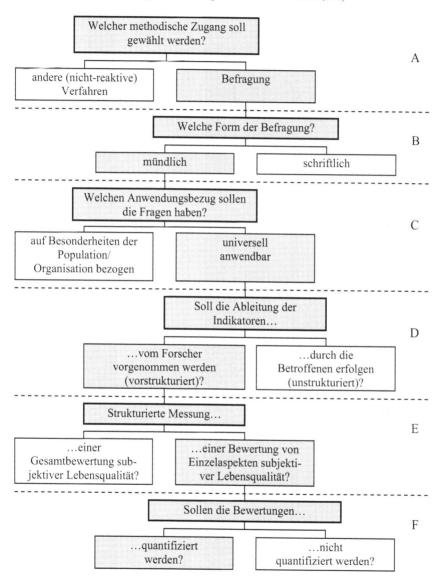

zu C: Welchen Anwendungsbezug sollen die Fragen haben?
Bei dieser Frage geht es um die grundsätzliche Entscheidung darüber, ob der
Fragebogen auf eine bestimmte Population bzw. Organisation (Wohneinrich-
tung), damit zusammenhängende spezifische Strukturmerkmale und Besonderheiten ausgerichtet, oder ob der Fragebogen universell (über die Spezifika einer
Wohneinrichtung hinaus) anwendbar sein soll. Obwohl ein Fragebogen, der auf
eine bestimmte Wohneinrichtung zugeschnitten ist, „vermutlich einen höheren
Aufforderungswert hat und konkretere Gestaltungsempfehlungen ermöglicht"
(Neuberger & Allerbeck 1978, 33), wird mit Blick auf die gesetzten Untersu-
chungsziele eine Vergleichbarkeit der Ergebnisse vor dem Hintergrund verschiedener Wohneinrichtungen angestrebt. In diesem Kontext ist ein Fragebogen vorzuziehen, der für alle Wohneinrichtungen einsetzbar ist. Zudem soll ein inhaltli-
cher Schwerpunkt des Erhebungsinstruments die Zufriedenheit und subjektive
Bedeutung der Unterstützungsleistungen für die Bewohner/innen der Wohneinrichtungen im Hinblick auf Selbstbestimmungsmöglichkeiten und Chancen gesellschaftlicher Teilhabe sein; diese Zielsetzungen der Rehabilitation gelten für
alle Wohn- und Unterstützungsangebote gleichermaßen.
Ungeachtet dessen ist es denkbar, dass die spätere Endform des Fragebogens im
praktischen Einsatz um spezielle Fragen die jeweilige Einrichtung betreffend
ergänzt wird. Dadurch erhält man sowohl einen allgemein anwendbaren Kern,
der Vergleiche zwischen Personengruppen und Wohneinrichtungen zulässt, als
auch spezielle Fragepassagen zu besonderen praxisrelevanten Inhalten (vgl.
Gromann & Niehoff 2003, 18).

*zu D: Soll die Ableitung der Indikatoren vom Forscher vorgenommen werden
          (vorstrukturiert) oder durch die Betroffen erfolgen (unstrukturiert)?*
Diese Frage richtet sich nach dem Urheber der Lebensqualitätskriterien, die einer
Beurteilung zugrunde gelegt werden (vgl. Kap. 3.1): So können die relevanten
Lebensqualitätsdimensionen und -indikatoren vom Forscher theoriegeleitet ent-
wickelt und durch die Vorgabe von Inhalten vorstrukturiert sein oder sie werden
der befragten Personen weitgehend selbst überlassen (unstrukturiert) und in einer
nachträglichen Analyse der Antworten identifiziert. Im Zusammenhang mit einer
universellen Einsetzbarkeit (s. Frage C) und weitgehenden Vergleichbarkeit der
Antworten wird ein strukturiertes Vorgehen gewählt. Durch die einheitliche
Vorgabe bestimmter Lebensqualitätsaspekte besteht zwar die Gefahr, dass allen
Befragten die gleiche Bewertungsstruktur aufgezwungen wird, allerdings
herrscht in der Forschung weitgehender Konsens über Kerndimensionen und
konzeptuelle Prinzipien von Lebensqualität, die generellen Gültigkeitsanspruch
für alle Personen besitzen (vgl. Kap. 1.2). Daher wird auf eine differenzierte

Analyse individueller Sinnstrukturen verzichtet zugunsten einer Untersuchung dominanter Lebensqualitätsdimensionen, die mit hoher Wahrscheinlichkeit für alle zu befragenden Personen bedeutsam sind.

zu E: *Soll die strukturierte Messung einer Gesamtbewertung oder einer Bewertung von Einzelaspekten subjektiver Lebensqualität angestrebt werden?*

Eine zusammenfassende Gesamtbewertung von Lebensqualität fordert vom Beurteiler eine hohe kognitive Leistung ein, da dieser in einer Zusammenschau die Bewertungen einzelner Erfahrungen in verschiedenen Lebensbereichen und -aspekten aggregieren und zu einer zusammenfassenden Aussage formen muss (wie z. B. bei der allgemeinen Zufriedenheitsfrage „Wie zufrieden sind Sie insgesamt mit Ihrem Leben?"). Um eine Überforderung der Befragten zu vermeiden, werden in der vorliegenden Studie verschiedene Lebensqualitätsdimensionen und -aspekte betrachtet, die mit Hilfe einzelner Items, welche die jeweilige Dimension repräsentieren, erfasst werden sollen (ähnlich der „Lifestyle Satisfaction Scale"; vgl. Kap. 3.2.3). Mit Blick auf den zu befragenden Personenkreis eröffnet dieser Ansatz die Möglichkeit, konkretere Fragen auf einem niedrigeren Abstraktionsniveau stellen zu können, sodass der kognitiv-kommunikative Anspruch zur Beantwortung der Fragen angemessener erscheint (vgl. Kap. 3.2 und 3.3).

zu F: *Sollen die Bewertungen quantifiziert oder nicht quantifiziert werden?*

Da ein Erhebungsinstrument konstruiert werden soll, welches Vergleichbarkeit, ökonomische Auswertbarkeit der Daten und dadurch Praxisrelevanz (für Wohneinrichtungen) verspricht, sollen die Antworten quantifiziert werden. Dennoch können einzelne Inhaltsaspekte (insbesondere im Kontext offener Fragen) durchaus qualitativ analysiert werden. Diese Fragen sind zwar nicht Gegenstand der späteren Indexbildung, können aber wertvolle ergänzende Einblicke in die Lebenssituation und Sinndeutungen der Befragten gewähren.

Insgesamt wird deutlich, dass in den einzelnen Entscheidungsfeldern sowohl vom Untersuchungsgegenstand als auch von dem einzubeziehenden Personenkreis ausgehend jeweils methodische Gewichtungen vorgenommen werden, um ein geeignetes Erhebungsverfahren zu gestalten. Dennoch verdeutlichen die getroffenen Entscheidungen, dass „der Prozess der Übersetzung von Begriffsdefinitionen in Messverfahren kein logisch-deduktives Vorgehen ist" (vgl. Neuberger & Allerbeck 1978, 32), sondern forschungsbezogenen Akzentsetzungen folgt, die begründet vorgenommen werden, letztendlich aber keinen alleinigen Gültigkeitsanspruch besitzen (vgl. Kap. 3.1).

Hinsichtlich der praktischen Entwicklung des Erhebungsinstruments lassen sich verschiedene Etappen unterscheiden: von der anfänglichen Sammlung und Sichtung bereits bestehender Verfahren über die Bildung eines Itempools, Erstellung einer Rohfassung, weiterer Modifikationen und Pretests bis hin zur abschließenden Endfassung des Fragebogens. Die einzelnen Entwicklungsphasen sollen im Folgenden überblicksartig skizziert und an prägnanten Beispielen nachvollzogen werden.

4.4.1 Itempool und Erstversion

Bei der Fragebogenkonstruktion wird auf bereits bestehende Erhebungsinstrumente der empirischen Lebensqualitätsforschung zurückgegriffen (vgl. Kap. 3.2). Vorfindbare Verfahren, die den Zielsetzungen und dem Untersuchungsbereich der Studie entsprechen, können eine Grundlage darstellen, an denen sich die Entwicklung des Befragungsinstruments orientieren kann (vgl. Mummendey 1995, 58 ff.). Jedoch wird auf eine komplette Übernahme einzelner Skalen (wie z. B. der „Lifestyle Satisfaction Scale", Heal & Chadsey-Rusch 1985) verzichtet, da deren direkte Übertragung nicht ohne Probleme umsetzbar ist, z. B. aufgrund divergierender konzeptioneller Schwerpunkte, sprachlicher Übersetzungsschwierigkeiten sowie der impliziten Gebundenheit an einen bestimmten Kulturraum (s. unten; vgl. Hofstede 1984; Rapley 2003, 91). Daher erscheint eine Orientierung an bestehenden Verfahren bei der Entwicklung eines eigenen Erhebungsinstruments gewinnbringender.

Die zusammengetragenen Instrumente werden gesichtet sowie hinsichtlich ihrer inhaltlichen Relevanz (Lebensqualitätsdimensionen und -indikatoren) und formalen Struktur (benutzte Frage- und Antwortformate, Skalierung der Items, faktorielle Struktur) analysiert und bewertet (vgl. Kap. 3.2). Auf der Grundlage dieser Analyse wird ein Itempool mit über 400 Items gebildet. In Frage kommende Items wiederum werden nach Aussonderung redundanter Formulierungen unterschiedlichen Lebensbereichen bzw. Lebensqualitätsdimensionen zugeordnet. Die Erstellung einer ersten Rohfassung des Fragebogens nimmt insbesondere von folgenden Instrumenten ihren Ausgang (vgl. Tabelle 26; Kap. 3.2).

Die beiden zuerst aufgeführten Instrumente („ULA" und „SPACE") stellen halbstandardisierte Fragebögen (mit geschlossenen und offenen Frageformen) dar, welche das Alltagsleben von Menschen mit Behinderung in Wohneinrichtungen, ihre Lebensstile, Aktivitäten, persönliche Unterstützung, sozialen Bezüge, alltäglichen Entscheidungsmöglichkeiten etc. beleuchten (vgl. Wacker et al.

1998, 36; Metzler & Rauscher 2005, 38; Kap. 3.2.4). Aus diesen Befragungsinstrumenten werden einzelne Items und offene Fragestellungen insbesondere zu sozialen Aktivitäten und Entscheidungsmöglichkeiten ausgewählt und modifiziert, durch weitere Fragestellungen aus dem Itempool und eigenen Items ergänzt und zu folgenden Themenkomplexen geformt: Wohnsituation; Freizeit; Arbeitsleben; Unterstützung im Alltag; soziale Beziehungen; Wahlfreiheiten, Abhängigkeiten und Reglementierungen; allgemeine Zufriedenheit und Zukunftsvorstellungen.

Tabelle 26: Instrumente zur Erhebung von Lebensqualität als Ausgangspunkte für die eigene Fragebogenentwicklung

Instrument	Abkürzung	Autoren/ Quelle
Unterstützte Lebens- und Alltagsbewältigung in Wohneinrichtungen der Behindertenhilfe	ULA	Forschungsstelle Lebenswelten behinderter Menschen 2003 (vgl. Metzler & Rauscher 2005)
Strukturelle und persönliche Alltagserfahrungen in charakteristischen Einrichtungen	SPACE	Forschungsstelle Lebenswelten behinderter Menschen 1995 (vgl. Wacker et al. 1998)
Lifestyle Satisfaction Scale	LSS	Heal, Chadsey-Rusch & Novak 1982 (vgl. Heal & Chadsey-Rusch 1985)
(Multifaceted) Lifestyle Satisfaction Scale (Revision der LSS)	MLSS	Heal et al. 1992 (vgl. Harner & Heal 1993)
Comprehensive Quality of Life Scale – Intellectual/Cognitive Disability	ComQol-I	Cummins 1997b (vgl. Cummins et al. 1997)
Quality of Life Questionnaire	QOL-Q	Schalock & Keith 1993 (vgl. Kober & Eggleton 2002)
World Health Organization Quality of Life Instrument	WHOQOL-100	WHOQOL 1995 (vgl. Skevington, Sartorius & Amir 2004)

Anschließend werden aus den genannten standardisierten Fragebögen und quantitativen Skalen, allen voran der „LSS" bzw. deren Nachfolger „MLSS" (vgl. Kap. 3.2.3), Items zur individuellen Zufriedenheit mit den Lebensbedingungen, den Unterstützungsleistungen und zum generellen subjektiven Wohlbefinden abgeleitet und in die bestehende Fragebogenfassung integriert. Um den Aufbau des Gesamtfragebogens nachvollziehbar zu machen, werden dabei die Items nicht als gesonderte Fragepassagen eingearbeitet, sondern den entsprechenden thematischen Blöcken zugeordnet. Ein ähnliches Vorgehen zur Integration von Abfrageroutinen findet sich z.B. in den Studien von Wacker et al. (1998, 291 ff.) und Dworschak (2004, 78 ff.).

Tabelle 27 gibt eine systematische Übersicht über die Anzahl der ausgewählten Items aus den verschiedenen Fragebögen und Skalen sowie der Zuordnung zu den Inhaltsbereichen der ersten Fragebogenversion.

Tabelle 27:   Übersicht über die Struktur der ersten Fragebogenversion

	ULA + SPACE	LSS + MLSS	Com-Qol-I	QOL-Q	WHO-QOL	neue Items
Wohnsituation		4				
Freizeit	2	18	24			14
Arbeitsleben	5	5		7	1	10
Unterstützung im Alltag	42	10		2		12
Soziale Beziehungen	15	13		9	4	
Wahlfreiheiten, Abhängigkeiten und Reglementierungen	20	10		2	1	6
Allgemeine Zufriedenheit und Zukunftsvorstellungen	2		1	5		1

4.4.2 Modifikation und Pretests

Diese erste Rohversion wird im weiteren Verlauf in insgesamt neun Schritten über vier Monate hinweg überarbeitet. Zwischen den einzelnen Schritten werden die Überarbeitungen und entstehenden Neufassungen des Fragebogens fortlaufend mit Experten aus verschiedenen Fachgebieten (Rehabilitationssoziologie, Rehabilitation und Pädagogik bei geistiger Behinderung, Qualitätsmanagement) beraten und diskutiert. Zu zwei Zeitpunkten – nach größeren Modifikationen – wird der Fragebogen an kleinen Stichproben einem Pretest unterzogen (mit insgesamt zehn Personen). An diesen Probeinterviews sind Menschen mit geistiger Behinderung aus drei verschiedenen Wohnheimen in Nordrhein-Westfalen und Baden-Württemberg beteiligt sowie ein Mitglied der Selbsthilfevereinigung „Mensch zuerst – Netzwerk People First Deutschland". Die Probebefragungen zielen darauf, Eindrücke von der inhaltlichen Relevanz und Verständlichkeit der Fragen zu erhalten, alternative Frageformulierungen zu testen sowie den voraussichtlichen Zeitaufwand der späteren Untersuchungsdurchführung einzuschätzen (vgl. Diekmann 2004, 415 f.; Bortz & Döring 2002, 359 f.).

Im Verlauf der Fragebogenkonstruktion werden die Items im Vergleich zur Originalfassung zum Teil erheblich modifiziert, entweder aus inhaltlichen, sprachlichen oder formalen Gründen. Einzelne Items aus englischsprachigen Instrumenten werden in verschiedene Übersetzungsvarianten überführt, wenn eine wortgetreue Übersetzung ohne Veränderung des Sinngehalts oder konnotativer Nuancen, die Auswirkungen auf das Antwortverhalten haben könnten, problematisch erscheint (vgl. Verdugo et al. 2005, 712). Beispielsweise lautet Frage 14 der „MLSS": „Do you have enough things to do in your free time?". Diese Frage kann wortgetreu übersetzt werden als: „Haben Sie genug Dinge in Ihrer Freizeit zu tun?". In der deutschen Sprache ist aber die semantisch „gedrehte" Variante gebräuchlicher und alltagsnaher, jedoch nicht unbedingt vollständig bedeutungsgleich: „Ist Ihnen in Ihrer Freizeit oft langweilig?". Es ist davon auszugehen, dass diese Bedeutungsdifferenzen Auswirkungen auf das Antwortverhalten haben können (vgl. Kap. 3.3.1). Daher werden unterschiedliche Fragevarianten vor allem in der Anfangsphase der Fragebogenentwicklung mit den beratenden Experten diskutiert und in den folgenden Probeinterviews auf ihre Verständlichkeit und mögliche intersubjektive Interpretationsspielräume geprüft.

Andere Fragen erfahren aus formalen Gründen eine Veränderung: So sollen Items zur Zufriedenheit mit den Lebensbedingungen, zu Wahlfreiheiten und Reglementierungen sowie zu sozialen Aktivitäten, welche in die zu konstruierenden Indizes einmünden, einheitlich als geschlossene Ja/Nein-Fragen im Stile der „Lifestyle Satisfaction Scale (LSS)" (Heal, Chadsey-Rusch & Novak 1982) formuliert werden (vgl. Kap. 3.2.3). Die dichotome Frageform verspricht eine leichtere Beantwortbarkeit der Fragen, welches im Kontext der Studie als besonders vorteilhaft angesehen wird. Zugleich sind Ja/Nein-Fragen jedoch anfälliger für Akquieszenz (vgl. Kap. 3.3.2). Um die Auftretenswahrscheinlichkeit inhaltsunabhängiger Antwortmuster einzugrenzen und Antwortverzerrungen entgegenwirken zu können, werden mehrere Gegenmaßnahmen ergriffen: Zum einen wird bereits bei der Anlage des Itempools darauf geachtet, dass die Items in einem ausgewogenen Verhältnis sowohl positiv als auch negativ in Richtung der Zieldimension gepolt werden (vgl. Krauth 1995, 46), z.B.: „Gefällt es Ihnen, hier zu wohnen?" (positiv gepolt), „Ist Ihnen in Ihrer Freizeit oft langweilig?" (negativ gepolt). Durch den gelegentlichen Wechsel der Antwortrichtung während der Interviewdurchführung wird einer stereotypen Beantwortung vorgebeugt. Zudem zeigt sich in der nachträglichen Itemkonsistenzanalyse ein hohes Ausmaß an

Akquieszenz in niedrigen Werten der Reliabilitätskoeffizienten (vgl. Diekmann 2004, 387).

Des Weiteren werden Kontroll-Items in Form semantisch entgegengesetzter Fragen bzw. Fragen mit verschiedenen Antwortformaten (vgl. Tabelle 28) an unterschiedlichen Stellen des Fragebogens eingefügt (vgl. Krauth 1995, 48; Matikka & Vesala 1997).

Tabelle 28: Kontroll-Items zur Einschätzung von Antwortinkonsistenzen

Fragevariante 1	Fragevariante 2
Fühlen Sie sich hier gerecht behandelt?	Fühlen Sie sich hier ungerecht behandelt?
Finden Sie, dass Sie genügend Dinge in Ihrem Leben selbst entscheiden?	Finden Sie, dass Sie zu wenig Dinge in Ihrem Leben selbst entscheiden?
Wie gefällt es Ihnen hier im Wohnheim?	Gefällt es Ihnen, hier zu wohnen?
Wo haben Sie gewohnt, bevor Sie hierher gezogen sind? → Wo gefällt es Ihnen besser: dort oder hier?	Möchten Sie lieber zurück nach … (früherer Wohnort)?

Inkonsistente Antworten eines Befragten über diese Fragepaare hinweg (positive Bewertung bei der einen und negative Bewertung bei der anderen Frage) können dann z. B. zu einem Ausschluss des Falls führen, d.h. diese Interviewergebnisse würden bei der Auswertung unberücksichtigt bleiben.

Als zusätzliche Gegenmaßnahme werden einzelnen Ja/Nein-Fragen ergänzende Beispielfragen angehängt, z. B.: „Würden Sie lieber woanders wohnen? → Wo würde das sein?". Es ist davon auszugehen, dass es Befragten mit stereotypen, inhaltsunabhängigen Ja-Antworten schwer fallen wird, entsprechende Beispiele für ihre anfänglichen Ja-Antworten zu nennen (vgl. Heal & Chadsey-Rusch 1985, 478). Auch diese Kontrollfragen können dabei helfen, die Häufigkeit akquieszenter Antworten einzuschätzen. Insgesamt verdeutlichen die dargestellten Gegenmaßnahmen, dass bereits bei der Instrumentenkonstruktion verschiedene Möglichkeiten der Kontrolle von Antworttendenzen berücksichtigt werden, welche die grundsätzlichen Umsetzungsprobleme von Ja/Nein-Fragen in engen Grenzen halten sollen.

Weitere notwendige Modifikationen hinsichtlich der formalen Itemgestaltung werden mit dem Ziel einer Vereinheitlichung der Frageform vorgenommen. Einer formalen Anpassung bedürfen hauptsächlich Fragen, die ursprünglich eine Multiple-Choice-Struktur aufweisen, wie Items des „Quality of Life Questionnaire (QOL-Q)" (Schalock & Keith 1993; vgl. Kap. 3.2.2) sowie des „World

Health Organization Quality of Life Instrument (WHOQOL-100)" (WHOQOL 1995). Dieser Arbeitsschritt ist nicht bei allen Fragestellungen eindeutig und problemlos vorzunehmen. Beispielsweise lässt sich die Frage „Wie zufrieden sind Sie mit der Unterstützung durch Ihre Familie?" (Item F14.3 des „WHO-QOL-100") relativ unproblematisch in die Ja/Nein-Frage „Sind Sie mit der Unterstützung durch Ihre Familie zufrieden?" überführen. Bei der Frage „Do you have more or fewer problems than other people?" mit den Antwortalternativen „fewer problems, the same number of problems as others, more problems than others" (Item 6 des „QOL-Q") ist dies schon schwieriger. Eine mögliche Lösung in Form einer Ja/Nein-Frage hieße: „Finden Sie, dass Sie mehr Probleme haben als andere Menschen?". Bei einer Verneinung wäre allerdings nicht eindeutig, inwiefern der Befragte sich im Vergleich mit anderen Menschen in einer gleichwertigen oder evtl. sogar besser gestellten Situation sieht, da nur eine Hälfte des Merkmalskontinuums durch die Frage abgedeckt wird (vgl. Neuberger & Allerbeck 1978, 50). Um das Gesamtspektrum des Antwortbereichs zu erfassen, wäre hier bei einer verneinenden Antwort die Anschlussfrage zu stellen: „Finden Sie, dass Sie weniger Probleme haben als andere Menschen?" Zudem ist darauf zu achten, dass der Formulierung der Ja/Nein-Frage nicht durchgängig die jeweils positivste Antwortalternative zugrunde gelegt wird, da es sonst zu einer Verzerrung in Richtung sozial erwünschter Antworten kommen kann (vgl. Kap. 3.3.3). Diesen Transformationsproblemen wird Rechnung getragen, indem bei einzelnen ursprünglichen Entweder/Oder-Items Anschlussfragen und Intervieweranweisungen in den Fragebogen eingefügt und diese in den Pretests auf ihre Praktikabilität hin überprüft werden.

Zur Quantifizierung der Antworten wird den Fragen zur Lebenszufriedenheit eine dreistufige Ratingskala zugrunde gelegt, z.B.:

Gefällt es Ihnen hier im Wohnheim?	*Würden Sie lieber woanders wohnen?*
☐ ja (2)	☐ ja (0)
☐ teils, teils (1)	☐ teils, teils (1)
☐ nein (0)	☐ nein (2)

Eine positive Bewertung wird mit zwei Punkten, eine neutrale Antwort mit einem Punkt und eine negative Beurteilung mit null Punkten gewertet. Dieses Kodiersystem ist der „Lifestyle Satisfaction Scale (LSS)" (Heal, Chadsey-Rusch & Novak 1982) entlehnt, mit dem Unterschied, dass bei der LSS eine fünfstufige Skala mit den Abstufungen „sehr positiv, eher positiv, neutral, eher negativ, sehr negativ" verwendet wird (so auch bei der MLSS; vgl. Heal et al. 1992). Eine fünfstufige Rating-Skala würde zwar die Differenzierungsfähigkeit des Instruments im Vergleich zum Dreier-Rating deutlich erhöhen. Auf der anderen Seite ist davon auszugehen, dass die zu befragenden Personen bei Zufriedenheitsfragen nicht immer direkt mit „ja" oder „nein" bzw. mit „gut" oder „schlecht" antworten und der Interviewer zu einer unmittelbaren Bestimmung der entsprechenden Antwortkategorie kommen kann. Vielmehr ist damit zu rechnen, dass die Befragten zumeist relativ „frei" antworten und der Interviewer die Kategorien aus den Antworten erschließen muss (vgl. Dworschak 2004, 84). Eine fünfstufige Skala würde vor diesem Hintergrund dem Interviewer zu viel Interpretationsspielraum geben und die Reliabilität der Einschätzungen gefährden (vgl. Bühner 2004, 51). Beibehalten wird jedoch die mittlere Kategorie (neutrale Antwort), die dann zu wählen ist, wenn der Interviewpartner sich nicht zwischen „ja" und „nein" entscheiden kann, z.B. bei ambivalenten Antworten wie „teils, teils", „mal so, mal so", „manchmal ja, manchmal nein" oder auch sich widersprechenden Antworten. Wird hingegen keine Antwort gegeben oder mit „weiß ich nicht" geantwortet, ist das Item als „fehlende Antwort" zu kodieren.

Bei Fragen zu „Wahlfreiheiten und Reglementierungen" wird zunächst – in Anlehnung an entsprechende Fragen des Fragebogens „Unterstütze Lebens- und Alltagsbewältigung in Wohneinrichtungen der Behindertenhilfe (ULA)" (Forschungsstelle Lebenswelten Behinderter Menschen 2003) – eine vierstufige Rating-Skala benutzt, da bei diesen Fragen im Vergleich zu Zufriedenheitsfragen deutlichere inhaltliche Differenzierungen sinnvoll erscheinen, z.B.:

Können Sie den Mitarbeiter selbst auswählen, der Ihnen helfen soll?

☐   ja (meistens oder immer)   (3)
☐   eher ja (manchmal)   (2)
☐   eher nein (kaum)   (1)
☐   nein (nie)   (0)

Dieses Antwortformat erweist sich aber bereits in den ersten Probeinterviews als wenig praktikabel, da die Antworten der Befragten kaum einer derartigen Differenzierung entsprachen und somit eine Kodierung der Antworten insbesondere im Bereich der beiden mittleren Abstufungen („eher ja/ eher nein") zu Unschärfen führen kann. Daher wird die Skalierung analog zu den Zufriedenheitsfragen auch bei den Fragen zu Wahlfreiheiten und Reglementierungen auf drei Stufen begrenzt („ja; teils, teils; nein") und entsprechend mit 0, 1 und 2 Punkten gewertet.

Auf der Basis der quantifizierten Antworten wird es möglich, im Rahmen der Datenauswertung einen Summenscore zu bilden, mit dem die Ausprägung der Konstrukte „Zufriedenheit" bzw. „Wahlfreiheiten und Reglementierungen" ausgedrückt werden kann. Voraussetzung zur Berechnung sinnvoller Summenscores durch Addition der Itemwerte ist erstens, dass die Items tatsächlich eine gemeinsame Hintergrunddimension aufweisen, die es zu erfassen gilt – dies wird in der Auswertungsphase durch eine Faktorenanalyse überprüft (vgl. Kap. 5.2.1). Zweitens hat die Rating-Skala Intervallskalenqualität zu besitzen, d.h. dass die Skalenstufen zueinander äquidistant sein müssen. Gemeinsames messtheoretisches Interpretationsproblem aller Arten von Rating-Skalen ist jedoch, dass trotz einer sorgfältigen Skalenkonstruktion nicht mit Sicherheit angenommen werden kann, dass die Befragten intervallskalierte Bewertungen vornehmen (vgl. Baur 2004a; Bortz & Döring 2002, 180 f.; Rost 2004, 65). Auf der anderen Seite zeigen statistische Simulationsstudien, dass parametrische Verfahren auch dann ähnliche Ergebnisse liefern, wenn das Zahlenmaterial nicht exakt intervallskaliert ist (vgl. Bortz & Döring 2002, 181; Baur 2004a, 194 f.; Neuberger & Allerbeck 1978, 44 f.). Hinzu kommt der Umstand, dass die verwendete Rating-Skala lediglich drei Abstufungen aufweist und die mittlere Kategorie relativ eindeutig verankert ist, sodass die Variablen in der Auswertung begründet intervallskaliert behandelt und interpretiert werden können sowie übliche statistische Verfahren (Berechnung arithmetischer Mittelwerte, Streuungen, Korrelationen, Tests auf Mittelwertunterschiede usw.) anwendbar erscheinen (vgl. Rost 2004, 65; Bortz & Döring 2002, 181; Baur 2004a, 193).

Vor dem Hintergrund der praktischen Erfahrungen in den Pretests werden weitere – vornehmlich sprachliche – Modifikationen vorgenommen. Zum einen werden einzelne Wörter oder ganze Fragen, die sich sprachlich als zu komplex erweisen, umformuliert. Den Befragten sind zum Teil Begriffe wie „Hobby", „Sportveranstaltung" „Fahrdienst" oder „Verband" unklar. Diese werden entweder umschrieben oder mit erläuternden Beispielen versehen, z.B.: „Haben Sie ein Hobby? (*evtl. erläutern:* etwas, das Sie gerne in Ihrer Freizeit machen?)". Einige Fragestellungen erfahren im Entwicklungsverlauf und nach den ersten Probeinterviews eine Reihe von Veränderungen bis hin zur endgültigen Fassung oder Aufgabe der Frage. So wird z.B. im Verlauf der Fragebogenkonstruktion eine offene Frage in den Themenblock „Unterstützung im Alltag" eingefügt, welche bereits bestehende Items zu subjektiv wahrgenommenen Unterstützungsbedarfen um einen ressourcenbezogenen Aspekt ergänzen soll: „Wo brauchen Sie weniger Hilfe, als Sie im Moment bekommen?" In den ersten Probebefragungen erweist sich diese Fragestellung jedoch durchweg als schwer beantwortbar, sodass in den weiteren Pretests zwei weitere Varianten erprobt werden: „Welche Dinge werden Ihnen abgenommen, die Sie eigentlich alleine machen könnten?" und „Gibt es Dinge, die Sie eigentlich alleine machen könnten, die aber andere für Sie machen?" Aber auch bei diesen beiden Frageformulierungen zeigen sich vermehrt Verständnisprobleme mit der Folge einer häufigen Nicht-Beantwortung, welche sowohl auf die schwierige Frageform (offene Frage, schwierige Syntax, Konjunktivform) als auch auf den komplexen Frageinhalt (hypothetischer Bedeutungsgehalt im Sinne von ungenutzten persönlichen Kompetenzen bzw. Situationen der Überversorgung im Wohnheim) zurückgeführt werden kann. Aufgrund dieser Operationalisierungsprobleme wird die Frage erneut abgewandelt zu „Wo wünschen Sie sich weniger Hilfe, als Sie im Moment bekommen?" und probeweise in die Endfassung des Fragebogens aufgenommen.

An einigen Stellen offenbaren die Probeinterviews zum Teil erhebliche Unterschiede zwischen dem intendierten Bedeutungsgehalt und der Interpretation einer Frage durch die Interviewpartner/innen. Zum Beispiel wird bei der bereits oben angeführten Frage „Haben Sie genug Dinge in Ihrer Freizeit zu tun?" von einigen Befragten in den Pretests das „zu tun" im Sinne von „Arbeit" oder „Verpflichtung" interpretiert und folgerichtig die Gesamtfrage als „Haben Sie genug freie Zeit?" verstanden (vgl. Tabelle 29):

Tabelle 29:   Auszüge aus zwei Probeinterviews

I: *„Jetzt so ganz insgesamt betrachtet: Finden Sie, dass Sie genug Dinge in ihrer Freizeit zu tun haben?"*   B: *„Ob ich genug Dinge in meiner Freizeit zu tun habe? Für die Zeit, Freizeit, die mir übrig bleibt, von dem, was ich hier im Heim zu tun habe, sehe ich das eigentlich schon so ganz ausgeglichen. [...]"*
Herr X, 24 Jahre alt (PRE 02, 382-383)
I: *„Haben Sie genug Dinge in Ihrer Freizeit zu tun?"*   B: *„Mmh, wie soll ich das jetzt sagen? Also .. ich würde mal sagen, man hat hier mehr/ man hat hier auch sehr viel Pflichten."*
Frau Y, 35 Jahre alt (PRE 01, 212-213)

Aufgrund der möglichen Missverständlichkeit des Wortgebrauchs wird die Frage abgewandelt und lautet in der Endform: „Finden Sie, dass Sie genug Dinge in Ihrer Freizeit machen können?", welche stärker auf die Möglichkeiten der Freizeitgestaltung hinausläuft.

Eine andere Frage „Möchten Sie oft nicht zur Arbeit gehen und lieber zu Hause bleiben?" (Originalfrage 41 der „MLSS": „Would you rather stay home than go to work?") führt in einigen Interviews nicht zur beabsichtigten Bewertung der Arbeitsstelle, sondern wird z.B. beantwortet mit „Ich hab' da kein Problem mit, morgens aufzustehen und zur Arbeit zu gehen" (PRE 01, 381), was ebenfalls unterschiedliche Bedeutungszuweisungen aufzeigt. Diese Beispiele unterstreichen die Bedeutsamkeit von Pretests im Vorfeld der eigentlichen Interviewdurchführungen, da die Verständlichkeit der Fragestellungen nicht ausschließlich theoretisch beurteilt werden kann (vgl. Schnell, Hill & Esser 1999, 326).

In den Pretests (vorläufig) bewährt hat sich die Ja/Nein-Frageform sowie die Dreier-Skalierung, da insbesondere die Verwendung der mittleren Kategorie zu einem deutlichen Informationsgewinn führt und eine Antwortkodierung erleichtert. Gleichzeitig ist keine „Tendenz zur Mitte" zu beobachten, die gelegentlich bei der Verwendung ungerader Skalenstufen insbesondere in schriftlichen Befragungen zu Antwortverzerrungen führt (vgl. Bortz & Döring 2002, 183). Aufgrund der verhältnismäßig kleinen Stichprobe in den Probeinterviews lässt sich allerdings noch nicht einschätzen, in welchem Ausmaß akquieszente Antworten zu erwarten sind und inwiefern sich diese auf die Reliabilität und Validität des Instruments auswirken. Dieser Aspekt wird nach der eigentlichen Interviewdurchführung in der Auswertungsphase zu untersuchen sein (vgl. Kap. 5.4).

Abschließend wird der Fragebogen insgesamt deutlich gekürzt, da die Befragungszeit der zehn Probeinterviews mit durchschnittlich 60 Minuten (Minimum: 40 Minuten, Maximum: 95 Minuten) als zu lang bewertet wird. Dabei werden vor allem Fragen aus dem Themenbereich „Unterstützung im Alltag" gestrichen, die vor dem Hintergrund der Pretest-Erfahrungen als inhaltlich wenig ergiebig eingeschätzt werden. In den Probeinterviews wird auf direkte Nachfrage hin der eigene Hilfebedarf von der überwiegenden Zahl der Befragten wenig differenziert beschrieben oder sogar gar nicht wahrgenommen (im Sinne von „ich brauche keine Hilfen") (vgl. Theiss 2005, 114 und 167 f.). Daher wird der Themenkomplex auf einige eher allgemeiner gehaltene Fragen reduziert, z.B.: „Bei welchen Dingen im Alltag brauchen Sie besonders Hilfe?"; „Gibt es etwas, das Sie hier lernen oder üben?"

Bei der Endredaktion werden, um die „Natürlichkeit" des Frageflusses zu erhöhen, an einigen Stellen die Fragenreihenfolge verändert, Fragepassagen umgruppiert sowie Filterfragen, erläuternde Beispiele und nähere Intervieweranweisungen eingebaut, die dem Interviewer die Durchführung der Befragung erleichtern sollen.

4.4.3 *Endfassung des Fragebogens*

Die Endform des Fragebogens umfasst ca. 180 Fragen inklusive aller Filterfragen. Die hohe Itemanzahl ist nötig, um in einer Itemanalyse die aussagekräftigsten Items als Indikatoren der unterschiedlichen Lebensqualitätsdimensionen auswählen zu können und auf dieser Basis empirisch überprüfte und optimierte Lebensqualitätsindizes zu konstruieren. Tabelle 30 veranschaulicht die Struktur der Endfassung.

Tabelle 30: Übersicht über die Struktur der Endfassung des Fragebogens

	ULA + SPACE	LSS + MLSS	Com-Qol-I	QOL-Q	WHO-QOL	neue Items
Wohnsituation	1	6				1
Teilhabe im Freizeitbereich	5	16	16			12
Arbeits- und Wirtschaftsleben	3	3		4	1	19
Unterstützung im Alltag und Lernen	2	5				8
Soziale Beziehungen und soziale Unterstützung	10	6		7	2	18
Wahlfreiheiten, Abhängigkeiten und Reglementierungen	8	6			1	8
Allgemeine Zufriedenheit und Zukunftsvorstellungen	2		1	4		2

Der Fragebogen beinhaltet insgesamt 12 Items, welche die Lebensqualitätsdimension „soziale Aktivitäten" repräsentieren (vgl. Tabelle 31).

Tabelle 31: Fragen zu sozialen Aktivitäten in der Endfassung des Fragebogens

Soziale Aktivitäten	
Gehen Sie manchmal ...	
... zu einem Vereinstreffen, Clubtreffen oder einer Freizeitgruppe?[3]	... zu Kursen/ Bildungsangeboten?[2]
... Sport machen?[3]	... zu Sportveranstaltungen?[3]
... in die Kirche?[3]	... essen?[3]
... in die Kneipe/ ein Café?[3]	... ins Kino?[3]
... ins Theater/ zu einem Konzert?[3]	... in ein Museum/ eine Kunstausstellung?[6]
... in eine Disko/ auf eine Party?[3]	... einkaufen/ bummeln?[6]

Herkunft der Items: [1] ULA + SPACE [2] LSS + MLSS [3] ComQol [4] QOL-Q [5] WHOQOL [6] neue Items

Analog veranschaulicht Tabelle 32 die insgesamt 14 Fragen zu „Wahlfreiheiten und Reglementierungen".

Tabelle 32: Fragen zu Wahlfreiheiten und Reglementierungen in der Endfassung des Fragebogens

Wahlfreiheiten und Reglementierungen	
Wer verwaltet ihr Geld?[6]	Wer entscheidet, wofür Sie Ihr Geld ausgeben?[4]
Müssen Sie oft auf Unternehmungen verzichten, weil Sie niemanden haben, der Sie dabei unterstützt?[6]	Kommt es vor, dass Sie lange auf Hilfe warten müssen?[1]
Können Sie den Mitarbeiter auswählen, der Ihnen helfen soll?[1]	Können Sie selbst bestimmen, wann Sie die Hilfe bekommen?[6]
Wie ist das am Wochenende: Müssen Sie dann zu einer bestimmten Uhrzeit aufstehen oder ins Bett gehen?[1]	Bestimmen Sie mit, wenn ein neuer Mitbewohner einziehen soll?[1]
Gibt es Aktivitäten, an denen Sie teilnehmen müssen?[1]	Gibt es etwas, was die Mitarbeiter nicht erlauben?[2]
Müssen Sie sich abmelden oder zurückmelden, wenn Sie das Haus verlassen?[1]	Gibt es eine Uhrzeit, zu der Sie abends im Haus sein müssen?[1]
Können Sie in Ihrem Zimmer „tun und lassen", was Sie möchten?[1]	Finden Sie, dass Sie von den Mitarbeitern zu sehr kontrolliert werden?[6]

Herkunft der Items: [1] ULA + SPACE [2] LSS + MLSS [3] ComQol [4] QOL-Q [5] WHOQOL [6] neue Items

Zudem sind insgesamt rund 70 Zufriedenheitsfragen integriert, die auf eine Bewertung unterschiedlicher Aspekte der alltäglichen Lebensführung hinauslaufen. Inhaltsanalytisch lassen sich die einzelnen Items folgenden Lebensbereichen zuordnen (vgl. Tabelle 33).

Tabelle 33: Fragen zur Zufriedenheit in der Endfassung des Fragebogens

Zufriedenheit mit der Wohnsituation und den Unterstützungsleistungen	
Wie gefällt es Ihnen hier im Wohnheim/ in der Wohngruppe? [2]	Würden Sie lieber woanders wohnen? [2]
Mögen Sie die Umgebung vom Wohnheim? [2]	Sind Sie mit den Einkaufsmöglichkeiten zufrieden? [2]
Fahren Sie manchmal mit öffentlichen Verkehrsmitteln? → Sind Sie mit den öffentlichen Verkehrsmitteln zufrieden? [6]	Fahren Sie manchmal mit Fahrdiensten? → Möchten Sie gerne häufiger Fahrdienste benutzen können? [2]
Mit wie vielen Personen wohnen Sie im Zimmer? → Wohnen Sie gerne alleine/ mit mehreren im Zimmer? [6]	Mit wie vielen Personen wohnen Sie zusammen in der Gruppe? → Wohnen Sie gerne alleine/ mit den Leuten zusammen? [2]
Würden Sie lieber mit jemand anderem zusammen wohnen? [2]	Wo haben Sie gewohnt, bevor Sie hierher gezogen sind? → Wo gefällt es Ihnen besser? [2]
Fühlen Sie sich hier im Wohnheim gerecht behandelt? [1]	Werden Sie ernst genommen und als Erwachsener behandelt? [6]
Bei welchen Dingen im Alltag brauchen Sie besonders Hilfe? → Sind Sie mit der Hilfe zufrieden? [6]	Gibt es etwas, was Sie hier lernen oder üben? → Sind Sie mit dem, was Sie hier lernen, zufrieden? [2]
Bekommen Sie genügend Hilfe? [6]	Wünschen Sie sich mehr Hilfe? [6]
Wünschen Sie sich weniger Hilfe? [6]	
Zufriedenheit mit sozialen Aktivitäten und Freizeitmöglichkeiten	
Gehen/ machen Sie manchmal …? → Möchten Sie mal/ häufiger …	
… zu einem Clubtreffen oder einer Freizeitgruppe gehen? [2]	… an Kursen/ Bildungsangeboten teilnehmen? [2]
… Sport machen? [2]	… zu Sportveranstaltungen gehen? [2]
… in die Kirche gehen? [2]	… essen gehen? [2]
… in die Kneipe/ ein Café gehen? [2]	… ins Kino gehen? [2]
… ins Theater/ zu einem Konzert gehen? [6]	… in ein Museum/ eine Kunstausstellung gehen? [6]
… in eine Disko/ auf eine Party gehen? [2]	… einkaufen/ bummeln gehen? [6]

Haben Sie ein Hobby? → Möchten Sie Ihr Hobby gerne häufiger machen?[2]	Übernehmen Sie Aufgaben für andere Personen? → Möchten Sie gerne mal/ häufiger Aufgaben für andere übernehmen?[6]
Sind Sie Mitglied in einem Verein? → Sind Sie mit dem Verein zufrieden?/ Möchten Sie gerne Mitglied sein?[4]	Fahren Sie in den Urlaub? → Möchten Sie mal/ lieber mit anderen Menschen in den Urlaub fahren?[6]
Finden Sie, dass Sie genug Dinge in Ihrer Freizeit machen können?[2]	Ist Ihnen in Ihrer Freizeit oft langweilig?[6]
Hätten Sie gerne mehr Spaß in Ihrer Freizeit?[2]	Sind Sie insgesamt mit Ihren Freizeitbeschäftigungen zufrieden?[2]
Zufriedenheit mit der Arbeit und finanziellen Lage	
Arbeiten Sie zurzeit? → Gefällt Ihnen Ihre Arbeit?/ Hätten Sie gerne eine Arbeit?[2]	Mögen Sie Ihre Arbeitskollegen?[6]
Ist Ihnen bei der Arbeit oft langweilig?[6]	Glauben Sie, dass Sie Ihre Arbeit gut machen?[4]
Gibt Ihnen die Arbeit das Gefühl, wertvoll zu sein und gebraucht zu werden?[2]	Sind Sie mit dem, was Sie bei Ihrer Arbeit lernen und gelernt haben, zufrieden?[4]
Möchten Sie lieber woanders arbeiten?[6]	Sind Sie mit dem Lohn, also der Bezahlung für Ihre Arbeit, zufrieden?[4]
Haben Sie genug Geld, um sich die Dinge zu kaufen, die Sie brauchen?[2]	Finden Sie, dass Sie genug Dinge haben, die Ihnen gehören?[6]
Zufriedenheit mit sozialen Beziehungen	
Mit wie vielen Personen wohnen Sie im Zimmer? → Wohnen Sie gerne alleine/ mit mehreren im Zimmer?[6]	Mit wie vielen Personen wohnen Sie zusammen in der Gruppe? → Wohnen Sie gerne alleine/ mit den Leuten in der Wohngruppe zusammen?[2]
Würden Sie lieber mit jemand anderem zusammen wohnen?[2]	Gibt es jemanden, mit dem Sie nicht gerne zusammen wohnen?[4]
Haben Sie einen Mitarbeiter oder Betreuer, der sich besonders um Sie kümmert? → Sind Sie mit Ihrem Betreuer zufrieden?[2]	Haben Sie genügend Kontakt zu Ihrer Familie?[6]
Sind Sie mit der Hilfe und Unterstützung, die Sie durch Ihre Familie bekommen, zufrieden?[5]	Wie häufig treffen Sie Ihre Freunde? → Finden Sie, dass Sie Ihre Freunde häufig genug treffen?[2]
Hätten Sie gerne (mehr) Freunde?[2]	Glauben Sie, Sie hätten (mehr) Freunde, wenn Sie woanders leben würden?[2]
Haben Sie einen festen Partner? → Haben Sie genügend Gelegenheiten, mit Ihrem Partner zusammen zu sein/ einen Partner kennen zu lernen?[4]	Finden Sie, dass Sie oft Streit mit anderen Menschen haben?[6]
Kommt es oft vor, dass Sie sich einsam fühlen?[4]	

Subjektives Gesundheits- und Belastungsempfinden/ Generelles Wohlbefinden	
Finden Sie, dass Sie häufig krank sind?[6]	Sind Sie oft unruhig oder nervös?[6]
Schlafen Sie häufig schlecht?[5]	Sind Sie mit Ihrer Gesundheit zufrieden?[3]
Finden Sie, dass Ihr Leben Ihnen genug Chancen bietet, das Beste aus sich zu machen?[4]	Wie viel Freude haben Sie am Leben?[4]
Glauben Sie, es geht Ihnen besser als anderen Menschen?[4]	Finden Sie, dass Sie mehr Probleme haben als andere Menschen?[4]
Finden Sie, dass Sie zu wenig in Ihrem Leben selbst entscheiden können?[5]	Machen Sie sich häufig Sorgen über Ihre Zukunft?[6]

Herkunft der Items: [1] ULA + SPACE   [2] LSS + MLSS   [3] ComQol   [4] QOL-Q
                            [5] WHOQOL   [6] neue Items

Inwiefern diese theoretisch vorgenommene Zuweisung mit den empirischen Befragungsergebnissen übereinstimmt, wird in einer nachträglichen explorativen Faktorenanalyse untersucht (vgl. Kap. 5.2.1). Deren Ergebnisse sind letztendlich richtungweisend für die Bildung der Subindizes. Zu bedenken ist grundsätzlich, dass sich nicht alle Items eindeutig einer inhaltlichen Dimension zuordnen lassen; dies betrifft vor allem Fragen, die soziale Beziehungen thematisieren. So besitzt die Frage „Wohnen Sie gerne mit den Leuten in der Wohngruppe zusammen?" sowohl inhaltlichen Bezug zur „Wohnsituation" als auch zu „soziale Beziehungen". Ebenso verhält es sich z.B. mit der Frage „Finden Sie, dass Sie oft Streit mit anderen Menschen haben?", welche neben der sozialen Komponente gleichermaßen das subjektive Belastungsempfinden berührt. Insofern ist die obige Zuordnung nicht immer trennscharf und bedarf daher einer genaueren empirischen Betrachtung.

Auf Grundlage dieser Endfassung des Erhebungsinstruments werden schließlich die Interviews in der Hauptphase der Untersuchung durchgeführt.

4.5 Weitere Datenquellen

Neben dem eigens konstruierten Befragungsinstrument für die persönlichen Interviews werden zusätzliche Datenquellen in die Erhebung einbezogen.

Zur Abbildung des individuellen Hilfebedarfs der Personen, die an der Untersuchung teilnehmen, werden Ergebnisse des HMB-Verfahrens („Hilfebedarf von Menschen mit Behinderung"; vgl. Metzler 2001) hinzugezogen. Dieses Instrument in Form eines Fragebogens dient den Wohneinrichtungen zur Einordnung der betreuten Personen in Gruppen mit vergleichbarem Hilfebedarf (gemäß § 76 Abs. 2 SGB XII), deren Ergebnis für die Leistungsvereinbarungen zwischen den Wohneinrichtungen und den zuständigen Leistungsträgern (in der Regel Sozialhilfeträger) maßgeblich sind. Die Operationalisierung des Instruments wird einerseits durch die Rehabilitations- und Teilhabeziele (im Sinne des SGB IX) definiert, andererseits durch teilhaberelevante Lebensbereiche der ICF (WHO 2001) (vgl. Metzler & Rauscher 2005, 46 f.). Das HMB-Verfahren unterscheidet dabei folgende Bereiche, in denen Unterstützungsbedarf auftreten kann:

- alltägliche Lebensführung (z.B. Einkaufen, Zubereitung von Mahlzeiten, Geldverwaltung),
- individuelle Basisversorgung (z.B. Nahrungsaufnahme, Körperpflege),
- Gestaltung sozialer Beziehungen (z.B. zu Familienmitgliedern, in Partnerschaften),
- Teilnahme am kulturellen und gesellschaftlichen Leben (z.B. Freizeitgestaltung, Erschließen außerhäuslicher Lebensbereiche),
- Kommunikation und Orientierung (z.B. Unterstützung der Kulturtechniken, zeitliche und räumliche Orientierung),
- Emotionale und psychische Entwicklung (z.B. Angstbewältigung, Umgang mit selbstverletzenden Verhaltensweisen),
- Gesundheitsförderung und -erhaltung (z.B. Ausführen ärztlicher Verordnungen, spezielle pflegerische Maßnahmen) (vgl. Metzler 2001).

Im HMB-Verfahren werden vier Hilfebedarfskonstellationen differenziert: 1) keine Hilfe erforderlich bzw. gewünscht; 2) Information, Hilfestellung, Assistenz; 3) stellvertretende Ausführung, Begleitung; 4) intensive Förderung, Anleitung, Hilfestellung. Die einzelnen Items werden – entsprechend ihres indizierten Bedarfs an personeller Hilfestellung – in der Auswertung gewichtet und in einen Summenscore überführt. Die anschließende Einstufung in fünf Hilfebedarfsgruppen erfolgt nach Punktintervallen und stellt „eine abstrakte Stufung des Hilfebedarfs nach benötigten personellen Ressourcen" (Metzler & Rauscher 2005, 47) dar.

Da alle an der Studie beteiligten Wohneinrichtungen den Hilfebedarf der Bewohner mit dem HMB-Verfahren nach Metzler (2001) ermitteln, muss dieser nicht gesondert erhoben werden; die entsprechenden bewohnerbezogenen Daten können von Träger- und Einrichtungsseite abgerufen werden. Diese und weitere personenbezogenen Daten sowie strukturelle Merkmale der Wohneinrichtungen werden mit Hilfe eines Kurzfragebogens erfasst, der von den Wohnheimleitungen bzw. Gruppenmitarbeitern auf der Grundlage einrichtungsinterner Dokumentationen ausgefüllt wird. Tabelle 34 gibt einen Überblick über die relevanten Variablen. Darüber hinausgehende Informationen über die beteiligten Einrichtungen werden durch die Analyse vorhandener Unterlagen und Informationsmaterialien sowie durch informelle Gespräche mit jeweiligen Trägervertretern, Fachbereichs- und Wohnheimleitungen sowie Gruppenmitarbeitern gewonnen.

Tabelle 34: Inhalte des Kurzfragebogens

Kurzfragebogen	
Angaben zur Person	*Angaben zur Wohnsituation*
Geschlecht	Standort der Wohneinrichtung
Alter	Gruppengröße der Wohneinheit
Gesamtzeit stationärer Betreuung	Gruppentyp
Punktwert/ Hilfebedarfsgruppe nach HMB	Zimmerbelegung
Angewiesenheit auf einen Rollstuhl	Besonderheiten des Betreuungssystems
Arbeit/ Beschäftigung/ Tagesstrukturierung	

4.6 Untersuchungsdurchführung und Auswertungsverfahren

Die Interviews fanden im Zeitraum August 2003 (Teilstichprobe A) und Januar 2004 (Teilstichprobe B) statt. Durchgeführt wurden die Befragungen von 17 Studierenden der Rehabilitationswissenschaften der Universität Dortmund und dem Verfasser. Die Interviewer/innen wurden zuvor im Rahmen eines Seminars zum Thema „Qualitätsmanagement in Wohneinrichtungen der Behindertenhilfe" fachlich-theoretisch sowie in einer zusätzlichen Interviewerschulung forschungspraktisch auf die Interviewdurchführung vorbereitet. Vor dem Hintergrund der möglichen methodischen Problemstellungen, die in Interviews mit kognitiv beeinträchtigten Personen auftreten können (vgl. Kap. 3.3), wurde besonders Wert auf eine intensive Vorbereitung der Interviewer/innen gelegt. Neben allgemeinen Regeln der Gesprächsführung und des Interviewerverhaltens (im Sinne eines freundlichen, zugleich „neutralen" Interviewstils) und dem praktischen Einüben von Vorstellungs- und Einleitungsformeln standen vor allem die Handhabung des Fragebogens und Besonderheiten einzelner Fragen im Mittelpunkt der Schulung. Insbesondere wurden geeignete Maßnahmen bei Verständnisproblemen und Grundregeln zur Antwortkodierung erarbeitet und in Rollenspielen eingeübt (vgl. Schnell, Hill & Esser 1999, 325 f.).

Ein Interviewer führte durchschnittlich etwa 7 Interviews durch (Minimum: 4, Maximum 8), mit Ausnahme des Verfassers (insgesamt 27 Interviews). Die relativ große Zahl an Interviewern, die jeweils eine kleine Zahl von Interviews führen, ist deshalb vorteilhaft, da dadurch die Gefahr von Interviewereffekten, die sich negativ auf die Datenqualität auswirken könnten, minimiert wird (vgl. Schnell, Hill & Esser 1999, 302). In der Regel fanden die Befragungen in den jeweiligen Wohneinrichtungen statt (zumeist im Wohnraum des Befragten), in seltenen Fällen aus organisatorischen Gründen in der jeweiligen Werkstatt für behinderte Menschen, in der die befragte Person arbeitet. In der Mehrzahl der Fälle wurden die Gespräche alleine mit dem Interviewpartner geführt, in fünf Fällen waren auf Wunsch des Befragten andere Mitbewohner/innen anwesend, in weiteren fünf Fällen Mitarbeiter/innen der Wohneinrichtung, die im Falle schwer verständlicher Artikulation des Befragten eine Dolmetscherfunktion übernahmen.

Die Interviewer waren angehalten, vor Beginn der eigentlichen Befragung den Zweck des Vorhabens und den Ablauf des Interviews zu erläutern und insbesondere die Freiwilligkeit, Anonymität und Vertraulichkeit zu betonen. Einige Interviews wurden mit Einverständnis der Interviewpartner auf Tonband aufgezeichnet. Nach dem Hauptteil des Fragebogens wurden den befragten Personen zusätzliche Fragen zur Bewertung der Interviewsituation und des Fragebogens gestellt. Analog füllten die Interviewer nach Beendigung des Interviews ein Postskript aus, welches ebenfalls auf eine Bewertung des Fragebogens (hinsichtlich Verständlichkeit, Angemessenheit usw.) und die Beschreibung der erlebten Interviewsituation (Besonderheiten, Problemstellungen, ergänzende Anmerkungen usw.) zielte. Diese Fragepassagen dienen dazu, die Angemessenheit und Akzeptanz des Fragebogeneinsatzes zu evaluieren.

Insgesamt wurden mit 142 Personen Interviews geführt. Die Interviews dauerten im Durchschnitt 52 Minuten; das kürzeste Gespräch dauerte 20 Minuten, das längste 145 Minuten (Standardabweichung: 21 Minuten). In der nachträglichen Analyse erwiesen sich 13 Interviews aus unterschiedlichen Gründen als nicht auswertbar, sodass 129 Interviews in die inhaltliche Auswertung einbezogen wurden. Die Überprüfung der Datenqualität einschließlich einer methodenkritischen Diskussion ist Gegenstand des Kap. 5.4.

Die erhobenen Interviewdaten wurden in eine SPSS-Datenbank eingegeben (SPSS 12.0 für Windows), mit den fallbezogenen Daten aus den zusätzlichen Datenquellen ergänzt (vgl. Kap. 4.5) und anschließend auf Vollständigkeit und Plausibilität überprüft sowie bereinigt. Einige Interviews, die auf Tonband aufgezeichnet wurden, wurden vollständig oder teilweise transkribiert. Die Auswertungsverfahren orientieren sich an den drei Zielsetzungen der Gesamtuntersuchung (vgl. Kap. 4.1):

- Zur *Indexbildung* (vgl. Kap. 5.2) werden eine explorative Faktorenanalyse zur Dimensionalitätsüberprüfung der Indizes, eine Itemanalyse (Analyse der Werteverteilung, Berechnung von Itemschwierigkeit und Trennschärfe) sowie Reliabilitätsanalyse (Cronbachs Alpha) durchgeführt, um anschließend Summenscores berechnen zu können (vgl. Krauth 1995; Bortz & Döring 2002, 217 ff.). Unter der Fragestellung, inwiefern verschiedene Rater auf der Grundlage des Fragebogens zu gleichen bzw. ähnlichen Einschätzungen kommen, wird zudem eine Analyse der Urteilerübereinstimmung bzw. Inter-Rater-Reliabilität vorgenommen (vgl. Wirtz & Caspar 2002; Bortz & Döring 2002, 274 ff.).
- Bei der *inhaltlichen Analyse von Lebensqualitätsaspekten* (vgl. Kap. 5.3) finden übliche statistische Auswertungsverfahren Anwendung: beschreibende Statistik (z.B. Darstellung von Häufigkeitsverteilungen), Korrelationsanalysen, Tests auf Mittelwertunterschiede bei unabhängigen Stichproben hinsichtlich statistischer Signifikanz (z.B. T-Tests, Mann-Whitney-Tests), Varianzanalysen (einfaktorielle ANOVA) (vgl. Schnell, Hill & Esser 1999, 403 ff.).
- Zur *methodenkritischen Analyse der Befragung* (vgl. Kap. 5.4), werden sowohl qualitative Daten (Einschätzungen der Befragten und der Interviewer/innen) als auch quantitative Daten ausgewertet (Analyse fehlender Werte, Antwortquoten, Korrelationsanalysen) (vgl. Heal & Sigelman 1995).

Zur Anwendung parametrischer Verfahren (z.B. T-Test) ist anzumerken, dass diese Prozeduren prinzipiell normalverteilte Werte voraussetzen, die aber nicht in jedem Fall und nicht für alle Indizes vorliegen. Der T-Test zeigt sich jedoch gemeinhin als relativ robust gegenüber Verletzungen der Normalverteilungsannahme (vgl. Brosius 2002, 456; Neuberger & Allerbeck 1978, 64), sodass dessen Ergebnisse zur Einordnung der Beobachtungen genutzt werden sollen.

5 Darstellung und Interpretation der Ergebnisse

Die vorliegende Untersuchung bezieht sich auf die Lebenssituation von 129 Personen, die in stationären Wohneinrichtungen für Menschen mit geistiger bzw. mehrfacher Behinderung leben. Im Mittelpunkt stehen die individuellen Wahrnehmungen und persönlichen Bewertungen der Lebensbedingungen durch die Heimbewohner/innen und damit vornehmlich subjektive Lebensqualitätsaspekte. Vor der eigentlichen Analyse der Lebensqualitätsdimensionen sollen jedoch zunächst die Lebens- und Wohnbedingungen anhand einer Kurzdarstellung der Einrichtungen skizziert werden, daran schließt sich eine überblicksartige Beschreibung der Bewohnerstichprobe an. Diese Informationen zu teilnehmenden Wohneinrichtungen und Bewohner/innen bildet die Basis für die nachfolgende Darstellung der Kernergebnisse der Studie.

5.1 Grundstrukturen der Wohneinrichtungen und Charakteristika der Stichprobe

An der Untersuchung sind Wohnheime zweier Einrichtungsträger der Diakonie in Baden-Württemberg (Region Nordbaden) und Nordrhein-Westfalen (Region Ostwestfalen) beteiligt. Beide Einrichtungsträger weisen eine kirchlich geprägte Entstehungsgeschichte auf und wurden bereits in der zweiten Hälfte des 19. Jahrhunderts gegründet. Der langen Anstaltsgeschichte geschuldet ist auch heute noch die stationäre Dominanz der von den Einrichtungsträgern vorgehaltenen Angebotsstruktur, ungeachtet der verstärkten Bemühungen in den letzten Jahren um eine Weiterentwicklung der Angebote durch Maßnahmen der Dezentralisierung und Ambulantisierung. Neben wohnbezogenen Hilfen bieten beide Träger noch weitere Leistungen in den Bereichen Arbeit (Werkstätten für behinderte Menschen), schulische und berufliche Bildung (Schulen, Berufsbildungswerke) sowie im Bereich der gesundheitlichen Behandlung und Versorgung (Psychiatrische Kliniken und Fachkrankenhäuser) an.

Der nordbadische Einrichtungsträger verfügt über insgesamt ca. 1.340 Wohnheimplätze (Stand: 2005), die Mehrzahl davon an zwei zentralen Standorten in eher ländlicher und peripherer Lage. Der eine Hauptstandort liegt im Randgebiet einer Kleinstadt mit ca. 25.000 Einwohnern, der andere ist Teil einer Gemeinde mit knapp 3.200 Einwohnern. Wohnheime, Werkstätten für behinderte Menschen und Sonder- bzw. Förderschulen befinden sich dabei jeweils zumeist auf dem früheren „Anstaltsgelände" in unmittelbarer Nähe zueinander – dies trifft auch auf die Mehrzahl derjenigen Wohnheime zu, die in der Studie vertreten sind. Hinzu kommen an weiteren Standorten in Baden gemeindeintegrierte Wohnheime, Außenwohngruppen und Wohnmöglichkeiten mit ambulanter Betreuung.

Der ostwestfälische Heimträger hält insgesamt ca. 1.300 stationäre Wohnplätze (Heime, Wohngruppen und dezentrale Einzelwohnplätze) an seinen drei Hauptstandorten in Ostwestfalen bereit, zusätzlich noch wohnbezogene Angebote im ambulant betreuten Wohnen (für ca. 270 Menschen mit Behinderungen). Der Stammsitz befindet sich in einem Ortsteil einer kreisfreien Stadt mit ca. 330.000 Einwohnern. Im Vergleich zum nordbadischen Einrichtungsträger sind die Deinstutionalisierungsmaßnahmen weiter fortgeschritten. Die an der Untersuchung teilnehmende Wohneinrichtung ist ein Exempel dieser Entwicklung: Das Wohnheim besteht erst seit dem Jahre 2000, gehört zu den kleineren Wohneinrichtungen (bis maximal 24 Personen) und befindet sich außerhalb des angestammten Einrichtungsgeländes in gemeindenaher Lage mit städtischer Infrastruktur und guter Anbindung an den Öffentlichen Personennahverkehr.

Insgesamt verteilen sich die an der Untersuchung teilnehmenden Personen auf 47 Wohneinheiten bzw. Wohngruppen an vier verschiedenen Standorten (vgl. Tabelle 35).

Tabelle 35: Anzahl der teilnehmenden Wohngruppen und Bewohner/innen nach Träger und Standort

	Standort	Anzahl der Wohngruppen/ -einheiten	Anzahl der Bewohner/innen (in % der Stichprobe)
Einrichtungsträger in Nordbaden	A	15	40 (31%)
	B	28	68 (53%)
	C	1	3 (2%)
Einrichtungsträger in Ostwestfalen	D	3	18 (14%)
Gesamt	4	47	129 (100%)

Größe der Wohneinheiten

Die Größe der Wohneinheiten reicht von einer Person (z. B. Einzelappartement in einem Wohnheim bzw. stationäres Einzelwohnen) bis hin zu 26 Personen (z. B. nicht gruppengegliedertes Wohnheim mittlerer Größe), wobei 87% der in der Einrichtungsstichprobe vertretenen Wohneinheiten gruppengegliedert sind. Diese bestehen durchschnittlich aus etwa 9 bis 10 Personen (vgl. Abbildung 25). Dies ist eine Gruppengröße, die im Vergleich mit anderen Untersuchungen als relativ typisch angesehen werden kann (vgl. Wacker et al. 1998, 78 ff; Dworschak 2004, 92; Seifert, Fornefeld & Koenig 2001, 144 f.).

Abbildung 25: Gruppengröße der Wohneinheiten in Klassen (Angaben in %) (n=129)

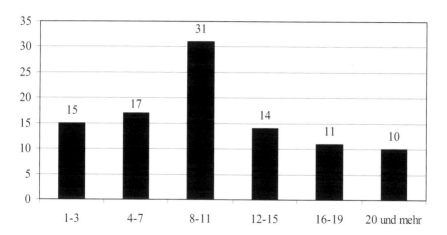

Die Bewohner/innen verfügen in der Regel über ein Einzelzimmer (59%) oder wohnen zu zweit in einem Wohnraum (39%), darunter ca. 9% zusammen mit dem Partner bzw. der Partnerin. Lediglich 3 Personen (2%) leben in einem Dreibettzimmer. Im Vergleich zu den Ergebnissen der bundesweiten Studie „Leben im Heim" (vgl. Wacker et al. 1998, 87) scheint sich der Standard des Einzelzimmers weiter durchzusetzen. Dreibettzimmer finden sich vergleichsweise deutlich seltener, Vier- und Mehrbettzimmer tauchen in der vorliegenden Studie gar nicht auf (vgl. Tabelle 36; Dworschak 2004, 97).

Tabelle 36: Anzahl der Bewohner/innen nach Zimmerbelegung im
Studienvergleich (Angaben in % der jeweiligen Gesamtstichprobe)

	eigene Untersuchung (n=127)	**„Leben im Heim"** (Wacker et al. 1998) (n=2.056)
Einbettzimmer	59%	41%
Zweibettzimmer	39%	43%
davon mit Partner/in	9%	k.A.
Dreibettzimmer	2%	11%
Vier- und Mehrbettzimmer	–	5%

Geschlecht und Alter

In der Stichprobe sind etwas mehr Männer (60%) als Frauen (40%) vertreten.
Der Altersdurchschnitt der Gesamtstichprobe liegt bei etwa 38 Jahren (Standardabweichung: ca. 10 Jahre), mit einer Spannweite von 21 bis 82 Jahren (vgl. Abbildung 26). Dies entspricht in etwa dem bundesweiten Durchschnitt der Heim-
bewohner/innen (vgl. Consens o.J., 32).

Abbildung 26: Altersverteilung der Bewohner/innen (Angaben in %) (n=128)

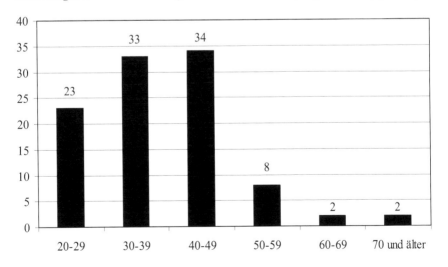

Gesamtzeit stationärer Betreuung

Durchschnittlich leben die Bewohner/innen bereits seit ca. 21 Jahren in stationären Wohneinrichtungen (Standardabweichung: ca. 13 Jahre). Das Minimum liegt
dabei bei einem Jahr[10], das Maximum bei 70 Jahren. Auffällig ist, dass die Verteilung bei der Klasse „21 bis 30 Jahre" gipfelt (ca. 34% der Stichprobe; vgl.
Abbildung 27). Diese lange Gesamtzeit stationärer Betreuung einer relativ großen Personengruppe in der Stichprobe lässt sich evtl. mit der ländlichen Lage
einer Großeinrichtung (Teilstichprobe B) erklären: In dieser Region dominiert
die stationäre Einrichtung die Angebotsstruktur seit vielen Jahrzehnten mit der
Folge, dass Menschen mit Behinderung wenig Alternativen zu stationären
Betreuungsstrukturen bleiben.

Abbildung 27: Gesamtzeit stationärer Betreuung (Angaben in %) (n=128)

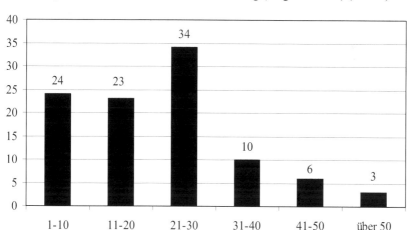

Der Aufnahmezeitpunkt in einer stationären Einrichtung variiert stark: Während
einige Bewohner/innen bereits im frühen Kindesalter in eine stationäre Wohneinrichtung gekommen sind, liegt der Aufnahmezeitpunkt für andere Bewoh-
ner/innen erst im Erwachsenenalter (vgl. Abbildung 28). Das Minimum des Le-
bensalters zum Zeitpunkt der Heimaufnahme liegt bei 2 Jahren, das Maximum

---

10 Als Einschlusskriterium bei der Stichprobenziehung wurde vorab definiert, dass die Bewoh-
ner/innen mindestens seit einem Jahr in der jeweiligen Wohneinrichtung wohnen (vgl. Kap. 4.3).

bei 49 Jahren. Die meisten Personen sind im Jugendalter zwischen 11 und 18 Jahren in ein Wohnheim gekommen (Mittelwert: ca. 16,5 Jahre).

Abbildung 28: Alter bei Aufnahme in eine stationären Einrichtung (Angaben in %) (n=128)

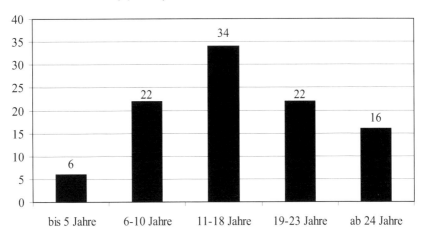

Ausmaß des Hilfebedarfs

Alle an der Untersuchung beteiligten Einrichtungen wenden das HMB-Verfahren (vgl. Metzler 2001) zur Erhebung des Hilfebedarfs der von ihnen betreuten Menschen mit Behinderung an. Der Großteil der Bewohner/innen ist der Hilfebedarfsgruppe III (ca. 40%) oder der Hilfebedarfsgruppe II (ca. 35%) zugeordnet. Die Hilfebedarfsgruppen I und IV weisen deutlich geringe Anteile auf (14% bzw. 12%), Personen in der Hilfebedarfsgruppe V sind gar nicht in der Stichprobe vertreten (vgl. Abbildung 29).

Inwiefern diese Verteilung typisch für das stationäre Setting ist, lässt sich nur schwer abschätzen, da die Bildung von Hilfebedarfsgruppen in den einzelnen Bundesländern unterschiedlich weit gediehen ist und vielerorts entsprechende Erfahrungswerte fehlen. Für einige Bundesländer liegen aber entsprechende Hilfebedarfsgruppenverteilungen vor, die jedoch untereinander aufgrund spezifischer Verfahrensunterschiede nur bedingt vergleichbar sind (vgl. Consens o.J., 50 f.).

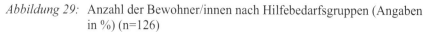

Abbildung 29: Anzahl der Bewohner/innen nach Hilfebedarfsgruppen (Angaben in %) (n=126)

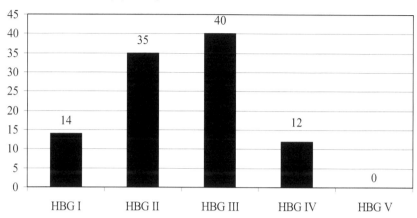

In der direkten Gegenüberstellung (vgl. Abbildung 30) fällt auf, dass sich die Verteilungen in den einzelnen Bundesländern z.T. erheblich unterscheiden. Es kann jedoch tendenziell festgestellt werden, dass in der eigenen Untersuchung die Hilfebedarfsgruppen I und II vergleichsweise stärker repräsentiert sind, hingegen die Hilfebedarfsgruppen IV und V geringere Anteile besitzen (vgl. auch Metzler & Rauscher 2005, 39 f.; Halfar & Jensen 2005, 23).

Abbildung 30: Bewohner/innen nach Hilfebedarfsgruppen (in %) im Vergleich
mit den Kennzahlen der überörtlichen Sozialhilfeträger (Consens
o.J., 51)

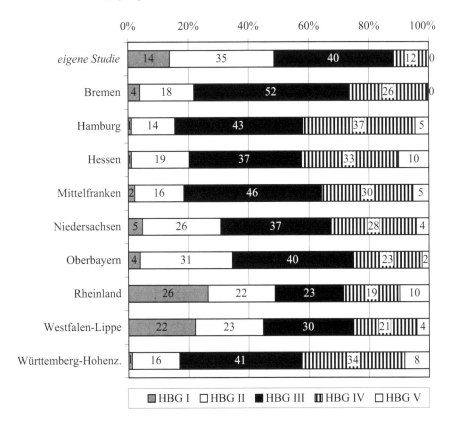

Beschäftigungssituation

Nahezu alle befragten Menschen mit Behinderung arbeiten im Arbeitsbereich
einer Werkstatt für behinderte Menschen in der jeweiligen Region (96%). Aus-
nahmen bilden drei Personen unter 25 Jahren, die sich noch in der Schul- bzw.
Berufsausbildung befinden und die zwei ältesten Personen der Stichprobe (73
und 82 Jahre alt), die bereits in Rente sind.

5.2 Indexbildung und empirische Überprüfung

Vor der Analyse der Lebensqualitätsdimensionen (vgl. Kap. 5.3) gilt es zunächst, auf Basis der Befragungsergebnisse die endgültige Indexform zu konstruieren, die der nachfolgenden inhaltlichen Auswertung zugrunde gelegt werden kann. Dies erfolgt im Rahmen einer Item- und Faktorenanalyse des Datenmaterials.

Die Faktorenanalyse ist ein statistisches Verfahren zur Dimensionalitätsüberprüfung und Komplexitätsreduktion, indem es „eine größere Anzahl von Variablen anhand der gegebenen Fälle auf eine kleinere Anzahl unabhängiger Einflussgrößen, Faktoren genannt, zurückführt" (Bühl & Zöfel 2002, 465; vgl. Fromm 2004). Ein Faktor stellt eine angenommene Hintergrundvariable der untersuchten Items dar, repräsentiert also deren inhaltliche Gemeinsamkeit und verkörpert damit das zu messende Konstrukt (vgl. Bortz & Döring 2002, 220; vgl. Brosius 2002, 727).

Dabei ist davon auszugehen, „dass Dispositionen als latente Hintergrundvariablen die Reaktionen auf die Items steuern. Ist es gerechtfertigt, das Vorliegen von Dispositionen anzunehmen, so bedeutet das, dass sich die untersuchten Merkmalsträger tendenziell gleichförmig verhalten werden" (Fromm 2004, 227). Im hier vorliegenden Untersuchungszusammenhang würden z.B. „zufriedene" Personen auf bestimmte Gruppen von Items zustimmend, „unzufriedene" Personen auf diese Itemgruppen ablehnend antworten. „Derartige Antwortmuster auf der inhaltlichen Ebene schlagen sich statistisch als Muster in der Item-Item-Korrelationsmatrix nieder [...]. Items, die zu einer Dimension gehören, korrelieren miteinander, nicht aber mit den Items, die zu einer anderen Dimension gehören" (Fromm 2004, 227 ff.). Insofern ist die Faktorenanalyse besonders dazu geeignet, um die auf der Grundlage theoretischer Überlegungen in Kap. 4.4.3 a priori vorgenommene Zuweisung der einzelnen Items zu inhaltlichen Lebensqualitätsdimensionen (Zufriedenheit mit der Wohnsituation, mit Freizeitmöglichkeiten, mit sozialen Beziehungen etc.) empirisch zu bestätigen bzw. zu korrigieren. Innerhalb jedes Index sollen die Items, die jeweils nur einen Einzelaspekt des zu messenden Untersuchungsmerkmals abdecken, der Konstruktionsabsicht nach auf einer Dimension liegen (vgl. Bortz & Döring 2002, 220; Neuberger & Allerbeck 1978, 76). Indizes gelten dann als eindimensional, „wenn die Item-Interkorrelationen auf einen Faktor (sog. Generalfaktor) reduziert werden können, auf dem sie hoch ‚laden' (d.h. mit dem sie hoch korrelieren)" (Bortz & Döring 2002, 220).

In einem vorherigen Arbeitsschritt werden jedoch zunächst diejenigen Items ausgewählt, die faktorenanalytisch betrachtet werden sollen, da sie als besonders geeignet beurteilt werden, die zu interessierende Disposition zu messen. Als erstes Bewertungskriterium wird der „Schwierigkeitsindex" p eines Items hinzugezogen, der vereinfacht gesagt die itemspezifische Zustimmungsrate angibt: Schwierige Items werden nur von wenigen Befragten bejaht, leichte Items von fast allen. Die Itemschwierigkeit wird rechnerisch durch die Summe der erreichten Punkte eines Items dividiert durch die maximal mögliche Punktsumme desselben Items (jeweils über alle befragten Personen hinweg) ermittelt (vgl. Krauth 1995, 70; Bortz & Döring 2002, 218). Dadurch ergibt sich ein Wertebereich zwischen 0 und 1. Idealtypisch werden bei der Indexkonstruktion mittlere Schwierigkeitsindizes zwischen 0,2 und 0,8 angestrebt, da in diesem Wertebereich die größtmögliche Differenzierung zwischen den befragten Personen erreicht wird. Extrem schwierige Items, denen kaum jemand zustimmt ($p \approx 0$), oder extrem leichte Items, die von fast allen befragten Personen bejaht werden ($p \approx 1$), sind „wenig informativ, da sie keine Personenunterschiede sichtbar machen" (Bortz & Döring 2002, 218; vgl. Mummendey 1995, 72 f.). Neben der Itemschwierigkeit dient als ergänzendes Kriterium die Anfälligkeit der Items für fehlende Werte („Missing Data", MD), da fehlende Werte ein Indiz für nicht zutreffende oder relevante Fragen bzw. für inhaltlich oder sprachlich zu komplexe Items darstellen.

Tabelle 37 führt die Items auf, die aufgrund hoher Schwierigkeitsindizes und/oder hoher Auftretenshäufigkeit fehlender Werte nicht in die Faktorenanalyse einbezogen werden.

Tabelle 37:   Schwierigkeitsindizes und Anteile fehlender Werte der ausgeschlossenen Items

Nr.	Item	p[1]	MD[2]
B25	Sind Sie mit den öffentlichen Verkehrsmitteln zufrieden?	0,75	27%
B27	Möchten Sie gerne häufiger Fahrdienste benutzen können?	0,38	41%
B29	Möchten Sie mal/ häufiger Ihr Hobby ausüben?	0,22	23%
E2	Wohnen Sie gerne alleine/ mit den anderen im Zimmer?	0,92	17%
E7	Sind Sie mit Ihrem Betreuer zufrieden?	0,96	26%
E19	Sind Sie mit der Hilfe/ Unterstützung durch Ihre Familie zufrieden?	0,97	33%
E21	Finden Sie, dass Sie Ihre Freunde häufig genug treffen?	0,98	25%
F5	Müssen Sie am Wochenende zu einer bestimmten Uhrzeit aufstehen/ ins Bett?	0,88	1%
F12	Können Sie in Ihrem Zimmer „tun und lassen", was Sie möchten?	0,89	2%

[1] p = Itemschwierigkeit   [2] MD = Anteil fehlender Werte

Einige Items, die zwar konzeptionell sinnvoll erscheinen, erweisen sich empirisch als nicht geeignet, da diese Fragen von nahezu allen Personen bejaht werden und nicht zu einer Differenzierung von Personengruppen beitragen, z.B. „Wohnen Sie gerne alleine/ mit den anderen im Zimmer?" (Frage E2). Einige Items erreichen zwar akzeptable Itemschwierigkeiten, produzieren aber viele fehlende Werte, da z.B. diese Fragen nicht für alle Befragten relevant sind, z.B. „Möchten Sie gerne häufiger Fahrdienste benutzen können?" (Frage B27).

5.2.1 Faktorenanalysen

Faktorenanalysen der einzelnen Subindizes

Die verbleibenden Items werden – getrennt nach Ihrer jeweiligen Indexzugehörigkeit – einer explorativen Faktorenanalyse nach der Hauptkomponentenmethode unterzogen (vgl. Brosius 2002, 724 ff.; Neuberger & Allerbeck 1978, 76).

Tabelle 38: Eigenwertverlauf der einzelnen Indizes

Wohnen	Freizeit	Arbeit	Soziale Bezie-hungen	Unter-stützung	Belas-tungs-freiheit	Soziale Aktivitä-ten	Wahl-freihei-ten
3,353	4,442	2,911	**1,374**	**1,398**	2,585	2,386	2,128
1,558	1,900	1,328	**1,186**	**1,247**	1,654	1,362	1,385
1,234	1,544	1,175	**1,121**	**1,213**	1,421	1,286	1,333
,997	1,356	,963	,885	,922	1,171	1,175	1,016
,967	1,268	,905	,812	,803	1,078	,962	1,009
,864	1,078	,827	,622	,769	1,032	,895	,887
,855	1,028	,753		,646	,904	,784	,686
,828	,978	,718			,883	,625	,593
,671	,861	,544			,723	,590	,522
,543	,822	,471			,696	,477	,441
,462	,798	,406			,635	,458	
…	…				…		

Bei der Beurteilung, inwiefern die Indizes tatsächlich eindimensional sind, also jeweils einen hervorstechenden Faktor besitzen, ist die Betrachtung der Eigenwerte der Faktoren ausschlaggebend (vgl. Tabelle 38). Der Eigenwert eines Faktors gibt an, „welcher Beitrag der Gesamtstreuung aller Variablen durch einen Faktor erklärt wird" (Fromm 2004, 243; vgl. Brosius 2002, 738).

Legt man das Kaiser-Kriterium zugrunde, alle Faktoren mit einem Eigenwert größer 1 zu extrahieren, kann keiner der Indizes als eindimensional beurteilt werden, da alle mindestens zwei Eigenwerte größer 1 besitzen. Das Kaiser-Kriterium gilt jedoch im Allgemeinen als rigides Kennzeichen, „das die Zahl der zu extrahierenden Faktoren ausschließlich an der absoluten Grösse der Eigenwerte bestimmt" (Neuberger & Allerbeck 1978, 76; vgl. Bühl & Zöfel 2002, 481 f.). Nimmt man hingegen den Eigenwertverlauf als weiteres Kriterium in den Blick (vgl. Brosius 2002, 740 f.), zeigt sich bei den Indizes „Wohnen", „Freizeit" und „Arbeit" ein deutlicher Abfall vom ersten auf den zweiten Eigenwert, bei den Indizes „Belastungsfreiheit", „soziale Aktivitäten" und „Wahlfreiheiten" zumindest ein moderater Abfall. Dies lässt die Annahme einer Eindimensionalität der genannten Indizes berechtigt erscheinen. Lediglich die beiden Subindizes „soziale Beziehungen" und „Unterstützung" weisen keine typische Abflachung des Eigenwerteverlaufs auf und damit keinen starken Generalfaktor (in Tabelle 38 markiert). Da sich die inhaltliche Indexzuordnung der Items hier empirisch nicht bestätigt, werden diese beiden Indizes aufgegeben.

In einem nächsten Schritt werden die Faktorladungen der Items pro Index betrachtet, um unspezifische Items, die nicht auf der Valenzdimension liegen, zu identifizieren. Diese Items werden aus dem jeweiligen Index entfernt.

Die Analyseergebnisse zum Index „Wohnen" sind in Tabelle 39 aufgeführt. Die Markieritems A3 und E4 (Items mit hoher Faktorladung) zeigen, dass der Index der Konstruktionsabsicht nach auf die Bewertung der Wohnsituation und das Zusammenleben im Wohnheim zielt. Niedrige Faktorladungen (< 0.35) sind in der Tabelle markiert, die zugehörigen Items (E2, B23, F15, F16) werden aus dem jeweiligen Index entfernt. Frage A5 „Fühlen Sie sich hier im Wohnheim gerecht behandelt?" weist mit 0,35 eine grenzwertige Faktorladung auf, wird aber zunächst aus inhaltlichen Gründen beibehalten.

Tabelle 39: Faktorladungen der Items „Wohnen" bei einfaktorieller Extraktion

Nr.	Zufriedenheit mit der Wohnsituation	Faktor-ladung
A3	Würden Sie lieber woanders wohnen?	,75
E4	Wohnen Sie gerne alleine/ mit den Leuten in der Wohngruppe zusammen?	,71
A4	Wo haben Sie gewohnt, bevor Sie hierher gezogen sind? → Wo gefällt es Ihnen besser?	,66
E5	Würden Sie lieber mit jemand anderem zusammen wohnen?	,66
A1	Wie gefällt es Ihnen hier im Wohnheim/ in der Wohngruppe?	,61
E23	Glauben Sie, Sie hätten mehr Freunde, wenn Sie woanders leben würden?	,52
E6	Gibt es Menschen in der Wohngruppe/ Wohnung, mit denen Sie nicht gern zusammen wohnen?	,45
A2	Mögen Sie die Umgebung vom Wohnheim?	,44
A5	Fühlen Sie sich hier im Wohnheim gerecht behandelt?	,35
E2	Wohnen Sie gerne alleine/ mit mehreren im Zimmer?	**,32**
B23	Sind Sie mit den Einkaufsmöglichkeiten zufrieden?	**,28**
F15	Finden Sie, dass Sie von den Mitarbeitern zu sehr kontrolliert werden?	**,25**
F16	Werden Sie ernst genommen und als Erwachsener behandelt?	**,18**

Der Großteil der Items des Index „Freizeit" weist eine Faktorladung größer als 0,4 auf (vgl. Tabelle 40). Interessant ist, dass die Items mit geringen Faktorladungen (B31, B34, B23, E21, B32) eher eine globale Zufriedenheit mit der Freizeit auszudrücken scheinen, während die übrigen Items überwiegend eine Bewertung der Möglichkeiten zur Ausübung konkreter Aktivitäten in der Freizeit intendieren.

Tabelle 40:   Faktorladungen der Items „Freizeit" bei einfaktorieller Extraktion

Nr.	Zufriedenheit mit den Freizeitmöglichkeiten	Faktor-ladung
B6	Möchten Sie mal/ häufiger zu Sportveranstaltungen gehen?	,63
B10	Möchten Sie mal/ häufiger essen gehen?	,62
B2	Möchten Sie mal/ häufiger zu einem Clubtreffen oder einer Freizeitgruppe gehen?	,60
B22	Möchten Sie mal/ häufiger einkaufen/ bummeln gehen?	,57
B18	Möchten Sie mal/ häufiger in ein Museum/ eine Kunstausstellung gehen?	,56
B33	Hätten Sie gerne mehr Spaß in Ihrer Freizeit?	,54
B12	Möchten Sie mal/ häufiger in die Kneipe/ ein Café gehen?	,54
B20	Möchten Sie mal/ häufiger in eine Disko/ auf eine Party gehen?	,53
B16	Möchten Sie mal/ häufiger ins Theater/ zu einem Konzert gehen?	,51
B14	Möchten Sie mal/ häufiger ins Kino gehen?	,49
E22	Hätten Sie gerne mehr Freunde?	,49
E14/ 15	Sind Sie mit dem Verein zufrieden?/ Möchten Sie gerne Mitglied in einem Verein sein?	,45
E10	Möchten Sie gerne mal/ häufiger Aufgaben für andere übernehmen?	,44
B8	Möchten Sie gerne mal/ häufiger in die Kirche gehen?	,42
B4	Möchten Sie gerne mal/ häufiger Sport machen?	,42
C23/ 25	Möchten Sie mal/ lieber mit anderen Menschen in den Urlaub fahren?	,41
B31	Finden Sie, dass Sie genug Dinge in Ihrer Freizeit machen können?	**,28**
B34	Sind Sie insgesamt mit Ihren Freizeitbeschäftigungen zufrieden?	**,21**
B23	Sind Sie mit den Einkaufsmöglichkeiten zufrieden?	**,20**
E21	Finden Sie, dass Sie Ihre Freunde häufig genug treffen?	**,07**
B32	Ist Ihnen in Ihrer Freizeit oft langweilig?	**,05**

Der Index „Arbeit" weist lediglich ein Item (C7) mit geringer Faktorladung auf (vgl. Tabelle 41), das entfernt wird. Das Item C21 „Finden Sie, dass Sie genug Dinge haben, die Ihnen gehören?" besitzt ebenfalls eine vergleichsweise geringe Faktorladung (0,35), führt aber zu einer inhaltlichen Ergänzung der übrigen Items um den Aspekt der Zufriedenheit mit dem materiellen Besitz und wird aus diesem Grunde vorerst nicht gestrichen.

Tabelle 41: Faktorladungen der Items „Arbeit" bei einfaktorieller Extraktion

Nr.	Zufriedenheit mit der Arbeit und finanziellen Lage	Faktor-ladung
C2	Gefällt Ihnen Ihre Arbeit?	,72
C9	Sind Sie mit dem, was Sie bei Ihrer Arbeit lernen und gelernt haben, zufrieden?	,61
C15	Sind Sie mit dem Lohn, also der Bezahlung für Ihre Arbeit, zufrieden?	,57
C6	Ist Ihnen bei der Arbeit oft langweilig?	,56
C14	Möchten Sie lieber woanders arbeiten?	,55
C8	Gibt Ihnen die Arbeit das Gefühl, wertvoll zu sein und gebraucht zu werden?	,52
C3	Mögen Sie Ihre Arbeitskollegen?	,49
C16	Haben Sie genug Geld, um sich die Dinge zu kaufen, die Sie brauchen?	,47
C20	Machen Sie sich oft Sorgen darüber, ob Sie genug Geld haben?	,47
C21	Finden Sie, dass Sie genug Dinge haben, die Ihnen gehören?	,35
C7	Glauben Sie, dass Sie Ihre Arbeit gut machen?	**,18**

Nahezu die Hälfte der Items des Index „Subjektives Gesundheits- und Belastungsempfinden/ Generelles Wohlbefinden" erreicht keine ausreichende Faktorladung (vgl. Tabelle 42). Die faktorenanalytische Betrachtung verdeutlicht, dass die Items offensichtlich keine eindeutig zusammengehörige Klasse bilden: Die eine Itemgruppe mit Faktorladungen größer als 0,35 scheint im Kontext allgemeiner Lebensqualität das Belastungsempfinden bzw. die Freiheit von subjektiver Belastung zu fokussieren – das legt auch das Markeritem nahe (Item G4). Die andere Itemgruppe mit geringer Faktorladung (in Tabelle 42 markiert) läuft eher auf eine Bewertung des generellen Wohlbefindens hinaus. Zugunsten der Homogenität des Index werden letztere Items entfernt. Dadurch grenzt sich der Inhaltsbereich des Index weiter ein, daher wird der Index umbenannt in „Freiheit von subjektiver Belastung" (kurz: „Belastungsfreiheit").

Interessant ist, dass die verbleibenden acht Items dergestalt formuliert sind, dass eine Bejahung der Fragen auf Belastungssymptome hinweist. Insofern könnte es sein, dass der Faktor durch die negative Itemformulierung unterminiert ist (vgl. Heal & Sigelman 1995, 337; Bühner 2004, 62; Closs & Kempe 1986, 49). Da in diesen Fragen Format und Inhalt untrennbar miteinander verwoben sind, lässt sich dieser Verdacht nicht schlüssig überprüfen. Auswirkungen der

Frageformate auf das Antwortverhalten der Befragten werden in Kap. 5.4 (methodenkritische Analyse) näher betrachtet.

Tabelle 42: Faktorladungen der Items „Subjektives Gesundheits- und Belastungsempfinden/ Generelles Wohlbefinden" bei einfaktorieller Extraktion

Nr.	Subjektives Gesundheits- und Belastungsempfinden/ Generelles Wohlbefinden	Faktor-ladung
G4	Finden Sie, dass Sie mehr Probleme haben als andere Menschen?	,67
E28	Kommt es oft vor, dass Sie sich einsam fühlen?	,61
E29	Sind Sie oft unruhig oder nervös?	,60
G6	Machen Sie sich häufig Sorgen über Ihre Zukunft?	,59
E30	Schlafen Sie häufig schlecht?	,50
E27	Finden Sie, dass Sie oft Streit mit anderen Menschen haben?	,45
D5	Wünschen Sie sich mehr Hilfe und Unterstützung?	,41
E31	Finden Sie, dass Sie häufig krank sind?	,38
G2	Wie viel Freude haben Sie am Leben?	**,33**
E32	Sind Sie mit Ihrer Gesundheit zufrieden?	**,31**
F14	Finden Sie, dass Sie genügend Dinge in Ihrem Leben selbst entscheiden können?	**,21**
G1	Bietet Ihr Leben Ihnen genug Chancen, das Beste aus sich zu machen?	**,17**
G3	Glauben Sie, es geht Ihnen besser als anderen Menschen?	**,12**
F16	Werden Sie hier ernst genommen und als Erwachsener behandelt?	**,03**

Die Faktorenanalyse des Index „soziale Aktivitäten", welche die Teilhabe der befragten Personen am gemeinschaftlichen und kulturellen Leben abbilden soll, zeigt bei drei Items (B9, B17, B7) geringe Korrelationen mit dem Generalfaktor an (vgl. Tabelle 43).

Tabelle 43: Faktorladungen der Items „soziale Aktivitäten" bei einfaktorieller Extraktion

Nr.	Soziale Aktivitäten	Faktor-ladung
B13	Gehen Sie manchmal ins Kino?	,66
B15	Gehen Sie manchmal ins Theater/ zu einem Konzert?	,65
B19	Gehen Sie manchmal in eine Disko/ auf eine Party?	,57
B11	Gehen Sie manchmal in die Kneipe/ ein Café?	,53
B21	Gehen Sie manchmal einkaufen/ bummeln?	,49
B5	Gehen Sie manchmal zu Sportveranstaltungen?	,47
B1	Gehen Sie manchmal zu einem Vereinstreffen/ Clubtreffen/ einer Freizeitgruppe?	,43
B3	Gehen Sie manchmal Sport machen?	,37
B9	Gehen Sie manchmal essen?	**,26**
B17	Gehen Sie manchmal in ein Museum/ eine Kunstausstellung?	**,25**
B7	Gehen Sie manchmal in die Kirche?	**,14**

Tabelle 44: Faktorladungen der Items „Wahlfreiheiten und Reglementierungen" bei einfaktorieller Extraktion

Nr.	Wahlfreiheiten und Reglementierungen	Faktor-ladung
F11	Gibt es eine Uhrzeit, zu der Sie abends im Haus sein müssen?	,66
F7	Gibt es Aktivitäten, an denen Sie teilnehmen müssen?	,53
F2	Kommt es vor, dass Sie lange auf Hilfe warten müssen?	,50
F10	Müssen Sie sich abmelden oder zurückmelden, wenn Sie das Haus verlassen?	,46
F4	Können Sie selbst bestimmen, wann Sie die Hilfe bekommen?	,41
F1	Müssen Sie oft auf Unternehmungen verzichten, weil Sie niemanden haben, der Sie dabei unterstützt?	,41
F3	Können Sie den Mitarbeiter auswählen, der Ihnen helfen soll?	,41
F15	Finden Sie, dass Sie von den Mitarbeitern zu sehr kontrolliert werden?	,39
F9	Gibt es etwas, das die Mitarbeiter nicht erlauben?	,35
F6	Bestimmen Sie mit, wenn ein neuer Mitbewohner einziehen soll?	**-,13**

Tabelle 44 veranschaulicht, dass alle Items des Index „Wahlfreiheiten und Reglementierungen" mit Ausnahme der Frage F6 „Bestimmen Sie mit, wenn ein
neuer Mitbewohner einziehen soll?", welche eine geringe (negative) Faktorladung aufweist, auf der intendierten Dimension laden. Dieser Index bezieht sich
inhaltlich auf Wahlmöglichkeiten bzw. Abhängigkeiten im Rahmen der Unterstützungsleistungen der Wohneinrichtung bzw. auf Vorgaben und strukturelle
Grenzen, welche auf individuelle Wahlfreiheiten beschränkend wirken.

Insgesamt führt die auf der Basis der Faktorenanalyse durchgeführte Itemselektion zu einer Reduktion um 21 Items, davon die meisten in dem Index
„Freiheit von subjektiver Belastung". Entsprechend bleiben 60 Items zurück, die
sich annähernd gleichmäßig auf die 6 Indizes verteilen mit je 8 bis 10 Items pro
Index, mit Ausnahme des Index „Freizeit" mit 16 Fragen (vgl. Tabelle 45).

Tabelle 45: Itemanzahl der Indizes vor und nach der Faktorenanalyse

Index	Anzahl der Items	
	vor der Faktoren-analyse	nach der Faktoren-analyse
Zufriedenheit mit der Wohnsituation	13	9
Zufriedenheit mit den Freizeitmöglichkeiten	21	16
Zufriedenheit mit der Arbeit	11	10
Freiheit von subjektiver Belastung	15	8
Soziale Aktivitäten	11	8
Wahlfreiheiten und Reglementierungen	10	9

Faktorenanalyse aller Items zum subjektiven Wohlbefinden

Bislang wurden die Indizes getrennt analysiert, da die Itemklassen jeweils eigenständige Konstrukte abbilden und die Überprüfung der konzeptadäquaten Item-
zuordnung im Vordergrund stand (vgl. Mummendey 1995, 80; Neuberger & Allerbeck 1978, 81). Inhaltlich-konzeptionelle Zusammenhänge ergeben sich jedoch für die Zufriedenheits-Indizes „Wohnen", „Freizeit", „Arbeit" sowie den
Index „Freiheit von subjektiver Belastung", da diese Komponenten subjektiven
Wohlbefindens darstellen. Das Konstrukt „Subjektives Wohlbefinden" bildet

hier die gemeinsame inhaltliche Klammer, sodass die einzelnen Indizes theoretisch zu einem Gesamtindex zusammengefasst werden können (vgl. Kap. 1.3).

Tabelle 46: Interkorrelationsmatrix der Subindizes zum subjektiven Wohlbefinden

	1	2	3	4
1 Zufriedenheit mit der Wohnsituation	1,00			
2 Zufriedenheit mit den Freizeitmöglichkeiten	0,12	1,00		
3 Zufriedenheit mit der Arbeit	0,35 **	0,08	1,00	
4 Freiheit von subjektiver Belastung	0,26 **	0,30 **	0,40 **	1,00

Korrelation nach Spearman   ** $p < 0{,}01$

Die Interkorrelationen der Subindizes sind in Tabelle 46 aufgeführt. Insbesondere zeigen sich signifikante Korrelationen zwischen dem Subindex „Freiheit von subjektiver Belastung" mit den Zufriedenheitsindizes – eine weitere Bestätigung dafür, dass in diesem Index generelle Aspekte subjektiven Wohlbefindens zum Ausdruck kommen. Die durchschnittliche Korrelation zwischen den Subindizes beträgt 0,25, was darauf hindeutet, dass die einzelnen Subindizes zum subjektiven Wohlbefinden nicht völlig unabhängig voneinander sind; dies ist auf der Grundlage theoretischer Überlegungen auch nicht zu erwarten (vgl. Kap. 1.3).

Inwiefern sich empirisch bestätigen lässt, dass die Indizes tatsächlich eine latente Hintergrundvariable (subjektives Wohlbefinden) besitzen, lässt sich durch eine Faktorenanalyse über alle 43 Items der vier Subindizes hinweg untersuchen. Zu erwarten ist, dass sich die Items zu vier Faktoren gruppieren, die den Subindizes entsprechen (vgl. Closs & Kempe 1986).

Dazu wird eine Faktorenanalyse (Hauptkomponentenanalyse mit Varimax-Rotation) durchgeführt. Der „Scree-Plot", welcher die Eigenwerte der einzelnen Faktoren abbildet (vgl. Fromm 2004, 245), legt eine vierfaktorielle Lösung nahe (vgl. Abbildung 31), die ca. 34 % der gemeinsamen Varianz erklärt.

Abbildung 31: Scree-Plot der Hauptkomponentenanalyse

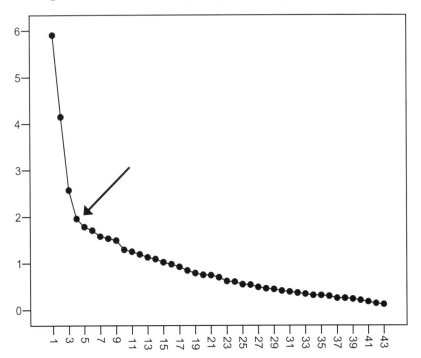

In der Komponentenmatrix (vgl. Tabelle 47) lassen sich die vier Faktoren inhaltlich unschwer als die ursprünglich konstruierten Subindizes wieder erkennen
(zur Übersichtlichkeit sind nur Faktorladungen ab 0,25 aufgeführt).

Der Großteil der Items (32 von 43 Items) lädt nur auf einem Faktor (Faktorladungen > 0,3), der inhaltlich dem jeweiligen Ursprungsindex des Items entspricht. Fünf weitere Items laden zwar auf zwei Faktoren, lassen sich aber aufgrund der Höhe der Faktorladungen noch relativ eindeutig dem intendierten Faktor zuordnen (vgl. Items E4, E5, B22, B33, C2). Lediglich 6 Items weisen ein
uneindeutiges Ladungsmuster auf, da sie etwa gleich hoch auf zwei Faktoren
(vgl. Items E6, E10, C14 und D5) oder sogar auf drei Faktoren laden (vgl. Items
C23/25 und C6). Die „problematischen" Items entstammen überwiegend dem
Index „Arbeit", welche offensichtlich die geringste faktorielle Reinheit besitzt
(vgl. Neuberger & Allerbeck 1978, 90). Von diesen Items abgesehen findet sich
die Gesamtindexstruktur jedoch in der Komponentenmatrix und den Ladungs-

mustern wieder, sodass sich die konzeptuelle Indexkonstruktion weithin bestätigt. Das deutet darauf hin, dass nicht nur vier Summenscores für die Items der einzelnen Subindizes gebildet werden können, sondern ebenfalls ein Summenscore über alle 43 Items hinweg, der eine globale Evaluation des subjektiven Wohlbefindens darstellt.

Tabelle 47:   Varixmaxrotierte Faktorladungen der Items zur Zufriedenheit bei Extraktion von vier Faktoren

	Index / Item	Komponenten			
Nr.	**Zufriedenheit mit der Wohnsituation**	**1**	**2**	**3**	**4**
A3	Würden Sie lieber woanders wohnen?	,76			
A4	Wo haben Sie gewohnt, bevor Sie hierher gezogen sind? → Wo gefällt es Ihnen besser?	,71			
E23	Glauben Sie, Sie hätten mehr Freunde, wenn Sie woanders leben würden?	,63			
A1	Wie gefällt es Ihnen hier im Wohnheim/ in der Wohngruppe?	,59			
E4	Wohnen Sie gerne alleine/ mit den Leuten in der Wohngruppe zusammen?	,58		,38	
E5	Würden Sie lieber mit jemand anderem zusammen wohnen?	,53		,35	
A2	Mögen Sie die Umgebung vom Wohnheim?	,45			
E6	Gibt es Menschen in der Wohngruppe/ Wohnung, mit denen Sie nicht gern zusammen wohnen?	,37			,44
A5	Fühlen Sie sich hier im Wohnheim gerecht behandelt?	,32			
Nr.	**Zufriedenheit mit den Freizeitmöglichkeiten**				
B6	Möchten Sie mal/ häufiger zu Sportveranstaltungen gehen?		,65		
B10	Möchten Sie mal/ häufiger essen gehen?		,65		
B18	Möchten Sie mal/ häufiger in ein Museum/ eine Kunstausstellung gehen?		,60		
B14	Möchten Sie mal/ häufiger ins Kino gehen?		,56		
B2	Möchten Sie mal/ häufiger zu einem Clubtreffen oder einer Freizeitgruppe gehen?		,55		
B22	Möchten Sie mal/ häufiger einkaufen/ bummeln gehen?		,54		,28
B20	Möchten Sie mal/ häufiger in eine Disko/ auf eine Party gehen?		,52		
B16	Möchten Sie mal/ häufiger ins Theater/ zu einem Konzert gehen?		,51		

Nr.				
B12	Möchten Sie mal/ häufiger in die Kneipe/ ein Café gehen?	,51		
B33	Hätten Sie gerne mehr Spaß in Ihrer Freizeit?	,49		,32
E14/ 15	Sind Sie mit dem Verein zufrieden?/ Möchten Sie gerne Mitglied in einem Verein sein?	,48		
B8	Möchten Sie gerne mal/ häufiger in die Kirche gehen?	,46		
E22	Hätten Sie gerne mehr Freunde?	,43		
B4	Möchten Sie gerne mal/ häufiger Sport machen?	,39		
E10	Möchten Sie gerne mal/ häufiger Aufgaben für andere übernehmen?	,38		,33
C23/ 25	Möchten Sie mal/ lieber mit anderen Menschen in den Urlaub fahren?	,32	,30	,29
Nr.	**Zufriedenheit mit der Arbeit und finanziellen Lage**			
C15	Sind Sie mit dem Lohn, also der Bezahlung für Ihre Arbeit, zufrieden?		,65	
C2	Gefällt Ihnen Ihre Arbeit?	,32	,62	
C16	Haben Sie genug Geld, um sich die Dinge zu kaufen, die Sie brauchen?		,58	
C8	Gibt Ihnen die Arbeit das Gefühl, wertvoll zu sein und gebraucht zu werden?		,46	
C9	Sind Sie mit dem, was Sie bei Ihrer Arbeit lernen und gelernt haben, zufrieden?		,45	
C20	Machen Sie sich oft Sorgen darüber, ob Sie genug Geld haben?		,40	
C3	Mögen Sie Ihre Arbeitskollegen?		,39	
C21	Finden Sie, dass Sie genug Dinge haben, die Ihnen gehören?		,39	
C14	Möchten Sie lieber woanders arbeiten?	,40	,34	
C6	Ist Ihnen bei der Arbeit oft langweilig?	,29	,28	,47
Nr.	**Freiheit von subjektiver Belastung**			
G4	Finden Sie, dass Sie mehr Probleme haben als andere Menschen?			,65
E29	Sind Sie oft unruhig oder nervös?			,59
E28	Kommt es oft vor, dass Sie sich einsam fühlen?			,58
G6	Machen Sie sich häufig Sorgen über Ihre Zukunft?			,48
E30	Schlafen Sie häufig schlecht?			,45
E27	Finden Sie, dass Sie oft Streit mit anderen Menschen haben?			,42
F15	Finden Sie, dass Sie häufig krank sind?			,39
D5	Wünschen Sie sich mehr Hilfe und Unterstützung?		,42	,32

Faktorenanalyse der Subindizes zum subjektiven Wohlbefinden

Zur weiteren Bestätigung wird noch einmal eine Faktorenanalyse durchgeführt, diesmal der Subindizes (also der Summenscores der jeweiligen Items der Subindizes). Wenn die Annahme einer globalen Zufriedenheit als Hintergrundvariable der Subindizes zutreffend ist, ist eine eindimensionale Lösung zu erwarten (vgl. Fahrenberg et al. 2000, 35 f.).

Tabelle 48: Eigenwertverlauf der Faktoren und Faktorladungen der Indizes bei Extraktion eines Faktors

Eigenwert der Faktoren	Erklärter Varianzanteil	Index	Ladung auf dem extrahierten Faktor
1,82	46%	„Belastungsfreiheit"	,78
,95	24%	„Arbeit"	,72
,69	17%	„Wohnen"	,66
,54	13%	„Freizeit"	,52

Tabelle 48 verdeutlicht, dass nach der Größe der Eigenwerte und dem Eigenwertverlauf ein Faktor mit einem Varianzanteil von 46% zu extrahieren ist und dass alle Subindizes auf diesem Faktor laden. Erwartungsgemäß erweist sich der Subindex „Freiheit von subjektiver Belastung" als der Index mit der höchsten Faktorladung, da er im Vergleich zu den bereichsspezifischen Zufriedenheiten eher einen Aspekt des globalen Wohlbefindens ausdrückt (vgl. Kap. 1.3). Die Faktorenanalysen bestätigen somit das Vorliegen eines Generalfaktors als Hintergrundvariable aller Subindizes, sodass eine Summierung aller Indexwerte zu einem Gesamtindex gerechtfertigt erscheint.

5.2.2 Reliabilitätsanalysen

Nach der faktorenanalytischen Betrachtung werden die einzelnen Indizes auf ihre Reliabilität hin überprüft. Als Reliabilitätsmaße werden die interne Konsistenz (Cronbachs Alpha) und die Beurteiler-Reliabilität (Inter-Rater-Reliabilität) berechnet.

Interne Konsistenz (Cronbachs Alpha)

Die Bestimmung der internen Konsistenz (Cronbachs Alpha) basiert auf der Interkorrelation aller Items eines Index und gibt damit Auskunft über dessen Homogenität (vgl. Bortz & Döring 2002, 198; Brosius 2002, 764 ff.). In Tabelle 49 sind die itemspezifischen Kennzahlen Mittelwert (M), Standardabweichung (SD), korrigierte Trennschärfe (r_{it}) und Cronbachs Alpha (α) angegeben. Da die Items unterschiedliche Antwortrichtungen aufweisen, wird ihre Kodierung vereinheitlicht (ein hoher Wert bedeutet hohe Wahlfreiheiten, viele soziale Aktivitäten, hohe Zufriedenheit usw.). Die Reliabilitätsanalyse zeigt, dass kein Item als nennenswert inkonsistent hervortritt, das gilt sowohl für den korrigierten Trennschärfe-Koeffizienten, der die Korrelation des Itemwerts mit dem Summenscore und damit sozusagen die „Repräsentativität" des Items angibt (vgl. Bortz & Döring 2002, 218 f.), als auch für den Alpha-Koeffizienten als Reliabilitätsmaß. Dies ist nicht weiter verwunderlich, da die vorangegangene Item- und Faktorenanalyse bereits unbrauchbare Items aufgrund zu hoher Itemschwierigkeit bzw. geringer Ladungshöhe auf dem ersten Faktor aussortiert hat.

Tabelle 49: Mittelwerte (M), Standardabweichungen (SD), Trennschärfeindizes (r_{it}) und Alpha-Koeffizienten (α) der Items

Index „Wahlfreiheiten und Reglementierungen" (valide n=66)	M	SD	r_{it}	α
F1 Müssen Sie oft auf Unternehmungen verzichten, weil Sie niemanden haben, der Sie dabei unterstützt?	1,27	0,81	0,29	0,56
F2 Kommt es vor, dass Sie lange auf Hilfe warten müssen?	1,29	0,78	0,30	0,56
F3 Können Sie den Mitarbeiter auswählen, der Ihnen helfen soll?	1,24	0,81	0,26	0,57
F4 Können Sie selbst bestimmen, wann Sie die Hilfe bekommen?	1,26	0,81	0,23	0,58
F7 Gibt es Aktivitäten, an denen Sie teilnehmen müssen?	0,48	0,86	0,37	0,54
F9 Gibt es etwas, das die Mitarbeiter nicht erlauben?	0,73	0,97	0,18	0,60
F10 Müssen Sie sich abmelden oder zurückmelden, wenn Sie das Haus verlassen?	0,33	0,75	0,26	0,57
F11 Gibt es eine Uhrzeit, zu der Sie abends im Haus sein müssen?	0,79	0,99	0,38	0,54
F15 Finden Sie, dass Sie von den Mitarbeitern zu sehr kontrolliert werden?	0,55	0,50	0,32	0,57
Gesamt				*0,59*

Index „Soziale Aktivitäten" (valide n=127)	M	SD	r_{it}	α
B1 Gehen Sie manchmal zu einem Vereinstreffen/ Clubtreffen/ einer Freizeitgruppe?	1,09	1,00	0,31	0,61
B3 Gehen Sie manchmal Sport machen?	1,15	0,99	0,26	0,63
B5 Gehen Sie manchmal zu Sportveranstaltungen?	0,82	0,99	0,33	0,61
B11 Gehen Sie manchmal in die Kneipe/ ein Café?	1,45	0,90	0,32	0,61
B13 Gehen Sie manchmal ins Kino?	1,37	0,93	0,39	0,59
B15 Gehen Sie manchmal ins Theater/ zu einem Konzert?	1,28	0,97	0,41	0,58
B19 Gehen Sie manchmal in eine Disko/ auf eine Party?	1,20	0,98	0,37	0,59
B21 Gehen Sie manchmal einkaufen/ bummeln?	1,86	0,52	0,27	0,62
Gesamt				*0,64*
Index „Zufriedenheit mit der Wohnsituation" **(valide n=99)**	M	SD	r_{it}	α
A1 Wie gefällt es Ihnen hier im Wohnheim/ in der Wohngruppe?	1,77	0,49	0,52	0,72
A2 Mögen Sie die Umgebung vom Wohnheim?	1,80	0,55	0,36	0,74
A3 Würden Sie lieber woanders wohnen?	1,32	0,89	0,60	0,69
A4 Wo haben Sie gewohnt, bevor Sie hierher gezogen sind? → Wo gefällt es Ihnen besser?	1,30	0,89	0,58	0,70
A5 Fühlen Sie sich hier im Wohnheim gerecht behandelt?	1,49	0,75	0,23	0,76
E4 Wohnen Sie gerne alleine/ mit den Leuten in der Wohngruppe zusammen?	1,71	0,58	0,47	0,73
E5 Würden Sie lieber mit jemand anderem zusammen wohnen?	1,42	0,89	0,43	0,73
E6 Gibt es Menschen in der Wohngruppe/ Wohnung, mit denen Sie nicht gern zusammen wohnen?	0,93	1,00	0,38	0,74
E23 Glauben Sie, Sie hätten mehr Freunde, wenn Sie woanders leben würden?	1,15	0,92	0,41	0,73
Gesamt				*0,75*
Index „Zufriedenheit mit den Freizeitmöglichkeiten" **(valide n=102)**	M	SD	r_{it}	α
B2 Möchten Sie mal/ häufiger zu einem Clubtreffen oder einer Freizeitgruppe gehen?	0,94	0,95	0,53	0,80
B4 Möchten Sie gerne mal/ häufiger Sport machen?	0,98	0,98	0,31	0,81
B6 Möchten Sie mal/ häufiger zu Sportveranstaltungen gehen?	0,87	0,97	0,52	0,80
B8 Möchten Sie gerne mal/ häufiger in die Kirche gehen?	1,30	0,92	0,35	0,81

B10 Möchten Sie mal/ häufiger essen gehen?	0,63	0,89	0,52	0,80
B12 Möchten Sie mal/ häufiger in die Kneipe/ ein Café gehen?	0,77	0,95	0,45	0,80
B14 Möchten Sie mal/ häufiger ins Kino gehen?	0,70	0,90	0,39	0,80
B16 Möchten Sie mal/ häufiger ins Theater/ zu einem Konzert gehen?	0,81	0,96	0,36	0,81
B18 Möchten Sie mal/ häufiger in ein Museum/ eine Kunstausstellung gehen?	0,82	0,97	0,49	0,80
B20 Möchten Sie mal/ häufiger in eine Disko/ auf eine Party gehen?	0,85	0,98	0,36	0,81
B22 Möchten Sie mal/ häufiger einkaufen/ bummeln gehen?	0,58	0,90	0,48	0,80
B33 Hätten Sie gerne mehr Spaß in Ihrer Freizeit?	0,48	0,83	0,47	0,80
C23/25 Möchten Sie mal/ lieber mit anderen Menschen in den Urlaub fahren?	1,02	0,98	0,31	0,81
E10 Möchten Sie gerne mal/ häufiger Aufgaben für andere übernehmen?	1,07	1,00	0,38	0,81
E14/15 Sind Sie mit dem Verein zufrieden? / Möchten Sie gerne Mitglied in einem Verein sein?	1,36	0,92	0,41	0,80
E22 Hätten Sie gerne mehr Freunde?	1,16	0,97	0,37	0,81
Gesamt				*0,81*
Index „Zufriedenheit mit der Arbeit" (valide n=112)	**M**	**SD**	**r$_{it}$**	**α**
C2 Gefällt Ihnen Ihre Arbeit?	1,67	0,66	0,51	0,66
C3 Mögen Sie Ihre Arbeitskollegen?	1,62	0,59	0,36	0,68
C6 Ist Ihnen bei der Arbeit oft langweilig?	1,45	0,80	0,36	0,68
C8 Gibt Ihnen die Arbeit das Gefühl, wertvoll zu sein und gebraucht zu werden?	1,71	0,65	0,36	0,68
C9 Sind Sie mit dem, was Sie bei Ihrer Arbeit lernen und gelernt haben, zufrieden?	1,79	0,54	0,47	0,67
C14 Möchten Sie lieber woanders arbeiten?	1,36	0,93	0,36	0,68
C15 Sind Sie mit dem Lohn, also der Bezahlung für Ihre Arbeit, zufrieden?	1,35	0,90	0,44	0,67
C16 Haben Sie genug Geld, um sich die Dinge zu kaufen, die Sie brauchen?	1,43	0,90	0,32	0,69
C20 Machen Sie sich oft Sorgen darüber, ob Sie genug Geld haben?	1,14	0,96	0,35	0,69
C21 Finden Sie, dass Sie genug Dinge haben, die Ihnen gehören?	1,80	0,55	0,20	0,71
Gesamt				*0,70*

Index „Freiheit von subjektiver Belastung" (valide n=93)	M	SD	r_{it}	α
D5 Wünschen Sie sich mehr Hilfe und Unterstützung?	1,09	0,98	0,31	0,67
E27 Finden Sie, dass Sie oft Streit mit anderen Menschen haben?	1,21	0,84	0,29	0,68
E28 Kommt es oft vor, dass Sie sich einsam fühlen?	1,28	0,82	0,49	0,63
E29 Sind Sie oft unruhig oder nervös?	1,15	0,83	0,44	0,64
E30 Schlafen Sie häufig schlecht?	1,37	0,86	0,35	0,66
E31 Finden Sie, dass Sie häufig krank sind?	1,69	0,90	0,25	0,68
G4 Finden Sie, dass Sie mehr Probleme haben als andere Menschen?	1,17	0,80	0,51	0,63
G6 Machen Sie sich häufig Sorgen über Ihre Zukunft?	1,06	0,99	0,38	0,65
Gesamt				*0,69*

Somit können alle Items in indexspezifische Summenscores einfließen. Dabei werden die Punktwerte (von 0 bis 2) der zu einem Index gehörenden Items summiert (fehlende Werte werden durch den Mittelwert der Variablen ersetzt). Aufgrund der unterschiedlichen Itemanzahl der Indizes werden Mittelwerte gebildet, d.h. die Summenscores werden durch die jeweilige Itemanzahl dividiert, sodass Summenwerte von 0 bis 2 möglich sind. Zur besseren Anschaulichkeit und Standardisierung der Skalen-Mittelwerte können diese wiederum in Prozentwerte umgewandelt werden mit Hilfe der Formel [(Skalen-Mittelwert/Skalen-Maximum)*100], wodurch sich der jeweils erreichte Prozentsatz des Skalen-Maximums („%SM") ergibt. Tabelle 50 fasst wesentliche statistische Kennwerte der einzelnen Indizes zusammen.

Die Subindizes zum subjektiven Wohlbefinden erreichen mit Alpha-Koeffizienten von 0,69 bis 0,81 für die Subindizes bzw. mit 0,85 für den Gesamtindex zufrieden stellende Zuverlässigkeiten (vgl. Brosius 2002, 766; Kap. 3.2). Da Cronbachs Alpha gemeinhin mit steigender Itemanzahl zunimmt, ist es nicht verwunderlich, dass der Index „Zufriedenheit mit den Freizeitmöglichkeiten" mit der höchsten Itemanzahl auch die höchste interne Konsistenz besitzt. Im Vergleich zu den Zufriedenheitsindizes weisen die Indizes „Wahlfreiheiten und Reglementierungen" und „soziale Aktivitäten" lediglich Reliabilitätskoeffizienten mittlerer Güte auf (0,59 bzw. 0,64). Dies lässt sich auf den vergleichsweise kleinen Itempool, von dem die Konstruktion dieser Indizes ihren Ausgang nahm, und den daraus resultierenden eingeschränkten Möglichkeiten der Itemselektion zurückführen.

Tabelle 50: Anzahl der Items, Mittelwerte in Punkten (M) und Prozent des
Skalen-Maximums (%SM), Standardabweichungen (SD), mittlere
Trennschärfeindizes (r_{it}) und Alpha-Koeffizienten (α) der Indizes

Index		Items	M	%SM	SD	r_{it}	α
Wahlfreiheiten und Reglementierungen		9	0,89	42%	0,35	0,29	0,59
Soziale Aktivitäten		8	1,28	64%	0,49	0,33	0,64
Gesamtindex Subjektives Wohlbefinden		43	1,28	64%	0,30	0,40	0,85
Subindizes	Zufriedenheit mit der Wohnsituation	9	1,43	72%	0,44	0,44	0,75
	Zufriedenheit mit den Freizeitmögl.	16	0,90	45%	0,47	0,42	0,81
	Zufriedenheit mit der Arbeit	10	1,52	76%	0,40	0,37	0,70
	Freiheit von subjektiver Belastung	8	1,25	63%	0,45	0,38	0,69

Beurteiler-Reliabilität (Inter-Rater-Reliabilität)

Die Beurteiler-Reliabilität gibt an, wie zuverlässig die Interviewer/innen die
Antwortkodierung im Fragebogen vornehmen. Da die befragten Personen insbesondere bei Fragen zu subjektiven Themen („Zufriedenheit", „Wahlfreiheiten")
nicht immer direkt mit „ja" oder „nein" bzw. mit „gut" oder „schlecht" antworten, ist es Aufgabe des Interviewers, aus den Antworten der Befragten die relevanten Antwortkategorien zu erschließen, die hinsichtlich der konstruierten Indizes schließlich zu einem Summenscore führen. Dadurch wird dem Interviewer
ein Interpretationsspielraum eingeräumt, der sich nachteilig auf die Reliabilität
und Validität der Ergebnisse auswirken kann.

Um die Beurteiler-Reliabilität überprüfen zu können, wird ein Drittel der
durchgeführten Interviews (n=43) auf der Grundlage von Tonbandmitschnitten
und Transkriptionen durch einen zweiten unabhängigen Beurteiler kodiert (vgl.
Ramstedt 2004, 3; Cummins 2001, 3; Flynn & Saleem 1986, 380). Anschließend
wird für die sich aus den Antwortkodierungen ergebenden Summenscores der
Indizes zur „Zufriedenheit" und „Wahlfreiheiten" die Intra-Klassen-Korrelation
(ICC) als Gütemaß für die Beurteiler-Reliabilität berechnet. Im Gegensatz zu
Übereinstimmungsmaßen werden bei der Beurteiler-Reliabilität die Kodierungen
nicht auf exakte Gleichheit, sondern auf Ähnlichkeit der absoluten Werte überprüft, d.h. relative Abweichungen der Einschätzungen werden berücksichtigt
(vgl. Wirtz & Caspar 2002, 157).

Da nicht alle Interviews von denselben Beurteilern eingeschätzt werden, wird die unjustierte Intra-Klassen-Korrelation nach dem einfaktoriellen varianzanalytischen Modell ($ICC_{unjust,\ einfakt}$) berechnet (vgl. Wirtz 2004). Die Werte der Intra-Klassen-Korrelation können zwischen 0 (vollständig zufällige Beurteilungen) und 1 (perfekte Reliabilität der Beurteilungen) variieren. In der Literatur wird im Allgemeinen eine Intra-Klassen-Korrelation von mindestens 0,7 als Indiz für eine gute Beurteiler-Reliabilität angesehen (vgl. Wirtz & Caspar 2002, 160). Da in der vorliegenden Untersuchung jedoch lediglich dreistufige Ratingskalen verwendet werden und die Antwortverteilungen der Befragten eine eingeschränkte Varianz aufweisen, sind strengere Maßstäbe anzulegen.

Tabelle 51: Beurteiler-Reliabilität für die Indizes zum subjektiven Wohlbefinden und zu Wahlfreiheiten (n=43)

Indizes	ICC[1]
Zufriedenheit mit der Wohnsituation	0,97
Zufriedenheit mit den Freizeitmöglichkeiten	0,95
Zufriedenheit mit der Arbeit	0,97
Freiheit von subjektiver Belastung	0,93
Gesamtindex Subjektives Wohlbefinden	0,97
Wahlfreiheiten	0,85

[1] Intra-Klassen-Korrelation: $ICC_{unjust,\ einfakt}$

Die Beurteiler-Reliabilität liegt mit einer Intra-Klassen-Korrelation von 0,85 bis 0,97 für alle Indizes im guten bis sehr guten Bereich (vgl. Tabelle 51). Auffällig ist, dass die Beurteiler-Reliabilität des Index „Wahlfreiheiten" (ICC=0,85) deutlich niedriger ist als die Reliabilitätskoeffizienten der Indizes zur „Zufriedenheit". Offenbar liegen die Einschätzungen der verschiedenen Beurteiler hier weiter auseinander bzw. die Antworten der Befragten liefern größere Interpretationsspielräume. Ein wesentlicher Grund dafür liegt vermutlich darin, dass die Befragten auf Fragen zu einrichtungsbezogenen Einschränkungen und Vorgaben häufiger mit „Erzählungen" (z.B. Episoden aus dem Alltagsleben) reagieren, die eine Einschätzung der Antworten auf der Grundlage der verwendeten Rating-Skalen durch die Interviewer (Beurteiler) erschweren. Nichtsdestotrotz deutet die insgesamt hohe Beurteiler-Reliabilität für alle Indizes daraufhin, dass die Antwortkodierung und damit die Ausprägung der Summenscores nicht wesentlich von der Person abhängen, welche die Beurteilungen vornimmt.

Die auf der Basis der Item- und Faktorenanalyse überprüften und optimierten Indizes bilden die Grundlage für die nachfolgende Analyse der Lebensqualitäts-dimensionen der befragten Personen.

5.3 Lebensqualität aus Nutzersicht

Im Folgenden werden die inhaltlichen Ergebnisse der Untersuchung zur Lebens-qualität dargestellt. Die Präsentation der Ergebnisse folgt dabei zunächst den drei im Zentrum der Untersuchung stehenden Lebensqualitätsdimensionen „Zufrie-denheit" (Kap. 5.3.1), „Wahlfreiheiten und Reglementierungen" (Kap. 5.3.2) und „soziale Aktivitäten" (Kap. 5.3.3). Zusammenhänge zwischen den Dimensionen werden in Kap. 5.3.4 analysiert. Neben inhaltlichen Erkenntnissen sollen die Be-fragungsergebnisse auch Validitätshinweise bezüglich des Erhebungsinstruments und der gebildeten Indizes liefern.

Den einzelnen Abschnitten wird jeweils zunächst eine deskriptive Vertei-lungsanalyse der Indexwerte für die Gesamtstichprobe vorangestellt, um einen Überblick über die erhobenen Daten zu gewinnen. Innerhalb der einzelnen In-haltsbereiche werden besonders interessierende Aspekte und Auffälligkeiten be-züglich einzelner Items fokussiert und zueinander in Beziehung gesetzt. Dieser vornehmlich deskriptiven Betrachtung folgt eine Subgruppenanalyse, in der ge-prüft wird, inwiefern einzelne Personengruppen, welche sich auf der Grundlage von Hintergrundvariablen bilden lassen, hinsichtlich der untersuchten Lebens-qualitätsdimensionen „Zufriedenheit", „Wahlfreiheiten" und „soziale Aktivitä-ten" in ihren Ausprägungen unterscheiden (vgl. Schnell, Hill & Esser 1999, 405). Die einbezogenen unabhängigen Variablen zur Bildung dieser Personengruppen sind: Geschlecht und Alter, Gesamtzeit stationärer Betreuung, Alltagskompeten-zen/ Hilfebedarf, Gruppengröße der Wohneinheiten. Diese Variablen wurden überwiegend über die Träger der Wohneinrichtungen mit Hilfe des verwendeten Kurzfragebogens erhoben (vgl. Kap. 4.5). Sie werden deshalb der Analyse zugrunde gelegt, da sie ihrerseits Indikatoren für Erfahrungswelten darstellen, welche für das Zustandekommen und die Ausprägung von Lebensqualität be-deutsam sein können.

An dieser Stelle sei auf einige Aspekte hingewiesen, die zum Verständnis und zur Interpretation der nachfolgenden Ergebnisse wichtig erscheinen. Zum einen ist bei den analytischen Mittelwertvergleichen bezüglich der verschiedenen Gruppierungen, die durch Aufgliederung der Gesamtstichprobe nach soziode-mografischen Merkmalen entstehen, nicht damit zu rechnen, dass sich die beobachteten Zusammenhänge oder Unterschiede immer auf einen einfachen Nenner bringen oder formelhaft zusammenfassen lassen (wie z.B.: „Ältere Personen sind zufriedener mit ihrer Wohnsituation als jüngere"). Die Menge und Komplexität möglicher einflussnehmender Faktoren auf subjektive Wahrnehmungs- und Bewertungsprozesse erscheinen zu groß, als dass einfache, homogene Erklärungen zu erwarten sind (vgl. Kap. 1.3).

Des Weiteren ist davon auszugehen, dass die Hintergrundvariablen zur Gruppenbildung selbst wiederum mit anderen Einflussgrößen zusammenhängen, die ihrerseits auf Lebensqualitätsaspekte einwirken. Diese Wirkungszusammenhänge einzuschätzen und zu beleuchten, also Hinweise auf Faktoren zu erhalten, welche über die Individualität eines Wahrnehmungs- und Bewertungsprozesses hinausgehend Lebensqualitätsdimensionen beeinflussen, ist zentrale Aufgabe der Vergleichs- und Zusammenhangsanalysen. Sie stellen den Anlass und Rahmen für die Interpretation der Ergebnisse dar, werden aber kaum strenge Kausalitäten und Dependenzen aufdecken können, sodass zwangsläufig ein Spielraum zur Einordnung der Untersuchungsergebnisse bleiben wird.

Zur Interpretation der Ergebnisse im Kontext der Zufriedenheitsanalysen ist zu bedenken, dass sich „Zufriedenheit" innerhalb der Lebensqualitätsforschung einerseits als durchaus sensitives Forschungskonstrukt – je nach Untersuchungskontext – erwiesen hat (vgl. Kap. 1.3). Andererseits kommen Forschungsstudien darin überein, dass im Allgemeinen hohe Zufriedenheitsniveaus zu erwarten sind (vgl. Cummins 1995; Dworschak 2004), mit anderen Worten: Der empirische Mittelwert ist höher als der theoretische Mittelwert. Folge davon ist ein Deckeneffekt, welcher die Streuung der Werte reduziert; eventuell feststellbare (auf den ersten Blick gering erscheinende) Mittelwertunterschiede sind vor diesem Hintergrund einzuordnen und zu bewerten. Insbesondere gilt es, Zufriedenheitsausprägungen zu identifizieren, die das übliche Maß an (hoher) Zufriedenheit eben nicht erreichen oder sogar noch überschreiten (vgl. Seifert 2006a, 15; Neuberger & Allerbeck 1978, 66 ff.). Welche Relevanz man derartigen Unterschieden in den Zufriedenheitswerten wiederum zuschreibt, bleibt aufgrund eines fehlenden Bezugs zu einem externen Außenkriterium unklar; hier herrscht eine gewisse Beliebigkeit, welche Differenz man – jenseits statistischer Signifikanz – für bedeutsam oder erheblich erklärt (vgl. Neuberger & Allerbeck 1978, 100 f.; Schnell, Hill & Esser 1999, 414 f.).

5.3.1 Zufriedenheit in Lebensbereichen

Die Items zur Zufriedenheit, welche im Fragebogen enthalten sind, zielen auf die subjektive Wahrnehmung individueller Alltagsgestaltung und die Bewertung der Lebensbedingungen unter stationären Wohn- und Betreuungsstrukturen. Die der Analyse zugrunde liegenden Zufriedenheitsindizes fassen die einzelnen Zufriedenheitsaussagen auf abstrakter Ebene zusammen und stellen somit bereichsspezifische Zufriedenheitsausprägungen in aggregierter Form dar.

Art und Ausmaß der Zufriedenheit in Lebensbereichen

Eine erste Verteilungsanalyse der Summenwerte pro Index erlaubt einen Überblick über die Ausprägung der Zufriedenheit der befragten Personen (vgl. Tabelle 52[11]).

Tabelle 52: Anzahl der Items, Mittelwerte (M), Standardabweichungen (SD), Minima und Maxima in Prozent des Skalen-Maximums der Indizes zur Zufriedenheit und Belastungsfreiheit

Index (n=129)	Items	M	SD	Min	Max
Gesamtindex Subjektives Wohlbefinden	43	64%	15%-P.	30%	94%
Subindizes Zufriedenheit mit der Wohnsituation	9	72%	22%-P.	11%	100%
Zufriedenheit mit den Freizeitmögl.	16	45%	24%-P.	0%	94%
Zufriedenheit mit der Arbeit	10	76%	20%-P.	10%	100%
Freiheit von subjektiver Belastung	8	63%	22%-P.	6%	100%

Über alle Fragen zum subjektiven Wohlbefinden hinweg (43 Items) ergibt sich für die Gesamtstichprobe ein Zufriedenheitsgrad von 64% des Maximalwerts. Im Vergleich der Subindizes ist der höchste durchschnittliche Zufriedenheitswert bei dem Index „Arbeit" zu finden (76% des Skalen-Maximums), der niedrigste bei dem Index „Freizeitmöglichkeiten" (45% des Skalen-Maximums). Hier liegt der empirische Mittelwert sogar – im Gegensatz zu den übrigen Indizes – unterhalb des theoretischen Mittelwerts von 50% des Skalen-Maximums. Die Standardabweichungen und Spannweiten weisen auf eine mittlere Streuung der Wer-

---

11 Die einzelnen statistischen Kennwerte sind zur besseren Anschaulichkeit und aufgrund der unterschiedlichen Reichweiten der Index-Summenwerte in Prozent des theoretisch erreichbaren Skalen-Maximums umgerechnet.

te hin, am höchsten bei dem Index „Freizeitmöglichkeiten" (Standardabweichung: 24 Prozentpunkte).

In einem zweiten Auswertungsschritt werden der Gesamtindex und die Subindizes in Ordinalskalen mit jeweils fünf Abstufungen überführt:

- sehr niedrige Zufriedenheit (0-20% des Skalenmaximums)
- eher niedrige Zufriedenheit (20-40% des Skalenmaximums)
- mittlere Zufriedenheit (40-60% des Skalenmaximums)
- eher hohe Zufriedenheit (60-80% des Skalenmaximums)
- sehr hohe Zufriedenheit (80-100% des Skalenmaximums)

Dadurch wird es möglich, Personengruppen mit unterschiedlichen Zufriedenheitsausprägungen zu differenzieren und einander gegenüberzustellen.

Abbildung 32: Gesamtindex „Subjektives Wohlbefinden" in Klassen (Angaben in %) (n=129)

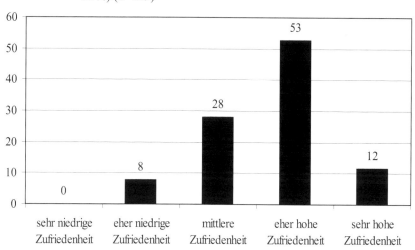

Der in eine entsprechende Ordinalskala umgewandelte Gesamtindex aller Items zum subjektiven Wohlbefinden liefert eine rechtssteile Verteilung (vgl. Abbildung 32). Über die Hälfte der Befragten antwortet – alle Items zusammen genommen – mit „eher zufrieden". Zufriedenheit im mittleren Bereich äußern 28% der befragten Personen; „hohe Zufriedenheit" auf der einen Seite (12%) und „eher niedrige Zufriedenheit" auf der anderen Seite (8%) sind vergleichsweise selten. Keine Person lässt sich der Gruppe der Befragten mit „sehr niedriger Zufriedenheit" zuordnen, da das Minimum bei 30% des Skalenmaximums liegt (vgl. Tabelle 52).

Die größte Befragtengruppe äußert somit eine Zufriedenheit von 60-80% des Skalenmaximums („eher zufrieden"). Ein ähnliches Ergebnis liefert auch die allgemeine Lebenszufriedenheitsfrage „Wie zufrieden sind Sie insgesamt mit Ihrem Leben?" (Item G9). Im Unterschied zu den übrigen Zufriedenheitsitems wurde diese Frage auf der Basis einer fünfstufigen Ratingskala mit ikonischen Ankern (traurige bis lachende Gesichter) beantwortet, um die Differenzierungs-fähigkeit der Skala zu erhöhen (vgl. Kap. 3.3.1). Niedrigstufige Skalierungen (z.B. 2er- oder 3er-Ratings) würden im Kontext allgemeiner, globaler Aussagen zur Lebenszufriedenheit, bei denen mit einer stärkeren Tendenz zur positiven Bewertung zu rechnen ist (vgl. Kap. 1.3), mögliche Zufriedenheitsdifferenzen kaum hinreichend erfassen können. Bei dieser allgemeinen Frage nach der Lebenszufriedenheit ergibt sich im Untersuchungssample ein Mittelwert von 75,6% des Skalen-Maximums (Standardabweichung: 29 Prozentpunkte), was dem „Gold Standard" nach Cummins (1995) entspricht, der bei allgemeinen Zufrie-denheitsfragen zu erwarten ist (vgl. Kap. 1.3). Solche Werteverteilungen sind für das subjektive Wohlbefinden und die allgemeine Lebenszufriedenheit charakte-ristisch – insbesondere der Befund, dass ein überwiegender Anteil der Befragten über ein positives Wohlbefinden berichtet (vgl. Abbildung 5 in Kap. 1.3; Cum-mins, Lau & Davern 2007, 2). Insofern kann die Verteilung in Abbildung 32 als erster Validitätshinweis gewertet werden.

Verlässt man die globale Betrachtungsebene subjektiven Wohlbefindens und analysiert die Verteilung der Werte der einzelnen bereichsspezifischen Sub-indizes, so lassen sich leichte Unterschiede in den Verteilungsformen feststellen (vgl. Abbildung 33 bis Abbildung 36):

Abbildung 33: Index „Zufriedenheit mit der Wohnsituation" in Klassen
(Angaben in %) (n=129)

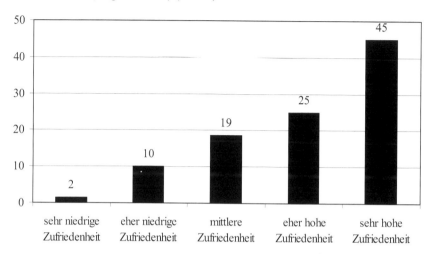

Abbildung 34: Index „Zufriedenheit mit den Freizeitmöglichkeiten" in Klassen
(Angaben in %) (n=129)

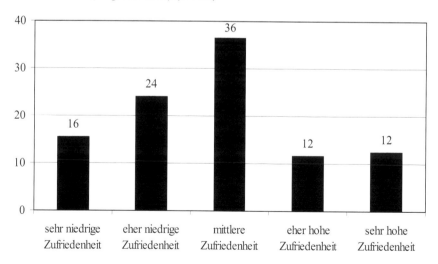

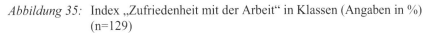

Abbildung 35: Index „Zufriedenheit mit der Arbeit" in Klassen (Angaben in %) (n=129)

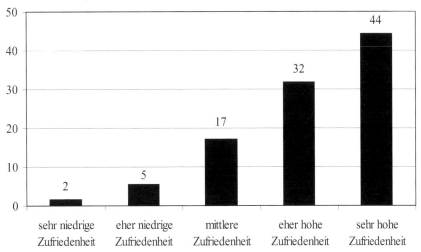

Abbildung 36: Index „Freiheit von subjektiver Belastung" in Klassen (Angaben in %) (n=129)

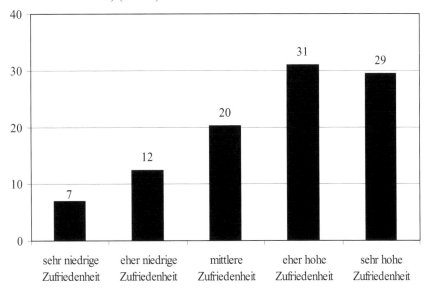

Drei von vier Subindizes weisen eine negative Schiefe auf und damit deutliche Abweichungen von der Normalverteilung. Insgesamt betrachtet lässt sich ein überwiegender Personenanteil festmachen, der sich zufrieden oder sogar sehr zufrieden in den einzelnen Lebensbereichen zeigt. Einzige Ausnahme bildet der Subindex „Zufriedenheit mit den Freizeitmöglichkeiten", bei der vergleichsweise geringere (und annähernd normalverteilte) Zufriedenheitswerte auftreten: Hier stehen 40 % der Befragten mit „(sehr) niedriger Zufriedenheit" 24 % der Befragten mit „(sehr) hoher Zufriedenheit" gegenüber; 36 % äußern „mittlere Zufriedenheit" (vgl. Abbildung 34).

Dieser Unterschied in der Verteilung bildet sich auch in der Zusammenhangsanalyse zwischen den Subindizes subjektiven Wohlbefindens und der allgemeinen Lebenszufriedenheitsfrage „Wie zufrieden sind Sie insgesamt mit Ihrem Leben?" (Item G9) ab (vgl. Tabelle 53).

Tabelle 53: Korrelation zwischen den Zufriedenheitsindizes und der Frage zur allgemeinen Lebenszufriedenheit

	Allgemeine Lebenszufriedenheit	
	r (Rangkorrelation)	p
Zufriedenheit mit der Wohnsituation	0,33	< 0,01
Zufriedenheit mit den Freizeitmöglichkeiten	0,03	ns
Zufriedenheit mit der Arbeit	0,25	< 0,01
Freiheit von subjektiver Belastung	0,26	< 0,01
Gesamtindex Subjektives Wohlbefinden	0,29	< 0,01

Bei nahezu allen Indizes zeigen sich signifikante – wenngleich mäßige – Korrelationen. Eine Ausnahme bildet der Index „Zufriedenheit mit den Freizeitmöglichkeiten". Eine Erklärung könnte sein, dass sich dessen Items im Unterschied zu den anderen Subindizes auf konkretere Sachverhalte (Ausübung sozialer Aktivitäten) beziehen und daher direkte Vergleichsprozesse provozieren (vgl. Kap. 1.3).

Trotz der generell überwiegenden Zufriedenheitsbekundungen zeigen die Abbildungeb 33 bis 36, dass sich dennoch Personengruppen festmachen lassen, deren Antworten auf grundlegende Unzufriedenheiten hinweisen. Um näher analysieren zu können, welche spezifischen Gesichtspunkte für die geäußerte (Un-)Zufriedenheit den Ausschlag geben, werden nachfolgend diejenigen Items

– nach Inhaltsbereichen getrennt – identifiziert, bei den sich besonders hohe bzw. niedrige Zufriedenheitswerte zeigen.

Zufriedenheit mit der Wohnsituation und dem Zusammenleben

Tabelle 54 verdeutlicht die Tendenz, dass allgemein gehaltene Fragen zur Bewertung der Wohnsituation (vgl. Items A2 und A1) eher positiv beantwortet werden, hingegen Fragen, welche Vergleiche z.B. mit der vorherigen Wohnform provozieren (vgl. Items A4, A3, E6), ein kritischeres Bild ergeben. So liegt der Mittelwert bei Item A4 „Wo haben Sie gewohnt, bevor Sie hierher gezogen sind? → Wo gefällt es Ihnen besser?" lediglich bei 67%. Eine genauere Analyse der Antworten bei dieser Frage offenbart, dass 27% der Befragten (n=34) angeben, dass es ihnen in ihrer vorherigen Wohnform im Vergleich zur jetzigen Wohnsituation besser gefallen hat.

Tabelle 54: Mittelwerte der Items „Wohnen" in Prozent des Skalenmaximums (Ranking nach Mittelwerten)

Nr.	Zufriedenheit mit der Wohnsituation	n	M
A2	Mögen Sie die Umgebung vom Wohnheim?	127	92%
A1	Wie gefällt es Ihnen hier im Wohnheim/ in der Wohngruppe?	127	87%
E4	Wohnen Sie gerne alleine/ mit den Leuten in der Wohngruppe zusammen?	127	85%
A4	Wo haben Sie gewohnt, bevor Sie hierher gezogen sind? → Wo gefällt es Ihnen besser?	124	67%
A3	Würden Sie lieber woanders wohnen?	127	66%
E6	Gibt es Menschen in der Wohngruppe/ Wohnung, mit denen Sie nicht gern zusammen wohnen?	121	47%

Des Weiteren geben bei Item A3 „Würden Sie lieber woanders wohnen?" 29% der Befragten (n=37) an, lieber woanders wohnen zu wollen; diese Personen möchten entweder in eine selbstständigere Wohnform wechseln („außerhalb, nicht im Wohnheim", „ambulant betreutes Wohnen", „alleine", „eigene Wohnung", „Außenwohngruppe") (n=18) oder lieber in ein anderes Wohnheim ziehen (n=9), das entweder konkret benannt oder als „andere Gruppe" bezeichnet wird (vgl. Tabelle 55).

Tabelle 55: Gewünschte Wohnformen derjenigen Befragten, die sich eine Veränderung der Wohnsituation wünschen (n=37)

Wohnform	Anzahl der Befragten
selbstständigere Wohnform (Außenwohngruppe, ambulant betreutes Wohnen, eigene Wohnung)	18
andere Wohngruppe/ anderes Wohnheim	9
bei Eltern/ Familie	6
mit Partner/in oder Freund/in	4
Gesamt	*37*

Eine ähnliche Frage wurde zu einem späteren Zeitpunkt im Interview gestellt: „Wo oder wie möchten Sie in einem Jahr leben?" (Item G7). Im Unterschied zu Frage A3 („Wo möchten Sie lieber wohnen?") bezieht diese Frage sich nicht auf die gegenwärtige, sondern auf die zukünftige Lebenssituation. Die Hälfte der Befragten wünscht sich in naher Zukunft keine konkrete Veränderung der Lebens- und Wohnsituation (n=59). Bei der anderen Hälfte der Personen, die sich eine Veränderung wünschen (n=59), dominiert der Wunsch nach einer selbstständigeren Wohnform (n=26), z.B.: „Außenwohngruppe", „außerhalb", „eigene Wohnung", „ambulant betreutes Wohnen", „integriert in die Stadt". An zweiter und dritter Position rangieren Wünsche danach, mit Partner/in oder Freund/in zusammen zu wohnen (n=11) bzw. in eine andere Wohngruppe oder ein anderes Wohnheim umzuziehen (n=8) (vgl. Tabelle 56).

Tabelle 56: Gewünschte Wohnformen derjenigen Befragten, die sich eine Veränderung der Wohnsituation in der Zukunft wünschen (n=59)

Wohnform	Anzahl der Befragten
selbstständigere Wohnform (Außenwohngruppe, alleine, ambulant betreutes Wohnen)	26
mit Partner/in oder Freund/in	11
andere Wohngruppe/ anderes Wohnheim	8
bei Eltern/ Familie	3
Sonstiges	6
keine näheren Angaben	5
Gesamt	*59*

Im direkten Vergleich der Fragen zur Veränderung der Wohnsituation (Items A3
und G7) zeigt sich also, dass sich eine größere Personengruppe perspektivisch
(für die nahe Zukunft) eine Veränderung in Richtung mehr Selbstständigkeit
vorstellen kann, während vergleichsweise weniger Personen eine Veränderung
der gegenwärtigen Situation anstreben.

Interessant ist, dass diejenigen Personen, die sich eine Veränderung der
Wohn- und Lebenssituation in naher Zukunft vorstellen, deutlich niedrigere Zufriedenheit äußern als Bewohner/innen, die ihre Wohnsituation nicht ändern
möchten (vgl. Tabelle 57). Dies betrifft alle Zufriedenheitsbereiche, am deutlichsten die „Zufriedenheit mit der Wohnsituation" (mittlerer Zufriedenheitsgrad
von 82% vs. 62%). Die Mittelwertunterschiede (zwischen 9 und 20 Prozentpunkte) stellen sich im Mann-Whitney-Test bei den Indizes „Wohnsituation",
„Arbeit", „Freiheit von subjektiver Belastung" und dem Gesamtindex als höchst-
signifikant (p < 0,001) heraus, beim Index „Freizeitmöglichkeiten" signifikant
auf dem 5%-Niveau. Dieses Ergebnis deutet darauf hin, dass mit einer größeren
Unzufriedenheit mit der gegenwärtigen Situation der Wunsch nach Veränderung
steigt.

Tabelle 57: Zufriedenheitswerte nach Personen mit und ohne Wunsch nach
Veränderung der Wohn- und Lebenssituation (Mittelwerte in % des
Skalenmaximums)

	Wo oder wie möchten Sie in einem Jahr leben? (G7)		
	so wie jetzt (n=59)	anders (n=59)	Gesamt (n=118)
Zufriedenheit mit der Wohnsituation	82%	62%	72%
Zufriedenheit mit den Freizeitmöglichkeiten	49%	40%	44%
Zufriedenheit mit der Arbeit	83%	67%	75%
Freiheit von subjektiver Belastung	70%	55%	63%
Gesamtindex	71%	56%	64%

Die niedrigsten Zufriedenheitswerte im Themenfeld „Wohnen" sind bei der Frage „Gibt es Menschen in der Wohngruppe/ Wohnung, mit denen Sie nicht gern
zusammen wohnen?" feststellbar (vgl. Tabelle 54): 54% der Befragten äußern,
dass es Mitbewohner/innen gibt, mit denen sie nicht gerne zusammen wohnen.
Da die Wohngruppen im Durchschnitt aus ca. 9 bis 10 Personen bestehen (vgl.
Kap. 5.1) und die Bewohner/innen in der Regel kein Mitspracherecht bei Neu-

einzügen besitzen, ist es plausibel, dass das Zusammenleben mit einzelnen Mitbewohner/innen als schwierig empfunden werden kann. Auf die offene Anschlussfrage nach dem Umgang mit sozialen Konflikten in der Wohngruppe (Item E6) werden zum großen Teil lösungsorientierte Bewältigungsstrategien genannt (n=28), z. B.:

- „Probleme werden angesprochen", „Lösungen werden im Gespräch gesucht"
- „ich suche mir Hilfe, rede mit den Mitarbeitern", „die Mitarbeiter geben Ratschläge"
- „die Mitarbeiter greifen ein und schlichten", „Mitarbeiter vermitteln bei Konflikten"

Auf der anderen Seite berichten einige Befragten (n=22) von Reaktionen, welche auf ein Vermeidungsverhalten und einen resignativen Anpassungsprozess hinweisen, z. B.:

- „die Mitarbeiter sagen: ‚Das ist deine Sache'"
- „ignorieren, aus dem Weg gehen",
- „ich bleibe meistens im Zimmer"
- „lieber den Mitarbeitern bei Konflikten nichts sagen"

Hier zeigen sich deutliche Indizien für individuelle Versuche des „Sich-Arrangierens" mit sozialen Konflikt- und Spannungsfeldern. Die defensive Strategie einiger Bewohner/innen, Streitigkeiten möglichst aus dem Weg zu gehen, scheint in der Regel mit sozialem Rückzug einherzugehen (vgl. Wacker et al. 1998, 260).

Tabelle 58: Zufriedenheit mit der Zimmerkonstellation (Angaben in absoluten Zahlen und in Prozent der Zeilensummen, n=108)

Zimmerkonstellation	Wohnen Sie gerne alleine/ mit den anderen im Zimmer?			
	geringe Zufriedenheit	mittlere Zufriedenheit	hohe Zufriedenheit	Gesamt
alleine/ mit Partner(in)	2 (3%)	0 (0%)	66 (97%)	68 (100%)
in Zwei-/ Dreibettzimmer	5 (13%)	4 (10%)	31 (77%)	40 (100%)
Gesamt	7 (6%)	4 (4%)	97 (90%)	108 (100%)

Ein positiveres Bild ergibt die Frage nach der Zufriedenheit mit der Zimmerbelegung (Item E1): Hier überwiegt insgesamt mit knapp 90% der Befragten
(n=97) die Zufriedenheit mit der Zimmerkonstellation. Unter denjenigen Personen, welche sich nicht oder nur teilweise zufrieden äußern, sind fast ausschließlich Bewohner/innen, welche über ein Zwei- oder Dreibettzimmer verfügen.
Nichtsdestotrotz zeigen sich auch 77% der Bewohner/innen eines Zwei- und
Mehrbettzimmers zufrieden mit der Zimmerbelegung (vgl. Tabelle 58).

Zusätzliche Hinweise auf Aspekte der (Un-)Zufriedenheit der Bewoh-
ner/innen bezogen auf die Wohnsituation sowie die Unterstützungsstrukturen
erlaubt die Frage „Was würden Sie hier in der Wohngruppe ändern?" (G10). Insgesamt 61 Personen haben diese Frage nicht beantwortet, allerdings bleibt unklar, ob dies als Zeichen der Zufriedenheit zu bewerten ist oder als Indiz für die
Schwierigkeit, offene Fragestellungen zu beantworten (vgl. Kap. 3.3.2).

Acht Personen geben explizit an, keine Veränderungen in der Wohngruppe
vornehmen zu wollen (z.B. „alles so lassen", „nichts ändern"), wobei diese Aussagen nur teilweise Zufriedenheit ausdrücken: Einige Antworten sind deutliche
Symptome subjektiv erlebter Hilflosigkeit und Resignation einiger Bewoh-
ner/innen, z.B.: „Am besten man lässt alles so, wie es ist, sonst eckst du nur an",
„so lassen wie es ist, Veränderungen belasten" oder „Was soll ich schon ändern?"

Die Antworten der übrigen Befragten (n=60) lassen sich wie folgt kategori-
sieren (vgl. Tabelle 59):

Tabelle 59:   Gewünschte Änderungen in der Wohngruppe/ im Wohnheim
               (Mehfachnennungen möglich, n=60)

Änderungen in der Wohngruppe/ im Wohnheim	Anzahl der Nennungen
Räumlichkeiten, materielle Ausstattung	30
Regeln und Vorgaben	17
soziales Zusammenleben	10
Mitarbeiter/ Unterstützung	10
Sonstiges	13
Gesamt der Nennungen	*80*

Die meisten Änderungswünsche beziehen sich auf die Räumlichkeiten der
Wohneinrichtungen sowie deren materielle Ausstattung (z.B. „Einrichtung reno-
vieren", „umbauen", „außen streichen", „nur noch Einzelzimmer" etc.). Viele der

befragten Personen wünschen sich weniger Reglementierungen und mehr Handlungsspielräume, z. B.:

- „andere Aufstehzeiten",
- „mehr Ausgang und nicht gegen 20-21 Uhr zu Hause sein müssen",
- „Badeplan abschaffen",
- „Verwaltung des Geldes auf die Bewohner übertragen",
- „Freundin abends besuchen dürfen",
- „es wird zuviel gesagt",
- „mehr Freiheit".

Ferner spielen soziale Aspekte des Zusammenlebens mit den Mitbewohner/innen („anständiges Benehmen", „gegenseitiges Helfen") sowie die Unterstützung durch die Mitarbeiter/innen im Wohnheim („Wünsche berücksichtigen", „gerechte Behandlung", „Arbeitszeiten der Mitarbeiter") eine Rolle, wobei sich einige Befragte mehr Unterstützung („Ich würde für mehr Mitarbeiter sorgen", „mehr Personal"), andere weniger Unterstützung wünschen („Erzieher nach Hause schicken"). Unter „Sonstiges" fallen z. B. Angaben bezogen auf den Freizeitbereich, die Finanzierung der Einrichtungen, den Erwerb von Kompetenzen als auch drastische Forderungen nach einer Abschaffung der Wohnheime (z. B. „ich würde die Einrichtung abreißen", „Anstalt schließen").

Zufriedenheit mit den Freizeitmöglichkeiten

Im Freizeitbereich lassen sich sehr heterogene Bewertungen feststellen. Ordnet man die Fragen nach der Zufriedenheit mit den Freizeitmöglichkeiten in eine Rangreihenfolge und stellt die Fragen mit den höchsten und niedrigsten Zufriedenheitswerten einander gegenüber, so ergibt sich folgendes Bild (vgl. Tabelle 60):

Deutliche Unzufriedenheit zeigt sich bei den Items „Hobbys ausüben" (B29) sowie „einkaufen/ bummeln" (B22), „essen gehen" (B10) und „ins Kino gehen" (B14). Mittlere Zufriedenheitsbekundungen liefern die Items zum aktiven „Sport machen" (B4) bzw. passiven „Sportveranstaltungen besuchen" (B6). Eher zufrieden sind die Befragten lediglich mit der Möglichkeit, in die „Kirche zu gehen" (B8).

Tabelle 60: Mittelwerte der Items „Freizeit" in Prozent des Skalenmaximums
(Ranking nach Mittelwerten)

Nr.	Zufriedenheit mit den Freizeitmöglichkeiten	n	M
B8	in Kirche gehen	126	66%
B4	Sport machen	127	49%
B6	Sportveranstaltungen besuchen	128	46%
B14	Kino gehen	129	35%
B10	essen gehen	128	31%
B22	einkaufen/ bummeln	124	30%
B29	Hobby ausüben	101	23%

83% der befragten Personen (n=106) geben an, regelmäßig in den Urlaub zu
fahren, davon am häufigsten mit der Wohngruppe (82%), mit der Familie (20%)
oder anderen Personen/Gruppen, z.B. mit Vereinen oder speziellen Reiseagentu-
ren für Menschen mit Behinderung (20%). Mit Freunden fahren lediglich 9% in
den Urlaub, alleine verbringen 2% ihren Urlaub (Tabelle 61).

Tabelle 61: Begleitung auf Urlaubsreisen (Mehrfachnennungen möglich,
n=106)

Verreisen im Urlaub	Anteil der Befragten
mit der Wohngruppe	82%
mit Eltern/ Familie	20%
mit anderen Gruppen (Vereine, Reiseagenturen etc.)	12%
mit Freunden	9%
alleine	2%

Die quantitative Dominanz der Wohngruppe kann zum einen mit dem hohen
Unterstützungsbedarf der Bewohner/innen bei der Planung und Durchführung
von Urlaubsreisen und dem damit verbundenen erhöhten Betreuungsaufwand
erklärt werden. Eine weitere Erklärung könnte sein, dass sich die sozialen Kontakte der Bewohnerschaft im Wesentlichen auf die Wohneinrichtung konzentrieren, sodass es nahe liegend ist, im Urlaub mit den Mitbewohner/innen wegzufah-
ren. Als weiterer Faktor spielen sicherlich auch die defizitäre Angebotstruktur
(außerhalb institutioneller (Pauschal-)Angebote), fehlende Reisemöglichkeiten

für Menschen mit Behinderung und geringe finanzielle Ressourcen eine gewisse Rolle für die Umsetzungsschwierigkeiten individualisierter Urlaubsaktivitäten.

Dies schlägt sich in einer relativ geringen Zufriedenheit nieder: Von den 83% der Befragten (n=106), die regelmäßig in den Urlaub fahren, möchten 42% (n=44) lieber mit anderen Leuten den Urlaub verbringen; von den 17% (n=22) derjenigen Personen, die keinen Urlaub machen, möchten 71% (n=15) gerne einmal in den Urlaub fahren. Hier offenbart sich deutlich der Wunsch nach einer größeren Vielfalt des Angebots im Urlaubsbereich.

Allgemeine Fragen zur Bewertung der Freizeit hingegen werden überwiegend positiv beantwortet: 77% der Befragten finden, dass sie genug Dinge haben, die sie in ihrer Freizeit machen können (Item B31) und 91% sind mit dem, was sie in ihrer Freizeit machen, zufrieden (Item B34). Lediglich 17% der befragten Personen geben an, dass ihnen in ihrer Freizeit häufig langweilig ist (Item B32).

Tabelle 62: Freizeitwünsche (Anzahl der Nennungen, Mehrfachnennungen möglich)

Wünsche im Freizeitbereich	Anzahl der Nennungen
Ausflüge, Reisen	44
Besuch von Veranstaltungen	20
Ausgehen, Unternehmungen	13
Sport treiben	13
soziale Kontakte pflegen und ausbauen	9
kreativ sein	8
Sonstiges	11
Keine Wünsche	30
Gesamt der Nennungen	148

Auf die Frage „Welche Wünsche und Träume haben Sie, was Ihre Freizeit betrifft? Was würden Sie gerne einmal in Ihrer Freizeit tun?" (Item B35) werden am häufigsten Ausflüge und Reisen genannt („fortfahren", „andere Länder kennen lernen", „Lanzarote"). Dies bestätigt die oben dargestellten Unzufriedenheitsbekundungen bezüglich der Angebote und Möglichkeiten, im Urlaub zu verreisen. Als weitere Nennungen finden sich der Besuch von Veranstaltungen („Theater", „Fußballspiel", „Kino", „Konzerte"), Ausgehen und Unternehmungen („abends rausgehen", „ins Café gehen") sowie sportliche Aktivitäten („Schwimmen", „Ski fahren") unter den Freizeitwünschen (vgl. Tabelle 62).

Zufriedenheit mit der Arbeit und der finanziellen Lage

Im Bereich „Arbeit" lässt sich eine hohe durchschnittliche Zufriedenheit (größer als 80%) bei denjenigen Items feststellen, welche auf die subjektive Bedeutung einer produktiven Beschäftigungsmöglichkeit für die Befragten zielen (vgl. Items C9, C8 und C2; Tabelle 63).

Tabelle 63: Mittelwerte der Items „Arbeit" in Prozent des Skalenmaximums (Ranking nach Mittelwerten)

Nr.	Zufriedenheit mit der Arbeit	n	M
C9	Sind Sie mit dem, was Sie bei Ihrer Arbeit lernen und gelernt haben, zufrieden?	123	89%
C8	Gibt Ihnen die Arbeit das Gefühl, wertvoll zu sein und gebraucht zu werden?	120	85%
C2	Gefällt Ihnen Ihre Arbeit?	125	83%
C15	Sind sie mit dem Lohn, also der Bezahlung für Ihre Arbeit, zufrieden?	121	68%
C14	Möchten Sie lieber woanders arbeiten?	124	67%
C20	Machen Sie sich oft Sorgen darüber, ob Sie genug Geld haben?	126	56%

Geringere Zufriedenheitswerte lassen sich bei Fragen zur Entlohnung (C15; Mittelwert: 68%) und zur finanziellen Lage (C20; Mittelwert: 56%) beobachten (vgl. zu ähnlichen Ergebnissen Wacker et al. 1998, 192). Die Frage nach einer Veränderung der Arbeitssituation (Item C14) liefert mit einem durchschnittlichen Zufriedenheitsgrad von 67% ebenfalls vergleichsweise geringe Werte, anders ausgedrückt: 31% der Befragten (n=37) wünschen sich eine andere Beschäftigungsform (vgl. Tabelle 64).

Nahezu 50% derjenigen Personen, die woanders arbeiten möchten (n=18), wollen lieber auf dem allgemeinen Arbeitsmarkt als in einer Werkstatt für behinderte Menschen arbeiten („Café", „Büroarbeit", „im Freien", „draußen" usw.). 19% der Befragten möchten lieber in einer anderen Werkstatt arbeiten (n=7), 14% in einem anderen Arbeitsbereich bzw. in einer anderen Abteilung innerhalb der Werkstatt (n=5).

Tabelle 64: Gewünschte Beschäftigungsformen derjenigen Befragten, die sich
eine Veränderung der Arbeitssituation wünschen (n=37)

Gewünschte Beschäftigungsform	Anzahl	Anteil
allgemeiner Arbeitsmarkt	18	49%
andere Werkstatt für behinderte Menschen (WfbM)	7	19%
anderer Arbeitsbereich innerhalb der WfbM	5	14%
anderes Berufs- und Tätigkeitsfeld	3	8%
Sonstiges	4	11%
Gesamt	*37*	*100%*

Auf die zusätzliche Frage „Was würden Sie gerne in der Werkstatt/ an Ihrer Arbeitsstelle ändern? Was sollte besser werden?" (C13) nennen die Befragten zumeist Aspekte der Arbeitsbedingungen wie z.B. die Arbeits- und Pausenzeiten
(26%) sowie räumliche Bedingungen bzw. Aspekte der Arbeitsplatzbeschaffen-
heit (23%) (vgl. Tabelle 65).

Tabelle 65: Veränderungswünsche am Arbeitsplatz (n=66)

Veränderungswünsche am Arbeitsplatz	Anzahl	Anteil
Arbeits- und Pausenzeiten	17	26%
räumliche Bedingungen, Arbeitsplatzbeschaffenheit	15	23%
Art und Menge der Tätigkeit	9	14%
Verhalten der Gruppenleiter in der WfbM	7	11%
Arbeitsatmosphäre/ Kollegen	6	9%
Lohn	5	8%
Sonstiges	7	11%
Gesamt	*66*	*100%*

Trotz der geringen Zufriedenheit mit der Entlohnung (s. oben) nimmt diese nur
eine nachrangige Stellung im Kontext arbeitsplatzbezogener Veränderungswünsche ein (lediglich 8%). Eine Erklärung könnte sein, dass die Entlohnung von
den Befragten nicht in direkten Zusammenhang mit dem Arbeitsplatz in einer
Werkstatt für behinderte Menschen gebracht wird und hier direkte arbeitsrele-
vante Aspekte, wie z.B. die Ausstattung des Arbeitsplatzes sowie soziale Bezie-

hungen zu den Gruppenleitern bzw. Kollegen, eine dominante Stellung einnehmen.

Generelles Wohlbefinden, subjektive Belastungen und Wünsche

Im Bereich „Freiheit von subjektiver Belastung" zeigen sich hohe Zufriedenheitswerte bei Fragen zu gesundheitlichen Aspekten wie z. B. „häufig krank sein" (E31) und „häufig schlecht schlafen" (E30), d.h. diese Fragen nach Belastungssymptomen werden größtenteils verneint (vgl. Tabelle 66).

Tabelle 66:   Mittelwerte der Items „Subjektive Belastung" in Prozent des Skalenmaximums (Ranking nach Mittelwerten)

Nr.	Subjektive Belastung	n	M
E31	Finden Sie, dass Sie häufig krank sind?	127	82%
E30	Schlafen Sie häufig schlecht?	128	71%
G6	Machen Sie sich häufig Sorgen über Ihre Zukunft?	121	54%
D5	Wünschen Sie sich mehr Hilfe und Unterstützung?	126	53%

Knapp die Hälfte der Befragten wünscht sich jedoch insgesamt „mehr Hilfe und Unterstützung" (D5) bzw. macht sich generell „Sorgen über die Zukunft" (G6). Diese Items mit einer vergleichsweise höheren Subjektivität des Inhaltsbereichs (innerpsychische Zustände) werden insgesamt negativer bewertet als Fragen zu Inhalten, die auch eine objektive (von „außen" beobachtbare) Seite besitzen (z. B. „häufig krank sein").

Um allgemeine Wünsche der Befragten zu ermitteln, wurde die so genannte „Fee-Frage" (vgl. Wacker et al. 1998, 285) gestellt: „Wenn Sie drei Wünsche frei hätten, wie im Märchen: Was würden Sie sich wünschen?" (Item G11). Wünsche und Träume der Bewohner/innen sind insofern interessant, als sie indirekt Aufschlüsse über die Lebenssituation, aktuelle Bedeutungsgewichtungen und generelle Einschätzungen der Lebenszufriedenheit ermöglichen. Aufgrund der Vielfalt der genannten Wünsche und Träume werden die Antworten in Kategorien zusammengefasst (vgl. Tabelle 67).

Tabelle 67:   Genannte allgemeine Wünsche (Anzahl der Nennungen, Mehrfachnennungen möglich)

Wünsche	Anzahl der Nennungen
materielle Wünsche	41
Unternehmungen/ Reisen	26
soziale Kontakte	24
Veränderungen der Wohnsituation	24
Gesundheit/ keine Behinderung	11
berufliche Wünsche	6
Führerschein	3
Tiere	2
freundschaftlicher Umgang	2
Sonstiges	17
Gesamt	156

Angeführt wird die Wunschliste von materiellen Wünschen (41 Nennungen). Dabei reichen diese Wünsche von eher bescheidenen Anschaffungen („Schrank", „Couchbett", „Schuhe", „Kasten Bier") bis hin zu teureren Gütern („Fernseher", „Videorekorder", „Computer", „Luxusauto", „nettes Häuschen") bzw. Geldwerten („Lottogewinn", „Koffer voll Geld").

An zweiter Stelle findet sich der Wunsch nach Unternehmungen und Reisen („nach Berlin fahren", „Reise zur Ostsee", „nach Mallorca fliegen", „Hawaii-Urlaub"), gefolgt von Wünschen bezüglich sozialer Beziehungen, Kontakten und Sexualität („gute Freunde", „Partner kennen lernen", „bessere Freundin", „Frau zum Heiraten", „mit Freundin schlafen", „eigene Familie haben") sowie Veränderungen der Wohnsituation („in eigener Wohnung leben", „zu den Eltern zurück").

Insgesamt beziehen sich die genannten Wünsche und Träume der befragten Personen überwiegend auf mehr oder minder erreichbare und relativ realistisch erscheinende Ziele und Vorstellungen (vgl. Wacker et al. 1998, 287). Eine besondere „Behinderungsspezifität" der Wunschvorstellungen ist nicht generell erkennbar und wird nur in Ausnahmefällen deutlich, z.B.: „keine Behinderung", „ich hätte gerne keine Spastik und wäre gesund", „dass ich hier rauskomme, dass ich die Anstalt nicht mehr sehen muss", „nicht mehr im Haus XY [Name der Wohneinrichtung] sein". Insgesamt kommen in der Befragung eher Wünsche zum Ausdruck, die sich von denen der Allgemeinbevölkerung nicht wesentlich unterscheiden dürften (vgl. Wacker et al. 1998, 286).

Vergleiche der Zufriedenheit zwischen verschiedenen Personengruppen

Im Folgenden wird eine Subgruppenanalyse durchgeführt mit dem Ziel zu ermitteln, inwiefern sich einzelne Personengruppen, welche auf der Grundlage diverser unabhängiger Variablen gebildet werden können (Geschlecht, Alter, Gesamtzeit stationärer Betreuung, Alltagskompetenzen/Hilfebedarf, Freund- und Partnerschaft, Gruppengröße), in ihren Zufriedenheitsniveaus unterscheiden. Auffällige Korrelationen und eventuelle Mittelwertdifferenzen zwischen den Subgruppen werden ggf. durch Signifikanztests auf ihre Tragweite hin überprüft.

■   Geschlecht

Im Vergleich der Geschlechter lassen sich kaum Unterschiede in der Lebenszufriedenheit feststellen (vgl. Tabelle 68). Frauen scheinen insgesamt zwar etwas zufriedener zu sein, diese Unterschiede erweisen sich jedoch als sehr gering und nicht signifikant.

Tabelle 68:   Zufriedenheitswerte nach Geschlecht (Mittelwerte in % des Skalenmaximums)

	männlich (n=77)	weiblich (n=52)	Gesamt (n=129)
Zufriedenheit mit der Wohnsituation	70%	74%	72%
Zufriedenheit mit den Freizeitmöglichkeiten	42%	48%	48%
Zufriedenheit mit der Arbeit	74%	78%	78%
Freiheit von subjektiver Belastung	64%	60%	60%
Gesamtindex	62%	65%	65%

■   Alter

Insgesamt lässt sich kein eindeutiger (linearer) Zusammenhang zwischen dem Alter und der persönlichen Zufriedenheit feststellen (vgl. Tabelle 69). Lediglich die Zufriedenheit mit der Arbeitssituation scheint mit dem Alter tendenziell anzusteigen (r = 0,3; p < 0,01) (vgl. zu ähnlichen Ergebnissen Neuberger & Allerbeck 1978, 103). Hier ist zu vermuten, dass das Anspruchsniveau in der Bewertung der Arbeitssituation eine entscheidende Rolle spielt: Jüngere Personen wünschen sich im Vergleich zu älteren Personen häufiger arbeitsplatzbezogene Veränderungen und Weiterentwicklungen; mit zunehmendem Alter reduziert sich der Erwartungshorizont, sodass sich die Distanz zwischen gewünschter und reeller Arbeitssituation vermindert und die Zufriedenheit steigt.

Auffällig ist ferner, dass jüngere Menschen zwischen 21 und 25 Jahren mit der Wohnsituation deutlich unzufriedener sind als ältere Menschen (Mittelwert: 59%; 13 Prozentpunkte unterhalb des Mittelwerts der Gesamtstichprobe). Eine nahe liegende Vermutung ist, dass hier die Gesamtdauer stationärer Betreuung ausschlaggebend ist, welche nachfolgend als weitere unabhängige Variable analysiert wird.

Tabelle 69: Zufriedenheitswerte nach Altersklassen (Mittelwerte in % des Skalenmaximums)

	21-25 (n=11)	26-30 (n=21)	31-35 (n=17)	36-40 (n=25)	41-45 (n=29)	46-50 (n=13)	51- (n=12)	Gesamt (n=128)
Zufriedenheit mit der Wohnsituation	59%	68%	75%	71%	77%	77%	69%	72%
Zufriedenheit mit den Freizeitmögl.	49%	44%	43%	41%	46%	49%	48%	45%
Zufriedenheit mit der Arbeit	64%	67%	81%	74%	80%	86%	79%	76%
Freiheit von subjektiver Belastung	65%	56%	60%	62%	65%	73%	62%	63%
Gesamtindex	60%	59%	65%	62%	67%	71%	64%	64%

- Gesamtzeit stationärer Betreuung

Betrachtet man die Zufriedenheit mit der Wohnsituation in Abhängigkeit von der Gesamtzeit stationärer Betreuung, lässt sich feststellen, dass Personen mit längerer Verweildauer in Einrichtungen tendenziell zufriedener sind, wenngleich die Zufriedenheitsdifferenzen sehr gering ausfallen (vgl. Tabelle 70). Die Beobachtung, dass jüngere Menschen zwischen 21 und 25 Jahren auffällig geringe Zufriedenheit mit der Wohnsituation äußern (s. oben), spiegelt sich in der Analyse der Dauer der stationären Betreuungszeit nicht eindeutig wider. Der Grund dafür ist darin zu sehen, dass bei den jüngeren Personen zwischen 21 und 25 Jahren der Aufnahmezeitpunkt in eine Wohneinrichtung bereits relativ früh im Kindes- und Jugendalter erfolgte (im Alter zwischen 7 und 17 Jahren). Die Vermutung, dass eine längere Verweildauer aufgrund eines Anpassungsprozesses an das Leben im Wohnheim zu höheren Zufriedenheitswerten führt (vgl. Wacker et al. 1998, 293), bestätigt sich hier nicht: Bewohner/innen, die sich unzufrieden mit der Wohnsituation zeigen, sind insbesondere Personen im jungen Erwachsenalter, die aber trotz ihres jungen Alters bereits über langjährige Erfahrungen mit dem Leben in einer stationären Wohneinrichtung verfügen. Dennoch scheint insbesondere dieser Personenkreis perspektivisch eine Veränderung der Wohnsituation in Richtung mehr Eigenständigkeit anzustreben, die sich in einer relativ geringen Zufriedenheit mit der jetzigen Lebenssituation niederschlägt. Indiz dafür ist, dass alle Personen der Gruppe der „jungen Unzufriedenen" äußern, dass sie sich eine Wohn- und Betreuungsform außerhalb eines Wohnheims wünschen (Item A3).

Tabelle 70: Zufriedenheitswerte nach Gesamtzeit stationärer Betreuung
(Mittelwerte in % des Skalenmaximums)

	1-10 (n=31)	11-20 (n=29)	21-30 (n=43)	31-40 (n=13)	40- (n=12)	Gesamt (n=128)
Zufriedenheit mit der Wohnsituation	71%	70%	72%	73%	78%	72%
Zufriedenheit mit den Freizeitmögl.	50%	41%	45%	34%	54%	45%
Zufriedenheit mit der Arbeit	69%	72%	81%	79%	80%	76%
Freiheit von subjektiver Belastung	63%	55%	67%	62%	66%	63%
Gesamtindex	63%	59%	66%	62%	69%	64%

- Alltagskompetenzen/ Hilfebedarf

Die Alltagskompetenzen bzw. der Hilfebedarf im Bereich alltäglicher Verrichtungen wird durch die Zuordnung zu Hilfebedarfsgruppen nach dem HMB-Verfahren (vgl. Metzler 2001) operationalisiert (vgl. Kap. 4.5).

Zwar lässt sich auch hier keine lineare Korrelation zwischen den Zufriedenheitswerten und dem Ausmaß des Hilfebedarfs (Einordnung in Hilfebedarfsgruppen, HBG) beobachten (vgl. Tabelle 71), allerdings ist auffallend, dass Personen in der Hilfebedarfsgruppe IV im Mittelwertvergleich über alle Dimensionen hinweg die geringsten Zufriedenheitswerte aufweisen. Am deutlichsten ist dies bei dem Index „Zufriedenheit mit den Freizeitmöglichkeiten" festzumachen.

Tabelle 71: Zufriedenheitswerte nach Hilfebedarfsgruppen (Mittelwerte in %
des Skalenmaximums)

	HBG I (n=17)	HBG II (n=44)	HBG III (n=50)	HBG IV (n=15)	Gesamt (n=126)
Zufriedenheit mit der Wohnsituation	69%	71%	76%	65%	72%
Zufriedenheit mit den Freizeitmögl.	50%	52%	40%	36%	45%
Zufriedenheit mit der Arbeit	76%	75%	79%	71%	76%
Freiheit von sub-jektiver Belastung	68%	60%	65%	58%	63%
Gesamtindex	66%	65%	65%	58%	64%

Dies wird durch den Kruskal-Wallis-Test (vgl. Bühl & Zöfel 2002, 299 f.) bestätigt, der die Annahme einer Gleichverteilung der Werte zur „Zufriedenheit mit
den Freizeitmöglichkeiten" in den vier Hilfebedarfsgruppen ablehnt (p < 0,05).
Paarweise Vergleiche zwischen den einzelnen Gruppen mittels Mann-Whitney-
Tests (vgl. Bühl & Zöfel 2002, 288 f.) ergeben, dass sich insbesondere die Werte
der Hilfebedarfsgruppe II von denen der Hilfebedarfsgruppen III und IV signifikant unterscheiden (jeweils p < 0,05). Unterschiede zwischen Hilfebedarfsgruppe I und den Hilfebedarfsgruppen III und IV verfehlen hingegen knapp das Sig-
nifikanzniveau (vgl. Tabelle 72).

Tabelle 72: Vergleiche der Indexwerte „Zufriedenheit mit den
Freizeitmöglichkeiten" zwischen den Hilfebedarfsgruppen
(Signifikanzniveaus von Mann-Whitney-Tests)

	HBG I	HBG II	HBG III	HBG IV
HBG I				
HBG II	0,595			
HBG III	0,099	0,012*		
HBG IV	0,092	0,034*	0,413	

U-Test nach Mann und Whitney   * p < 0,05

Nimmt man als zusätzliche Variable die „Abhängigkeit von einem Rollstuhl" als Indikator für einen höheren Hilfebedarf, so werden diese Ergebnistendenzen weiter gestützt (vgl. Tabelle 73).

Tabelle 73:   Zufriedenheitswerte nach Angewiesenheit auf einen Rollstuhl
              (Mittelwerte in % des Skalenmaximums)

	Rollstuhl		
	ja (n=14)	nein (n=99)	Gesamt (n=113)
Zufriedenheit mit der Wohnsituation	68%	72%	71%
Zufriedenheit mit den Freizeitmöglichkeiten	38%	47%	46%
Zufriedenheit mit der Arbeit	73%	77%	77%
Freiheit von subjektiver Belastung	63%	65%	64%
Gesamtindex	61%	65%	64%

Insgesamt sind 14 Rollstuhlfahrer/innen in der Stichprobe vertreten. Erwartungsgemäß verteilen sich diese Personen auf die höheren Hilfebedarfsgruppen: 5 Rollstuhlfahrer/innen sind der Hilfebedarfsgruppe III, 9 Rollstuhlfahrer/innen der Hilfebedarfsgruppe IV zugeordnet. Wie Tabelle 73 verdeutlicht, äußern sich Personen mit Rollstuhl durchweg etwas weniger zufrieden als Personen ohne Rollstuhl. Analog zur Analyse der Hilfebedarfsgruppen tritt auch hier die größte Differenz bei dem Index „Zufriedenheit mit den Freizeitmöglichkeiten" auf.

Ingesamt wird deutlich, dass Personen mit höherem Hilfebedarf (Hilfebedarfsgruppen III und IV) vergleichsweise geringere Zufriedenheit mit den Freizeitmöglichkeiten äußern. Vor dem Hintergrund dessen, dass diese Personengruppen weniger ausgeprägte Kompetenzen gerade im Bereich der „Teilnahme am gemeinschaftlichen und kulturellen Leben" aufweisen (vgl. Metzler & Rauscher 2005, 62), ist es durchaus plausibel, dass sie selbst die Möglichkeiten, Aktivitäten im Freizeitbereich auszuüben und an kulturellen Angeboten zu partizipieren, eher negativ bewerten.

• Freund- und Partnerschaft

Auf die Frage „Haben Sie Freunde?" geben 21% der Befragten (n=27) an, keine Freundschaften zu haben. Hinsichtlich der Zufriedenheit unterscheiden sich Personen ohne und mit Freundschaften allerdings minimal und nicht signifikant (vgl. Tabelle 74).

Tabelle 74: Zufriedenheitswerte nach Personen mit und ohne Freundschaften (Mittelwerte in % des Skalenmaximums)

	ohne Freundschaften (n=27)	mit Freundschaften (n=102)	Gesamt (n=129)
Zufriedenheit mit der Wohnsituation	66%	73%	72%
Zufriedenheit mit den Freizeitmögl.	48%	44%	45%
Zufriedenheit mit der Arbeit	80%	75%	76%
Freiheit von subjektiver Belastung	62%	63%	63%
Gesamtindex	64%	64%	64%

Die Mehrheit der befragten Personen gibt an, einen festen Partner bzw. eine feste Partnerin zu haben (n=70). Auch zwischen Personen in festen Partnerschaften und Singles lassen sich keine nennenswerten Unterschiede hinsichtlich der Zufriedenheit feststellen (vgl. Tabelle 75; zu anderen Untersuchungsergebnissen Wacker et al. 1998, 293).

Tabelle 75: Zufriedenheitswerte nach Single vs. Partnerschaft (Mittelwerte in % des Skalenmaximums)

	Singles (n=58)	Partnerschaft (n=70)	Gesamt (n=128)
Zufriedenheit mit der Wohnsituation	70%	73%	71%
Zufriedenheit mit den Freizeitmögl.	44%	45%	45%
Zufriedenheit mit der Arbeit	75%	77%	76%
Freiheit von subjektiver Belastung	65%	61%	63%
Gesamtindex	63%	64%	64%

- Gruppengröße

Es ist anzunehmen, dass die Gruppengröße der Wohneinheit Einfluss auf die Organisationsform von Unterstützung und die Möglichkeiten individualisierter Betreuung der Menschen mit Behinderung haben. Daher soll analysiert werden, inwiefern sich die Größe der Wohngruppen auf deren persönliche Zufriedenheit auswirkt.

Tabelle 76:   Zufriedenheitswerte nach Gruppengröße der Wohneinheiten in
Klassen (Mittelwerte in % des Skalenmaximums)

	1-3 (n=19)	4-7 (n=22)	8-11 (n=40)	12-15 (n=17)	16-19 (n=14)	20- (n=13)	Gesamt (n=125)
Zufriedenheit mit der Wohnsituation	82%	68%	72%	70%	67%	68%	72%
Zufriedenheit mit den Freizeitmöglichkeiten	54%	42%	46%	37%	41%	49%	45%
Zufriedenheit mit der Arbeit	75%	70%	78%	80%	79%	70%	76%
Freiheit von subjektiver Belastung	69%	59%	66%	68%	59%	49%	63%
Gesamtindex	70%	60%	65%	64%	61%	59%	64%

Stellt man die Zufriedenheitswerte der Personen ohne Wohngruppenbezug bzw.
in Gruppen von zwei bis drei Bewohner/innen (Gruppe „1-3") den übrigen Personen mit größeren Wohngruppen (Gruppen „4-7", „8-11", „12-15" usw.) gegenüber, stellt sich heraus, dass die Bewohner/innen der kleinsten Wohngruppen
in drei von vier Indizes die höchsten Zufriedenheitsausprägungen erreichen (vgl.
Tabelle 76). Sehr deutlich zeigt sich dies bei der Bewertung der Wohnsituation:
Hier steht ein Mittelwert von 82% der Personen in Gruppen bis zu drei Bewoh-
ner/innen einem Mittelwert von 67% bis 72% der Personen in größeren Wohngruppen gegenüber. Einzige Ausnahme stellt der Arbeitsbereich dar: Da die
Werkstätten institutionell und organisatorisch von den Wohneinrichtungen getrennte Bereiche darstellen, zeigt sich hier erwartungsgemäß auch kein Zusammenhang. Unterschiede zwischen den einzelnen Gruppen oberhalb der Drei-
Personen-Grenze sind minimal.

Um diese Beobachtung auf ihre Reichweite hin zu überprüfen, werden Kontrast-Tests[12] durchgeführt, welche den Mittelwert der Gruppengröße bis drei Personen mit dem komponierten Mittelwert der übrigen Gruppengrößen vergleicht
(vgl. Brosius 2002, 485 ff.). Die Kontrast-Tests liefern signifikante Ergebnisse
hinsichtlich drei Indizes: „Zufriedenheit mit der Wohnsituation" (T = 2,360; p =
0,026) „Zufriedenheit mit den Freizeitmöglichkeiten" (T = 2,035; p = 0,052) und

---

12 Der Kontrast-Test im Rahmen der einfaktoriellen Varianzanalyse basiert auf dem T-Test, der
prinzipiell normalverteilte Werte voraussetzt. Die hier analysierten Skalen weichen zwar z.T. von
der Normalverteilung ab, allerdings liefert der T-Test auch bei Nichtvorliegen einer Normalverteilung durchaus statistisch brauchbare Ergebnisse (vgl. Brosius 2002, 456), sodass dessen Ergebnisse zur weiteren Beurteilung der Untersuchungsbefunde dienlich sein können (vgl. Kap. 4.6).

„Gesamtindex" (T = 2,107; p = 0,045). Diese Ergebnisse weisen darauf hin, dass Personen ohne Wohngruppenbezug bzw. in sehr kleinen Gruppen (bis zu drei Personen) zufriedener mit der Wohn- und Freizeitsituation sind als Bewohner/innen größerer Wohngruppen. Oberhalb dieses Schwellenwertes lassen sich für die größeren Wohngruppen kaum Unterschiede hinsichtlich des Ausmaßes der persönlichen Zufriedenheit der Bewohner/innen ausmachen.

5.3.2 Wahlfreiheiten und Reglementierungen

Im folgenden Abschnitt werden die Ergebnisse zu „Wahlfreiheiten und Reglementierungen" bezogen auf die Wohneinrichtungen aus der Sicht der Bewohner/innen dargestellt. Der Index „Wahlfreiheiten" beinhaltet Items zu Wahlmöglichkeiten, einrichtungsbezogenen Vorgaben und Einschränkungen, welche Einfluss auf die Entscheidungs- und Handlungsspielräume der Bewohner/innen nehmen.

Dabei sei angemerkt, dass Regeln und Vorgaben seitens der Wohneinrichtungen nicht per se als negativ zu bewerten sind. Selbstverständlich macht das Zusammenleben in Wohnheimen wie das gesamte soziale Leben Vereinbarungen und Absprachen erforderlich, die bewusst getroffen werden oder sich entwickeln und unausgesprochen Bestand haben („heimliche Regeln"). Zudem stehen Strukturen der Alltagsgestaltung in Wohneinrichtungen unter dem Einfluss gesetzlicher Vorgaben (z.B. Sozial- und bürgerliche Gesetzgebung, Heim- und Betreuungsgesetz). Unabhängig von einer unterstellten Sinnhaltigkeit oder Notwendigkeit von spezifischen Regelungen ist dennoch davon auszugehen, dass diese die Wahlfreiheiten der Bewohner/innen beeinflussen.

Art und Ausmaß der Wahlfreiheiten und Reglementierungen

Einen ersten Überblick über das Ausmaß der subjektiv wahrgenommenen Wahlfreiheiten der Heimbewohner/innen liefert Tabelle 77. Mit einem Mittelwert von 44 % liegen die wahrgenommenen Wahlfreiheiten etwas unterhalb des theoretischen Mittelwerts von 50 % des Skalen-Maximums. Dabei zeigt sich eine relativ große Spannweite zwischen 6 % und 94 %; allerdings schätzt niemand der befragten Personen für sich überhaupt keine bzw. vollständige Autonomie ein.

Tabelle 77: Anzahl der Items, Mittelwert, Standardabweichung, Minimum und
Maximum in Prozent des Skalen-Maximums des Index
„Wahlfreiheiten und Reglementierungen"

Index (n=129)	Items	M	SD	Min	Max
Wahlfreiheiten	9	44%	18%-P.	6%	94%

Überführt man – analog zu den Zufriedenheitsindizes – den Index „Wahlfreiheiten" in eine Ordinalskala mit den Abstufungen

- sehr wenige Wahlfreiheiten (0-20% des Skalenmaximums)
- eher wenige Wahlfreiheiten (20-40% des Skalenmaximums)
- mittlere Wahlfreiheiten   (40-60% des Skalenmaximums)
- eher viele Wahlfreiheiten (60-80% des Skalenmaximums)
- sehr viele Wahlfreiheiten (80-100% des Skalenmaximums)

so lässt sich feststellen, dass die meisten Personen „eher wenige Wahlfreiheiten"
sehen (40% der Befragten), gefolgt von „mittleren Wahlfreiheiten" (36%).
„Eher viele Wahlfreiheiten" nehmen 12% wahr; lediglich 7% bzw. 5% der befragten Personen lassen sich den Extrema „sehr wenige Wahlfreiheiten" bzw.
„sehr viele Wahlfreiheiten" zuordnen (vgl. Abbildung 37).

Abbildung 37: Index „Wahlfreiheiten und Reglementierungen" auf
Ordinalskalenniveau (Angaben in %) (n=129)

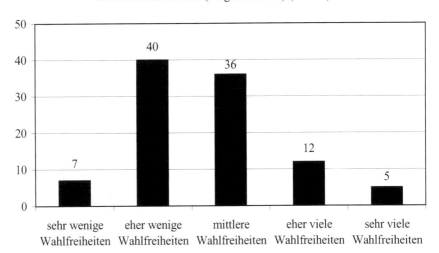

Inhaltlich können die Items des Index „Wahlfreiheiten und Reglementierungen"
zwei Bezugsfeldern zugeordnet werden: auf der einen Seite der Gestaltung von
personenbezogenen Unterstützungsleistungen durch die Mitarbeiter/innen der
Wohnheime, auf der anderen Seite bezogen auf strukturelle Regeln und Vorgaben der Einrichtungen.

Betrachtet man die Antworten zu den Items zur personenbezogenen Unterstützung, so ergibt sich jeweils ungefähr eine Zweiteilung der Antworten (vgl.
Tabelle 78): Etwa die Hälfte der Befragten berichtet von häufigen oder gelegentlichen Einschränkungen der Wahlfreiheiten bei der Hilfeerbringung, die andere
Hälfte äußert sich positiv. So machen z. B. 51 % der befragten Bewohner/innen
die Erfahrung, aufgrund fehlender Unterstützung auf Unternehmungen verzichten zu müssen, davon 28 % oft und 23 % manchmal; 49 % sehen diesbezüglich
keine Einschränkungen (vgl. Item F1). In ähnlicher Weise trifft dies auch auf die
Frage nach langen Wartezeiten auf Unterstützung durch Mitarbeiter/innen (Item
F2), Auswahl der Unterstützungspersonen (Item F3) und zeitliche Flexibilität der
Hilfen (Item F4) zu.

Tabelle 78: Mittelwerte der Items „Wahlfreiheiten und Reglementierungen" zur
personenbezogenen Unterstützung in % des Skalenmaximums,
Antwortverteilungen (Ranking nach Mittelwerten)

Nr.	Index „Wahlfreiheiten"	n	M	ja (oft)	teils, teils (manchmal)	nein (selten)
F2	Kommt es vor, dass Sie lange auf Hilfe warten müssen?	103	63 %	17 %	41 %	42 %
F4	Können Sie selbst bestimmen, wann Sie die Hilfe bekommen?	19	63 %	46 %	33 %	21 %
F1	Müssen Sie oft auf Unternehmungen verzichten, weil Sie niemanden ha-ben, der Sie dabei unterstützt?	74	61 %	28 %	23 %	49 %
F3	Können Sie den Mitarbeiter auswäh-len, der Ihnen helfen soll?	73	58 %	40 %	35 %	25 %

Einrichtungsbezogene Vorgaben und Regeln, welche die Handlungsspielräume
der Bewohner/innen begrenzen, sind hingegen bei einer größeren Bewohner-
gruppe festzumachen. Dies betrifft z. B. die Frage,

- ob die Bewohner/innen abends zu einer festgelegten Uhrzeit zu Hause sein
  müssen (dies bejahen 61 % der Befragten);

- ob bestimmte Dinge von den Mitarbeiter/innen der Einrichtungen nicht ak-
  zeptiert werden (dies bejahen 63% der Befragten): darunter fallen vor allem
  - Genussmittel (Alkohol, Tabak):   31%,
  - das Halten von Haustieren: 26%,
  - Streit, Konflikte: 11%,
  - Missachtung von Absprachen: 10%,
  - Sonstiges: 25% der Nennungen;
- ob es verpflichtende Aktivitäten für die Bewohner/innen gibt (dies bejahen
  63% der Befragten); diese Regelung bezieht sich auf die Teilnahme an
  - Gruppengesprächen: 50%,
  - Mahlzeiten: 37%,
  - gemeinsamen Unternehmungen: 9%;
  - Sonstigem: 5% der Nennungen;
- ob die Bewohner/innen sich vor und nach dem Verlassen der Wohneinrichtung ab- bzw. zurückmelden müssen (dies bejahen 84% der Befragten).

Diejenigen Bewohner/innen, welche das Vorhandensein der spezifischen Regeln und Vorgaben durch die Wohneinrichtung bestätigen, werden ergänzend zur Bewertung dieser Regelungen aufgefordert (vgl. Tabelle 79). Die Ergebnisse zeigen, dass die überwiegende Zahl der befragten Personen mit den jeweiligen Regelungen einverstanden ist (vgl. Dennhöfer 2004, 353), insbesondere mit der verpflichtenden Teilnahme an Aktivitäten (F8), mit den Regelungen zum Ab- und Zurückmelden (F10) sowie der Vorgabe, zu einer festgelegten Uhrzeit abends zu Hause sein zu müssen (F11). Regeln in Form von Verboten (Items F13 und F9) werden hingegen eher kritisiert.

Zu bedenken ist, dass die abgefragten strukturellen Vorgaben der Wohnein-richtungen unterschiedliche Funktionen besitzen: In einigen Regeln kommt der besondere Fürsorgeauftrag und die Aufsichtspflicht der Wohneinrichtungen zum Ausdruck (z.B. in den Regelungen zum Ab- und Zurückmelden), in anderen Vorgaben spiegeln sich organisatorische Aspekte des stationären Settings wider (z.B. berührt die Frage nach der abendlichen Heimkehrzeit die Gestaltung des Dienstplans im Wohnheim). Bei wieder anderen Regeln sind soziale Gesichts-punkte ausschlaggebend, da sie das Zusammenleben in der Wohngruppe erleich-tern sollen (z.B. die verpflichtende Teilnahme an Gruppengesprächen, um z.B. Probleme zu besprechen). Unabhängig von der spezifischen Bewertung der Re-geln durch die Bewohner/innen und der Frage, ob die Regeln nach fachlichen Kriterien als sinnvoll zu erachten sind, führen die strukturellen Vorgaben in den Wohneinrichtungen dennoch zu einer mehr oder minder starken Begrenzung der individuellen Handlungs- und Wahlfreiheiten der Bewohner/innen (vgl. Wacker et al. 1998, 293 f.). So können z.B. abendliche oder nächtliche Freizeitaktivitäten (z.B. Ausgehen, Diskobesuch) allein durch die Vorgabe, zu einer bestimmten Zeit (z.B. bis Dienstschluss der Mitarbeiter/innen) wieder in der Wohneinrichtung sein zu müssen, erschwert werden (vgl. Hahn 1981, 4).

Tabelle 79: Bewertung der einrichtungsbezogenen Vorgaben und Regeln (Angaben in %, Verteilung der Antworten)

Nr.	Bewertung der Vorgaben und Regeln	n	M	schlecht	teils, teils	gut
F8	Gibt es Aktivitäten, an denen Sie teilnehmen müssen? → Wie finden Sie diese Regelung?	74	81%	10%	19%	72%
F10	Müssen Sie sich abmelden oder zurückmelden? → Wie finden Sie diese Regelung?	103	77%	18%	11%	72%
F11	Gibt es eine Uhrzeit, zu der Sie abends im Haus sein müssen? → Wie finden Sie diese Regelung?	73	76%	18%	14%	69%
F5	Müssen Sie am Wochenende zu bestimmten Uhrzeiten aufstehen? → Wie finden Sie diese Regelung?	19	63%	32%	11%	58%
F13	Können Sie in Ihrem Zimmer „tun und lassen" was Sie wollen? → Wie finden Sie diese Regelung?	18	56%	39%	11%	50%
F9	Gibt es etwas, was die Mitarbeiter nicht akzeptieren? → Wie finden Sie diese Regelung?	72	42%	44%	28%	28%

Vergleiche der Wahlfreiheiten und Reglementierungen zwischen verschiedenen Personengruppen

Analog zur Untersuchung der Zufriedenheitsdimensionen können auch die subjektiv wahrgenommenen Wahlfreiheiten und Reglementierungen auf etwaige Zusammenhänge mit unabhängigen Variablen (Geschlecht, Alter, Gesamtzeit stationärer Betreuung, Alltagskompetenzen/Hilfebedarf, Partnerschaft, Gruppengröße) analysiert werden.

▪ Geschlecht

Zwischen Männern und Frauen lassen sich kaum Unterschiede hinsichtlich der selbst eingeschätzten Wahlfreiheiten identifizieren (vgl. Tabelle 80): Der Mittelwert der männlichen Befragten liegt bei 45%, der weiblichen bei 44%.

Tabelle 80: Zufriedenheitswerte nach Geschlecht (Mittelwerte in % des Skalenmaximums)

	männlich (n=77)	**weiblich (n=52)**	**Gesamt (n=129)**
Wahlfreiheiten	45%	44%	44%

▪ Alter

Mit steigendem Alter nehmen tendenziell die selbst eingeschätzten Wahlfreiheiten zu (vgl. Tabelle 81; $r = 0,19$; $p < 0,05$). Insbesondere die älteste Gruppe mit den über 51-Jährigen sticht mit einem Mittelwert von 56% deutlich heraus (12 Prozentpunkte oberhalb des Mittelwerts für die Gesamtstichprobe). Dieser Eindruck wird durch eine einfaktorielle Varianzanalyse (ANOVA) mit multiplen Vergleichtests (vgl. Bühl & Zöfel 2002, 484 ff.) bestätigt: Die Varianzanalyse lehnt die Gleichheit der Verteilung ab ($F = 2,857$; $p < 0,05$); der Vergleichstest (nach Duncan) bildet bei einem 5%-Signifikanzniveau zwei homogene Gruppen: auf der einen Seite die über 51-Jährigen, auf der anderen Seite die jüngeren Altersgruppen. Insgesamt erweist sich somit der Unterschied zwischen dem Mittelwert der über 51-Jährigen im Vergleich der jeweiligen Mittelwerte der übrigen Altersgruppen als signifikant ($p < 0,05$).

Tabelle 81: Zufriedenheitswerte nach Altersklassen (Mittelwerte in % des Skalenmaximums)

	21-30 (n=29)	**31-40 (n=42)**	**41-50 (n=43)**	**51- (n=14)**	**Gesamt (n=128)**
Wahlfreiheiten	40%	42%	45%	56%	44%

Dieses Ergebnis legt verschiedene Erklärungsansätze nahe: Zum einen ist es durchaus plausibel, dass ältere Personen subjektiv mehr Wahlfreiheiten wahrnehmen, weil sie sich im Laufe der Zeit an die strukturellen Regeln im Heim gewöhnt haben könnten. Zum anderen könnte auch ein geringeres Anspruchsniveau an die zugelassenen Freiheiten zu der subjektiven Einschätzung hoher

Wahlfreiheiten führen. Dies ist auch deshalb zu vermuten, da ältere Personen weniger außerhäusliche Freizeitaktivitäten ausführen und insbesondere Regeln wie das Ab- und Rückmelden oder die Vorgabe, zu einer bestimmten Uhrzeit abends wieder im Haus sein zu müssen, weniger alltägliche Relevanz besitzen und daher vermutlich als nicht gravierend bewertet werden.

- Gesamtzeit stationärer Betreuung

Betrachtet man die Wahlfreiheiten in Abhängigkeit von der Gesamtzeit stationärer Betreuung, lässt sich kein eindeutiger Zusammenhang beobachten (vgl. Tabelle 82). Die beiden Gruppen mit der längsten Verweildauer (> 31 Jahre) weisen die höchsten Werte auf; insbesondere sticht die Gruppe der Personen, die zwischen 31 und 40 Jahren stationär betreut werden, mit einem Mittelwert von 51% etwas hervor. Insgesamt erreichen die Unterschiede im Mittelwertvergleich (einfaktorielle ANOVA) keine statistische Signifikanz.

Tabelle 82:   Zufriedenheitswerte nach Gesamtzeit stationärer Betreuung (Mittelwerte in % des Skalenmaximums)

	1-10 (n=31)	11-20 (n=29)	21-30 (n=43)	31-40 (n=13)	41- (n=12)	Gesamt (n=128)
Wahlfreiheiten	44%	43%	43%	51%	45%	44%

- Alltagskompetenzen/ Hilfebedarf

Interessant ist die Betrachtung der subjektiven Wahlfreiheiten differenziert nach Hilfebedarfsgruppen (vgl. Tabelle 83). Danach ergibt sich eine absteigende Tendenz von Hilfebedarfsgruppe I mit den höchsten Werten bis hin zu Hilfebedarfsgruppe IV mit den geringsten Werten. Die Varianzanalyse (ANOVA) bestätigt die Signifikanz der Mittelwertunterschiede zwischen den Hilfebedarfsgruppen (F = 3,018; p = 0,033). Zudem besteht ein signifikanter negativer Zusammenhang zwischen dem Punktwert nach dem HMB-Verfahren, welcher die Grundlage für die Zuordnung der Person in entsprechende Hilfebedarfsgruppen bildet (vgl. Metzler 2001), und der Selbsteinschätzung der Wahlfreiheiten (r = -0,28; p < 0,01).

Am deutlichsten tritt der Unterschied zwischen der Hilfebedarfsgruppe II (Mittelwert 48%) und der Hilfebedarfsgruppe III (Mittelwert 41%) zutage; die Hilfebedarfsgruppen I und II sowie die Hilfebedarfsgruppen III und IV unterscheiden sich untereinander hingegen weniger deutlich. Demnach lassen sich zwei Gruppen mit signifikanten Mittelwertunterschieden gegenüberstellen: auf der einen Seite die Hilfebedarfsgruppen I und II mit dem niedrigsten Hilfebedarf, auf der anderen Seite die Hilfebedarfsgruppen III und IV mit dem höchsten Hilfebedarf (dies wird durch die Bildung homogener Untergruppen in multiplen Vergleichstests bestätigt). Ein Kontrast-Test, welcher den komponierten Mittelwert der Hilfebedarfsgruppen I und II mit dem der Hilfebedarfsgruppen III und IV vergleicht (vgl. Brosius 2002, 485 ff.), führt zu einer signifikanten Mittelwertdifferenz (T = 3,086; p = 0,003).

Tabelle 83: Wahlfreiheiten nach Hilfebedarfsgruppen (Mittelwerte in % des Skalenmaximums)

	HBG I (n=17)	HBG II (n=44)	HBG III (n=50)	HBG IV (n=15)	Gesamt (n=126)
Wahlfreiheiten	51%	48%	41%	37%	44%

Nimmt man als zusätzlichen Indikator für das Ausmaß des Hilfebedarfs das Angewiesen-Sein auf einen Rollstuhl hinzu (vgl. Tabelle 84), so zeigt sich, dass Rollstuhlfahrer/innen signifikant weniger Wahlfreiheiten wahrnehmen (Mittelwerte 34% vs. 46%; T = 3,111; p = 0,005).

Tabelle 84: Zufriedenheitswerte nach Angewiesenheit auf einen Rollstuhl (Mittelwerte in % des Skalenmaximums)

	mit Rollstuhl (n=14)	ohne Rollstuhl (n=99)	Gesamt (n=113)
Wahlfreiheiten	34%	46%	44%

Aufschlussreich ist die Betrachtung der Unterschiede auf Itemebene (vgl. Tabelle 85). Rollstuhlfahrer/innen nehmen insbesondere weniger Wahlfreiheiten bzw. Einflussmöglichkeiten bezüglich der direkten Hilfeleistungen durch die Mitarbeiter/innen der Wohneinrichtungen wahr: Sie berichten deutlich häufiger über die Erfahrung, aufgrund nicht ausreichender Unterstützung auf Unternehmungen verzichten zu müssen (Item F1), lange auf Hilfen warten zu müssen (Item F2) sowie die Unterstützungsperson nicht selbst auswählen zu können (Item F3).

Tabelle 85: Wahlfreiheiten nach Angewiesenheit auf einen Rollstuhl
(Mittelwerte in % des Skalenmaximums, Signifikanzniveaus)

Nr.	Index „Wahlfreiheiten"	mit Rollstuhl (n=14)	ohne Rollstuhl (n=99)	Signifikanz [1]
F1	Müssen Sie oft auf Unternehmungen verzichten, weil Sie niemanden haben, der Sie dabei unterstützt?	28%	65%	p < 0,01
F2	Kommt es vor, dass Sie lange auf Hilfe warten müssen?	47%	67%	p < 0,05
F3	Können Sie den Mitarbeiter auswählen, der Ihnen helfen soll?	40%	63%	p < 0,05
F4	Können Sie selbst bestimmen, wann Sie die Hilfe bekommen?	61%	66%	ns
F7	Gibt es Aktivitäten, an denen Sie teilnehmen müssen?	15%	38%	ns
F9	Gibt es etwas, was die Mitarbeiter nicht akzeptieren?	50%	36%	ns
F10	Müssen Sie sich abmelden oder zurückmelden?	0%	18%	p < 0,01
F11	Gibt es eine Uhrzeit, zu der Sie abends im Haus sein müssen?	36%	38%	ns
F15	Finden Sie, dass Sie von den Mitarbeitern zu sehr kontrolliert werden?	19%	26%	ns
	Gesamtindex	34%	46%	p < 0,01

[1] Signifikanz der T-Tests   ns = nicht signifikant

Bezogen auf generelle einrichtungsbezogene Regeln fallen die Unterschiede zwischen Personen mit und ohne Rollstuhl geringer aus, da diese Regeln eher allgemeine (personenübergreifende) Geltung zu besitzen scheinen (vgl. Items F7, F9, F10). Ausnahme bildet die Vorgabe, sich ab- und zurückmelden zu müssen (Item F9), welche eher dem Charakter einer individuellen Absprache entspricht: Hier sagen alle Rollstuhlfahrer/innen aus, sich vor und nach dem Verlassen des Wohnheims ab- bzw. zurückmelden zu müssen.

Mit Blick auf den Hilfebedarf bzw. die Alltagskompetenzen der Bewohner/innen lässt sich zusammenfassend feststellen, dass Menschen mit höherem Unterstützungsbedarf subjektiv stärkere Reglementierungen bzw. weniger Wahlfreiheiten erleben.

- Partnerschaft

Ähnlich wie bei der Analyse der persönlichen Zufriedenheit ergibt sich kein Unterschied zwischen Personen mit und ohne feste Partnerschaft hinsichtlich der subjektiv wahrgenommenen Wahlfreiheiten (vgl. Tabelle 86).

Tabelle 86: Wahlfreiheiten nach Single vs. Partnerschaft (Mittelwerte in % des Skalenmaximums)

	Singles (n=58)	mit Partner (n=70)	Gesamt (n=128)
Wahlfreiheiten	44%	44%	44%

- Gruppengröße

Bei der Analyse des Index „Wahlfreiheiten" in Abhängigkeit von der Größe der Wohneinheiten kann kein linearer Zusammenhang ermittelt werden (vgl. Tabelle 87). Ähnlich wie bei der Untersuchung der Zufriedenheitsindizes ist auffällig, dass auch hier die höchsten Werte bei Personen zu beobachten sind, welche alleine oder in Gruppen bis zu drei Bewohner/innen wohnen (Gruppe „1-3"). Wird der Mittelwert der Gruppengröße bis drei Personen mit dem zusammengenommen Mittelwert der übrigen Gruppengrößen kontrastiert (vgl. Brosius 2002, 485 ff.), ergibt sich ein signifikanter Mittelwertunterschied (T = 2,415; p = 0,017). Die Mittelwertdifferenzen der größeren Gruppen untereinander (Gruppen „4-7", „8-11", „12-15" usw.) sind hingegen nicht signifikant.

Tabelle 87: Zufriedenheitswerte nach Gruppengröße der Wohneinheiten in Klassen (Mittelwerte in % des Skalenmaximums)

	1-3 (n=19)	4-7 (n=22)	8-11 (n=40)	12-15 (n=17)	16-19 (n=14)	20- (n=13)	Gesamt (n=125)
Wahlfreiheiten	54%	40%	43%	39%	49%	43%	44%

Dieses Ergebnis weist darauf hin, dass Personen in kleinen Gruppen (bis zu drei Personen) subjektiv mehr Wahlfreiheiten erleben als Bewohner/innen größerer Wohngruppen (vgl. Schwartz 2003, 229). Berücksichtigt man zugleich den Untersuchungsbefund, dass Bewohner/innen kleinerer Gruppen ebenfalls über eine höhere Zufriedenheit verfügen (s. oben), wird des Weiteren nahe gelegt, dass auch möglicherweise individuelle Zufriedenheit und wahrgenommene Wahlfreiheiten in einem Zusammenhang stehen. Diese Hypothese gilt es, in Kap. 5.3.4 (Zusammenhänge zwischen den Lebensqualitätsdimensionen) zu untersuchen.

5.3.3 Soziale Aktivitäten

Der Themenbereich „Teilhabe im Freizeitbereich" des Fragebogens beinhaltet eine Reihe von Items zu spezifischen sozialen Aktivitäten außerhalb des eigenen Wohnraums. Durch die Abfrage der einzelnen Aktivitäten soll die aktive Teilnahme der Menschen mit Behinderung am kulturellen Leben abgebildet werden. Dabei geht es zunächst einmal schlichtweg um die Frage, inwiefern die befragten Personen eine Aktivität in welcher Regelmäßigkeit ausüben oder nicht ausüben; die Gründe für eine (Nicht-)Ausübung einer Aktivität bzw. (Nicht-)Teilnahme an spezifischen Veranstaltungen und Angeboten bleiben dabei in der quantitativen Analyse unberücksichtigt.

Art und Ausmaß der sozialen Aktivitäten

Die deskriptiven statistischen Kennzahlen zum Index „soziale Aktivitäten" (vgl. Tabelle 88) verdeutlichen, dass die befragten Personen im Durchschnitt 5,1 der abgefragten soziale Aktivitäten ausführen (= 64%), bei einer großen Spannweite zwischen 0% (keine Aktivitäten) und 100% (alle 8 Aktivitäten werden ausgeführt).

Tabelle 88: Anzahl der Items, Mittelwert, Standardabweichung, Minimum und Maximum in Prozent des Skalen-Maximums des Index „soziale Aktivitäten"

Index (n=129)	Items	M	SD	Min	Max
Soziale Aktivitäten	8	5,1 (64%)	1,96 (24%-P.)	0 (0%)	8 (100%)

Der Index „soziale Aktivitäten" wird in eine vierstufige Ordinalskala transformiert:[13]

---

13 Im Unterschied zu den vorhergehenden Analysen wird an dieser Stelle keine fünf-, sondern eine vierstufige Skala gebildet, um ausreichend große Fallgruppen pro Kategorie zu erhalten.

- sehr wenig soziale Aktivitäten (0-2 Aktivitäten bzw. 0-25%SM)
- eher wenig soziale Aktivitäten (3-4 Aktivitäten bzw. 25-50% SM)
- eher viel soziale Aktivitäten   (5-6 Aktivitäten bzw. 50-75% SM)
- sehr viel soziale Aktivitäten   (7-8 Aktivitäten bzw. 75-100% SM)

Die meisten der Befragten sind Personen mit „eher viel Aktivitäten" in ihrer
Freizeit (36% der Befragten). Personen mit „sehr viel Aktivitäten" (28%) und
eher wenig Aktivitäten (26%) sind etwa gleich groß. Die Minderheit lässt sich
der Gruppe mit „sehr wenig Aktivitäten" (10%) zuordnen (vgl. Abbildung 38).

Abbildung 38: Index „Soziale Aktivitäten" auf Ordinalskalenniveau (Angaben
                in %) (n=129)

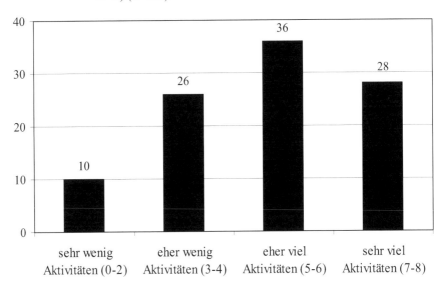

Auf Ebene der Items zeigt sich, dass „einkaufen/ bummeln" (93%), „Hobby ausüben" (83%) und „essen gehen" (78%) zu den Aktivitäten gehören, welche von
den meisten Personen ausgeübt werden. Zu den weniger häufigen Aktivitäten
lassen sich „Vereinstreffen/ Clubtreffen/ Freizeitgruppe" (55%), „Museum/
Kunstausstellung" (55%), „Sportveranstaltungen besuchen" (41%) fassen (vgl.
Tabelle 89).

Tabelle 89: Items „soziale Aktivitäten" (Ranking nach Mittelwerten)

Nr.	Soziale Aktivitäten	n	ja	nein
B21	einkaufen/ bummeln	128	93%	7%
B28	Hobby ausüben	129	83%	17%
B9	essen gehen (Restaurant, Imbiss)	129	78%	22%
B11	Kneipe/ Café	129	73%	27%
B13	Kino	129	68%	32%
B15	Theater/ Konzert	129	64%	36%
B19	Disko/ Party	129	61%	39%
B7	Kirchgang, Besuch religiöser Veranstaltungen	129	60%	40%
B3	Sport machen	129	57%	43%
B1	Vereinstreffen/ Clubtreffen/ Freizeitgruppe	128	55%	45%
B17	Museum/ Kunstausstellung	128	55%	45%
B5	Sportveranstaltungen besuchen	129	41%	49%

Abbildung 39 veranschaulicht die Frequenzen der jeweiligen Aktivitäten. Erwartungsgemäß weisen die Aktivitäten einen unterschiedlichen Rhythmus auf: Einige der sozialen Aktivitäten werden mindestens einmal wöchentlich ausgeübt („einkaufen/ bummeln", „Hobby ausüben", „Kirchgang", „Sport machen", „Vereinstreffen"), andere eher seltener als einmal monatlich („essen gehen", „Kneipe/ Café", „Kino", „Theater/ Konzert", „Disko/ Party", „Museum/ Kunstausstellung", „Sportveranstaltungen besuchen").

Abbildung 39: Frequenz der sozialen Aktivitäten (Angaben in %)

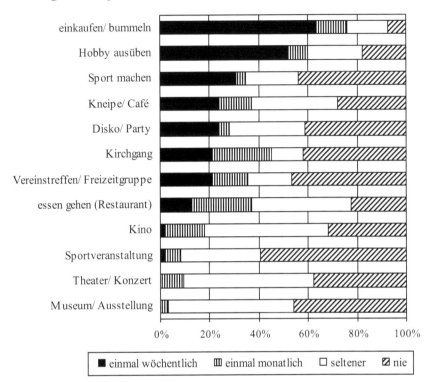

Um die Häufigkeit und Frequenz der Aktivitäten der befragten Personen einordnen und bewerten zu können, sollen diese Ergebnisse mit dem Datensatz der „Allgemeinen Bevölkerungsumfrage der Sozialwissenschaften (ALLBUS) 2004" (vgl. ZA 2006) zum Themenbereich soziale Aktivitäten abgeglichen werden (vgl. Tabelle 90).

Tabelle 90: Verteilung der Antworten zu ausgewählten Aktivitäten-Items der ALLBUS (Angaben in %)[14]

Soziale Aktivitäten	n	tägl./ einmal wöchentl.	einmal monatl.	seltener	nie
essen und trinken gehen (Café, Kneipe, Restaurant)	2946	21%	31%	36%	12%
Kino, Pop- und Jazzkonzerte, Tanzveranstaltungen	2946	4%	19%	37%	40%
Kirchgang, Besuch von religiösen Veranstaltungen	2941	11%	13%	29%	48%
Oper, klassische Konzerte, Theater, Ausstellungen	2946	1%	10%	46%	43%
aktive sportliche Betätigung	2945	40%	8%	16%	36%
Besuch von Sportveranstaltungen	2946	7%	13%	29%	51%

Auch wenn die Items der „ALLBUS 2004" im Vergleich zu den Aktivitäten-Items der eigenen Untersuchung teilweise anders formuliert bzw. zusammenge-fasst sind (z.B. „Oper, klassische Konzerte, Theater, Ausstellungen" vs. „Thea-ter/ Konzert"), so ist doch eine weitgehende Ähnlichkeit der Antwortmuster in beiden Untersuchungen festzustellen.

Im direkten Vergleich ausgewählter Aktivitäten (vgl. Abbildung 40) führen die befragten Bewohner/innen stationärer Einrichtungen einzelne soziale Aktivi-täten etwas seltener aus als die Allgemeinbevölkerung („Kneipe/ Café", „Sport machen", „Sportveranstaltungen besuchen"), andere Aktivitäten etwa gleich oft („Theater/ Konzert") oder etwas häufiger („Kirchgang"). Auffällige Abweichun-gen im Aktivitätsprofil lassen sich für die Gesamtstichprobe allerdings nicht feststellen.

---

14 Im Vergleich zum Original-Datensatz der ALLBUS 2004 (vgl. ZA 2006, 19 ff.) wurden die Da-ten rekodiert: Die Kategorien „täglich" und „einmal wöchentlich" wurden zu einer gemeinsamen Kategorie zusammengefasst.

Abbildung 40: Vergleich der Frequenzen ausgewählter sozialer Aktivitäten zwischen der ALLBUS und der eigenen Studie (in % der Befragten)

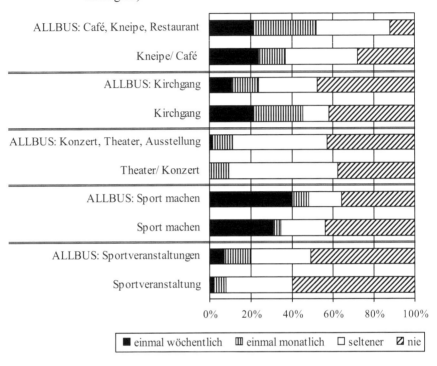

Vergleiche der sozialen Aktivitäten zwischen verschiedenen Personengruppen

Nachfolgend werden die sozialen Aktivitäten zwischen verschiedenen Subgruppierungen, die sich durch die Aufgliederung der Gesamtstichprobe nach diversen unabhängigen Variablen (s. oben) ergeben, verglichen. Zu erinnern sei daran, dass der Index „soziale Aktivitäten" nur misst, inwiefern die abgefragten Aktivitäten in der Freizeit ausgeführt werden oder nicht: Jede Aktivität wird mit einem Punkt bewertet, sodass die Skala von 0 bis 8 Punkten reicht.[15]

---

15 Die Häufigkeit der Aktivitäten (mindestens einmal pro Woche, mindestens einmal im Monat, seltener als einmal im Monat) bleibt dabei unberücksichtigt, da diese Daten lediglich Ordinalskalenniveau besitzen und sich auf ihrer Basis keine sinnvollen arithmetischen Mittelwerte berechnen lassen.

- Geschlecht:

Zieht man als erste Variable das Geschlecht der Befragten hinzu, ergeben sich lediglich geringe und nicht signifikante Unterschiede: Männer üben durchschnittlich 5,3 der abgefragten Aktivitäten (= 66% des Skalenmaximums), Frauen 4,8 der Aktivitäten (= 60%) aus (vgl. Tabelle 91).

Tabelle 91: Soziale Aktivitäten nach Geschlecht (Mittelwerte in absoluten Zahlen und % des Skalenmaximums)

	männlich (n=77)	weiblich (n=52)	Gesamt (n=129)
Soziale Aktivitäten	5,3 (66%)	4,8 (60%)	5,1 (64%)

- Alter

Tabelle 92 veranschaulicht, dass mit zunehmendem Alter das Aktivitätsniveau leicht abnimmt: Während die 21- bis 25-Jährigen durchschnittlich 6,3 Aktivitäten ausführen (= 78%), sind es bei den über 50-jährigen Personen 4,1 der abgefragten Aktivitäten (= 51%). Die Berechnung des Korrelationskoeffizienten (Rangkorrelation) bestätigt den Augenschein ($r = -0,25$; $p < 0,01$). Zu den Aktivitäten, welche im Alter weniger ausgeübt werden, gehören vor allem „Sportveranstaltungen besuchen" (Item B5), „Kino" (Item B13), „Theater/ Konzert" (Item 15) und „Disko/ Party" (Item B19). Die einzige Aktivität, welche mit steigendem Alter häufiger ausgeübt wird, ist „in die Kirche gehen" (Item B7).

Tabelle 92: Soziale Aktivitäten nach Altersklassen (Mittelwerte in absoluten Zahlen und % des Skalenmaximums)

	21-25 (n=11)	26-30 (n=21)	31-35 (n=17)	36-40 (n=25)	41-45 (n=29)	46-50 (n=13)	51- (n=12)	Gesamt (n=128)
Soziale Aktivitäten	6,3 (78%)	5,3 (66%)	5,4 (67%)	5,4 (67%)	5,0 (62%)	4,4 (55%)	4,1 (51%)	5,1 (64%)

- Gesamtzeit stationärer Betreuung

Ähnlich wie bei der Betrachtung der Variable Alter lässt sich feststellen, dass mit steigender Aufenthaltsdauer in stationären Einrichtungen das Aktivitätsniveau tendenziell sinkt, wenngleich die Unterschiede weniger deutlich ausfallen (vgl. Tabelle 93). Die Berechnung des Korrelationskoeffizienten (Rangkorrelation) scheint diese Vermutung zunächst zu bestätigen (r = -0,2; p < 0,05), allerdings ist zu bedenken, dass hier das Alter eine wesentliche Störvariable darstellt und womöglich zu einer Scheinkorrelation führt, da das Alter der Befragten und die Gesamtzeit der stationären Betreuung ebenfalls miteinander zusammenhängen (r = 0,72; p < 0,001). Kontrolliert man diese Störvariable durch Berechnung des partiellen Korrelationskoeffizienten (vgl. Bühl & Zöfel 2002, 321), wird diese Annahme bestätigt: Nach Ausschluss der Störvariable „Alter" besteht zwischen den sozialen Aktivitäten und der Gesamtzeit stationärer Betreuung keine signifikante Korrelation mehr (r = 0,006; p = 0,95).

Tabelle 93: Soziale Aktivitäten nach Gesamtzeit stationärer Betreuung
(Mittelwerte in absoluten Zahlen und % des Skalenmaximums)

	1-10 (n=31)	11-20 (n=29)	21-30 (n=43)	31-40 (n=13)	41- (n=12)	Gesamt (n=128)
Soziale Aktivitäten	5,7 (71%)	5,3 (66%)	5,1 (63%)	4,5 (56%)	4,4 (55%)	5,1 (64%)

- Alltagskompetenzen/ Hilfebedarf

Die Analyse der Aktivitätsniveaus von Personen differenziert nach Hilfebedarfsgruppen (vgl. Tabelle 94) legt überraschenderweise nahe, dass Personen mit höherem Hilfebedarf (Hilfebedarfsgruppen III und IV) durchschnittlich etwas mehr soziale Aktivitäten ausüben als Personen mit geringerem Hilfebedarf (Hilfebedarfsgruppen I und II). Die Mittelwertunterschiede sind jedoch minimal und erweisen sich im Kruskal-Wallis-Test als nicht signifikant.

Tabelle 94: Soziale Aktivitäten nach Hilfebedarfsgruppen (Mittelwerte in absoluten Zahlen und % des Skalenmaximums)

	HBG I (n=17)	HBG II (n=44)	HBG III (n=50)	HBG IV (n=15)	Gesamt (n=126)
Soziale Aktivitäten	4,9 (62%)	4,7 (58%)	5,5 (69%)	5,3 (66%)	5,1 (64%)

Nimmt man als weitere Variable das Angewiesen-Sein auf einen Rollstuhl hinzu, so zeichnet sich ein ähnliches Bild (vgl. Tabelle 95): Auch hier üben Rollstuhlfahrer/innen tendenziell mehr Aktivitäten aus als Personen, die dieser Mobilitätshilfe nicht bedürfen. Allerdings fallen auch diese Unterschiede eher gering aus und sind nicht signifikant.

Tabelle 95: Soziale Aktivitäten nach Angewiesenheit auf einen Rollstuhl (Mittelwerte in absoluten Zahlen und % des Skalenmaximums)

	Rollstuhl		
	ja (n=14)	nein (n=99)	Gesamt (n=113)
Soziale Aktivitäten	5,6 (70%)	5,1 (63%)	5,1 (64%)

- Partnerschaft

Zwischen Personen, die in festen Partnerschaften leben, und Singles lassen sich kaum Unterschiede hinsichtlich des Ausmaßes an ausgeübten sozialen Aktivitäten feststellen (vgl. Tabelle 96).

Tabelle 96: Soziale Aktivitäten nach Single vs. Partnerschaft (Mittelwerte in absoluten Zahlen und in % des Skalenmaximums)

	Singles (n=58)	mit Partner (n=70)	Gesamt (n=128)
Soziale Aktivitäten	4,9 (61%)	5,3 (66%)	5,1 (64%)

- Gruppengröße

Die Analyse des Index „soziale Aktivitäten" in Abhängigkeit von der Größe der Wohneinheiten offenbart keinen linearen Zusammenhang (vgl. Tabelle 95). Auffällig ist jedoch, dass Personen in Wohngruppen ab 20 Personen das höchste Aktivitätsniveau (6,1 von 8 abgefragten Aktivitäten) erreichen; Personen in Wohngruppen bis zu 3 Personen führen vergleichsweise weniger Aktivitäten aus (4,7 Aktivitäten). Insgesamt sind die Unterschiede zwischen den Personengruppen jedoch als eher gering zu bezeichnen.

Tabelle 97: Soziale Aktivitäten nach Gruppengröße der Wohneinheiten in
Klassen (Mittelwerte in absoluten Zahlen und % des
Skalenmaximums)

	1-3 (n=19)	4-7 (n=22)	8-11 (n=40)	12-15 (n=17)	16-19 (n=14)	20- (n=13)	Gesamt (n=125)
Soziale Aktivitäten	4,7 (59%)	5,7 (72%)	4,4 (55%)	5,6 (71%)	5,0 (63%)	6,1 (76%)	5,1 (64%)

5.3.4 Zusammenhänge zwischen den Lebensqualitätsdimensionen

In den vorherigen Abschnitten wurden die einzelnen Dimensionen „Zufriedenheit", „Wahlfreiheiten und Reglementierungen" sowie „soziale Aktivitäten" getrennt betrachtet. Nun soll untersucht werden, inwiefern die drei untersuchten
Lebensqualitätsdimensionen miteinander zusammenhängen.

Wahlfreiheiten und Zufriedenheit

Der Hypothese folgend, dass Wahlfreiheiten für das Wohlbefinden und die persönliche Zufriedenheit von fundamentaler Bedeutung sind, soll zunächst die Beziehung zwischen diesen beiden Dimensionen in einer Zusammenhangsanalyse
betrachtet werden. Die Berechnung von Korrelationskoeffizienten zwischen dem
Summenscore „Wahlfreiheiten" und den Summenscores der einzelnen Zufriedenheitsindizes führt zu folgenden Ergebnissen (vgl. Tabelle 98):

Tabelle 98: Korrelationen zwischen den Zufriedenheitsindizes und dem Index
„Wahlfreiheiten" (Korrelationskoeffizienten und
Signifikanzniveaus)

	Wahlfreiheiten	
	r	Signifikanz
Zufriedenheit mit der Wohnsituation	0,24	$p < 0,01$
Zufriedenheit mit den Freizeitmöglichkeiten	0,19	$p < 0,05$
Zufriedenheit mit der Arbeit	0,12	ns
Freiheit von subjektiver Belastung	0,36	$p < 0,001$
Gesamtindex	0,33	$p < 0,001$

Die Korrelationskoeffizienten weisen deutlich darauf hin, dass Wahlfreiheiten und persönliche Zufriedenheit nicht unabhängig voneinander sind: Es ergeben sich positive signifikante Korrelationen, die von $r = 0,19$ bis zu $r = 0,36$ reichen. Für den Gesamtindex zum subjektiven Wohlbefinden lässt sich ein signifikanter Korrelationskoeffizient von $r = 0,33$ festmachen. Einzige Ausnahme bildet der Index „Zufriedenheit mit der Arbeit": Da in der Lebenswirklichkeit der Befragten der Arbeitsbereich in einer Werkstatt für behinderte Menschen unabhängig vom Wohnbereich (und somit den strukturellen Merkmalen der Wohneinrichtungen) ist, zeigt sich hier übereinstimmend mit den theoretischen Überlegungen auch kein signifikanter Zusammenhang ($r = 0,12$). Insgesamt lässt sich also konstatieren, dass mit mehr Wahlfreiheiten höhere Zufriedenheit einhergeht.

Um diesen Zusammenhang zu überprüfen, soll die Verteilung der Zufriedenheitswerte in zu bildenden Fallgruppen, die sich hinsichtlich ihrer Wahlfreiheiten unterscheiden, in den Blick genommen werden. Hierzu wird in einem ersten Schritt der Index „Wahlfreiheiten" in drei Klassen überführt:

- wenige Wahlfreiheiten   (0-33 % des Skalenmaximums)
- mittlere Wahlfreiheiten (34-66 % des Skalenmaximums)
- viele Wahlfreiheiten   (67-100 % des Skalenmaximums)

Die durchschnittlichen Zufriedenheitsniveaus der entstehenden drei Gruppen können nun miteinander verglichen werden (vgl. Tabelle 99).

Tabelle 99: Zufriedenheitswerte nach Wahlfreiheiten in Klassen (Mittelwerte in % des Skalenmaximums)

	wenige Wahlfreiheiten (n=26)	mittlere Wahlfreiheiten (n=89)	viele Wahlfreiheiten (n=14)	Gesamt (n=129)
Zufriedenheit mit der Wohnsituation	62%	74%	77%	72%
Zufriedenheit mit den Freizeitmöglichkeiten	38%	45%	58%	45%
Zufriedenheit mit der Arbeit	73%	76%	78%	76%
Freiheit von subjektiver Belastung	51%	64%	74%	63%
Gesamtindex	56%	65%	72%	64%

Auffallend ist, dass sich für alle Zufriedenheitsbereiche dieselbe ordinale Reihung ergibt, welche die Ergebnisse der Korrelationsanalyse bestätigt:

- Personen, die über wenige Wahlfreiheiten berichten, weisen durchweg Zufriedenheitswerte unterhalb des Mittelwerts für die Gesamtstichprobe auf,
- Personen mit mittleren Wahlfreiheiten weisen auch mittlere Zufriedenheitswerte auf, die ungefähr den Mittelwerten für die Gesamtstichprobe entsprechen,
- Personen, die viele Wahlfreiheiten erleben, weisen Zufriedenheitswerte oberhalb des Mittelwerts für die Gesamtstichprobe auf.

Die jeweiligen Werteverteilungen für die Subgruppen lassen sich durch so genannte „Boxplots" veranschaulichen (vgl. Abbildung 41): Dabei stellt die untere Grenze der Box das erste Quartil (25%-Perzentil), die obere Grenze das dritte Quartil (75%-Perzentil) dar, sodass innerhalb des Kastens die mittleren 50% der Werte liegen. Der schwarze Streifen innerhalb der Box kennzeichnet den Median, die Querstriche unter- und oberhalb der Boxen die kleinsten bzw. größten Gruppenwerte, die keine Ausreißer oder Extremwerte sind. Ausreißer sind Werte, welche weiter als 1,5 Boxenlängen vom unteren bzw. oberen Rand der Box entfernt liegen (durch einen kleinen Kreis markiert); bei extremen Werten sind es mehr als 3 Boxenlängen (durch ein Sternchen markiert) (vgl. Bühl & Zöfel 2002, 218 f.). Boxplots eignen sich also dazu, die Lage- und Verteilungscharakteristika der Variablen in verschiedenen Fallgruppen grafisch darzustellen und zu vergleichen.

Abbildung 41: Zufriedenheit nach Wahlfreiheiten in Klassen (in % des Skalenmaximums) (n=129)

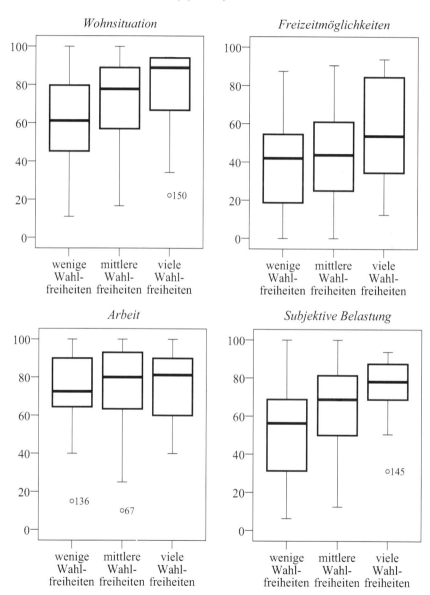

Die Boxplots illustrieren, dass nicht nur die Mediane der Summenwerte der einzelnen Zufriedenheitsindizes von links (wenige Wahlfreiheiten) nach rechts (viele Wahlfreiheiten) deutlich ansteigen, sondern sowohl der mittlere Wertebereich (die Lage der Box) als auch die kleinsten und/oder größten Gruppenwerte (untere bzw. obere Querstriche).

Eine Varianzanalyse (ANOVA) der Zufriedenheitswerte zwischen den Subgruppen lehnt die Gleichheit der Verteilung für alle Zufriedenheitsindizes (mit Ausnahme des Index „Arbeit") ab:

- „Zufriedenheit mit der Wohnsituation": $F = 2,955; p < 0,05$
- „Zufriedenheit mit den Freizeitmöglichkeiten": $F = 3,405; p < 0,05$
- „Zufriedenheit mit der Arbeit": $F = 0,402; p > 0,05$
- „Freiheit von subjektiver Belastung": $F = 5,840; p < 0,01$
- Gesamtindex: $F = 6,149; p < 0,01$

Insgesamt bestätigen die dargestellten Analysen die Hypothese, dass ein positiver Zusammenhang zwischen Wahlfreiheiten und persönlicher Zufriedenheit besteht: Bewohner/innen, welche mehr Reglementierungen bzw. weniger Wahlfreiheiten erleben, äußern geringere Zufriedenheit als Personen, welche weniger Vorgaben bzw. mehr Wahlfreiheiten wahrnehmen.

Vor diesem Hintergrund sind auch die vorangestellten Ergebnisse der Subgruppen- und Zusammenhangsanalysen neu zu beleuchten. Dies soll exemplarisch am Beziehungsgeflecht zwischen den drei Variablen Zufriedenheit mit der Wohnsituation, Wahlfreiheiten und Gruppengröße der Wohneinheit dargestellt werden:

In Kap. 5.3.1 wurde herausgearbeitet, dass Personen in kleinen Gruppen (bis zu drei Personen) signifikant höhere Zufriedenheit mit der Wohnsituation äußern als Bewohner/innen größerer Wohngruppen. Dieses Untersuchungsergebnis kann jedoch unterschiedlich interpretiert werden. Es ist durchaus plausibel anzunehmen, dass Bewohner/innen kleinerer Wohngruppen deshalb zufriedener mit der Wohnsituation sind, weil z.B. das Zusammenleben mit einer kleinen Zahl von Mitbewohner/innen zu weniger Konflikten und Reibungspunkten führt. Berücksichtigt man allerdings zum einen den Untersuchungsbefund, dass Bewohner/innen kleinerer Gruppen nicht nur zufriedener sind, sondern zugleich auch höhere Wahlfreiheiten wahrnehmen (vgl. Kap. 5.3.2) sowie zum anderen den empirisch aufgezeigten Zusammenhang zwischen Wahlfreiheiten und Zufriedenheit (s. oben), so ist jedoch ebenso denkbar, dass Bewohner/innen kleinerer Gruppen deshalb zufriedener mit der Wohnsituation sind, weil sie mehr

Wahlfreiheiten und weniger Reglementierungen erleben als Personen in größeren Wohngruppen.

Um die Dreiecksbeziehung zwischen den Variablen angemessen zu überprüfen, gilt es, jeweils eine Variable zu kontrollieren und den Zusammenhang der beiden anderen Variablen zu betrachten. Eine derartige Drittvariablenkontrolle kann z.B. durch Aufteilung des Datensatzes in Teilgruppen (die der Ausprägung der Drittvariablen entsprechen) und dem sich anschließenden Vergleich zwischen den Teilgruppen und der Gesamtgruppe realisiert werden (vgl. Baur 2004b). Auf den konkreten Anwendungsfall übertragen bedeutet dies, die Drittvariable Wahlfreiheiten zu kontrollieren, indem die Gesamtstichprobe in zwei Gruppen aufgeteilt wird: Personen mit wenigen Wahlfreiheiten (0-50% des Skalen-Maximums) und Personen mit vielen Wahlfreiheiten (50-100% des Skalen-Maximums). Die sich ergebenden Teilgruppen können dann den entsprechenden Wohngruppengrößen zugeordnet werden (vgl. Tabelle 100).

Tabelle 100: Gruppengröße nach Fallgruppen von Personen mit wenigen bzw. vielen Wahlfreiheiten (beobachtete und erwartete Anzahlen)

		1-3	4-7	8-11	12-15	16-19	20-	Ges
Teilgruppe 1: wenige Wahlfreiheiten	**Anzahl**	9	17	31	13	8	10	88
	erwartete Anzahl	13,4	15,5	28,2	12,0	9,9	9,2	
Teilgruppe 2: viele Wahlfreiheiten	**Anzahl**	10	5	9	4	6	3	37
	erwartete Anzahl	5,6	6,5	11,8	5,0	4,1	3,8	
Gesamt		19	22	40	17	14	13	125

Vergleicht man jeweils die beobachtete mit der erwarteten Anzahl (Produkt der betreffenden Zeilen- und Spaltensumme geteilt durch die Gesamtsumme der Häufigkeiten), wird deutlich, dass in Gruppen bis zu drei Personen (Gruppe „1-3") mehr Personen mit vielen Wahlfreiheiten als erwartet (10 vs. 5,6), zugleich weniger Personen mit wenigen Wahlfreiheiten als erwartet (9 vs. 13,4) zu finden sind.

Inwiefern sich die Variable Wahlfreiheiten auf die bivariate Beziehung zwischen der Zufriedenheit mit der Wohnsituation und der Gruppengröße der Wohneinheiten auswirkt, lässt sich durch die Wertedarstellung in Tabelle 101 abschätzen. Wäre der Einfluss der Drittvariablen „Wahlfreiheiten" gering, so müssten sich in beiden Teilmengen (Personen mit wenigen bzw. vielen Wahlfreiheiten) ähnliche Verteilungsmuster wie in der Gesamtstichprobe wieder finden lassen (vgl. Baur 2004b, 205), insbesondere jeweils der hervorstechende hohe Zufriedenheitswert bei der kleinsten Wohngruppe (Gruppe „1-3").

Tabelle 101: Zufriedenheit mit der Wohnsituation nach Gruppengröße der Wohneinheiten; Gesamtstichprobe und Aufteilung in zwei Fallgruppen von Personen mit wenigen bzw. vielen Wahlfreiheiten (Mittelwerte in % des Skalenmaximums)

		1-3 (n=19)	4-7 (n=22)	8-11 (n=40)	12-15 (n=17)	16-19 (n=14)	20- (n=13)	Gesamt (n=125)
Gesamt-stichprobe	Zufriedenheit mit der Wohn-situation	82%	68%	72%	70%	67%	68%	72%
		1-3 (n=9)	4-7 (n=17)	8-11 (n=31)	12-15 (n=13)	16-19 (n=8)	20- (n=10)	Gesamt (n=88)
Teilgruppe 1: wenige Wahl-freiheiten	Zufriedenheit mit der Wohn-situation	72%	66%	73%	66%	62%	67%	69%
		1-3 (n=10)	4-7 (n=5)	8-11 (n=9)	12-15 (n=4)	16-19 (n=6)	20- (n=3)	Gesamt (n=37)
Teilgruppe 2: viele Wahl-freiheiten	Zufriedenheit mit der Wohn-situation	91%	76%	70%	83%	74%	71%	78%

Für die Teilgruppe 2 (Personen mit vielen Wahlfreiheiten) ist dies mit einem Zufriedenheitsgrad von 91% eindeutig der Fall, für die Teilgruppe 1 (Personen mit wenigen Wahlfreiheiten) hebt sich der Zufriedenheitswert von 72% der Gruppe „1-3" im Vergleich zu den anderen Wohngruppen nicht so deutlich hervor. Getrennte Kontrast-Tests, welche den Mittelwert der Gruppengröße bis drei Personen mit dem komponierten Mittelwert der übrigen Gruppengrößen vergleicht, zeigen signifikante Ergebnisse nur für die Teilgruppe 2 an (T = 2,773; p = 0,014).

Zu berücksichtigen ist, dass durch die Aufteilung des Datensatzes die sich ergebenden Teilgruppen nunmehr z.T. sehr kleine Fallzahlen repräsentieren (< 10). Daher sind die Daten in Tabelle 101 vorsichtig zu interpretieren. Die Analyse legt jedoch die Annahme nahe, dass auch unter Kontrolle der Drittvariablen „Wahlfreiheiten" die Variable Gruppengröße einen gewissen Effekt auf die Zufriedenheit mit der Wohnsituation zu haben scheint, da nach wie vor ablesbar

ist, dass Personen in kleinen Gruppen (Gruppe „1-3") zufriedener mit der Wohnsituation sind als Bewohner/innen größerer Wohngruppen (insbesondere in Teilgruppe 2). Gleichwohl wird die Stärke dieser Beziehung durch die Kontrolle der
Drittvariablen „Wahlfreiheiten" relativiert. Insgesamt weisen die Daten auf eine
beidseitige Interaktion hin (vgl. Baur 2004b, 205), bei der das Ausmaß der Wahlfreiheiten einen höheren Einfluss auf die Zufriedenheit mit der Wohnsituation
besitzt als die Größe der Wohneinheiten.

Dieses Beispiel macht plastisch, dass Zufriedenheit (und allgemeiner: subjektives Wohlbefinden) von einer Vielzahl von subjektiven und objektiven Faktoren beeinflusst wird, die wiederum miteinander zusammenhängen können.
Nicht ganz auszuschließen ist der Einfluss weiterer Variablen, die außerhalb des
Blickfeldes liegen. Zum Beispiel ist es durchaus möglich, dass Personen in kleinen Wohneinheiten über mehr adaptive Kompetenzen verfügen und diese Variable Einfluss auf die wahrgenommenen Gestaltungsfreiheiten oder die persönliche Zufriedenheit nimmt. Trotz der zu erwartenden Komplexität des Bezie-
hungsgeflechts bieten derartige Analysen dennoch Ansatzpunkte dafür, einzelne
für die Ausprägung spezifischer Lebensqualitätsdimensionen relevant erscheinende Faktoren festzumachen und deren Einflussnahme abzuschätzen.

Soziale Aktivitäten und Zufriedenheit

Eine weitere interessante Frage im Kontext der Zusammenhangsanalysen zwischen den Lebensqualitätsdimensionen ist, inwiefern sich die Zufriedenheit mit
den Freizeitmöglichkeiten zwischen Personen, die bestimmte soziale Aktivitäten
ausüben, und Personen, welche diese Aktivitäten nicht ausüben, unterscheidet.
Tabelle 102 stellt die durchschnittlichen Zufriedenheitswerte (in Prozent des
Skalenmaximums) dieser beiden Personengruppen pro Aktivitätsitem einander
gegenüber.

Die Tabelle macht ersichtlich, dass diejenigen Personen, welche eine bestimmte Aktivität nicht ausüben, über alle Items hinweg höhere Zufriedenheitswerte aufweisen als diejenigen Personen, welche diese Aktivität ausführen. Offensichtlich scheint es so zu sein, dass Personen, welche soziale Aktivitäten nicht
ausführen, dies auch nicht wünschen, sodass sich für diese Befragten hohe Zufriedenheitswerte ergeben. Die Korrelation zwischen dem Aktivitäten-Score und
dem Index zur „Zufriedenheit mit den Freizeitmöglichkeiten" beträgt $r = -0,29$
($p < 0,01$). Damit bestätigt sich ein negativer Zusammenhang zwischen diesen
beiden Variablen.

Tabelle 102: Zufriedenheit mit den Freizeitmöglichkeiten (Angaben in % des
Skalenmaximums) nach Personengruppen, welche die Aktivität
ausüben und nicht ausüben

Nr.	Soziale Aktivitäten	Ausübung der Aktivität?			
		ja		nein	
		n	M	n	M
B1	Vereinstreffen/ Clubtreffen/ Freizeitgruppe	69	34%	57	60%
B3	Sport machen	72	41%	55	60%
B5	Sportveranstaltungen besuchen	53	33%	75	56%
B11	Kneipe/ Café	92	33%	34	61%
B13	Kino	88	33%	41	38%
B15	Theater/ Konzert	82	24%	47	66%
B19	Disko/ Party	75	30%	51	61%
B21	einkaufen/ bummeln	116	29%	8	38%

Bildet man anhand der Aktivitäten-Summenwerte vier Personengruppen mit

- sehr wenig sozialen Aktivitäten (0-2 Aktivitäten bzw. 0-25%SM)
- eher wenig sozialen Aktivitäten (3-4 Aktivitäten bzw. 25-50%SM)
- eher viel sozialen Aktivitäten (5-6 Aktivitäten bzw. 50-75%SM)
- sehr viel sozialen Aktivitäten (7-8 Aktivitäten bzw. 75-100%SM)

und vergleicht deren Zufriedenheitswerte (vgl. Tabelle 103), so zeigt sich insbesondere ein Unterschied zwischen Personen mit sehr wenig bzw. sehr viel sozialen Aktivitäten, der sich in einer Varianzanalyse (ANOVA) als signifikant erweist ($F = 4,935$; $p < 0,01$).

Tabelle 103: Zufriedenheitswerte nach Aktivitäten-Summenwerte in Klassen
(Mittelwerte in % des Skalenmaximums)

	sehr wenig Aktivitäten (n=13)	eher wenig Aktivitäten (n=34)	eher viel Aktivitäten (n=46)	sehr viel Aktivitäten (n=36)	Gesamt (n=129)
Zufriedenheit mit den Freizeitmöglichkeiten	53%	55%	41%	37%	45%

Zu bedenken ist, dass im Aktivitäten-Score die Häufigkeit der jeweiligen Aktivitäten aus statistischen Gründen außen vor bleibt (vgl. Kap. 5.3.3). So könnte es

sein, dass insbesondere Personen, welche eine Aktivität nur selten ausführen, besonders unzufrieden mit der Häufigkeit der sozialen Aktivität sind. Nimmt man diese Variable hinzu und bildet zwei Häufigkeitskategorien („wöchentlich/monatlich" und „seltener als monatlich"), so ergibt sich folgendes Bild (vgl. Tabelle 104):

Tabelle 104: Zufriedenheit mit den Freizeitmöglichkeiten nach Frequenz der Aktivität (Anzahl der Personen in absoluten Zahlen, Mittelwerte in % des Skalenmaximums)

Nr.	Soziale Aktivitäten	wöchentlich/ monatlich		seltener als monatlich	
		n	M	n	M
B1	Vereinstreffen/ Clubtreffen/ Freizeitgruppe	45	34%	22	30%
B3	Sport machen	43	41%	27	45%
B5	Sportveranstaltungen besuchen	10	20%	41	33%
B11	Kneipe/ Café	46	36%	43	26%
B13	Kino	23	26%	64	36%
B15	Theater/ Konzert	12	29%	65	19%
B19	Disko/ Party	33	23%	37	31%
B21	einkaufen/ bummeln	91	33%	20	15%

In der Tabelle lassen sich zwar Aktivitäten identifizieren, die bei seltener Ausführung geringere Zufriedenheitswerte aufweisen als bei höherer Frequenz (wöchentlich/monatlich). Dies ist bei den Items „Vereinstreffen/ Clubtreffen/ Freizeitgruppe" (B1), „Kneipe/ Café" (B11), „Theater/ Konzert" (B15) und „einkaufen/ bummeln" (B21) der Fall. Am größten sind die Unterschiede bei letzterem Item: Personen, die seltener als monatlich „einkaufen bzw. bummeln gehen", weisen mit einem mittleren Zufriedenheitsgrad von 15% deutlich geringere Zufriedenheit mit der Häufigkeit dieser Aktivität auf als Personen, welche wöchentlich oder monatlich „einkaufen bzw. bummeln gehen" (durchschnittliche Zufriedenheit von 33% des Skalenmaximums). Allerdings verhält es sich bei vier Aktivitäten genau andersherum, d.h. dass sich bei diesen Aktivitäten bei seltener Ausführung höhere Zufriedenheitswerte zeigen als bei höherer Aktivitätsfrequenz: „Sport machen" (B3), „Sportveranstaltungen besuchen" (B5), „Kino" (B13) sowie „Disko/ Party" (B19). Insofern bleiben die Untersuchungsergebnisse uneindeutig.

Insgesamt betrachtet legen die Analysen nahe, dass es keineswegs so ist, dass Personen mit hohen Aktivitätsindizes auch höhere Zufriedenheit mit den Freizeit- und Teilhabemöglichkeiten am kulturellen Leben erreichen. Hier spielt vermutlich das Erwartungs- und Anspruchsniveau der befragten Personen eine große Rolle: Offenbar scheint es so zu sein, dass die befragten Personen, welche weniger am gemeinschaftlich-kulturellen Leben teilnehmen, auch nicht den Wunsch besitzen, mehr Aktivitäten auszuüben (selbstbestimmte „Nicht-Teilhabe"). Auf der anderen Seite wünschen sich diejenigen Personen mit höheren Aktivitätsniveaus, diese sozialen Aktivitäten häufiger ausführen zu können.

Wahlfreiheiten und soziale Aktivitäten

Als letztes Variablen-Paar werden die Indizes „Wahlfreiheiten" und „soziale Aktivitäten" auf einen möglichen Zusammenhang hin überprüft. Dazu wird zunächst eine Korrelationsanalyse durchgeführt, auf deren Basis allerdings kein statistischer Zusammenhang zwischen den beiden Variablen festgestellt werden kann (r = 0,003).

Analog zu den vorherigen Analysen lassen sich auch hier wieder Personengruppen nach ihren Wahlfreiheiten unterscheiden und hinsichtlich der jeweiligen durchschnittlichen Aktivitätsniveaus vergleichen:

- wenige Wahlfreiheiten   (0-33% des Skalenmaximums)
- mittlere Wahlfreiheiten   (34-66% des Skalenmaximums)
- viele Wahlfreiheiten   (67-100% des Skalenmaximums)

Wie Tabelle 105 zeigt, unterscheiden sich die Aktivitätsniveaus der drei Subgruppen nur gering voneinander.

Tabelle 105: Soziale Aktivitäten nach Wahlfreiheiten in Klassen (Mittelwerte in % des Skalenmaximums)

	wenige Wahlfreiheiten (n=26)	mittlere Wahlfreiheiten (n=89)	viele Wahlfreiheiten (n=14)	Gesamt (n=129)
Soziale Aktivitäten	63%	65%	58%	64%

Personen, welche viele Wahlfreiheiten wahrnehmen, führen soziale Aktivitäten etwas weniger aus als die beiden anderen Personengruppen. Die Unterschiede zwischen den Gruppen erweisen sich aber im Kruskal-Wallis-Test als nicht signifikant.

In der Gesamtschau zeigen die Untersuchungsergebnisse, dass kein Zusammenhang zwischen Wahlfreiheiten und sozialen Aktivitäten besteht.

5.4 Methodenkritische Analyse der Befragung

Bislang liegen im deutschsprachigen Raum nur wenige differenzierte Erfahrungsberichte über die Umsetzbarkeit direkter Befragungsmethoden bei Menschen mit kognitiven Beeinträchtigungen vor (vgl. Kniel & Windisch 2005, 13; Dworschak 2004, 26). Dies mag zum einen damit zusammenhängen, dass die methodischen Grenzen der Anwendbarkeit des Interviews als Forschungsinstrument auf der Hand liegen – insbesondere mit Blick auf den Personenkreis der Menschen mit schwerer Behinderung und geringen kommunikativen Kompetenzen (vgl. Seifert, Fornefeld & Koenig 2001, 114). Anderseits bilden Menschen mit so genannter geistiger Behinderung oder Bewohner/innen stationärer Wohneinrichtungen keineswegs eine homogene Gruppe, sondern zeichnen sich durch unterschiedliche kognitiv-kommunikative und soziale Kompetenzprofile aus. Damit gilt es, Erkenntnisse darüber zu erlangen, inwieweit der methodische Zugang über die direkte Befragung von Menschen mit geistiger Behinderung zu gültigen und verlässlichen Einschätzungen ihrer Sichtweisen führen kann.

Potenzielle Problemstellen, die bei der Befragung im Allgemeinen und bei Interviews mit kognitiv beeinträchtigten Menschen zu Lebensqualitätsaspekten im Besonderen auftreten können, wurden eingehend in Kap. 3.3 erörtert. Nachfolgend soll die methodische Vorgehensweise der vorliegenden Studie analysiert, die Befragungsergebnisse unter methodischen Gesichtspunkten untersucht sowie hinsichtlich ihrer Datenqualität bewertet werden. Dabei finden sowohl qualitative Daten (z.B. Einschätzungen der Befragten und Interviewer zum Interviewverlauf) als auch quantitative Daten (z.B. Antwortquote und -verteilungen) Berücksichtigung (vgl. Heal & Sigelman 1995; Matikka & Vesala 1997).

Stichprobe und realisierte Interviews

Als erster Auswertungsaspekt soll die Stichprobenrealisierung in den Blick genommen werden, um abschätzen zu können, welche Personenkreise mit der Befragungstechnik erreicht bzw. nicht erreicht werden konnten. Bei der Stichprobenauswahl wurde zunächst ein Pool von 224 Bewohner/innen gezogen (24 Personen der Teilstichprobe A, 200 Personen der Teilstichprobe B), welche grundsätzlich für Interviews in Frage kommen. Anschließend haben die Mitarbeiter/innen der Wohneinrichtungen die ausgewählten Bewohner/innen über das Vorhaben informiert und diese nach ihrer Interviewbereitschaft gefragt. Zugleich war es ihre Aufgabe einzuschätzen, ob die jeweilige Person über Basisfähigkeiten zur Interviewteilnahme verfügt.

Letztlich wurden von den 224 Personen insgesamt 142 Personen befragt (20 Personen der Teilstichprobe A, 122 Personen der Teilstichprobe B). Es liegen zwar keine detaillierten Informationen darüber vor, welche Gründe jeweils den Ausschlag dafür gaben, dass einige Interviews nicht zustande gekommenen sind (fehlende Interviewbereitschaft, geringe kommunikative Kompetenzen, Krankheit, organisatorische Schwierigkeiten etc.). Dennoch ist interessant, inwiefern sich die ursprüngliche Stichprobe der 224 Personen, die für die Interviews ausgewählt wurden, von den 142 Personen, bei denen schließlich eine Befragung stattgefunden hat, unterscheidet. Tabelle 106 stellt die Altersverteilung, Gesamtzeit stationärer Betreuung der zwei Personengruppen sowie die Verteilung der Personen auf die Hilfebedarfsgruppen nach dem HMB-Verfahren (vgl. Metzler 2001) einander gegenüber.

Der Vergleich der Altersstruktur und der Gesamtzeit stationärer Betreuung ergibt lediglich geringe Unterschiede: Die befragten Personen sind im Vergleich zur originären Stichprobe etwas jünger und weisen demzufolge auch eine etwas kürzere Aufenthaltsdauer in Wohneinrichtungen auf. Aufschlussreicher hingegen ist der Abgleich der beiden Hilfebedarfsgruppenverteilungen (vgl. Tabelle 106). Die Gruppe der befragten Personen weist vergleichsweise höhere Anteile bei den Hilfebedarfsgruppen I und II sowie geringere Anteile bei den Hilfebedarfsgruppen III und IV auf, mit anderen Worten: Diejenigen Personen, bei denen eine Befragung nicht zustande gekommen ist, gehören zu größeren Anteilen den höheren Hilfebedarfsgruppen an. Dies lässt vermuten, dass bei vielen Personen der ursprünglichen Stichprobe, die später nicht befragt wurden, die Mitarbeiter/innen der Wohneinrichtungen die individuellen Voraussetzungen für eine Befragung dieser Bewohner/innen als nicht gegeben einschätzten und die Interviews aus diesen Gründen nicht realisiert werden konnten. Dadurch wird die Annahme bekräftigt, dass in der vorliegenden Studie die Nutzerbefragung zwar auf eine breite Basis gestellt werden konnte, dass mit der Befragung aber nicht alle relevanten Personenkreise, die in Wohneinrichtungen leben und betreut werden – insbesondere Personen mit hohen Unterstützungsbedarfen –, erreicht werden konnten.

Tabelle 106: Anzahl der Bewohner/innen nach Alter, Gesamtzeit stationärer Betreuung und Hilfebedarfsgruppen (Angaben in %) im Vergleich zwischen der ursprünglichen Stichprobe und den realisierten Interviews

	Gesamtsample (n=224)				realisierte Befragungen (n=142)			
	M	**Min**	**Max**	**SD**	**M**	**Min**	**Max**	**SD**
Alter (Jahre)	41,5	21	88	11,5	38,8	21	82	10,4
Gesamtzeit stationärer Betreuung (Jahre)	25,6	1	78	14,2	22,3	1	70	13,7
Hilfebedarfsgruppe I	8,4				13,6			
Hilfebedarfsgruppe II	26,0				33,6			
Hilfebedarfsgruppe III	46,0				40,0			
Hilfebedarfsgruppe IV	19,1				12,9			
Hilfebedarfsgruppe V	0,5				–			

Nicht auswertbare Interviews

Von den insgesamt 142 geführten Interviews wurden im Nachhinein 13 Interviews als nicht auswertbar beurteilt. Die nicht auswertbaren Interviews wurden mit 2 Personen der Hilfebedarfsgruppe II, 6 Personen der Hilfebedarfsgruppe III und mit 5 Personen der Hilfebedarfsgruppe IV geführt. Davon sind 9 Interviews vorzeitig beendet worden. Die Gründe dafür waren aus Sicht der Interviewer/innen: fehlendes Verständnis für die Fragen bzw. zu komplexe Fragestellungen (in 4 Fällen), Überbelastung und sinkende Aufnahmebereitschaft (in 4 Fällen) und fehlende aktive Sprache der befragten Person (in 3 Fällen). Folgende exemplarische Anmerkungen der Interviewer/innen erläutern die aufgetretenen Probleme bei der Interviewdurchführung:

- „Herr [NAME] kam zwar motiviert und gut gelaunt zum Interview, konnte sich aber nicht auf die Fragen einlassen und hat stattdessen meine Worte nur wiederholt." (ID Int 08)
- „Die Befragte konnte nichts erläutern, erzählte aus dem Zusammenhang heraus, stellte Fragen, erzählte Anekdoten, wurde müde, abwesend, war aber sehr aufgeschlossen." (ID Int 16)

- „Der Befragte konnte sich fast gar nicht äußern, selbst Ja/Nein-Fragen konnten nicht eindeutig beantwortet werden." (ID Int 09)
- „Bei manchen Fragen schaute die Befragte in die Leere, sagte nichts, auch nicht nach erneuter Nachfrage. Eventuelles Anzeichen dafür, dass die Fragen zu komplex waren. Sonst sehr knappe Antworten, z.T. nonverbale Antworten." (ID Int 16)
- „Der Interviewpartner weicht ständig auf ein anderes Thema ab (bevorstehende medizinische Untersuchung), wirkt oft abwesend (Absenzen), stellt hin und wieder Nachfragen." (ID Int 16)

Die übrigen vier nicht auswertbaren Interviews wurden zwar bis zum Ende durchgeführt, die Antworten wurden jedoch von den Interviewer/innen als nicht valide eingeschätzt, z.B. aufgrund stereotyper Beantwortung, widersprüchlicher Aussagen, häufiger Antwortverweigerung oder „Weiß-nicht"-Antworten.

Zieht man von den realisierten Interviews die nicht auswertbaren Interviews ab, verbleibt ein Datensatz von 129 Interviews, dessen Befragungsergebnisse methodenkritisch untersucht werden können.

Evaluation der Interviews durch die Befragten und Interviewer/innen

Erste Hinweise auf die Angemessenheit der Interviews und des verwendeten Fragebogens liefern die Bewertungen des Interviewverlaufs aus Sicht der befragten Personen (Abschnitt H des Fragebogens: „Fragen zum Interview") sowie aus Sicht der Interviewer/innen (Abschnitt I des Fragebogens als Postskript zum Interview).

Auf die offene Frage „Wie fanden Sie das Gespräch?" (Item H1) antworten die Befragten überwiegend positiv, z.B.: „gut und interessant"; „einwandfrei, man konnte mal alles loswerden"; „super, möchte unbedingt häufiger befragt werden". Lediglich drei Personen äußern sich eher negativ, z.B.: „manche Fragen konnte ich nicht beantworten".

Bewertungen spezifischer Aspekte der Interviews durch die befragten Personen sind in Tabelle 107 bis Tabelle 110 wiedergegeben. Den Bewertungen liegt jeweils eine dreistufige Ratingskala zugrunde (mit Ausnahme von Item H5).

Tabelle 107: Bewertung der Gesprächsdauer durch die Befragten (Angaben in
%) (n=125)

Item H2	War das Gespräch zu lang?
„nein"	77%
„es geht"	16%
„ja, zu lang"	7%

Die überwiegende Zahl der Befragten (76,8%) gibt an, dass das Interview nicht
zu lang war, nur 7,2% werten die Gesprächsdauer negativ (vgl. Tabelle 107).
Dabei hängt diese Einschätzung nicht erkennbar mit der tatsächlichen Interviewdauer zusammen: So werden die Gespräche, die mit ca. 70 bis 145 Minuten am
längsten dauerten (n=14), von keinem der Befragten als zu lang erlebt.

Tabelle 108: Bewertung der Verständlichkeit der Fragen durch die Befragten
(Angaben in %) (n=122)

Item H3	Waren die Fragen gut verständlich oder zu schwierig?
„gut"	62%
„teils, teils"	33%
„zu schwierig"	5%

Die Mehrheit der Befragten beurteilt die Interviewfragen als „gut verständlich"
(62,3%), etwa ein Drittel schätzt die Verständlichkeit mittelmäßig ein. Als „zu
schwierig" empfinden die Fragen ca. 5% der Befragten (vgl. Tabelle 108).

Tabelle 109: Bewertung der Frageinhalte durch die Befragten (Angaben in %)
(n=125)

Item H4	Waren die Fragen interessant?
„ja"	94%
„teils, teils"	5%
„nein"	1%

Nahezu alle befragten Personen beurteilen die Inhalte der gestellten Fragen als
interessant (ca. 94%). Dem steht lediglich eine Person gegenüber, welche die
Interviewfragen als nicht interessant bewertet (vgl. Tabelle 109).

Tabelle 110: Wunsch nach häufigerer Durchführung einer Befragung (Angaben in %) (n=118)

Item H5	Möchten Sie gerne häufiger gefragt werden, wie es Ihnen hier gefällt?
„ja"	80%
„nein"	20%

Etwa 80% der Befragten wünschen sich, dass eine ähnliche Form der Befragung häufiger durchgeführt wird, 20% möchten dies nicht (vgl. Tabelle 110).

Analog zu den Bewertungen durch die Befragten haben auch die Interviewer/innen die Interviews in einem Postskript, das unmittelbar nach Gesprächsdurchführung ausgefüllt wurde, evaluiert.

Tabelle 111: Bewertung der Verständlichkeit der Fragen durch die Interviewer/innen (Angaben in %) (n=128)

Item I5	Wie wurden die Fragen verstanden?
„gut"	68%
„mittelmäßig"	27%
„schlecht"	5%

Die Beurteilung der Verständlichkeit der Fragen durch die Interviewer/innen weist eine hohe Ähnlichkeit mit der Einschätzung der Frageverständlichkeit durch die Befragten auf: Auch hier schätzt der überwiegende Teil (68%) die Verständlichkeit als „gut", ca. 27% der Interviewer/innen die Verständlichkeit als „mittelmäßig" und eine Minderheit (ca. 5%) die Verständlichkeit als schlecht ein (vgl. Tabelle 111). Dies ist jedoch nicht gleichbedeutend damit, dass die Einschätzungen der Interviewer/innen und der Befragten übereinstimmen. Führt man die Bewertungen der Frageverständlichkeit – einerseits durch die Interviewer/innen, andererseits durch die Befragten – in einer Kreuztabelle auf, so ergibt sich folgendes Bild (vgl. Tabelle 112).

Tabelle 112: Bewertung der Verständlichkeit der Fragen durch die Befragten und durch die Interviewer/innen (Angaben in % der Gesamtzahl) (n=121)

		Bewertung der Frageverständlichkeit durch die Interviewer/innen (I5)			
		„gut"	„mittel- mäßig"	„schlecht"	Gesamt
Bewertung der Frageverständlich- keit durch die Befragten (H3)	„gut"	46,3%	14,0%	2,5%	62,8%
	„mittelmäßig"	20,7%	11,6%	0,8%	33,1%
	„schlecht"	0,8%	0,8%	2,5%	4,1%
	Gesamt	5,8%	26,4%	67,8%	100,0%

In der Diagonalen der Tabelle sind die übereinstimmenden Einschätzungen ablesbar: In insgesamt 60,4% der Fälle stimmen die Einschätzungen der Befragten und der Interviewer/innen miteinander überein. Abweichungen ergeben sich entsprechend in 39,6% der Fälle, wobei extreme Abweichungen („gute" Bewertung durch die Befragten und gleichzeitig „schlechte" Bewertung durch die Interviewer/innen – oder andersherum) sehr selten auftreten (in insgesamt 3,3% der Fälle).

Tabelle 113: Bewertung der Belastbarkeit, Kooperation und Ängstlichkeit der Befragten durch die Interviewer/innen (Angaben in %)

	Wurde die Belastbarkeit des/der Befragten über- fordert? (I7) (n=129)	Zeigte sich der/die Befragte kooperativ und interessiert? (I8) (n=129)	Machte der/die Be- fragte einen ängstli- chen Eindruck? (I9) (n=128)
„ja"	4%	85%	2%
„es geht"	18%	13%	20%
„nein"	78%	2%	78%

Die Aspekte Belastbarkeit, Kooperation und Ängstlichkeit der Befragten werden von den Interviewer/innen relativ gleichförmig eingeschätzt: Die Mehrheit der Interviewer/innen (von ca. 78% bis 85%) wertet diese Aspekte positiv, eine Minderheit (von ca. 2% bis 4%) negativ ein (vgl. Tabelle 113).

Vergleicht man die Interviewevaluation mit den Erfahrungen der Studie „Leben in stationären Wohnformen für Erwachsene mit geistiger Behinderung" (vgl. Dworschak 2004), in der ebenfalls Bewohner/innen stationärer Wohnformen mit Hilfe eines standardisierten Fragebogens zu ihrer Lebensqualität befragt wurden, so werden deutliche Parallelen ersichtlich (vgl. Tabelle 114).

Tabelle 114: Vergleich der Interviewevaluation durch die Interviewer/innen zwischen der Studie von Dworschak (2004, 101) und der eigenen Studie (Angaben in %)

| | | Einschätzung durch die Interviewer | | |
		gering	mittel	hoch
Dworschak 2004	Interesse/ Motivation	1,4%	38,0%	60,6%
eigene Studie	Kooperation/ Interesse	1,6%	13,2%	85,3%
Dworschak 2004	Misstrauen	68,8%	27,7%	3,5%
eigene Studie	Ängstlichkeit	78,1%	20,3%	1,6%
Dworschak 2004	Konzentration	4,9%	31,0%	64,1%
eigene Studie	Belastbarkeit	3,9%	17,8%	78,3%
Dworschak 2004	Sprachverständnis	4,2%	35,0%	60,8%
eigene Studie	Verständlichkeit der Fragen	5,4%	26,6%	68,0%

Zwar sind einzelne Auswertungsaspekte in der Studie von Dworschak (2004) begrifflich anders gefasst (z.B. „Konzentration" vs. „Belastbarkeit"), dennoch sind die Ergebnisse durchaus vergleichbar. Deutlich wird, dass in beiden Studien die Interviewer/innen zu weitgehend ähnlichen Einschätzungen kommen, die insgesamt ein positives Bild der Befragungsmöglichkeit zeichnen.

Beantwortbarkeit der Fragen

Die Beantwortbarkeit einer Interviewfrage wird ausgedrückt durch den Anteil der befragten Personen mit einer gültigen Antwort auf diese Frage (vgl. Heal & Sigelman 1996, 96). Damit kann dieses Kriterium als Indiz für den kognitiv-kommunikativen Anspruch beim Verstehen und Beantworten einer Frage interpretiert werden. Die Antwortquote wird ermittelt, indem man von allen Personen, denen die Frage gestellt wurde, den Anteil der Befragten mit ungültigen und fehlenden Antworten abzieht.

Die Antwortquoten bezogen auf geschlossene Ja/Nein-Fragen einerseits und offene Fragestellungen andererseits sind in Tabelle 115 dargestellt. Die Ja/Nein-

Fragen sind den Lebensqualitätsindizes entnommen; die offenen Fragen beziehen sich inhaltlich auf diverse Aspekte der Biografie und des Alltagslebens (z.B. vorheriger Wohnort des Befragten, Freizeitwünsche, Lern- und Unterstützungsbedarfe usw.).

Tabelle 115: Antwortquote bei Ja/Nein-Fragen und offenen Fragen (Anzahl der Fragen, Mittelwert, Standardabweichung, Minimum und Maximum in % der Befragten)

	Anzahl der Fragen	Antwortquote in %			
		M	SD	Min	Max
Ja/Nein-Fragen	60	97,4%	4,4%-P.	75%	100%
offene Fragen	8	77,5%	20,6%-P.	0%	100%

Die Antwortquoten unterscheiden sich deutlich je nach Frageformat. Bezogen auf die Items im Ja/Nein-Format ergibt sich eine hohe Antwortquote von durchschnittlich 97,4%. Die Spannweite reicht dabei von 75% bis 100% (Standardabweichung: 4,4 Prozentpunkte). Anders ausgedrückt: Im Durchschnitt wurden von den 60 Fragen ca. 1,5 Fragen nicht oder nicht gültig beantwortet. 90% der Befragten weisen zwischen 0 und 4 ungültige Antworten auf.

Bei den offenen Fragen lässt sich eine geringere Antwortquote von 77,5% ermitteln – ca. 20 Prozentpunkte unterhalb der Antwortquote bei Ja/Nein-Fragen. Zudem weisen die Werte mit einer Standardabweichung von 20,6 Prozentpunkten eine wesentlich höhere Streuung auf; das Minimum liegt bei 0%, das Maximum bei 100%. Durchschnittlich wurden ca. 1,4 von 8 offenen Fragen nicht beantwortet. 90% der Befragten haben 0 bis 3 ungültige Antworten auf offene Fragen.

Damit sind Ja/Nein-Fragen offensichtlich einfacher zu beantworten als offene Fragen, da sie höhere Antwortquoten produzieren (wenngleich der jeweilige Frageinhalt diese bivariate Beziehung ebenfalls beeinflussen dürfte; vgl. Heal & Sigelman 1995, 337 f.). Die Antwortquoten bei Ja/Nein-Fragen und offenen Fragen hängen nicht erkennbar miteinander zusammen ($r = 0,15$; $p = 0,87$; $n=129$), d.h. Personen mit niedrigen Antwortquoten bei Ja/Nein-Fragen weisen nicht automatisch niedrige Antwortquoten bei offenen Fragen auf. Wohl aber lassen sich Zusammenhänge zwischen der Antwortquote bei Ja/Nein-Fragen und folgenden Interview- und Befragtenmerkmalen feststellen:

- Dauer des Interviews: r = -0,40; p < 0,001 (n=128)
- Frageverständnis der Befragten (Bewertung durch die Interviewer/innen): r = 0,36; p < 0,001 (n=128)
- Belastbarkeit der Befragten (Bewertung durch die Interviewer/innen): r = -0,31; p < 0,001 (n=129)
- Hilfebedarfsgruppe (nach HMB-Verfahren) der Befragten: r = -0,26; p < 0,05 (n=126)

Da diese Interview- und Befragtenmerkmale teilweise ebenfalls miteinander korrelieren, lassen sich keine einfachen Zusammenhänge herstellen oder gar Kausalmodelle nachweisen. Stellt man alle signifikanten Korrelationen in einer Abbildung dar, so zeigt sich folgendes komplexes Beziehungsgefüge (vgl. Abbildung 42).

Abbildung 42: Zusammenhänge zwischen der Antwortquote und weiteren Interview- und Befragtenmerkmalen (Rangkorrelationskoeffizienten)

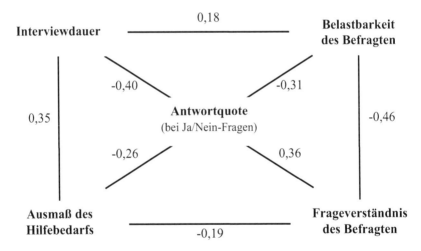

So fällt zum einen auf, dass mit längerer Interviewdauer die erreichte Antwortquote abnimmt (r = -0,4). Zum anderen geht mit einem hohen Hilfebedarf der befragten Person (gemessen durch die Zuordnung zu einer Hilfebedarfsgruppe) ebenfalls eine niedrige Antwortquote einher (r = -0,26). Die Stärken des Zusammenhangs und die Überprüfung dieser Dreiecksbeziehung durch Kontrolle von Drittvariablen (vgl. Baur 2004b) legen ein Kausalmodell nahe, in dem ein hoher Hilfebedarf der befragten Person eine längere Interviewdauer bewirkt, welche sich wiederum in einer niedrigeren Antwortquote niederschlägt. Letztlich lässt sich aber diese kausale Zusammenhangshypothese nicht eindeutig überprüfen (vgl. Bortz & Döring 2002, 519). Zudem darf die Stärke der Korrelation zwischen Interviewdauer und Antwortquote nicht darüber hinwegtäuschen, dass selbst bei langen Interviews (über eine Stunde) die Antwortquoten noch ein relativ hohes Niveau (ca. 95%) erreichen (vgl. Tabelle 116). Auf der anderen Seite nimmt die Streuung der Werte bei den längsten Interviews deutlich zu.

Tabelle 116: Antwortquote bei Ja/Nein-Fragen in Abhängigkeit von der Interviewdauer (Anzahl der Befragten, Mittelwert, Standardabweichung, Minimum und Maximum)

Dauer des Interviews	n	Antwortquote in %			
		M	SD	Min	Max
20-30 Min.	13	99,0%	1,5%-P.	96,7%	100,0%
31-40 Min.	35	99,0%	2,2%-P.	88,3%	100,0%
41-50 Min.	28	98,5%	2,2%-P.	91,7%	100,0%
51-60 Min.	19	97,8%	2,2%-P.	93,3%	100,0%
61-70 Min.	16	94,8%	5,9%-P.	80,0%	100,0%
71 Min. und länger	16	94,9%	6,3%-P.	75,0%	100,0%
Gesamt	127	97,6%	3,9%-P.	75,0%	100,0%

Dass das Frageverständnis relativ hoch mit der Antwortquote korreliert (r = 0,36), bestätigt, dass die Antwortquote als Indikator für den kognitiv-kommunikativen Anspruch, den eine Frage an die befragte Person stellt, betrachtet werden kann. Zwischen dem Frageverständnis und der Belastbarkeit des Befragten lässt sich ein negativer Zusammenhang beobachten (r = -0,46), d.h. eine Überforderung der Belastbarkeit des Befragten (eingeschätzt durch den Interviewer) geht mit einem niedrigen Frageverständnis (ebenfalls eingeschätzt durch den Interviewer) einher. Dies kann einerseits so interpretiert werden, dass eine Überbelastung des Befragten (z.B. aufgrund einer langen Interviewdauer) zu zunehmenden Verständnisschwierigkeiten im Interview führt. Genauso plausibel ist es jedoch zu behaupten, dass aufgrund von zunehmenden Verständnisschwierigkeiten, die der Interviewer wahrnimmt, der Befragte vom Interviewer auch als überfordert erlebt und eingeschätzt wird.

Im Kontext der Analyse der Beantwortbarkeit der Fragen wird deutlich, dass von einem multifaktoriellen Beziehungsgeflecht ausgegangen werden muss, in dem die einzelnen Einflussgrößen interagieren. Lineare Wirkzusammenhänge lassen sich dadurch kaum identifizieren.

Systematische Antwortmuster und Antwortkonsistenz

Um einschätzen zu können, inwiefern die Befragungsergebnisse durch systematische Antwortmuster (z.B. Akquieszenz) „verzerrt" sind, wird zunächst die Anzahl der Ja-Antworten bei allen Zufriedenheitsfragen mit Ja/Nein-Frageformat (insgesamt 75 Fragen) ermittelt und durch die Anzahl der beantworteten Fragen geteilt (d.h. ohne „Missing Data"). Dadurch lässt sich der prozentuale Anteil der Ja-Antworten bei den Zufriedenheitsfragen berechnen (vgl. Matikka & Vesala 1997, 77 f.). Für die Nein-Sage-Tendenz wird eine analoge Prozedur durchgeführt.

Abbildung 43: Anteile der Ja-Antworten bei allen Zufriedenheitsfragen (Anzahl der Befragten in absoluten Werten, n=129)

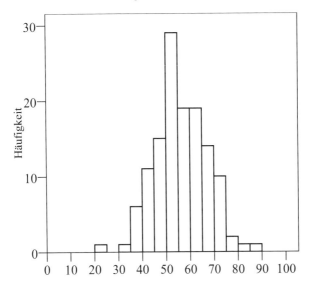

Durchschnittlich haben die Befragten 56% der Zufriedenheitsfragen mit „ja"
beantwortet (Standardabweichung: 11%). Das Minimum der Ja-Antworten liegt
bei 21%, das Maximum bei 85% der Fragen. Das bedeutet, dass auf der einen
Seite die Mehrheit der Fragen mit „ja" beantwortet wurde (was als Indiz für Akquieszenz interpretiert werden kann), auf der anderen Seite extrem stereotype
Antwortmuster in keinem Fall festzustellen sind, da maximal 85% der Fragen
mit „ja" beantwortet wurden (vgl. Abbildung 43; Schalock, Bonham & Marchand 2000, 83).

Interessant sind die Unterschiede der anteiligen Ja-Antworten zwischen positiv polierten Zufriedenheitsfragen (bei denen ein „Ja" Zufriedenheit ausdrückt)
und negativ polierten Zufriedenheitsfragen (bei denen ein „Nein" Zufriedenheit
bedeutet) (vgl. Tabelle 117). Bei positiv polierten Fragen liegt der Anteil der Ja-
Antworten (79%) fast doppelt so hoch wie bei negativ polierten Fragen (40%).
Dies deutet daraufhin, dass die Antworten der Befragten nicht unabhängig vom
Frageformat sind: Akquieszenz tritt eher bei positiv formulierten Fragestellungen
auf, während bei negativ polierten Fragen ausgeglichenere Antwortmuster zu
beobachten sind.

Tabelle 117: Anteile der Ja-Antworten bei positiver und negativer Polierung der
Zufriedenheitsfragen (Angaben in %, n=129)

	Anteile der Ja-Antworten			
	M	**SD**	**Min**	**Max**
positive Polierung der Fragen (33 Fragen)	79%	15%	44%	100%
negative Polierung der Fragen (42 Fragen)	40%	18%	5%	86%
Gesamt (75 Fragen)	55%	11%	21%	85%

Nein-Sage-Tendenzen lassen sich nicht nachweisen: Von allen Zufriedenheitsfragen wurden durchschnittlich 34% mit „nein" beantwortet (Standardabweichung: 11%). Das Minimum der Nein-Antworten liegt bei 6%, das Maximum bei 60% der Fragen.

Als weiteres Indiz für Akquieszenz kann untersucht werden, inwiefern auf
einzelne Ja/Nein-Fragen mit konkretisierenden Folgefragen (z.B.: „Würden Sie
lieber woanders wohnen? → Wo würde das sein?") von den Befragten keine
Beispiele genannt werden. Es ist davon auszugehen, dass dies insbesondere bei

Befragten mit stereotypen (d.h. inhaltsunabhängigen) Ja-Antworten vorkommt
(vgl. Heal & Chadsey-Rusch 1985, 478).

Tabelle 118: Fehlende Antworten auf konkretisierende Folgefragen von Ja/Nein-
Fragen (Angaben in % der Befragten mit vorheriger Ja-Antwort)

Initialfrage	Anzahl der Befragten mit Ja-Antwort	Folgefrage	Anzahl der Befragten mit keiner Antwort auf die Folgefrage
Möchten Sie lieber woanders wohnen? (A3)	37	Wo würden Sie lieber wohnen?	0 (0%)
Möchten Sie lieber woanders arbeiten? (C14)	39	Wo würden Sie gerne arbeiten?	1 (3%)
Wünschen Sie sich mehr Hilfe und Unterstützung? (D5)	56	Wo wünschen Sie sich mehr Hilfe und Unter-stützung?	12 (21%)
Gibt es einen Kurs, den Sie gern besuchen würden? Welcher wäre das? (D9)	47	Welcher wäre das?	1 (2%)
Würden Sie gerne Mitglied in einem Verein sein? (E15)	35	Was für ein Verein würde das sein?	3 (9%)

Tabelle 118 veranschaulicht, dass fehlende Antworten auf Folgefragen eher selten anzutreffen sind und itemabhängig zwischen 0% und 21% variieren (Mittelwert: 8%). Dies deutet zunächst einmal darauf hin, dass nicht von systematischen
inhaltsunabhängigen Ja-Antworten auf die Initialfragen ausgegangen werden
kann.

Zur genaueren Überprüfung der Antwortkonsistenz der Befragten wurden in
den Fragebogen Kontroll-Items in Form von vier Fragepaaren integriert (vgl.
Tabelle 119; Kap. 4.4.2). Die Kontroll-Items weisen entweder eine entgegenge-
setzte Polierung oder verschiedene Frage- bzw. Antwortformate auf.

Um das Ausmaß von Antwortinkonsistenzen einschätzen zu können, lässt
sich für die vier Fragepaare jeweils der prozentuale Anteil übereinstimmender
Antworten bestimmen. Die prozentuale Übereinstimmung ist definiert als die
Anzahl gleicher (bzw. gleichartiger) Antworten dividiert durch alle Antworten.
In einer Kreuztabelle entspricht dies der Summe der Hauptdiagonalen (vgl. Ta-
belle 120).

Tabelle 119: Kontroll-Items zur Einschätzung von Antwortinkonsistenzen

	Fragevariante 1	**Fragevariante 2**
Paar 1	Wie gefällt es Ihnen hier im Wohnheim?	Gefällt es Ihnen, hier zu wohnen?
Paar 2	Wo haben Sie gewohnt, bevor Sie hierher gezogen sind? → Wo gefällt es Ihnen besser, dort oder hier?	Möchten Sie lieber zurück nach … (früherer Wohnort)?
Paar 3	Fühlen Sie sich hier gerecht behandelt?	Fühlen Sie sich hier ungerecht behandelt?
Paar 4	Finden Sie, dass Sie genügend Dinge in Ihrem Leben selbst entscheiden?	Finden Sie, dass Sie zu wenig Dinge in Ihrem Leben selbst entscheiden?

Die sich jeweils ergebende prozentuale Übereinstimmung pro Itempaar ist in Tabelle 120 aufgeführt. Da die prozentuale Übereinstimmung nicht zufallsberei-nigt ist, ist dieses Übereinstimmungsmaß nur bedingt aussagekräftig – insbeson-dere bei wenigen Antwortkategorien (vgl. Wirtz & Casper 2002, 47 ff.). Geht man von einem zufälligen Antwortverhalten der Befragten und einer Gleich-wahrscheinlichkeit der drei Antwortkategorien aus, so würde eine zufällige Übereinstimmung von 33 % zu erwarten sein. Aus diesem Grund werden für je-des Itempaar zusätzlich Cohens Kappa (κ) als zufallskorrigiertes Übereinstim-mungsmaß und die Intraklassenkorrelation (ICC_{unjust}) als Reliabilitätsmaß be-rechnet (vgl. Bühl & Zöfel 2002, 250 und 327; Wirtz & Casper 2002). Cohens Kappa sichert die prozentuale Übereinstimmung gegenüber der zufällig erwarte-ten Übereinstimmung ab. Die Intraklassenkorrelation ist ein Zusammenhangs-maß, welches gegenüber der verbreiteten Produkt-Moment-Korrelation strengere Anforderungen stellt, da die zu korrelierenden Variablen die gleiche Metrik be-sitzen müssen. Sowohl bei Cohens Kappa als auch bei der Intraklassenkorrelati-on bedeutet ein Wert von 1 völlige Übereinstimmung; bei einem Wert von 0 lie-gen lediglich Übereinstimmungen vor, die sich auch zufällig ergeben können.

Tabelle 120: Antwortverteilungen bei den Kontrollitems (Angaben in % der
Befragten)

n=126		„Gefällt es Ihnen, hier zu wohnen?" (F18)		
		ja	teils, teils	nein
„Wie gefällt es Ihnen hier im Wohnheim?" (A1)	gut	70,6%	3,2%	4,0%
	teils, teils	5,6%	9,5%	3,2%
	schlecht	1,6%	0%	2,4%

n=119		Möchten Sie lieber zurück nach … (früherer Wohnort)? (F19)		
		nein	teils, teils	ja
Wo gefällt es Ihnen besser, hier oder dort (früherer Wohnort)? (A4)	hier	56,3%	1,7%	4,2%
	teils, teils	7,6%	1,7%	1,7%
	dort	6,7%	2,5%	17,6%

n=109		„Fühlen Sie sich hier ungerecht behandelt?" (F17)		
		nein	teils, teils	ja
„Fühlen Sie sich hier gerecht behandelt?" (A5)	ja	49,5%	11,9%	3,7%
	teils, teils	6,4%	7,3%	5,5%
	nein	6,4%	2,8%	6,4%

n=108		„Finden Sie, dass Sie zu wenig Dinge in Ihrem Leben selbst entscheiden?" (G5)		
		nein	teils, teils	ja
„Finden Sie, dass Sie genügend Dinge in Ihrem Leben selbst entscheiden?" (F14)	ja	34,3%	7,4%	32,4%
	teils, teils	0,9%	5,6%	2,8%
	nein	2,8%	4,6%	9,3%

Tabelle 121 veranschaulicht, dass die Antworten der Befragten bei allen Itempaaren überzufällig übereinstimmen bzw. korrelieren. Die Übereinstimmungs-
maße variieren deutlich itemabhängig: Bei den ersten beiden Fragepaaren (Items
A1/ F18 und A4/ F19) lässt sich eine relativ hohe Übereinstimmung bzw. Reliabilität der Antworten feststellen (κ und ICC ≥ 0,5), während die Antworten bei
den letzteren Fragepaaren (Items A5/ F17 und F14/ G5) stärker divergieren.

Tabelle 121: Übereinstimmung und Reliabilität der Antworten bei den Kontroll-
Items

Itempaar	n	PÜ[1]	κ[2]	ICC[3]
A1/ F18	126	82,5%	0,53	0,50
A4/ F19	119	74,6%	0,50	0,63
A5/ F17	109	63,2%	0,30	0,40
F14/ G5	108	49,2%	0,19	0,17

[1] prozentuale Übereinstimmung   [2] Cohens-Kappa-Koeffizient
[3] Intra-Klassen-Korrelationskoeffizient (ICC$_{unjust}$)

Tabelle 122 gibt den Anteil der inkonsistenten Antworten mit maximaler Abweichung (gegensätzliche oder widersprüchliche Antworten) an, d.h.: positive Bewertung bei einem Item und zugleich negative Bewertung bei dem anderen Item
eines Itempaares. Bei den beiden „semantisch gedrehten" Itempaaren (A5/ F17
und F14/ G5) ist dieser Anteil gleichbedeutend mit der Auftretenshäufigkeit von
Ja-Sage- bzw. Nein-Sage-Tendenzen.

Tabelle 122: Anteil der Befragten mit gegensätzlichen Antworten (in % der
Befragten)

Itempaar	n	gegensätzliche Antworten
A1/ F18	126	6%
A4/ F19	119	11%
A5/ F17	109	10%
F14/ G5	108	35%
Mittelwert	–	16%

Der größte Anteil gegensätzlicher Aussagen findet sich bei dem Itempaar F14/
G5: „Finden Sie, dass Sie genügend/ zu wenig Dinge in Ihrem Leben selbst entscheiden?". Hier antworten insgesamt 35% der Befragten (n=38) widersprüchlich, davon 35 Personen auf beide Fragen mit „ja", 3 Personen beides Mal mit
„nein". Bei den übrigen Fragepaaren treten gegensätzliche Antworten seltener
auf (von 6% bis 11% der Befragten).
  Insgesamt wird deutlich, dass das Ausmaß übereinstimmender bzw. widersprüchlicher Antworten von Itempaar zu Itempaar variiert. Damit stellt sich die
Frage, welche Faktoren hierfür ausschlaggebend sind. Bei genauerer Betrachtung
der Items liegt die Vermutung nahe, dass ein wesentlicher Faktor die inhaltlich-

sprachliche Komplexität der Items bzw. deren Beantwortungsschwierigkeit ist. Ein Indikator für die Schwierigkeit, eine Interviewfrage zu beantworten, stellt der Anteil der befragten Personen dar, die bezüglich der Frage keine Auskunft geben (Anteil fehlender Werte).

Tabelle 123: Anteil fehlender Werte und Übereinstimmung der Antworten bei den Kontroll-Items

Item	fehlende Werte pro Item	Item-paar	fehlende Werte (MW pro Itempaar)	PÜ[1]	κ[2]
Wie gefällt es Ihnen hier im Wohnheim? (A1)	1,6%	A1/ F18	1,2%	82,5%	0,53
Gefällt es Ihnen hier zu wohnen? (F18)	0,8%				
Wo gefällt es Ihnen besser, hier oder dort (früherer Wohnort)? (A4)	3,1%	A4/ F19	3,9%	74,6%	0,50
Möchten Sie lieber zurück nach … (früherer Wohnort)? (F19)	4,7%				
Fühlen Sie sich hier gerecht behandelt? (A5)	8,5%	A5/ F17	8,2%	63,2%	0,30
Fühlen Sie sich hier ungerecht behandelt? (F17)	7,8%				
Finden Sie, dass Sie genügend Dinge in Ihrem Leben selbst entscheiden? (F14)	7,0%	F14/ G5	10,1%	49,2%	0,19
Finden Sie, dass Sie zu wenig Dinge in Ihrem Leben selbst entscheiden? (G5)	13,2%				

[1] prozentuale Übereinstimmung   [2] Cohens-Kappa-Koeffizient

Der Anteil fehlender Werte pro Itempaar sowie die prozentuale Übereinstimmung der Antworten und Cohens Kappa sind in Tabelle 123 aufgeführt. Es fällt auf, dass mit zunehmender Schwierigkeit der Beantwortung (Anteil fehlender Werte) vom ersten bis zum letzten Itempaar die prozentuale Übereinstimmung der Antworten als auch Cohens Kappa abnehmen (nahezu perfekt antiproportional). Insbesondere die letzten beiden Itempaare (A5/ F17 und F14/ G5), bei denen eine geringe Antwortübereinstimmung vorliegt, gehören gleichzeitig zu den schwierigsten Items, die im Fragebogen enthalten sind. Insofern ist davon auszugehen, dass insbesondere die Komplexität der Fragen maßgeblichen Einfluss auf die Konsistenz der Antworten hat. Die Auftretenshäufigkeit inkonsistenter Antworten bei den Kontroll-Items lässt sich demnach auch nicht auf das gesamte Interview übertragen, da die meisten der übrigen Interviewfragen im Allgemeinen weniger komplex (d.h. leichter zu beantworten) sind als die Kontroll-Items und daher höchstwahrscheinlich konsistenter beantwortet werden.

Als Weiteres stellt sich die Frage, welche Merkmale der befragten Personen bzw. der Interviews das Zustandekommen geringer Antwortkonsistenz befördern. Hierzu wird zunächst für jeden Befragten die Anzahl gegensätzlicher Antworten über die vier Kontroll-Fragepaare addiert. Es zeigt sich, dass die Mehrzahl der Befragten keines der Fragepaare (ca. 51% der Befragten) bzw. nur ein Fragepaar inkonsistent beantwortet hat (ca. 40% der Befragten). Zwei gegensätzliche Antworten haben ca. 8% der Befragten (n=9) gegeben, drei bzw. vier gegensätzliche Antworten lediglich jeweils eine Person (vgl. Tabelle 124).

Tabelle 124: Gegensätzliche Antworten bei vier Fragepaaren (Angaben in absoluten Zahlen und in % der Befragten)

Gegensätzliche Antworten	Anzahl der Befragten	Anteil an Befragten
bei 0 Fragepaaren	59	50,9%
bei 1 Fragepaar	46	39,6%
bei 2 Fragepaaren	9	7,7%
bei 3 Fragepaaren	1	0,9%
bei 4 Fragepaaren	1	0,9%
Gesamt	116	100%

Daran anschließend wird untersucht, inwiefern sich die Interviews derjenigen Befragten mit geringer Antwortkonsistenz (die sich bei mindestens zwei der vier Fragepaare widersprochen haben; n=11), von den Interviews der übrigen Personen mit hoher Antwortkonsistenz unterscheiden (n=105).

Tabelle 125 stellt ausgewählte Interview- und Befragtenmerkmale der Gruppen mit geringer und hoher Antwortkonsistenz gegenüber. Wider Erwarten weisen Personen mit geringerer Antwortkonsistenz durchschnittlich einen geringeren Hilfebedarf auf. Zudem ist die Dauer der entsprechenden Interviews im Schnitt etwas kürzer. Nennenswerte Unterschiede zwischen den beiden Personengruppen sind jedoch kaum feststellbar.

Tabelle 125: Vergleich von Interview- und Befragtenmerkmalen zwischen den Personengruppen mit geringer und hoher Antwortkonsistenz

	Gruppe mit geringer Antwortkonsistenz (n=11)	**Gruppe mit hoher Antwortkonsistenz (n=105)**
Geschlecht	54% männlich 46% weiblich	62% männlich 38% weiblich
Alter (Mittelwert)	43 Jahre	38 Jahre
Gesamtzeit stationärer Betreuung (Mittelwert)	21 Jahre	22 Jahre
Punkte nach HMB-Verfahren (Mittelwert)	43 Punkte	74 Punkte
Hilfebedarfsgruppen nach HMB-Verfahren	50% HBG 1 20% HBG 2 30% HBG 3 0% HBG 4	11% HBG 1 36% HBG 2 41% HBG 3 12% HBG 4
Interviewdauer (Mittelwert)	43 Min.	51 Min.
Frageverständlichkeit (Bewertung durch Befragte)	90% des Skalenmax.	87% des Skalenmax.
Frageverständlichkeit (Bewertung durch Interviewer)	85% des Skalenmax.	89% des Skalenmax.

In einer weiteren Analyse wird versucht, die Auftretenshäufigkeit von Antwortinkonsistenzen in Abhängigkeit von der Person des Interviewers oder anderen situativen Faktoren (Ort des Interviews, Anwesenheit Dritter, gleich- oder gegengeschlechtliche Interviewpartner etc.) zu betrachten. Auch hier lassen sich keine Zusammenhänge feststellen.

Insgesamt betrachtet lässt sich auf der Grundlage der dargestellten Analyse feststellen, dass Akquieszenz und andere Antwortinkonsistenzen Einfluss auf die Befragungsergebnisse nehmen, aber nicht zu einer übermäßigen Verzerrung führen, welche die generelle Validität der Ergebnisse in Frage stellt. Von vier Fragepaaren zur Kontrolle von Antwortinkonsistenzen widersprechen sich durchschnittlich 16% der befragten Personen, wobei lediglich 2% der Befragten drei oder mehr Fragepaare gegensätzlich beantworten. Damit liegt das Ausmaß inkonsistenter Antworten unterhalb dessen, was auf der Basis anderer Forschungsarbeiten zu erwarten wäre (vgl. Matikka & Vesala 1997, 80; Heal & Sigelman 1995; Finlay & Lyons 2002).

Bei der Interpretation dieser Ergebnisse sind zudem die Schwächen der eingesetzten methodischen Technik, um Antwortinkonsistenzen aufzuspüren, zu berücksichtigen. So kann argumentiert werden, dass mit einer vermeintlich gegensätzlichen semantischen Formulierung nicht zwangsläufig ein logischer Gegensatz einhergeht. Eine Bejahung beider Fragen eines Itempaares ist damit nicht in
jedem Fall gleichbedeutend mit einer inkonsistenten Antwort (vgl. Kap. 3.3.2).

Ferner zeigt die Analyse, dass das Auftreten von Antwortinkonsistenzen
stärker von den Eigenschaften der Fragen abhängt – insbesondere von deren inhaltlichen und sprachlichen Komplexität – und weniger von bestimmten personenbezogenen Merkmalen (z.B. Geschlecht, Alter oder Ausmaß des Hilfebedarfs).

6 Diskussion der Ergebnisse

Im Folgenden sollen die zentralen Ergebnisse diskutiert werden. Die Darstellung gliedert sich nach den drei Hauptzielsetzungen der Studie (vgl. Kap. 4.1):

- die Entwicklung eines Fragebogens zur Erhebung von Lebensqualität,
- die inhaltliche Analyse der Lebensqualität von Menschen mit geistiger Behinderung, die in stationären Wohneinrichtungen leben,
- die Beurteilung der Interviewmethodik hinsichtlich ihrer Anwendbarkeit bei Menschen mit geistiger Behinderung.

6.1 Zur Güte des Befragungsinstruments

Um die Qualität des entwickelten Befragungsinstruments und der gebildeten Indizes zu beurteilen, werden die Hauptgütekriterien Objektivität, Reliabilität und Validität hinzugezogen (vgl. Rammstedt 2004).

Aufgrund der weitgehenden Standardisierung des Verfahrens kann eine relativ hohe *Durchführungs- und Auswertungsobjektivität* angenommen werden. Allerdings muss einschränkend gesagt werden, dass in der konkreten Untersuchungsdurchführung eine gewisse Varianz der Befragungssituation nicht zu vermeiden war, z.B. aufgrund unterschiedlicher räumlicher Bedingungen in den Wohnheimen und Werkstätten oder der (zeitweiligen oder durchgängigen) Anwesenheit dritter Personen in Einzelfällen (vgl. Kap. 4.6). Zudem ist davon auszugehen, dass die Interviewer vom Fragebogentext abgewichen sind, wenn die wortgetreue Wiedergabe der Fragestellungen nicht zum Erfolg geführt hat (vgl. Kap. 4.4.2). Systematische Einflüsse von Situationsvariablen auf die Befragungsergebnisse oder Interviewereffekte sind jedoch nicht ersichtlich, zumal in den Fragebogen Intervieweranweisungen integriert wurden, die eine weit reichende Vergleichbarkeit der Untersuchungsdurchführung gewährleisten sollten. Letztlich kann jedoch nicht mit Sicherheit ausgeschlossen werden, dass das Verhalten der Interviewer die Interviewdurchführung und die Befragungsergebnisse beeinflusst hat. Um dieser Frage nachgehen zu können, wären qualitative Tiefenanalysen der Interaktionsverläufe zwischen den Interviewerpartnern notwendig, die nicht Gegenstand der vorliegenden Studie sind.

Auch bezüglich des Auswertungsprozesses, also der Transformation der unmittelbaren Antwortreaktionen der Befragten in Kreuze auf dem Fragebogen (und damit die Überführung in Zahlenwerte), ist kein gravierender Einfluss des Interviewers bzw. der auswertenden Person erkennbar. Zur Überprüfung wurde ein Drittel der durchgeführten Interviews ergänzend zu dem jeweiligen Interviewer durch eine zweite Person – unabhängig voneinander – kodiert. Dabei konnten hohe Korrelationen zwischen den Beurteilungen (zwischen 0,85 und 0,97 für die verschiedenen Indizes) festgestellt werden (vgl. Kap. 5.2.2). Insofern ist davon auszugehen, dass die Befragungsergebnisse nicht maßgeblich von der auswertenden Person abhängen.

Problematischer erscheint hingegen die *Interpretationsobjektivität*: Wie z.B. bestimmte Zufriedenheitsausprägungen oder Mittelwertunterschiede zwischen Personengruppen zu interpretieren sind, ist nicht klar zu bestimmen (vgl. Kap. 5.3). Dies ist aber weniger dem Erhebungsinstrument geschuldet als dem Untersuchungsinhalt, da subjektive Lebensqualitätsdimensionen keine eindeutigen Bezüge zu externen Kriterien besitzen. Allerdings besteht die Möglichkeit, im Rahmen von vergleichenden Untersuchungen oder Benchmarking-Verfahren Relationswerte zu identifizieren, welche eine Interpretation der Ergebnisse (z.B. im Sinne von „hoher" oder „niedriger" Zufriedenheit) erleichtern.

Die *Reliabilität* der gebildeten Indizes, die der inhaltlichen Auswertung zugrunde gelegt wurden, wurde mit Hilfe von Konsistenzanalysen (Cronbachs Alpha) überprüft. Für die Subindizes zum subjektiven Wohlbefinden wurden befriedigende bis gute Konsistenz-Koeffizienten in Höhe von 0,69 bis 0,81 errechnet, für den Gesamtindex in Höhe von 0,85. Die Reliabilitätskoeffizienten der Indizes „Wahlfreiheiten und Reglementierungen" (0,59) sowie „soziale Aktivitäten" (0,64) erscheinen hingegen verbesserungswürdig. Insbesondere der Index „Wahlfreiheiten und Reglementierungen" enthält inhaltlich recht heterogene Items, die sich zum einen auf Wahlfreiheiten bzw. Einflussmöglichkeiten bezüglich der direkten Unterstützungsleistungen durch die Mitarbeiter/innen der Wohneinrichtungen beziehen, zum anderen auf einrichtungsbezogene Reglementierungen und strukturelle Vorgaben. Möglicherweise würde es sich reliabilitätssteigernd auswirken, den Index in zwei Subindizes – diesen beiden Bedeutungsfacetten gemäß – zu überführen und die entstehenden Subindizes durch weitere Items anzureichern. Eine derartige Weiterentwicklung wäre auch deshalb wertvoll, da sich der Index inhaltlich als ergiebig herausgestellt und interessante Ergebnisse zum Vorschein gebracht hat (s. unten).

Trotz dieser Einschränkungen ist insgesamt zu konstatieren, dass die Indizes die jeweiligen Lebensqualitätsdimensionen zuverlässig abbilden. Im Vergleich mit anderen Instrumenten zur Lebensqualitätserhebung bei Menschen mit geistiger Behinderung erreichen die Reliabilitätskoeffizienten ein ähnlich hohes Niveau oder gehen sogar darüber hinaus. So liegen die Konsistenzkoeffizienten der Subskalen der „Lifestyle Satisfaction Scale (LSS)" (vgl. Kap. 3.2.3) in etwa in demselben Wertebereich (zwischen 0,66 und 0,79); die Konsistenz der Gesamtskala beträgt ebenfalls 0,85. Die Reliabilitätskoeffizienten der Indizes des Fragebogens „Strukturelle und persönliche Alltagserfahrungen in charakteristischen Einrichtungen (SPACE)" (vgl. Kap. 3.2.4) liegen mit 0,54 („Zufriedenheit") und 0,56 („Vorgaben und Einschränkungen") deutlich darunter. Zudem ist mit Blick auf das praktische Einsatzfeld des Instruments zu erwarten, dass die Indizes vor allem in Subgruppenanalysen (z.B. Vergleiche zwischen Wohngruppen) zur Anwendung kommen, sodass die diesem Untersuchungszweck entsprechenden Zuverlässigkeitsanforderungen als weitgehend erfüllt gelten können (vgl. Rammstedt 2004, 15).

Die *Validität* des Verfahrens ist generell schwer einzuschätzen, da das Erhebungsinstrument auf die subjektive Wahrnehmung und Bewertung der Lebenssituation durch die Befragten zielt. Somit kann kein objektiv beobachtbares Außenkriterium zur Beurteilung der Validität der Befragungsergebnisse (z.B. hinsichtlich der persönlichen Zufriedenheit) herangezogen werden (vgl. Bortz & Döring 2002, 200). Da die Konstruktion des Instruments von bereits entwickelten Fragebögen ihren Ausgang nahm und die Bildung des Itempools, die Itemselektion und die Strukturierung des Fragebogens von Experten begutachtet wurde, kann jedoch die *Inhaltsvalidität* des Verfahrens als gegeben angesehen werden (vgl. Rammstedt 2004, 16 f.). Zudem konnte empirisch die *Konstruktvalidität* der Indizes mittels Faktorenanalysen weithin bestätigt werden. Die einzelnen Indizes („Zufriedenheit mit der Wohnsituation", „Zufriedenheit mit den Freizeitmöglichkeiten", „Zufriedenheit mit der Arbeit", „Freiheit von subjektiver Belastung", „Wahlfreiheiten und Reglementierungen", „soziale Aktivitäten") zeigten jeweils einen hervorstechenden ersten Faktor und damit eine Valenzdimension. Die Items zum subjektiven Wohlbefinden gruppierten sich zu vier Faktoren, die im Wesentlichen – einzelne Items ausgenommen – den Subindizes entsprachen. Insofern bestätigten die Faktorenanalysen die Hypothesen über die Dimensionalität der zu erfassenden Konstrukte (vgl. Rammstedt 2004, 18 ff.). Allerdings sind die Ergebnisse von Faktorenanalysen stichprobenabhängig, sodass die Überprüfung der dimensionalen Struktur in weiteren Befragungen mit veränderten Stichprobenzusammensetzungen sinnvoll erscheint.

Die Subindizes zum subjektiven Wohlbefinden konnten durch die Korrelation mit der allgemeinen Lebenszufriedenheitsfrage „Wie zufrieden sind Sie insgesamt mit Ihrem Leben?" *konkurrent validiert* werden (vgl. Kap. 5.3.1). Es zeigten sich signifikante Korrelationen (zwischen $r = 0,25$ und $r = 0,33$) mit Ausnahme des Index „Zufriedenheit mit den Freizeitmöglichkeiten" ($r = 0,03$). Unklar bleibt, inwiefern letzterer Befund als Indiz dafür zu werten ist, dass der betreffende Subindex eine konkretere Bewertungsebene als die übrigen Subindizes bzw. die allgemeine Lebenszufriedenheitsfrage tangiert, oder ob für den Index „Zufriedenheit mit den Freizeitmöglichkeiten" tatsächlich eine Validitätseinschränkung vorliegt.

Neben der Überprüfung der Inhalts- und Konstruktvalidität unterstreichen Korrelationsanalysen zwischen den Lebensqualitätsdimensionen die Validität der Indizes, allen voran der Zusammenhang zwischen „Wahlfreiheiten" und „Zufriedenheit". So konnten zwischen den Subindizes zum subjektiven Wohlbefinden einerseits und dem Index „Wahlfreiheiten und Reglementierungen" andererseits signifikante Korrelationen zwischen $r = 0,19$ und $r = 0,36$ errechnet werden (vgl. Kap. 5.3.4). Dieses Ergebnis steht im Einklang sowohl mit theoretischen Überlegungen (vgl. Hahn 1994) als auch mit empirischen Ergebnissen anderer Studien (vgl. z.B. Wehmeyer & Schwartz 1998).

Insgesamt betrachtet lässt sich somit eine Vielzahl von empirischen Ergebnissen identifizieren, welche die Annahme der Objektivität, Reliabilität und Validität des Befragungsinstruments stützen. Mit dem entwickelten Instrument liegt damit ein Operationalisierungsvorschlag und Verfahren zur Lebensqualitätserhebung vor, das in weiteren Forschungsarbeiten überprüft und weiterentwickelt werden sollte.

6.2 Zur Lebensqualität von Menschen mit geistiger Behinderung in Wohneinrichtungen

Aus der Vielzahl der in Kap. 5.3 dargestellten empirischen Ergebnisse zur Lebensqualität von Menschen mit geistiger Behinderung, die in stationären Einrichtungen wohnen, sollen an dieser Stelle die zentralen und auffälligsten Ergebnisse aufgegriffen und diskutiert werden.

Bezüglich des Gesamtindex zum subjektiven Wohlbefinden ergibt sich für die Stichprobe der Untersuchung ein Mittelwert von 65 % des Skalenmaximums (Minimum: 30 %; Maximum: 94 %). Es lässt sich eine Werteverteilung feststellen, wie sie gemeinhin für die Einschätzung des subjektiven Wohlbefindens charakteristisch ist: *Die meisten Personen bringen insgesamt ein positives Wohlbefinden bzw. eine hohe Zufriedenheit zum Ausdruck.* Ähnliche Verteilungsmuster lassen sich z.B. bei Wacker et al. (1998, 291) oder Cummins, Lau & Davern (2007, 2) wiederfinden – ungeachtet der unterschiedlichen Operationalisierungen von Wohlbefinden und Zufriedenheit bzw. verwendeten Befragungsinstrumente.

Es kann also der Schluss gezogen werden, dass bei der Mehrheit der Befragten die Wahrnehmung positiver Lebensbedingungen überwiegt. Nach der Theorie der „Homöostase subjektiven Wohlbefindens" (vgl. Kap. 1.3) gelingt es diesen Personen in ihren spezifischen Lebenskontexten offenbar, ein positives Wohlbefinden herzustellen bzw. aufrechtzuerhalten. Die Wohneinrichtungen und vorgehaltenen Unterstützungsangebote werden von den meisten Befragten als Ressourcen zur Bedürfnisbefriedigung und zur Realisierung einer zufrieden stellenden Lebensführung erlebt.

Auf der anderen Seite lassen sich Personengruppen identifizieren, deren Zufriedenheitswerte vergleichsweise gering ausfallen, d.h. im mittleren Bereich der Skala (28% der Befragten) bzw. deutlich darunter in dem Wertebereich liegen, der Unzufriedenheit ausdrückt (8% der Befragten). Das gilt nicht nur für den Gesamtindex, sondern für alle Subindizes. *Die größte Unzufriedenheit wird im Bereich „Freizeitmöglichkeiten" geäußert:* Hier lassen sich 40% mit „eher/ sehr niedriger Zufriedenheit" festmachen. Im Folgenden soll der Blick insbesondere auf Lebensbereiche und -aspekte sowie Personengruppen gelenkt werden, bei denen das sonst übliche Maß an hoher Zufriedenheit nicht erreicht wird (vgl. Seifert 2006a, 15; Gromann & Niehoff 2003, 30).

Vieles spricht dafür, dass sich das vergleichsweise niedrige Zufriedenheitsniveau beim Subindex „Zufriedenheit mit den Freizeitmöglichkeiten" darauf zurückführen lässt, dass sich die zugehörigen Items im Vergleich zu den anderen Subindizes auf eine eher faktische, konkretere Ebene beziehen, z.B.: „Möchten Sie gerne mal/ häufiger ins Kino gehen?" (Subindex „Freizeitmöglichkeiten") im Gegensatz zu „Gibt Ihnen die Arbeit das Gefühl, wertvoll zu sein und gebraucht zu werden?" (Subindex „Arbeit") oder „Machen Sie sich häufig Sorgen über Ihre Zukunft?" (Subindex „Belastungsfreiheit"). Vor dem Hintergrund der theoretischen Überlegungen zu kognitiv-evaluativen Prozessen, die bei Zufriedenheitsurteilen zum Tragen kommen (vgl. Kap. 1.3), ist zu vermuten, dass die Items des Subindex „Freizeitmöglichkeiten" direktere Vergleichsprozesse mit erfahrungsgebundenen Standards (Ist-Soll-Vergleiche) provozieren als allgemeiner gehaltene Zufriedenheitsfragen anderer Subindizes. Dies könnte die geringere Zufriedenheit mit den Freizeitmöglichkeiten (zumindest zu einem Teil) erklären.

Auf der anderen Seite ist es durchaus plausibel anzunehmen, dass die spezifische Lebenssituation der Befragten bzw. Aspekte der Lebensbedingungen in stationären Betreuungszusammenhängen für die vergleichsweise niedrige Zufriedenheit mit den Freizeitmöglichkeiten verantwortlich sind. Diese Interpretation wird dadurch gestützt, dass die größte Unzufriedenheit hinsichtlich derjenigen Freizeitaktivitäten geäußert wird, die für Menschen mit Unterstützungsbedarfen in besonderer Weise mit praktischen Schwierigkeiten verbunden sind, sodass sie u.U. nicht in dem bedürfnisentsprechenden Ausmaße umsetzbar erscheinen: So erfordern die Aktivitäten mit den größten Unzufriedenheitsbekundungen wie „Hobbys ausüben", „einkaufen/ bummeln gehen", „essen gehen" oder „ins Kino gehen" z.B. in besonderem Maße ein individualisiertes Unterstützungsarrangement und/oder finanzielle Ressourcen zur Umsetzung bzw. diese Aktivitäten sind aufgrund der Randlage der jeweiligen Wohneinrichtungen schwer zu realisieren.

Interessant ist, dass ähnliche bereichsspezifische Zufriedenheitsunterschiede auch in anderen Untersuchungen zur Lebenssituation von Menschen mit geistiger Behinderung in Wohneinrichtungen zu erkennen sind – obwohl die Operationalisierungen und Frageformulierungen variieren. In verschiedenen Befragungsstudien mit Hilfe der „Lifestyle Satisfaction Scale (LSS)" (vgl. Kap. 3.2.3) fand sich durchgängig das niedrigste Zufriedenheitsniveau bei der Subskala zur Freizeitgestaltung („friends and free time satisfaction") (vgl. Schwartz & Ben-Menachem 1999, 127; Duvdevany, Ben-Zur und Ambar 2002, 384; Schwartz 2003, 234). Dies trifft auch auf Studien zu, die mittels der „Comprehensive Quality of Life Scale (ComQol-I5)" geführt wurden: Auch hier beziehen sich die geringsten Zufriedenheitswerte auf die Frage „How happy or sad do you feel about doing things with people outside your home?" (Domain „Community") (vgl. Cummins 1997b, 53). Insofern liegt es nahe, die besonderen Lebensbedingungen von Menschen in stationären Wohneinrichtungen als Erklärungsvariable für die relativ geringe Zufriedenheit mit den Freizeitmöglichkeiten hinzuziehen, da ein solches Zufriedenheitsgefälle in allgemeinen Bevölkerungsumfragen (vgl. Statistisches Bundesamt 2006a, 442) nicht zu beobachten ist.

Welche Aspekte der Lebensbedingungen hier den Ausschlag geben, lässt sich nicht eindeutig bestimmen. Hinweise ergeben sich jedoch dadurch, dass *unter den Unzufriedenen vor allem Menschen mit hohen Unterstützungsbedarfen sind* (Personen in den Hilfebedarfsgruppen III und IV bzw. Rollstuhlfahrer/innen), *die deutliche Einschränkungen ihrer Handlungsspielräume wahrnehmen.* Sie geben z.B. im Vergleich zu Personen mit geringeren Unterstützungsbedarfen (Hilfebedarfsgruppen I und II) in weitaus höherem Maße an, dass sie oft auf Unternehmungen aufgrund fehlender Unterstützung verzichten müssen (vgl. Kap. 5.3.2). Dies könnte ein Bedingungsfaktor dafür sein, dass diese Personen ihre Möglichkeiten, Aktivitäten im Freizeitbereich auszuüben und an kulturellen Angeboten zu partizipieren, eher negativ bewerten. Letztlich kann nicht abgeschätzt werden, zu welchem Anteil die geringe Zufriedenheit mit den Freizeitmöglichkeiten auf theoretisch-methodische Aspekte (direktere Vergleichsprozesse mit erfahrungsgebundenen Standards) oder inhaltliche Wirkfaktoren (hinderliche Lebensbedingungen der befragten Personen) zurückzuführen ist.

Mit ihrer Wohnsituation äußern sich die befragten Personen im Durchschnitt zufrieden, der Mittelwert liegt bei 72% des Skalenmaximums (Minimum: 11%; Maximum: 100%). Insbesondere allgemeine Fragen zur Gesamtevaluation der gegenwärtigen Wohnsituation (z.B. „Wie gefällt es Ihnen hier im Wohnheim/ in der Wohngruppe?") werden positiv beantwortet. Auf der anderen Seite fällt auf, dass knapp ein Drittel der Befragten (n=37) angibt, lieber woanders wohnen zu wollen. Dieser Anteil fällt noch höher aus, wenn nach den Zukunftswünschen gefragt wird: Auf die Frage „Wo oder wie möchten Sie in einem Jahr leben?" äußert die Hälfte der Befragten (n=59) den Wunsch nach einer Veränderung der Wohnsituation. Dass sich ein größerer Anteil der Befragten eine Veränderung der Wohn- und Lebenssituation perspektivisch, aber nicht zum gegenwärtigen Zeitpunkt vorstellt, kann unterschiedlich interpretiert werden: entweder als Zeichen für eine realistische Selbsteinschätzung, für mangelndes Zutrauen in die eigenen Fähigkeiten oder fehlende Unterstützung entsprechender Empowerment-Prozesse der Bewohner/innen im sozialen Umfeld.

Unter den Wohnvorstellungen derjenigen Personen, die sich eine Veränderung wünschen, werden am häufigsten selbstständigere Wohnformen (Außenwohngruppe, ambulant betreutes Wohnen) genannt (vgl. zu ähnlichen Ergebnissen Metzler & Rauscher 2004, 26). Dieses Ergebnis ist insofern bemerkenswert, als lediglich eine Person vor dem Einzug in das jeweilige Wohnheim ambulant betreut wurde; die meisten Personen lebten zuvor bei den Eltern bzw. in der Herkunftsfamilie (n=45) oder bereits in einem Wohnheim desselben oder eines anderen Trägers (n=51). Das heißt, dass in diesen Fällen der Wunsch nach einer Wohnform mit ambulanter Betreuung nicht auf praktischen Erfahrungen beruhen kann. Es ist insgesamt davon auszugehen, dass die meisten Bewohner/innen der stationären Wohneinrichtungen nur ansatzweise Vorstellungen über das breite Spektrum an Betreuungsmöglichkeiten außerhalb vollstationärer Wohneinrichtungen haben.

Weiterhin ist aufschlussreich, dass diejenigen Personen, die sich eine zukünftige Veränderung der Wohn- und Lebenssituation vorstellen, mit ihrer ge-

genwärtigen Lage signifikant unzufriedener sind als Bewohner/innen ohne den
Wunsch nach Veränderung. Dies tritt erwartungsgemäß am deutlichsten beim
Index „Zufriedenheit mit der Wohnsituation" zutage, ist aber auch bei den anderen Subindizes „Arbeit", „Freizeitmöglichkeiten", „Belastungsfreiheit" und dem
Gesamtindex zu beobachten. Der Wunsch nach einer Veränderung der Lebenssituation bei einem nicht unerheblichen Teil der Bewohnerschaft kann als Ausdruck dafür gewertet werden, dass das Leben in den jeweiligen Wohneinrichtungen nicht den Bedürfnissen und Lebenszielen dieser Personen entspricht und sich
die fehlende Passung in Unzufriedenheit ausdrückt. Es ist davon auszugehen,
dass unter dieser Personengruppe ein hoher Anteil an „Konstruktiv-Unzufriede-
nen" (vgl. Kap. 1.3) zu finden ist, bei denen Unzufriedenheit eine Triebfeder zur
Veränderung darstellt. In den Antworten dieser Personen auf offene Fragen zur
Bewertung der Wohnsituation offenbart sich z.T. eine drastische Unzufriedenheit, z.B. „ich würde die Einrichtung abreißen", „Anstalt schließen", „dass ich
hier rauskomme, dass ich die Anstalt nicht mehr sehen muss". Interessanterweise
manifestiert sich in der Wortwahl dieser Befragten, dass sie die Wohneinrichtungen als geschlossenen und vom Gemeindeleben getrennten Lebensraum erleben,
z.B. wenn sie Wünsche danach äußern, „draußen leben" oder „außerhalb wohnen" zu können.

Bei einigen Bewohner/innen sind deutliche Zeichen für resignative Anpassungsprozesse zu vernehmen. Diese Personen äußern z.B., dass es Mitbewoh-
ner/innen gibt, mit denen sie nicht gerne zusammen wohnen, da es mit ihnen
regelmäßig zu Streitereien und alltäglichen Reibungspunkten kommt. Ihre Antworten auf die Frage nach dem Umgang mit sozialen Konflikten in der Wohngruppe weisen darauf hin, dass diese Personen nicht nach einer Problemlösung
suchen, sondern eine defensive Strategie verfolgen, indem sie Konflikte durch
sozialen Rückzug zu vermeiden versuchen, z.B. „ignorieren, aus dem Weg gehen" oder „lieber den Mitarbeitern bei Konflikten nichts sagen". Auch bei der
Frage „Was würden Sie hier in der Wohngruppe ändern?" sind Antworten zu
finden, die deutlich Resignation indizieren, z.B.: „Am besten man lässt alles so,
wie es ist, sonst eckst du nur an". Ähnliche Beobachtungen wurden auch in der
Studie „Leben im Heim" (vgl. Wacker et al. 1998, 297 ff.) gemacht. Um derartige Anpassungsprozesse aus der Perspektive der Bewohner/innen besser nach-
vollziehen zu können, wären tiefer gehende (qualitativ orientierte) Untersuchungen gewinnbringend. Diese könnten – in Anlehnung an die Unterscheidung der
Zufriedenheitsformen nach Bruggemann, Groskurth & Ulich (1975, 134 f.) (vgl.
Kap. 1.3) – stärker auf die Verarbeitungsprozesse und verhaltensbezogenen Kon-

sequenzen der Bewohner/innen bei erlebter (Un-)Zufriedenheit und (Nicht-)Beeinflussbarkeit der Situation in den Wohneinrichtungen eingehen.

In den Subgruppenanalysen wird untersucht, inwiefern sich einzelne Personengruppen hinsichtlich ihrer Zufriedenheit oder subjektiv erlebten Wahlfreiheiten unterscheiden (vgl. Kap. 5.3). Diese Lebensqualitätsdimensionen erweisen sich als relativ unabhängig von den Hintergrundvariablen Geschlecht, Alter und Gesamtzeit stationärer Betreuung. Somit kann eine in der Studie „Leben im Heim" (vgl. Wacker et al. 1998) gemachte Beobachtung nicht bestätigt werden, nach der sich Bewohner/innen zu Beginn ihres Lebens im Wohnheim eher zufrieden äußern, sich dann die Lebenszufriedenheit bei einer Verweildauer bis zu fünf Jahren verringert, um danach bei längerem Aufenthalt wieder anzusteigen (vgl. Wacker et al. 1998, 293). Allerdings ist anzumerken, dass die Stichprobe der vorliegenden Untersuchung durch eine auffallend lange Aufenthaltsdauer in stationären Wohneinrichtungen (durchschnittlich 21 Jahre) gekennzeichnet ist: Bis auf zwei Personen leben alle Befragten seit mindestens vier Jahren im Wohnheim. Insofern kann es der spezifischen Zusammensetzung des Untersuchungssamples geschuldet sein, dass sich in der vorliegenden Studie kein Zusammenhang zwischen Zufriedenheit und Aufenthaltsdauer in Wohneinrichtungen zeigt.

Ein deutlicher Einfluss auf Zufriedenheit und Wahlfreiheiten ist bezüglich der Variablen Alltagskompetenzen/ Hilfebedarf ersichtlich. *Personen mit dem höchsten Hilfebedarf zeigen in allen Bereichen die geringste Zufriedenheit,* am deutlichsten beim Subindex „Zufriedenheit mit den Freizeitmöglichkeiten" (vgl. Kap. 5.3.1). Zugleich erleben Menschen mit höherem Unterstützungsbedarf subjektiv weniger Wahlfreiheiten bzw. stärkere Reglementierungen (vgl. Kap. 5.3.2). In diesen Ergebnissen spiegelt sich deutlich das „Mehr an sozialer Abhängigkeit" (Hahn 1981, 128) wider. Insbesondere in Bezug auf personenbezogene Unterstützungsleistungen durch die Mitarbeiter/innen der Wohneinrichtungen werden von Personen mit hohem Hilfebedarf stärkere Einschränkungen der Wahlfreiheiten und Einflussmöglichkeiten wahrgenommen: Sie erleben häufiger, aufgrund fehlender Unterstützung auf Unternehmungen verzichten zu müssen, lange auf Hilfen warten zu müssen bzw. die Unterstützungsperson nicht selbst auswählen zu können. Da bei diesem Personenkreis die Möglichkeiten der Alltagsgestaltung in besonderer Weise von anderen Personen abhängig sind, ist es plausibel, dass sie in deutlicherem Maße die Grenzen der Unterstützungsmöglichkeiten im Wohnheim spüren.

Bezogen auf generelle einrichtungsbezogene Vorgaben und Regeln nehmen Personen mit hohem und niedrigem Hilfebedarf hingegen nur geringe Unterschiede hinsichtlich ihrer Wahlfreiheiten wahr, da diese Vorgaben in der Regel allgemein gültig sind, also für alle Mitbewohner/innen gleichermaßen Bestand haben. Die Vorgaben und Regeln werden von den meisten Bewohner/innen akzeptiert und als sinnvoll empfunden, z.B. die verpflichtende Teilnahme an Aktivitäten sowie Regelungen zum Ab- und Zurückmelden bei Verlassen des Hauses (vgl. dazu auch Dennhöfer 2004, 353). Gleichwohl deuten die Befragungsergebnisse darauf hin, dass die befragten Personen insgesamt deutliche Einschränkungen ihrer Handlungsspielräume und Einflussmöglichkeiten durch institutionelle Vorgaben und alltägliche Bedingungen der Unterstützungsleistungen wahrnehmen und das Erleben dieser Einschränkungen mit dem Ausmaß des Hilfebedarfs ansteigt.

Zur Erklärung der Zufriedenheitsunterschiede zwischen Personen mit hohem und niedrigem Hilfebedarf ist zunächst davon auszugehen, dass Menschen mit höherem Hilfebedarf insbesondere im Bereich der Teilhabe am gemeinschaftlichen und kulturellen Leben (z.B. Freizeitgestaltung, Erschließen außerhäuslicher Lebensbereiche) über geringere Kompetenzen verfügen und daher hier ein intensiver Unterstützungsbedarf besteht (vgl. Metzler & Rauscher 2005, 49). Wenn nun diese Personen im Hinblick auf Unterstützungsleistungen durch die Mitarbeiter/innen eingeschränkte Einflussmöglichkeiten erleben, kann dies als Grund für die niedrigen Zufriedenheitswerte (im Vergleich zu Personen mit geringerem Hilfebedarf) im Bereich Freizeitmöglichkeiten angesehen werden.

Aber nicht nur das Ausmaß des Hilfebedarfs eines Befragten, sondern auch die Variable Gruppengröße der Wohneinheit kann empirisch als Einfluss nehmender Faktor sowohl auf Zufriedenheit als auch Wahlfreiheiten identifiziert werden. *Personen, welche alleine oder in kleinen Gruppen (bis zu drei Personen) wohnen, äußern im Vergleich zu Bewohner/innen größerer Wohngruppen die höchste Zufriedenheit mit der Wohnsituation und den Freizeitmöglichkeiten, zugleich die größten Wahlfreiheiten bzw. geringsten Reglementierungen.* Oberhalb der Drei-Personen-Grenze sind hingegen keine signifikanten Unterschiede zwischen den verschiedenen Gruppengrößen feststellbar (vgl. Kap. 5.3.1 und 5.3.2).

Zu ähnlichen Ergebnissen kommt auch eine Vielzahl anderer empirischer Studien (vgl. Tossebro 1995; Stancliffe 1997; Wehmeyer & Bolding 1999; Stancliffe, Abery & Smith 2000; Schwartz 2003). Allerdings muss bei der Interpretation dieser Zusammenhänge berücksichtigt werden, dass Bewohner/innen kleiner Wohngruppen typischerweise über mehr Kompetenzen verfügen, weniger herausforderndes Verhalten etc. zeigen und dass diese Variablen für die höhere Autonomie/ Selbstbestimmung bzw. Zufriedenheit verantwortlich sein könnten (vgl. Wehmeyer & Bolding 1999, 361; Schwartz 2003, 229). Auf der anderen Seite bestätigen einzelne Studien, in denen personenbezogene Variablen (z.B. adaptive Kompetenzen, herausforderndes Verhalten, Intelligenzquotient) statistisch kontrolliert wurden, einen positiven Zusammenhang zwischen den Selbstbestimmungsmöglichkeiten und der Größe der Wohneinheit (vgl. Stancliffe 1997, 6). Auch in der Stichprobe der vorliegenden Untersuchung ist es keinesfalls so, dass die Bewohner/innen kleiner Wohngruppen einen geringeren Hilfebedarf als Bewohner/innen größerer Wohngruppen aufweisen und dass diese Variable die höhere Zufriedenheit bzw. die höheren Wahlfreiheiten erklären könnte.

Vielmehr zeichnen sich die in der Stichprobe vertretenen Wohnformen bis zur Drei-Personen-Grenze dadurch aus, dass es sich vornehmlich um Einzelappartements oder organisatorisch getrennte Bereiche innerhalb einer Wohneinrichtung handelt, in denen Personen alleine bzw. mit Partner/in ohne Wohngruppenbezug leben (n=13). Weitere sechs Personen leben in Wohnformen mit Gruppenbezug, darunter zwei Personen in Außenwohngruppen. Diese Charakteristika legen die Annahme nahe, dass die Gruppengröße als Indikator für weitere Kontextvariablen anzusehen ist, welche für das Zustandekommen und die Ausprägung von Zufriedenheit und Wahlfreiheiten bedeutsam sein könnten. Zum Beispiel indizieren die Eigenschaften dieser Wohnformen ein hohes Maß an Privatheit, Rückzugsmöglichkeiten, Freiraum und Individualität sowie eine selbst gewählte Form des Zusammenlebens und ein individualisiertes Unterstützungsarrangement (vgl. Beck 2003, 867). Diese Faktoren könnten den Ausschlag für die höhere Zufriedenheit bzw. die höheren Wahlfreiheiten geben. So hat auch Dworschak (2004) in einer vergleichenden Untersuchung verschiedener Wohnformen festgestellt, dass Bewohner/innen von kleineren Wohnheimen, Außenwohngruppen und eigenständigen Wohngruppen (betreuten Wohngemeinschaften) signifikant mehr Entscheidungsmöglichkeiten für sich wahrnehmen als Personen in Komplexeinrichtungen und Dorfgemeinschaften (vgl. Dworschak 2004, 113 f.; auch Schwartz 1995). In Bezug auf die Zufriedenheit konnten allerdings keine Unterschiede zwischen den Wohntypen festgestellt werden (vgl. Dworschak 2004, 106; zu anderen Ergebnissen vgl. Kap. 3.2.3). Dennoch verdeutlichen diese Ergebnisse den Einfluss struktureller Merkmale der Wohnformen auf Aspekte der individuellen Lebensqualität von Menschen mit Behinderung.

Über diese Beobachtungen hinaus kann der Untersuchungsbefund, dass Personen in kleinen Gruppen sowohl subjektiv mehr Wahlfreiheiten als auch höhere Zufriedenheit erleben, als Anzeichen dafür gewertet werden, dass Wahlfreiheiten und Zufriedenheit miteinander zusammenhängen. Tatsächlich zeigt sich in der

Analyse ein positiver Zusammenhang: *Bewohner/innen, welche mehr Reglementierungen bzw. weniger Wahlfreiheiten erleben, äußern geringere Zufriedenheit als Personen, welche weniger Vorgaben bzw. mehr Wahlfreiheiten wahrnehmen* (vgl. Kap. 5.3.4). Damit kann die Hypothese, dass Wahlfreiheiten (oder allgemeiner: Selbstbestimmung) für das subjektive Wohlbefinden und die persönliche Zufriedenheit von fundamentaler Bedeutung sind, bestätigt werden (vgl. Hahn 1994; zu ähnlichen empirischen Ergebnissen Wehmeyer & Schwartz 1998; Lachapelle et al. 2005).

Neben den Lebensqualitätsdimensionen „Zufriedenheit" und „Wahlfreiheiten" werden auch die „sozialen Aktivitäten" der befragten Personen erhoben und analysiert. Im Vergleich des Aktivitätsprofils der Stichprobe mit den Referenzwerten der „Allgemeinen Bevölkerungsumfrage der Sozialwissenschaften (ALLBUS)" sind keine auffälligen Abweichungen feststellbar, d.h. die befragten Bewohner/innen stationärer Einrichtungen führen die abgefragten sozialen Aktivitäten (z.B. „Theater/ Konzert besuchen", „in eine Kneipe/ ins Café gehen", „Sportveranstaltungen besuchen" etc.) in ähnlicher Frequenz aus wie die Allgemeinbevölkerung. Betrachtet man die Variable soziale Aktivitäten als Indikator für die aktive Teilhabe der Menschen mit Behinderung am gemeinschaftlichen und kulturellen Leben, so gelingt es den Wohneinrichtungen offenbar, in diesem Bereich Unterstützungsleistungen vorzuhalten, um eine weitgehende Teilhabe der Bewohner/innen gewährleisten zu können – zumal die Subgruppenanalyse zu dem Ergebnis kommt, dass Personen mit höherem Hilfebedarf durchschnittlich sogar etwas mehr soziale Aktivitäten ausüben als Personen mit niedrigerem Hilfebedarf.

In der Analyse der Beziehung zwischen sozialen Aktivitäten und der Zufriedenheit mit den Freizeitmöglichkeiten wird wider Erwarten ein negativer Zusammenhang ersichtlich: Personen, welche die abgefragten sozialen Aktivitäten nicht ausüben, äußern durchweg eine höhere Zufriedenheit als diejenigen Personen, welche diese Aktivität ausführen. Diese Beobachtung kann so interpretiert werden, dass die persönliche Zufriedenheit nicht so sehr von dem Aktivitätsniveau abhängt, sondern stärker davon, inwiefern das Aktivitätsniveau den eigenen Wünschen, Erwartungen und Ansprüchen entspricht. Augenscheinlich haben die befragten Personen, welche weniger aktiv am kulturellen Leben teilnehmen, auch nicht den Wunsch, mehr Aktivitäten auszuüben. Das kann als selbstbestimmte „Nicht-Teilhabe" verstanden werden. Auf der anderen Seite verfügen Personen mit höheren Aktivitätsniveaus auch über höhere Ansprüche, sodass sie sich mehr Möglichkeiten der aktiven Teilhabe wünschen, was bei Nicht-Erfüllung in Unzufriedenheit resultiert.

Vor diesem Hintergrund zeigt sich, dass die Variable „soziale Aktivitäten" ein sehr (und zu stark) vereinfachter Indikator für die Teilhabe am kulturellen Leben darstellt. Vielmehr muss unterschieden werden zwischen den Ressourcen (Kompetenzen) eines Menschen, den relevanten Kontextfaktoren, welche sich förderlich oder hinderlich auf Teilhabemöglichkeiten auswirken (Zugänge zu Lebensbereichen), und der tatsächlich realisierten Partizipation (im Sinne von Beteiligung, Aktivität, Einbezogensein) (vgl. Metzler & Rauscher 2005, 64). Für die persönliche Zufriedenheit ist es vermutlich von höherer Relevanz, über Teilhabechancen zu verfügen, Zugänge zu Lebensbereichen und Erfahrungswelten zu haben einschließlich der Möglichkeit einer selbstbestimmten „Nicht-Teilhabe", als die tatsächliche Inanspruchnahme der vorhandenen Möglichkeiten. In eine ähnliche Richtung zielt auch der „capability approach" von Sen (1993), der die „Befähigungen" bzw. „Verwirklichungschancen" von Menschen betont (vgl. Steckmann 2007; Volkert et al. 2003). Der Begriff „capabilities" bezieht sich auf Möglichkeiten, Gelegenheiten und Kompetenzen, um als wertvoll angesehene Handlungen ausführen oder Zustände des Wohlbefindens erreichen zu können (vgl. Sen 1993). Von den erreichten Zuständen kann nicht unmittelbar auf Verwirklichungschancen geschlossen werden, d.h. es ist zwischen dem Erreichten und dem mit den Verwirklichungschancen Erreichbaren zu differenzieren (vgl. Volkert et al. 2003, 79). Analog ist bei der Untersuchung von gesellschaftlicher Teilhabe zwischen den Teilhabemöglichkeiten (Kompetenzen und Zugängen) und der realisierten Teilhabe (Aktivitäten, Beteiligung) zu unterscheiden. Allerdings gehen mit diesem Ansatz aufgrund seiner Komplexität besondere Schwierigkeiten der empirischen Erfassung einher; ein erster Operationalisierungsversuch wurde inzwischen von Metzler & Rauscher (2005) vorgelegt.

6.3 Zur Anwendbarkeit der Interviewmethodik bei Menschen mit geistiger Behinderung

Das Untersuchungsinteresse bezüglich methodischer Aspekte zur Erfassung von Lebensqualität zielt nicht nur auf die Konstruktion eines geeigneten Erhebungsinstruments, sondern auch auf die Einschätzung der Anwendbarkeit der Interviewmethodik bei Menschen mit geistiger Behinderung. Durch die methodenkritische Analyse der Befragung soll der Frage nachgegangen werden, inwieweit der methodische Zugang über die direkte Befragung dieser Zielgruppe zu verlässlichen und gültigen Einschätzungen ihrer Sichtweisen führen kann und von welchen Faktoren die Datenqualität abhängt. Als Kriterien wurden im Wesentlichen die Angaben der Interviewpartner zur Evaluation der Interviews im Post-skript, die Beantwortbarkeit der Fragen (Antwortquoten), die Auftretenshäufig-keit systematischer Antworttendenzen sowie die Antwortkonsistenz zugrunde gelegt.

Die *Evaluation* der Interviews durch die Befragten und die Interviewer nach Durchführung der Befragung führt zu einer überwiegend positiven Bewertung, was die Verständlichkeit der Fragen, die Länge des Interviews und gestellten Anforderungen an die Konzentrationsfähigkeit sowie das Interesse und die Ko-operation der Befragten betrifft (vgl. Kap. 5.4). Diese Einschätzungen decken sich weitgehend mit den Evaluationsergebnissen einer Studie von Dworschak (2004), in der ebenfalls Bewohner/innen stationärer Wohnformen mit Hilfe eines standardisierten Fragebogens zu ihrer Lebensqualität befragt wurden: Auch hier erlebte die Mehrheit der Befragten den Interviewverlauf positiv, und die Inter-viewer sahen die Kriterien zur Anwendung der Befragung im Wesentlichen als erfüllt an.

Zur Einschätzung der *Beantwortbarkeit der Fragen* werden die Antwort-quoten (Anteil der befragten Personen mit einer gültigen Antwort) in Abhängig-keit vom Frageformat (geschlossene Ja/Nein-Fragen vs. offene Fragen) berech-net. Zu beachten ist, dass mit der Antwortquote zunächst lediglich die triviale Grundbedingung untersucht wird, inwiefern eine Fragestellung überhaupt Ant-worten generiert – unabhängig vom Informationsgehalt der gegebenen Antwort. Bezüglich der Ja/Nein-Fragen kann eine hohe durchschnittliche Antwortquote von ca. 97 % (Minimum: 75 %; Maximum: 100 %), bei offenen Fragen von ca. 78 % (Minimum: 0 %; Maximum: 100 %) festgestellt werden. Diese Antwortquo-ten liegen in etwa in der Größenordnung vergleichbarer Untersuchungen (vgl. Heal & Sigelman 1996, 97; Finlay & Lyons 2001, 324). Obwohl nicht gänzlich auszuschließen ist, dass der Frageinhalt bei den gestellten offenen Fragen eine höhere Komplexität aufweist und sich dieser Umstand auf die Antwortquoten auswirkt (vgl. Heal & Sigelman 1995, 337 f.), kann dennoch geschlussfolgert werden, dass *Ja/Nein-Fragen wesentlich einfacher zu beantworten sind als offe-ne Fragen*. Dass zudem bei offenen Fragen eine hohe Spannweite der Antwort-quoten festzustellen ist (manche Befragte haben keine der offenen Fragen beant-wortet), kann für qualitative Befragungsmethoden eine erhebliche Einschränkung ihrer Anwendbarkeit bedeuten. Insbesondere besteht die Gefahr, dass die Befra-gungspersonen für die Teilnahme an qualitativen Interviews nach ihren kommu-nikativen Fähigkeiten ausgesucht werden (müssen), wodurch die Befragung auf-grund der selektiven Stichprobengewinnung auf eine sehr schmale Basis gestellt würde (vgl. Kap. 3.3.2). Die Beantwortung der geschlossen Fragen erweist sich als kognitiv weitaus weniger komplex. Die Antwortquoten auf Fragen im Ja/Nein-Format liegen in einem sehr guten Wertebereich und machen zunächst einmal eine angemessene Datenaggregation erwartbar.

Über das Frageformat hinaus zeigen sich in Zusammenhangsanalysen zwischen der Antwortquote bei Ja/Nein-Fragen und verschiedenen Interview- und Befragtenmerkmalen komplexe Wirkungsbeziehungen: So haben die Variablen Interviewdauer, Frageverständnis und Belastbarkeit der Befragten (eingeschätzt durch die Interviewer) sowie das Ausmaß des Hilfebedarfs (nach dem HMB-Verfahren) allesamt einen mehr oder minder starken Einfluss auf die Beantwortbarkeit der Fragen, korrelieren aber ebenfalls untereinander (vgl. Kap. 5.4). Dadurch lassen sich zwar keine linearen Kausalbeziehungen nachweisen, dennoch ist ein maßgeblicher Einfluss der Interviewdauer auf die Antwortquote zu beobachten (r = -0,4). Insbesondere sehr lange Interviews (länger als eine Stunde) führen zu niedrigeren (wenngleich noch akzeptablen) Antwortquoten. Die Länge des Interviews wiederum hängt mit dem Ausmaß des Hilfebedarfs eines Befragten zusammen (r = 0,35). Daraus kann geschlossen werden, *dass mit einem höheren Hilfebedarf tendenziell eine längere Interviewdauer einhergeht, welche zu einer niedrigeren Antwortquote führt.* Zur Optimierung der Befragungsergebnisse ist daraus die Konsequenz zu ziehen, gerade bei Menschen mit hohem Hilfebedarf lange Interviews (über eine Stunde) möglichst zu vermeiden. Unterhalb dieses Schwellenwerts sind keine wesentlichen Einschränkungen der Beantwortbarkeit der Fragen festzustellen.

Ein weiterer Schwerpunkt der Methodenanalyse ist das Aufspüren von systematischen Antworttendenzen und die Überprüfung der Antwortkonsistenz. Dabei zeigt sich, dass im Durchschnitt 56% der Zufriedenheitsfragen im Ja/Nein-Format zustimmend beantwortet werden. Das bedeutet, *dass die Befragten in überzufälliger Häufigkeit mit „ja" antworten, was auf systematische Ja-Sage-Tendenzen (Akquieszenz) hinweist.* Allerdings zeigt die Verteilungskurve der prozentualen Ja-Antworten, dass *kein extrem stereotypes Antwortverhalten* festzustellen ist: Das Maximum liegt bei 85%, das Minimum bei 21% der Fragen. Mit anderen Worten: Keine befragte Person antwortet auf alle (oder annähernd alle) Fragen bzw. keine (oder annähernd keine) Frage mit „ja" (vgl. zu ähnlichen Ergebnisse Schalock, Bonham & Marchand 2000, 83; Matikka & Vesala 1997, 78).

Allerdings ist ein Effekt des Antwortformats festzumachen: Bei Fragen mit positiver Antwortrichtung (z.B. „Bekommen Sie genügend Hilfe?") ist ein fast doppelt so hoher Anteil an Ja-Antworten zu erkennen wie bei negativ formulierten Fragen (z.B. „Ist Ihnen bei der Arbeit oft langweilig?"). Ein ähnliches Phänomen tritt auch im Kontext der Faktorenanalyse des Subindex „Freiheit von subjektiver Belastung" hervor: Hier gruppieren sich ausschließlich negativ formulierte Items zu diesem Faktor (z. B. „Machen Sie sich häufig Sorgen über Ihre Zukunft?"), sodass man vermuten könnte, dass der Faktor eher Ja-Sage-Tendenzen als inhaltliche Zusammenhänge abbildet (vgl. Closs & Kempe 1986, 49). Allerdings ist dieser Effekt nicht bei allen negativ polierten Fragen zu beobachten und es zeigen sich deutliche Validitätsbezüge für den Subindex „Belastungsfreiheit" (vgl. Kap. 6.2), welche die Annahme einer inhaltlichen Zusammengehörigkeit der Items stützen. Da die Analyse der Antwortformate hier nicht von dem jeweiligen Frageinhalt zu trennen ist, lässt sich an dieser Stelle auch nicht klar abgrenzen, welchen Einfluss formale und inhaltliche Aspekte auf das Antwortverhalten und die Reliabilität der Ergebnisse haben (vgl. Kap. 3.3.2).

Um der Frage der inhaltlichen Konsistenz der Antworten bei formaler Variation der Items besser nachgehen zu können, sind in den Fragebogen vier Itempaare zur Überprüfung der Antwortkonsistenz integriert und an verschiedenen Stellen platziert (vgl. Kap. 4.4.2). Diese Kontroll-Items weisen einen gleichen semantischen Bezug auf, aber ein unterschiedliches Frage- bzw. Antwortformat, z. B. „Finden Sie, dass Sie genügend/ zu wenig Dinge in Ihrem Leben selbst entscheiden?". Als Ergebnis kann festgestellt werden, *dass sich bei den Kontroll-Items zwischen 6 % und 35 % der befragten Personen widersprechen (durchschnittlich 16 %)*, d.h. diese Personen antworten bei einem Item positiv und bei dem anderen Item negativ. Einerseits bestätigt diese Häufigkeit von inkonsistenten Antworten, dass das Auftreten von Antworttendenzen ein methodisches Problem bei der Befragung von Menschen mit geistiger Behinderung darstellt und sich negativ auf die Reliabilität der Ergebnisse auswirkt (vgl. Perry 2004, 122 ff.; Finlay & Lyons 2002, 15). Dieses Ergebnis steht der proklamierten Annahme entgegen, dass „grundsätzlich davon auszugehen [ist], dass die Antwortzuverlässigkeit von Menschen mit Behinderungen sich in nichts von derjenigen von Menschen ohne Behinderung unterscheidet" (Gromann 2002, 164). Zwar sind systematische Antworttendenzen kein spezifisches Problem der Befragung von Menschen mit geistiger Behinderung, dennoch ist die Auftretenswahrscheinlichkeit von Antwortmustern und -unzuverlässigkeiten in Interviews mit dieser Zielgruppe generell höher als in allgemeinen Bevölkerungsumfragen (vgl. Kap. 3.3.2).

Andererseits liegt das in der vorliegenden Untersuchung festgestellte Ausmaß an inkonsistenten Antworten keinesfalls auf einem derartigen Niveau, das die Validität der Ergebnisse oder gar die generelle Befragbarkeit von Menschen mit geistiger Behinderung anzweifeln lässt. So beträgt der Anteil an Personen mit gravierenden Antwortinkonsistenzen (gegensätzliche Beantwortung von drei oder mehr Fragepaaren) an allen Befragten lediglich 2%. Auf der Grundlage anderer Studien konnte von einer weitaus stärkeren Reliabilitätseinschränkung ausgegangen werden (vgl. Heal & Sigelman 1995; Finlay & Lyons 2002).

Zudem sind über die quantitative Auftretenshäufigkeit hinaus die Ursachen für die Antwortunzuverlässigkeiten in den Blick zu nehmen (vgl. Hagen 2002, 294 ff.). Hier konnte kein Zusammenhang mit personenbezogenen Merkmalen (Geschlecht, Alter, Gesamtzeit stationärer Betreuung, Ausmaß des Hilfebedarfs) festgestellt werden, d.h. dass sich Personengruppen mit geringer und hoher Antwortkonsistenz hinsichtlich dieser Variablen nicht wesentlich voneinander unterscheiden. Allerdings zeigt sich eine hohe Varianz der Antwortzuverlässigkeit abhängig von den Eigenschaften der Fragen: *Mit steigender inhaltlichsprachlicher Komplexität der Fragen und daraus resultierenden Schwierigkeiten der Beantwortung sinkt auch die Konsistenz der gegebenen Antworten.* Schwierige Vokabeln (z.B. „gerecht") oder negative Formulierungen (z.B. „Finden Sie, dass Sie zu wenig Dinge selbst entscheiden?") wirken sich hinderlich auf das Verständnis der Fragen aus und führen dementsprechend zu häufigen Antwortverweigerungen oder -inkonsistenzen. Daraus kann die Schlussfolgerung gezogen werden, *dass Antwortinkonsistenzen bei der Befragung von Menschen mit geistiger Behinderung nicht unumgänglich, sondern durch eine geeignete Auswahl und Formulierung der Fragen vermeidbar sind.*

Insgesamt veranschaulicht die methodenkritische Analyse, dass die Befragung von Menschen mit geistiger Behinderung nicht voraussetzungslos ist und eine Reihe von Fehlerquellen die Reliabilität und Validität der Ergebnisse gefährden können. Die generelle Frage, ob Menschen mit geistiger Behinderung überhaupt befragbar sind, führt dabei jedoch in eine falsche Richtung: Die Analyseergebnisse legen vielmehr nahe, dass die wesentlichen Gründe für auftretende Antwortunzuverlässigkeiten und -verzerrungen in der Befragung von Menschen mit geistiger Behinderung nicht in der Person des Befragten zu suchen sind, sondern in der Technik der Befragung. Vor dem Hintergrund der Methodenanalyse erscheint es durchaus realisierbar, Befragungen zu konzipieren, die zu verlässlichen und gültigen Einschätzungen der subjektiven Sichtweisen von Menschen mit geistiger Behinderung führen. Wichtig erscheint neben einer angemessenen Gestaltung allgemeiner Rahmenbedingungen (z.B. Vorbereitung des Befragten auf das Interview, Transparenz des Vorgehens, nicht allzu umfassende Interviews) vor allem der Einsatz eines mit großer Sorgfalt entwickelten und praktisch erprobten Erhebungsinstruments. Das gilt zwar grundsätzlich immer für die Durchführung von Interviews, ist aber im Hinblick auf die Befragung von

Menschen mit kognitiven Beeinträchtigungen von besonderer Relevanz. Gerade für diese Zielgruppe gilt: Inwiefern ausgesuchte Fragen und konstruierte Fragebögen geeignet, praktikabel bzw. verständlich sind, lässt sich nicht (allein) theoretisch entscheiden, sondern muss empirisch überprüft werden. Mögliche Probleme in Bezug auf Reliabilität und Validität, die auf das Antwortverhalten bei verschiedenen Frageformen oder auf unzureichende kommunikative Kompetenzen zurückzuführen sind, können bei der Konstruktion von Fragen und Fragebögen sowie der Durchführung der Interviews berücksichtigt werden. Allerdings ist auch bei noch so gewissenhafter Instrumentenkonstruktion immer mit Antworttendenzen und -unzuverlässigkeiten zu rechnen. Aufgrund dessen auf die Erhebung der Subjektperspektive von Menschen mit geistiger Behinderung zu verzichten, wäre gänzlich unangemessen und unnötig.

Grenzen werden allerdings da deutlich, wo Personen sich Außenstehenden nicht auf verbalem Wege mitteilen können (z. B. Menschen mit schwerer Behinderung bzw. kommunikativen Beeinträchtigungen); hier ist das Interview aufgrund seiner sprachlichen Gebundenheit nicht anwendbar. Ungeachtet dieser Einschränkung ist das Interview zur Erhebung subjektiver Sichtweisen – auch bei Menschen mit geistiger Behinderung – ohne vergleichbare methodische Alternative und für Forschungsarbeiten, die auf subjektive Bedeutungsgehalte zielen, unverzichtbar. Das Interview ermöglicht Einblicke in persönliche Weltsichten, Wahrnehmungen und Beurteilungen der Lebenssituation von Menschen mit geistiger Behinderung, die ohne diesen methodischen Zugang verschlossen blieben. Daher ist das Interview ein gewinnbringendes und erkenntnisförderndes Forschungsinstrument.

7 Resümee und Ausblick

Das Rehabilitationssystem befindet sich in einem grundlegenden Wandel, der gekennzeichnet ist durch eine Abkehr von einem Versorgungsmodell, das wesentlich vom Fürsorgedanken geprägt ist, hin zu einer stärkeren Dienstleistungs- und Nutzerorientierung. Damit tritt die Zielsetzung in den Vordergrund, Menschen mit Behinderung so zu unterstützen, dass sie in der Lage sind, einen eigenen Lebensstil herauszubilden, ihre Lebensentwürfe zu verwirklichen und am gesellschaftlichen Leben teilzuhaben. Im Mittelpunkt eines so angelegten Unterstützungssystems steht nicht die Behinderung als personale Eigenschaft und Defizit, sondern die soziale Dimension von Behinderung: Der Blick richtet sich auf Vermittlungsprozesse zwischen den gesellschaftlichen Bedingungen und Anforderungen einerseits sowie den subjektiven Bedürfnissen und Lebenszielen andererseits.

Im Kontext dieses Perspektivenwechsels von der institutions- zur personenbezogenen Orientierung offenbart sich der Nutzen des Lebensqualitätskonzepts für die Analyse und Weiterentwicklung von Leistungen des Rehabilitationssystems. Das Konzept Lebensqualität, welches aus allgemeinen sozialwissenschaftlichen Zusammenhängen entstammt und Verwendung als Grundlage empirischer Wohlfahrtsforschung und Sozialberichterstattung findet, stellt einen mehrdimensionalen Betrachtungsrahmen sowohl für die objektiven Lebensbedingungen in einer Gesellschaft als auch für die subjektive Wahrnehmung und Bewertung der Lebenssituation zur Verfügung (vgl. Kap. 1). Bezogen auf rehabilitationsrelevante Fragen öffnet das Konzept einen empirischen Zugang zur Lebenslage von Menschen mit Behinderung sowie zur Identifizierung spezifischer Bedarfs- und Problemlagen. Auf der Ebene der sozialen Dienste und Einrichtungen (als Instrumente des Wohlfahrtsstaats) bietet das Konzept Lebensqualität ein wertvolles Bezugssystem zur Planung, Gestaltung und Evaluation sozialer Dienstleistungen (vgl. Kap. 2). Lebensqualität ist in diesem Kontext als Leitbegriff einer an der Verbesserung der objektiven Lebensbedingungen und des subjektiven Wohlbefindens orientierten Qualitätsentwicklung zu verstehen sowie als Maßstab für die Wirkungsbeurteilung sozialer Dienstleistungen: Inwiefern tragen Unterstützungsleistungen zur Verbesserung der Lebenslagen von Menschen mit Behinderung bei, zur Erweiterung von Teilhabechancen, zu Möglichkeiten einer selbstbestimmten und zufrieden stellenden Lebensführung?

Wesentlich ist, dass zur Einschätzung von Lebensqualität die Erhebung von Standards bzw. externen Indikatoren allein nicht ausreicht, sondern der Beurteilung der Lebenssituation durch die Person selbst eine zentrale Bedeutung zukommt. Objektive Lebensbedingungen werden subjektiv unterschiedlich erfahren und hinsichtlich ihrer Bedeutung für das eigene Leben bewertet. Ein hervorstechendes Ergebnis der empirischen Lebensqualitätsforschung ist, dass objektiv gute Lebensverhältnisse nicht zwangsläufig mit subjektivem Wohlbefinden einhergehen. Daraus kann der Schluss gezogen werden, dass subjektives Wohlbefinden (Zufriedenheit, Selbstbestimmung etc.) nicht direkt „herstellbar" oder von außen steuerbar ist; es können aber Ressourcen bereitgestellt werden, die sich im besten Fall als subjektiv relevant erweisen und dem Individuum eine Aufrechterhaltung oder (Wieder-)Herstellung seines subjektiven Wohlbefindens ermöglichen (vgl. Kap. 1.3). Übertragen auf die Qualitätsbeurteilung sozialer Dienstleistungen bedeutet dies, dass nicht bereits dann von einer guten Leistungserbringung auszugehen ist, wenn bestimmte strukturelle Bedingungen oder fachliche Standards erfüllt sind, sondern wenn die Leistungen für die Nutzer/innen auch einen subjektiven Gebrauchswert besitzen, sich also als relevant und sinnvoll für die individuelle Lebensführung erweisen. Damit wird die aktive Einbeziehung der Nutzer/innen ein unabdingbares Element bei der Planung, Erbringung, Qualitätsdefinition und -beurteilung von Dienstleistungen (vgl. Kap. 2.3).

Eine konsequente Ergebnis- und Wirkungsorientierung ist in der deutschen Behindertenhilfe noch wenig ausgeprägt. Es herrschen vielerorts Vorbehalte hinsichtlich der Nützlichkeit und Umsetzbarkeit nutzerorientierter Evaluationsverfahren – gerade wenn es sich bei den Nutzer/innen um Menschen mit geistiger Behinderung handelt. Dies mag zum einen damit zusammenhängen, dass diesem Personenkreis aufgrund kognitiv-kommunikativer Beeinträchtigungen häufig keine Urteilskompetenz zugestanden wird. Zudem liegen bis heute nur wenige – und wenig fundierte – Erfahrungsberichte über die Anwendbarkeit von Interviewtechniken bei Menschen mit geistiger Behinderung vor, sodass eine adäquate Einschätzung dieser methodischen Zugangsweise und eine Optimierung des Instrumentenrepertoires schwer fällt. Das Wissen um Problemstellen und Fehlerquellen, die sich negativ auf das Antwortverhalten der befragten Person auswirken, ist für die Entwicklung von Befragungsinstrumenten von fundamentaler Bedeutung. Methodenanalytische Forschungsergebnisse aus dem angloamerikanischen Sprachraum lassen eine Reihe von neuralgischen Stellen im Befragungskontext erkennen, z.B. Schwierigkeiten der Befragten mit abstrakten Begriffen und generalisierten Urteilen, unterschiedliche Beantwortbarkeit und Antwortreliabilität in Abhängigkeit von Frage- und Antwortformaten, suggestive Abwandlungen und Neuformulierungen der Fragen durch den Interviewer bei Verständnisproblemen usw. (vgl. Kap. 3.3). Diese potenziellen Problemstellen verlangen entsprechende Gegenmaßnahmen, die bereits bei der Konstruktion eines Befragungsinstruments Berücksichtigung finden müssen (vgl. Kap. 3.5). Vor diesem Hintergrund erscheinen die vorfindbaren deutschsprachigen Instrumente zur Lebensqualitäts- und Nutzerbefragung verbesserungswürdig, da sie aufgrund ihrer sprachlichen Gestaltung, formaler Gesichtspunkte oder psychometrischer Eigenschaften keine optimalen Ergebnisse erwarten lassen. Zudem sind die meisten Instrumente nicht auf der Basis einer systematischen Itemauswahl und -analyse konstruiert, empirisch überprüft und für den weiteren Einsatz optimiert worden (vgl. Kap. 3.2).

Dieses Forschungsdesiderat aufgreifend wurde im Rahmen der vorliegenden Studie ein Erhebungsinstrument entwickelt, das sowohl dem Untersuchungsgegenstand (Lebensqualität) als auch der Zielgruppe (Menschen mit geistiger Behinderung, die in stationären Wohneinrichtungen leben) gerecht wird. Darüber hinaus wurde in einer Methodenanalyse die Anwendbarkeit der Interviewtechnik bei diesem Personenkreis evaluiert, um abschätzen zu können, inwieweit der methodische Zugang über die direkte Befragung zu verlässlichen und gültigen Einschätzungen ihrer Sichtweisen führen kann und von welchen Faktoren die Datenqualität abhängt. Mit diesen Aufgabenbearbeitungen wird die Grundlage für die Gestaltung von Nutzerbefragungen zur Evaluation sozialer Dienstleistungen geschaffen (vgl. Kap. 4.1).

Zentrales Forschungsprodukt der Studie ist ein teilstandardisierter Fragebogen, welcher die Lebensqualitätsdimensionen „subjektives Wohlbefinden" („Zufriedenheit mit der Wohnsituation", „Zufriedenheit mit den Freizeitmöglichkeiten", „Zufriedenheit mit der Arbeit und der finanziellen Lage", „Freiheit von subjektiver Belastung"), „erlebte Wahlfreiheiten und Reglementierungen" sowie „soziale Aktivitäten" fokussiert. Das Instrument beinhaltet Auswertungsroutinen, um die Merkmalsausprägungen bei den befragten Personen (bzw. Personengruppen) quantitativ abbilden zu können (vgl. Kap. 4.4).

Mit einer Stichprobe von 129 Personen aus 47 Wohneinheiten zweier Einrichtungsträger wurde der Fragebogen in „Face-to-face"-Interviews erprobt (vgl. Kap. 5.1). Die dimensionale Struktur der Indizes wurde in Faktorenanalysen überprüft und erwies sich als der Konstruktionsabsicht entsprechend. Die Subindizes zum „subjektiven Wohlbefinden" erreichen eine befriedigende bis gute Reliabilität. Die Reliabilität der Indizes „Wahlfreiheiten und Reglementierungen" sowie „soziale Aktivitäten" erscheint hingegen verbesserungswürdig. Für alle Indizes kann eine hohe Beurteiler-Reliabilität festgestellt werden (vgl. Kap. 5.2).

Im Rahmen der methodenanalytischen Betrachtung wurde die Datenqualität der Befragungsergebnisse überprüft, indem die Beantwortbarkeit der Fragen, die Auftretenshäufigkeit systematischer Antworttendenzen sowie die Konsistenz der Antworten in Abhängigkeit von Befragten-, Interview- und Fragemerkmalen untersucht wurden. Als Ergebnis kann festgehalten werden, dass sich Antwortverzerrungen (insbesondere Zustimmungstendenzen) nachteilig auf die Reliabilität der Ergebnisse auswirken, sich deren Auftretenshäufigkeit aber in engen Grenzen hält. Die Güte der Befragungsergebnisse hängt in hohem Maße von der Interview- und Fragegestaltung ab:

- Ja/Nein-Fragen produzieren höhere Antwortquoten als offene Fragen, sind also leichter zu beantworten.
- Sehr lange Interviews (über eine Stunde) führen insbesondere bei Menschen mit hohem Hilfebedarf zu niedrigeren Antwortquoten.
- Mit steigender inhaltlich-sprachlicher Komplexität der Fragen sinkt die Antwortreliabilität.

Zwischen der Auftretenshäufigkeit von Antwortinkonsistenzen und personenbezogenen Merkmalen (z.B. Geschlecht, Alter, Ausmaß des Hilfebedarfs) war hingegen kein Zusammenhang zu erkennen. Daraus lässt sich ableiten, dass häufig vorkommenden Problemen der Befragung (z.B. systematische Antworttendenzen) durch entsprechende Rahmenbedingungen (z.B. eine sorgfältige Itemauswahl und -formulierung) begegnet werden kann. Dadurch erscheint eine solide Datenqualität erreichbar, welche fundierte Aussagen über subjektive Wahrnehmungen und Bewertungen von Menschen mit geistiger Behinderung erlaubt (vgl. Kap. 5.4).

Die inhaltliche Analyse der Lebensqualitätsdimensionen unterstreicht die Validität und Sensitivität des Erhebungsinstruments. Darüber hinaus wird die Bedeutung sowohl von personenbezogenen Variablen als auch strukturellen Merkmalen der Wohneinrichtungen für die individuelle Lebensqualität ersichtlich. So zeigen sich z.B. Menschen mit hohem Hilfebedarf insgesamt unzufriedener mit ihrer Lebenssituation und erleben zugleich weniger Wahlfreiheiten bzw. stärkere Reglementierungen. Die höchsten Zufriedenheitswerte und Wahlfreiheiten sind bei Personen festzustellen, die alleine bzw. mit Partner/in in Appartements ohne Wohngruppenbezug oder in sehr kleinen Wohngruppen (bis drei Personen) mit einem hohen Maß an Privatheit und Rückzugsmöglichkeiten leben (vgl. Kap. 5.3).

Insgesamt lassen die Ergebnisse erkennen, dass Lebensqualitätserhebungen und Nutzerbefragungen zu aufschlussreichen Erkenntnissen über Faktoren, von denen die Lebensqualität von Menschen mit geistiger Behinderung in Wohneinrichtungen beeinflusst wird, führen können. Das im Rahmen der vorliegenden Arbeit entwickelte und erprobte Befragungsinstrument verspricht in diesem Kontext ein valides Verfahren, zugleich eine ökonomische Datenerhebung und -auswertung und ist daher z. B. im Rahmen von Qualitätsmanagement- oder Benchmarking-Verfahren von Wohneinrichtungen einsetzbar. Die Ergebnisse verdeutlichen auch, dass Befragungen von Menschen mit (geistiger) Behinderung zu ihrer Lebensqualität nicht bloß Selbstzweck sind, sondern aufzeigen, welche Ergebnisqualität mit welchen Mitteln und Rahmenbedingungen tatsächlich erreicht wird. Dadurch werden Veränderungsbedarfe, Optimierungsmöglichkeiten und „Best-Practice"-Ansätze ableitbar. Evaluationsverfahren, die sich am Lebensqualitätskonzept orientieren, ebnen den Weg, der herausführt aus der professionell dominierten, oftmals ideologisch und spekulativ geführten Diskussion um Vor- und Nachteile verschiedener Wohnkonzepte und Unterstützungsformen. Dadurch erhält die Nutzerorientierung sozialer Dienste und Einrichtungen Schubkraft, da die Frage nach den Wirkungen der Unterstützungsleistungen und die Qualitätsbeurteilung durch die Nutzer/innen selbst in den Vordergrund tritt. Menschen mit geistiger Behinderung können so konstruktiv an der Weiterentwicklung für sie passender Angebotsstrukturen und Dienstleistungen mitwirken. Die vorliegende Arbeit soll eine Wegmarke dieses Richtungswechsels darstellen.

Es bedarf jedoch noch besonderer Anstrengungen, um die Ergebnisse von Nutzerbefragungen auch systematisch rückzukoppeln, also in kontinuierliche Planungs- und Gestaltungsprozesse einfließen zu lassen, um die Angebote wunsch- und bedarfsgerecht anpassen zu können. In vielen Fällen stehen die Beurteilung der Ergebnisqualität und die Angebotsplanung noch relativ unverbunden nebeneinander. Nur dann, wenn der Kreislauf einer wirkungsorientierten Qualitätsentwicklung von der Planung über die Evaluation zur erneuten Planung der Leistungen auch tatsächlich geschlossen wird, sind Nutzerbefragungen mehr als Pseudo-Beteiligungen.

Eine stärkere Nutzerorientierung ist für zeitgemäße soziale Dienste und Einrichtungen unverzichtbar. Gesellschaftliche Prozesse der Individualisierung fordern auch eine Individualisierung der Unterstützungsleistungen, damit Menschen mit Behinderung in die Lage versetzt werden, einen eigenen Lebensstil zu entwickeln und ihre Lebensentwürfe zu verwirklichen. Im Kern geht es darum, Menschen mit Behinderung aus ihrem Objektstatus zu entlassen und ihnen eine Subjektrolle als urteils- und entscheidungsfähige Nutzer/innen zuzuerkennen. Zentral ist hierbei, sie in den Prozess der Neugestaltung der Dienstleistungen aktiv einzubeziehen. Nur so kann sichergestellt werden, dass die Angebote zu ihren Erwartungen passen – nicht umgekehrt. Eine Stärkung der Artikulationskraft und Selbstverfügungsmacht von Menschen mit Behinderung ist dabei unabdingbares Element, schließlich geht es um ihre Vorstellungen von einem guten und qualitätsvollen Leben.

Literaturverzeichnis

AG-Nutzerbefragung der Lebenshilfe Berlin (o. J.): Schöner Wohnen in Berlin. Eine Bewohnerbefragung in den Wohngemeinschaften der Lebenshilfe gGmbH Berlin. Fragebogen. Unveröffentl. Manuskript, Lebenshilfe Berlin.

Albrecht, Günter et al. (1995): Die Entwicklung der Lebenszufriedenheit im Zuge der Enthospitalisierung von chronisch psychisch kranken Langzeitpatienten. In: Soziale Probleme 6 (1), 84-137.

Albrecht, Günter et al. (1999): Die Entwicklung der Lebenszufriedenheit im Zuge der Enthospitalisierung chronisch kranker Langzeitpatienten. In: Badura, Bernhard; Siegrist, Johannes (Hg.): Evaluation im Gesundheitswesen. Ansätze und Ergebnisse. Weinheim: Juventa, 339-361.

Allardt, Erik (1973): About dimensions of welfare. An exploratory analysis of a comparative scandinavian survey. Research For Comparative Sociology, Research Reports No. 1. University of Helsinki.

Allardt, Erik (1993): Having, loving, being: An alternative to the swedish model of welfare research. In: Nussbaum, Martha C.; Sen, Amartya (Hg.): The quality of life. Oxford: Clarendon, 88-94.

Andrews, Frank M.; Whitey, Stephen B. (1976): Social indicators of wellbeing. Americans' perceptions of life quality. New York: Plenum.

Antaki, Charles (1999): Interviewing persons with a learning disability: How setting lower standards may inflate well-being scores. In: Qualitative Health Research 9 (4), 437-454.

Antonovsky, Aaron (1997): Salutogenese. Zur Entmystifizierung der Gesundheit. Tübingen: Deutsche Gesellschaft für Verhaltenstherapie.

Argyle, Michael (1996): Subjective well-being. In: Offer, Avner (Ed.): In pursuit of the quality of life. New York: Oxford University, 18-45.

Arthaud-Day, Marne L. et al. (2005): The subjective well-being construct: A test of its convergent, discriminant, and factorial validity. In: Social Indicators Research 74 (3), 445-476.

Aselmeier, Laurenz et al. (2001): AQUA-UWO. Arbeitshilfe zur Qualitätsentwicklung in Diensten für Unterstütztes Wohnen von Menschen mit geistiger Behinderung. Siegen: Zentrum für Planung und Evaluation Sozialer Dienste.

BAGüS – Bundesarbeitsgemeinschaft der überörtlichen Träger der Sozialhilfe (2006): Entwicklung der Fallzahlen in der Eingliederungshilfe. (online) http://www.beb-ev.de/files/pdf/2007/sonstige/2007-01-29FallzahlpapierBAGueS.pdf [15.02.07].

BAR – Bundesarbeitsgemeinschaft für Rehabilitation (2003): Gemeinsame Empfehlung Qualitätssicherung nach § 20 Abs. 1 SGB IX vom 27. März 2003. (online) http://www.bar-frankfurt.de/Gemeinsame_Empfehlungen.BAR [04.08.05].

Barlow, Jillian; Kirby, Neil (1991): Residential satisfaction of persons with an intellectual disability living in an institution or in the community. In: Australia and New Zealand Journal of Developmental Disabilities 17 (1), 7-23.

Bauer, Rudolph (2001): Personenbezogene Soziale Dienstleistungen. Begriff, Qualität und Zukunft. Wiesbaden: Westdeutscher Verlag.

Baumgartner, Corinne; Udris, Ivars (2006): Das „Zürcher Modell" der Arbeitszufriedenheit – 30 Jahre „still going strong". In: Fischer, Lorenz (Hg.): Arbeitszufriedenheit. Konzepte und empirische Befunde. 2. Aufl. Göttingen: Hogrefe, 111-134.

Baumgartner, Edgar (2002): Assistenzdienste für behinderte Personen. Sozialpolitische Folgerungen aus einem Pilotprojekt. Bern: Lang.

Baur, Nina (2004a): Das Ordinalskalenproblem. In: Baur, Nina; Fromm, Sabine (Hg.): Datenanalyse mit SPSS für Fortgeschrittene. Ein Arbeitsbuch. Wiesbaden: VS Verlag für Sozialwissenschaften, 191-201.

Baur, Nina (2004b): Kontrolle von Drittvariablen. In: Baur, Nina; Fromm, Sabine (Hg.): Datenanalyse mit SPSS für Fortgeschrittene. Ein Arbeitsbuch. Wiesbaden: VS Verlag für Sozialwissenschaften, 203-225.

Beck, Iris (1994): Neuorientierung in der Organisation pädagogisch-sozialer Dienstleistungen für behinderte Menschen: Zielperspektiven und Bewertungsfragen. Frankfurt/Main: Peter Lang.

Beck, Iris (1996): Qualitätsentwicklung im Spannungsfeld unterschiedlicher Interessenslagen. Das Problem von Partizipation und Kontrolle in der Organisation von Hilfe für Menschen mit einer geistigen Behinderung. In: Geistige Behinderung 35 (1), 3-17.

Beck, Iris (1998a): Das Konzept der Lebensqualität: eine Perspektive für Theorie und Praxis der Hilfen für Menschen mit einer geistigen Behinderung. In: Jakobs, Hajo; König, Andreas; Theunissen, Georg (Hg.): Lebensräume – Lebensperspektiven. Ausgewählte Beiträge zur Situation Erwachsener mit geistiger Behinderung. 2. Aufl. Butzbach-Griedel: AFRA, 348-388.

Beck, Iris (1998b): Gefährdungen des Wohlbefindens schwer geistig behinderter Menschen. In: Fischer, Ute et al. (Hg.): Wohlbefinden und Wohnen von Menschen mit schwerer geistiger Behinderung. Reutlingen: Diakonie-Verlag, 273-299.

Beck, Iris (2001): Lebensqualität. In: Antor, Georg; Bleidick, Ulrich (Hg.): Handlexikon der Behindertenpädagogik. Schlüsselbegriffe aus Theorie und Praxis. Stuttgart: Kohlhammer, 337-340.

Beck, Iris (2002): Bedürfnisse, Bedarf, Hilfebedarf und -planung: Aspekte der Differenzierung und fachlichen Begründung. In: Greving, Heinrich (Hg.): Hilfeplanung und Controlling in der Heilpädagogik. Freiburg i. Br.: Lambertus, 32-61.

Beck, Iris (2003): Lebenslagen im Erwachsenenalter angesichts behindernder Erfahrungen. In: Leonhardt, Annette; Wember, Franz B. (Hg.): Grundfragen der Sonderpädagogik. Bildung – Erziehung – Behinderung. Weinheim: Beltz, 848-874.

Beck, Iris (2004): Teilhabe und Lebensqualität von behinderten Kindern und Jugendlichen sichern: Chancen, Probleme und Aufgaben. In: Zeitschrift für Heilpädagogik 55 (2), 66-72.

Beck, Iris; Lübbe, Andrea (2003): Individuelle Hilfeplanung. Anforderungen an die Behindertenhilfe. In: Geistige Behinderung 42 (3), 222-234.

Beckmann, Christof; Richter, Martina (2005): „Qualität" sozialer Dienste aus der Perspektive ihrer Nutzerinnen und Nutzer. In: Oelerich, Gertrud; Schaarschuch, Andreas (Hg.): Soziale Dienstleistungen aus Nutzersicht. Zum Gebrauchswert Sozialer Arbeit. München: Reinhardt, 132-147.

Behindertenhilfe Leonberg (1998): Fragen zur Erfassung der Dienstleistungsqualität in der WfB. Unveröffentl. Manuskript, Behindertenhilfe Leonberg.

Bellebaum, Alfred; Barheier, Klaus (Hg.) (1994): Lebensqualität. Ein Konzept für Praxis und Forschung. Opladen: Westdeutscher Verlag.

Bengel, Jürgen; Strittmatter, Regine; Willmann, Hildegard (2002): Was erhält Menschen gesund? Antonovskys Modell der Salutogenese – Diskussionsstand und Stellenwert. 7. Aufl. Köln: Bundeszentrale für gesundheitliche Aufklärung.

Beresford, Peter (2004): Qualität sozialer Dienstleistungen. Zur zunehmenden Bedeutung von Nutzerbeteiligung. In: Beckmann, Christof et al. (Hg.): Qualität in der sozialen Arbeit. Zwischen Nutzerinteresse und Kostenkontrolle. Wiesbaden: VS Verlag für Sozialwissenschaften, 341-355.

Berger, Regina (1984): Problemgruppen. In: Glatzer, Wolfgang; Zapf, Wolfgang (Hg.): Lebensqualität in der Bundesrepublik. Objektive Lebensbedingungen und subjektives Wohlbefinden. Frankfurt: Campus, 264-285.

Berger-Schmitt, Regina; Noll, Heinz-Herbert (2000): Zur Konzeption eines Europäischen Systems sozialer Indikatoren. In: Mohler, Peter Ph.; Lüttinger, Paul (Hg.): Querschnitt. Festschrift für Max Kaase. Mannheim: Zentrum für Umfragen, Methoden und Analysen (ZUMA), 29-45.

Bichler, Jakob; Fink, Franz; Pohl, Stephanie (1995): Leistungsgerechtes Entgelt für ein Leben mit Behinderungen: ein System der Leistungs- und Qualitätsbeschreibung sowie Entgeltberechnung (SYLQUE). Freiburg i. Br.: Lambertus.

Blumer, Herbert (1954): What is wrong with social theory? In: American Sociological Review 19 (1), 3-10.

BMFSFJ – Bundesministerium für Familie, Senioren, Frauen und Jugend (2006): Erster Bericht des Bundesministeriums für Familie, Senioren, Frauen und Jugend über die Situation der Heime und die Betreuung der Bewohnerinnen und Bewohner (Stand: 15.08.2006). (online) http://www.bmfsfj.de/Publikationen/heimbericht/root.html [05.01.07]

Bormann, Bertold; Häussler, Monika; Wacker, Elisabeth (1996): Dokumentationsstand der Strukturen stationärer und teilstationärer Behindertenhilfe in der Bundesrepublik Deutschland. Eine sekundärstatistische Erhebung im Forschungsprojekt „Möglichkeiten und Grenzen selbständiger Lebensführung". Baden-Baden: Nomos.

Bortz, Jürgen; Döring, Nicola (2002): Forschungsmethoden und Evaluation für Human- und Sozialwissenschaftler. 3. Aufl. Berlin: Springer.

Brosius, Felix (2002): SPSS 11. Bonn: Mitp.

Brown, Roy I.; Bayer, Max B. (1991): Rehabilitation Personal Questionnaire manual: A guide to the individual's quality of life. A review of the consumer's perspective. Calgary: University of Calgary.

Bruggemann, Agnes; Groskurth, Peter; Ulich, Eberhard (1975): Arbeitszufriedenheit. Bern: Huber.

Bühl, Achim; Zöfel, Peter (2002): SPSS 11. Einführung in die moderne Datenanalyse unter Windows. 8. Aufl. München: Pearson Studium.

Bühner, Markus (2004): Einführung in die Test- und Fragebogenkonstruktion. München: Pearson Studium.

Bundesregierung (2004): Bericht der Bundesregierung über die Lage behinderter Menschen und die Entwicklung ihrer Teilhabe. Bundestags-Drucksache 15/4575. (online) http://www.sgb-ix-umsetzen.de/pdfuploads/bericht_15045751-00.pdf [18.08.05].

Bundesvereinigung Lebenshilfe für Menschen mit geistiger Behinderung e.V. (Hg.) (2000): Konzepte und Instrumente zur Nutzerbefragung. Dokumentation des Expertenhearings der Bundesvereinigung Lebenshilfe für Menschen mit geistiger Behinderung e.V. (29.-31.08.1999) in Marburg. Marburg: Lebenshilfe-Verlag.

Bundschuh, Konrad; Dworschak, Wolfgang (2002a): Interview zu individuellen Entscheidungsmöglichkeiten und Lebenszufriedenheit im Bereich Wohnen. In: Dworschak, Wolfgang (2004): Lebensqualität von Menschen mit geistiger Behinderung. Theoretische Analyse, empirische Erfassung und grundlegende Aspekte qualitativer Netzwerkanalyse. Bad Heilbrunn: Klinkhardt, 237-242.

Bundschuh, Konrad; Dworschak, Wolfgang (2002b): Interview zu sozialem Netzwerk und Unterstützungsressourcen: SONET 4-Interview. In: Dworschak, Wolfgang (2004): Lebensqualität von Menschen mit geistiger Behinderung. Theoretische Analyse, empirische Erfassung und grundlegende Aspekte qualitativer Netzwerkanalyse. Bad Heilbrunn: Klinkhardt, 243-246.

Bundschuh, Konrad; Dworschak, Wolfgang (2003): Leben in stationären Wohnformen für Erwachsene mit geistiger Behinderung. Eine Studie zu Lebenszufriedenheit, individuellen Entscheidungsmöglichkeiten, sozialem Netzwerk und Unterstützungsressourcen. Abschlussbericht. (online) http://www.edu.lmu.de/verhaltensgestoerten paedagogik/forschung.htm [27.10.06].

Büssing, André et al. (2006): Formen der Arbeitszufriedenheit und Handlungsqualität in Arbeits- und Nicht-Arbeitskontexten. In: Fischer, Lorenz (Hg.): Arbeitszufriedenheit. Konzepte und empirische Befunde. 2. Aufl. Göttingen: Hogrefe, 135-159.

Caballo, Cristina et al. (2005): Factor structure of the Schalock and Keith Quality of Life Questionnaire (QOL-Q): validation on Mexican and Spanish samples. In: Journal of Intellectual Disability Research 49 (10), 773-776.

Campbell, Angus (1972): Aspiration, satisfaction and fulfillment. In: Campbell, Angus; Converse, Philip E. (Eds.): The human meaning of social change. New York: Russell Sage Foundation, 441-446.

Campbell, Angus; Converse, Philip E. (Eds.) (1972): The human meaning of social change. New York: Russell Sage Foundation.

Campbell, Angus; Converse, Philip E.; Rodgers, Willard L. (1976): The quality of American life. Perceptions, evaluations, and satisfactions. New York: Russell Sage Foundation.

Campo, Stephanie et al. (1996): Measurement characteristics of the quality of life index when used with adults who have severe mental retardation. In: American Journal on Mental Retardation 100 (5), 546-550.

Candussi, Klaus; Fröhlich, Walburga (2005): Nueva – Nutzer(innen) evaluieren Dienste. Evaluation von Dienstleistungen im Wohnbereich für Menschen mit Lernschwierigkeiten. In: Geistige Behinderung 44 (3), 204-208.

Closs, C.; Kempe, P. (1986): Eine differenzierende Betrachtung und Validierung des Konstrukts Lebenszufriedenheit: Analyse bewährter Verfahren und Vorschläge für ein methodisch fundiertes Vorgehen bei der Messung der Dimensionen dieses Konstruktes. In: Zeitschrift für Gerontologie 19 (1), 47-55.

Conroy, James (1996): Results of deinstitutionalization in Connecticut. In: Mansell, Jim; Ericsson, Kent (Eds.): Deinstitutionalization and community living. Intellectual disabilitiy services in Britain, Scandinavia and the USA. London: Chapman & Hall, 149-168.

Conroy, James et al. (2003): The Hissom closure outcomes study: A report on six years of movement to supported living. In: Mental Retardation 41 (4), 263-275.

Conroy, James W.; Bradley, Valerie J. (1985). The Pennhurst longitudinal study: A report of five years of research and analysis. Philadelphia: Temple University Disabilities Center.

Consens – Consulting für Steuerung und soziale Entwicklung (o. J.): Kennzahlenvergleich der überörtlichen Träger der Sozialhilfe 2003 und 2004. Beziehbar über die Bundesarbeitsgemeinschaft der überörtlichen Träger der Sozialhilfe (BAGüS). (online) http://www.lwl.org/LWL/Soziales/BAG/Veroeffentlichungen [21.12.06].

Cummins, Robert A. (1995): On the trail of the gold standard for life satisfaction. In: Social Indicators Research 35 (2), 179-200.

Cummins, Robert A. (1996): The domains of life satisfaction. An attempt to order chaos. In: Social Indicators Research 38 (3), 303-328.

Cummins, Robert A. (1997a): Comprehensive Quality of Life Scale – Adult. Manual. 5th ed. (online) http://acqol.deakin.edu.au/instruments/com_scale.htm [25.04.2003].

Cummins, Robert A. (1997b): Comprehensive Quality of Life Scale – Intellectual/cognitive disability. Manual. 5th ed. (online) http://acqol.deakin.edu.au/instruments/com_scale. htm [25.04.2003].

Cummins, Robert A. (1997c): Comprehensive Quality of Life Scale – School Version (grades 7-12). Manual. 5th ed. (online) http://acqol.deakin.edu.au/instruments/com_scale.htm [25.04.2003].

Cummins, Robert A. (1997d): Self-rated quality of life scales for people with an intellectual disability. A review. In: Journal of Applied Research in Intellectual Disabilities 10 (1), 199-216.

Cummins, Robert A. (1998): The second approximation to an international standard for life satisfaction. In: Social Indicators Research 43 (3), 307-334.

Cummins, Robert A. (2000): Objective and subjective quality of life: an interactive model. In: Social Indicators Research 52 (1), 55-72.

Cummins, Robert A. (2001): Self-rated quality of life scales for people with an intellectual disability: A reply to Ager & Hatton. In: Journal of Applied Research in Intellectual Disabilities 14 (1), 1-11.

Cummins, Robert A. (2002a): Caveats to the Comprehensive Quality of Life Scale. (online) http://acqol.deakin.edu.au/instruments/com_scale.htm [25.04.04].

Cummins, Robert A. (2002b): Proxy responding for subjective well-being: A review. In: International Review of Research in Mental Retardation 25 (2002), 183-207.

Cummins, Robert A. (2002c): The validity and utility of subjective quality of life: A reply to Hatton & Ager. In: Journal of Applied Research in Intellectual Disabilities 15 (3), 261-268.

Cummins, Robert A. (2005a): Caregivers as managers of subjective wellbeing: A homeostatic perspective. In: Journal of Applied Research in Intellectual Disabilities 18 (6), 335-344.

Cummins, Robert A. (2005b): Instruments assessing quality of life. In: Hogg, James; Langa, Arturo (Eds.): Assessing adults with intellectual disability: A service provider's guide. London: Blackwell, 119-137.

Cummins, Robert A. (2005c): International Wellbeing Group correspondence archive: November/December 2005 correspondence. (online) http://acqol.deakin.edu.au/ inter_ wellbeing/ nov-dec/Nov-Dec2005.doc [06.04.2006].

Cummins, Robert A. (2005d): Issues in the systematic assessment of quality of life. In: Hogg, James; Langa, Arturo (Eds.): Assessing adults with intellectual disability: A service provider's guide. London: Blackwell, 9-22.

Cummins, Robert A. (2005e): Moving from quality of life concept to a theory. In: Journal of Intellectual Disability Research 49 (10), 699-706.

Cummins, Robert A. et al. (1997): An initial evaluation of the Comprehensive Quality of Life Scale-Intellectual Disability. In: International Journal of Disability, Development and Education 44 (1), 7-19.

Cummins, Robert A. et al. (2006): Australian Unity Wellbeing Index: Report 15 – „The Wellbeing of Australians – Income Security". (online) http://www.deakin.edu.au/ research/acqol/index_wellbeing/index.htm [27.09.06].

Cummins, Robert A.; Lau, Anna L. D. (2004): Personal Wellbeing Index – Pre-School (PWI-PS) (English). Manual. 2nd Edition. (online) http://acqol.deakin.edu.au/ instruments/wellbeing_index.htm [06.01.07].

Cummins, Robert A.; Lau, Anna L. D. (2005a): Personal Wellbeing Index – Intellectual Disability (English). Manual. 3rd Edition. (online) http://acqol.deakin.edu.au/ instruments/wellbeing_ index.htm [06.01.07].

Cummins, Robert A.; Lau, Anna L. D. (2005b): Personal Wellbeing Index – School Children (PWI-SC) (English). Manual. 3rd Edition. (online) http://acqol.deakin.edu.au/ instruments/wellbeing_index.htm [06.01.07].

Cummins, Robert A.; Lau, Anna L. D.; Davern, Melanie (2007): Homeostatic mechanisms and subjective wellbeing. Unpublished manuscript, Deakin University, School of Psychology.

Dagnan, Dave; Ruddick, Loraine (1995): The use of analogue scales and personal questionnaires for interviewing people with learning disabilities. In: Clinical Psychology Forum 69, 21-24.

Davern, Melanie (2004): Subjective wellbeing as an affective construct. Diss., Deakin University. (online) http://acqol.deakin.edu.au/theses [05.08.05].

Dennhöfer, Jörg (2004): Leben in Gruppen und Einrichtungen für Menschen mit geistiger Behinderung. Zusammenleben und Zurechtfinden im Mikrokosmos einer Einrichtung der Behindertenhilfe. In: Wüllenweber, Ernst (Hg.): Soziale Probleme von Menschen mit geistiger Behinderung. Fremdbestimmung, Benachteiligung und soziale Abwertung. Stuttgart: Kohlhammer, 345-358.

Dieckmann, Friedrich (2002): Wohnalltag und Kontaktchancen schwer geistig behinderter Erwachsener. Heidelberg: Asanger.

Diekmann, Andreas (2004): Empirische Sozialforschung. 11. Aufl. Reinbek: Rowohlt.

Diener, Ed (1984): Subjective well-being. In: Psychological Bulletin 95 (3), 542-575.

Diener, Ed et al. (2000): Positivity and the construction of life satisfaction judgments. Global happiness is not the sum of its parts. Journal of Happiness Studies 1 (2), 159-176.

DIMDI – Deutsches Institut für Medizinische Dokumentation und Information (2005): Internationale Klassifikation der Funktionsfähigkeit, Behinderung und Gesundheit (ICF). (online) http://www.dimdi.de/dynamic/de/klassi/downloadcenter/icf/endfassung [01.09.06].

Duvdevany, Iliana; Ben-Zur, H.; Ambar, A. (2002): Self-determination and mental retardation: Is there an association with living arrangement and lifestyle satisfaction? In: Mental Retardation 40 (5), 379-389.

Dworschak, Wolfgang (2004): Lebensqualität von Menschen mit geistiger Behinderung. Theoretische Analyse, empirische Erfassung und grundlegende Aspekte qualitativer Netzwerkanalyse. Bad Heilbrunn: Klinkhardt.

Dworschak, Wolfgang; Wagner, Michael; Bundschuh, Konrad (2001): Das Konstrukt ,Lebensqualität' in der Geistigbehindertenpädagogik. Zur Analyse eines ,neuen' Leitbegriffs und Möglichkeiten der systematischen Erfassung bzw. Evaluation. In: Zeitschrift für Heilpädagogik 52 (9), 368-375.

Edgerton, Robert B. (1996): A longitudinal ethnographic research perspective on quality of life. In: Schalock, Robert L. (Ed.): Quality of life. Vol. 1: Conceptualization and measurement. Washington, DC: AAMR, 83-90.

Erikson, Robert (1993): Descriptions of inequality: The Swedish approach to welfare research. In: Nussbaum, Martha C.; Sen, Amartya (Eds.): The quality of life. Oxford: Clarendon, 67-83.

Evans, David R. et al. (1985): The quality of life questionnaire: A multidimensional measure. In: American Journal of Community Psychology 13 (3), 305-322.

Fahrenberg, Jochen et al. (2000): Fragebogen zur Lebenszufriedenheit (FLZ). Handanweisung. Göttingen: Hogrefe.

Felce, David; Perry, Jonathan (1995): Quality of life: Its definition and measurement. In: Research in Development Disabilities 16 (1), 51-74.

Felce, David; Perry, Jonathan (1996): Assessment of quality of life. In: Schalock, Robert L. (Ed.): Quality of life. Vol. 1: Conceptualization and measurement. Washington, DC: AAMR, 63-72.

Ferring, Dieter; Filipp, Sigrun-Heide; Schmidt, Katharina (1996): Die „Skala zur Lebensbewertung": Empirische Skalenkonstruktion und erste Befunde zu Reliabilität, Stabilität und Validität. In: Zeitschrift für Differentielle und Diagnostische Psychologie 17 (3), 141-153.

Filipp, Sigrun-Heide; Ferring, Dieter (1992): Lebensqualität und das Problem der Messung. In: Seifert, Gerhard (Hg.): Lebensqualität in unserer Zeit: Modebegriff oder neues Denken. Göttingen: Vandenhoeck & Ruprecht, 89-109.

Finke, Bernd (2005): Konsequenzen des Trägerübergreifende Persönliche Budgets aus Sicht der überörtlichen Träger der Sozialhilfe. Vortrag anlässlich der Fachveranstaltung „Auswirkungen des Persönlichen Budgets auf Leistungserbringer" des Paritätischen Kompetenzzentrums Persönliches Budget am 15./16. November 2005 in Frankfurt. (online) http://www.lwl.org/LWL/Soziales/BAG/vortraege_artikel [12.11.06].

Finlay, William M.L.; Lyons, Evanthia (2001): Methodological issues in interviewing and using self-report questionnaires with people with mental retardation. In: Psychological Assessment 13 (3), 319-335.

Finlay, William M.L.; Lyons, Evanthia (2002): Acquiescence in interviews with people who have mental retardation. In: Mental Retardation 40 (1), 14-29.

Fischer, Lorenz; Belschak, Frank (2006): Objektive Arbeitszufriedenheit? Oder: Was messen wir, wenn wir nach der Zufriedenheit mit der Arbeit fragen? In: Fischer, Lorenz (Hg.): Arbeitszufriedenheit. Konzepte und empirische Befunde. 2. Aufl. Göttingen: Hogrefe, 80-108.

Flanagan, John C. (1978): A research approach to improving our quality of life. In: American Psychologist 33 (2), 138-147.

Flick, Uwe (1996): Qualitative Forschung. Theorie, Methoden, Anwendung in Psychologie und Sozialwissenschaften. Reinbek: Rowohlt.

Flösser, Gaby (2001): Qualität. In: Otto, Hans-Uwe; Thiersch, Hans (Hg.): Handbuch der Sozialarbeit/Sozialpädagogik. 2. Aufl. Neuwied: Luchterhand, 1462-1468.

Flynn, Margaret C. (1986): Adults who are mentally handicapped as consumers: Issues and guidelines for interviewing. In: Journal of Mental Deficiency Research 30 (4), 369-377.

Flynn, Margaret C.; Saleem, Jannat K. (1986): Adults who are mentally handicapped and living with their parents: Satisfaction and perceptions regarding their lives and circumstances. In: Journal of Mental Deficiency Research 30 (4), 379-387.

Flynn, Robert J. et al. (1991): Quality of institutional and community human service programs in Canada and the United States. Journal of Psychiatry and Neuroscience 16 (3), 146-153.

Foerster, Heinz von (2002): Das Konstruieren einer Wirklichkeit. In: Watzlawick, Paul (Hg.): Die erfundene Wirklichkeit. Wie wissen wir, was wir zu wissen glauben? Beiträge zum Konstruktivismus. 15. Aufl. München: Piper, 39-60.

Folkestad, Helge (2000): Getting the picture: Photo-assisted conversations as interviews. In: Scandinavian Journal on Disability Research 2 (2), 3-21.

Forschungsstelle Lebenswelten behinderter Menschen (1995): Strukturelle und persönliche Alltagserfahrungen in charakteristischen Einrichtungen (SPACE). Fragebogen. Unveröffentl. Manuskript, Universität Tübingen.

Forschungsstelle Lebenswelten behinderter Menschen (2003): Unterstützte Lebens- und Alltagsbewältigung in Wohneinrichtungen der Behindertenhilfe (ULA). Bewohnerbefragung. Unveröffentl. Manuskript, Universität Tübingen.

Fromm, Sabine (2004): Faktorenanalyse. In: Baur, Nina; Fromm, Sabine (Hg.): Datenanalyse mit SPSS für Fortgeschrittene. Ein Arbeitsbuch. Wiesbaden: VS Verlag für Sozialwissenschaften, 226-256.

Germain, Ruth (2004): An exploratory study using cameras and Talking Mats to access the views of young people with learning disabilities on their out-of-school activities. In: British Journal of Learning Disabilities 32 (4), 170-174.

Glatzer, Wolfgang (1984a): Lebenszufriedenheit und alternative Maße subjektiven Wohlbefindens. In: Glatzer, Wolfgang; Zapf, Wolfgang (Hg.): Lebensqualität in der Bundesrepublik. Objektive Lebensbedingungen und subjektives Wohlbefinden. Frankfurt: Campus, 177-191.

Glatzer, Wolfgang (1984b): Zufriedenheitsunterschiede zwischen Lebensbereichen. In: Glatzer, Wolfgang; Zapf, Wolfgang (Hg.): Lebensqualität in der Bundesrepublik. Objektive Lebensbedingungen und subjektives Wohlbefinden. Frankfurt: Campus, 192-205.

Glatzer, Wolfgang (1992): Lebensqualität aus sozio-ökonomischer Sicht. In: Seifert, Gerhard (Hg.): Lebensqualität in unserer Zeit: Modebegriff oder neues Denken. Göttingen: Vandenhoeck & Ruprecht, 47-59.

Glatzer, Wolfgang (2002): Lebenszufriedenheit/Lebensqualität. In: Greiffenhagen, Martin; Greiffenhagen, Sylvia (Hg.): Handwörterbuch zur politischen Kultur der Bundesrepublik Deutschland. 2. Aufl. Wiesbaden: Westdeutscher Verlag, 248-255.

Glatzer, Wolfgang; Zapf, Wolfgang (Hg.) (1984): Lebensqualität in der Bundesrepublik. Objektive Lebensbedingungen und subjektives Wohlbefinden. Frankfurt: Campus.

Godenzi, Alberto; Baumgartner, Edgar (1999): Fragebogen „Lebensbedingungen und Zufriedenheit behinderter Menschen". Unveröffentl. Manuskript, Universität Fribourg, Departement Sozialarbeit und Sozialpolitik.

Gredig, Daniel et al. (2005): Menschen mit Behinderung in der Schweiz. Die Lebenslagen der Bezügerinnen und Bezüger von Leistungen der Invalidenversicherung. Zürich: Rüegger.

Green, Carolyn W.; Reid, Dennis H. (1996): Defining, validating, and increasing indices of happiness among people with profound multiple disabilities. In: Journal of Applied Behavior Analysis 29 (1), S. 67-78.

Green, Carolyn W.; Reid, Dennis H. (1999): A behavioral approach to identifying sources of happiness and unhappiness among individuals with profound multiple disabilities. In: Behavioral Modification 23 (2), 280-293.

Gromann, Petra (1996): Nutzerkontrolle – ein wichtiger Bestandteil von Qualitätssicherung. In: Geistige Behinderung 35 (3), 211-222.

Gromann, Petra (1998): Die Problematik der Beurteilung von Wohlbefinden aus der Außenperspektive. Schwierigkeiten der „Messung" von subjektiver Lebensqualität. In: Fischer, Ute et al. (Hg.): Wohlbefinden und Wohnen von Menschen mit schwerer geistiger Behinderung. Reutlingen: Diakonie-Verlag, 254-270.

Gromann, Petra (2002): Funktion und Möglichkeiten des Befragens von Nutzerinnen und Nutzern. In: Greving, Heinrich (Hg.): Hilfeplanung und Controlling in der Heilpädagogik. Freiburg i. Br.: Lambertus, 155-170.

Gromann, Petra; Niehoff, Ulrich (2003): Schöner Wohnen. Ein Instrument zur Bewohner(innen)-Befragung. Marburg: Lebenshilfe-Verlag.

Gromann, Petra; Niehoff-Dittmann, Ulrich (1999): Selbstbestimmung und Qualitätssicherung. Erfahrungen mit der Bewertung von Einrichtungen durch ihre Bewohner. In: Geistige Behinderung 38 (2), 156-164.

Hagen, Jutta (2001): Ansprüche an und von Menschen mit einer geistigen oder mehrfachen Behinderung in Tagesstätten. Aspekte der Begründung und Anwendung lebensweltorientierter pädagogischer Forschung. Marburg: Lebenshilfe-Verlag.

Hagen, Jutta (2002): Zur Befragung von Menschen mit einer geistigen oder mehrfachen Behinderung. In: Geistige Behinderung 41 (4), 293-306.

Hagerty, Michael R. et al. (2001): Quality of life indexes for national policy: Review and agenda for research. In: Social Indicators Research 55 (1), 1-96.

Hahn, Martin (1981): Behinderung als soziale Abhängigkeit. Zur Situation schwerbehinderter Menschen. München: Reinhardt.

Hahn, Martin Th. (1994): Selbstbestimmung im Leben, auch für Menschen mit geistiger Behinderung. In: Geistige Behinderung 33 (2), 81-94.

Halfar, Bernd; Jensen, Martina (2005): Bericht zum Benchmarking-Pilotprojekt des BeB 2004/2005. (online) http://www.xit-online.de/pub/Bericht_BeB.pdf [11.02.07].

Hamel, Thomas; Windisch, Matthias (2000): QUOFHI – Qualitätssicherung offener Hilfen für Menschen mit Behinderung. Handbuch. Instrumente zur Qualitätsdokumentation und -evaluation. Marburg: Lebenshilfe-Verlag.

Harner, Cathy J.; Heal, Laird W. (1993): The Multifaceted Lifestyle Satisfaction Scale: Psychometric properties of an interview schedule for assessing personal satisfaction of adults with limited intelligence. In: Research in Developmental Disabilities 14 (3), 221-236.

Hartfiel, Susanne (1998): Qualitätsentwicklung und -kontrolle in sozialen Diensten. Ein kritischer Vergleich gegenwärtig angewandter Evaluationsinstrumente im Bereich der Dienste für geistig behinderte Menschen. Stuttgart: Ibidem.

Hartley, Signan L.; MacLean, W.E. (2006): A review of the reliability and validity of Likert-type scales for people with intellectual disability. In: Journal of Intellectual Disability Research 50 (11), 813-827.

Hatton, Chris (1998): Whose quality of life is it anyway? Some problems with the emerging quality of life consensus. In: Mental Retardation 36. (2), 104-115.

Häussler, Monika; Wacker, Elisabeth; Wetzler, Rainer (1996): Lebenssituation von Menschen mit Behinderung in privaten Haushalten. Bericht zu einer bundesweiten Untersuchung im Forschungsprojekt „Möglichkeiten und Grenzen selbständiger Lebensführung". Baden-Baden: Nomos.

Heal, Laird W. et al. (1992): The Lifestyle Satisfaction Scale. Worthington: IDS.

Heal, Laird W.; Chadsey-Rusch, Janis (1985): The Lifestyle Satisfaction Scale (LSS): Assessing individuals' satisfaction with residence, community setting, and associated services. In: Applied Research in Mental Retardation 6 (4), 475-490.

Heal, Laird W.; Chadsey-Rusch, Janis; Novak, Angela R. (1982): The Lifestyle Satisfaction Scale (LSS). Unpublished manuscript, University of Illinois, Department of Special Education.

Heal, Laird W.; Rubin, Stephen S. (1993): Response biases in interview responses by adults with mental retardation. Paper presented at the annual convention of the American Association on Mental Retardation, May 1993, Washington, DC.

Heal, Laird W.; Sigelman, Carol K. (1990): Methodological issues in measuring the quality of life of individuals with mental retardation. In: Schalock, Robert L. (Ed.):
Quality of life. Perspectives and issues. Washington, DC: AAMR, 161-175.

Heal, Laird W.; Sigelman, Carol K. (1995): Response biases in interviews of individuals
with limited mental ability. In: Journal of Intellectual Disability Research 39 (4),
331-340.

Heal, Laird W.; Sigelman, Carol K. (1996): Methodological issues in quality of life measurement. In: Schalock, Robert L. (Ed.): Quality of life. Vol. 1: Conceptualization
and measurement. Washington, DC: AAMR, 91-104.

Heidelberger Werkstätten (o. J): Fragebogen WfB. Unveröffentl. Manuskript, Heidelberger Werkstätten.

Helmkamp, Stephan (2000): Befragung schwerbehinderter Menschen in der Tagesförde-
rung – zum Verfahren der stellvertenden Beantwortung. (online) http://www. bera-
tungszentrum-alsterdorf.de/cont/Helmkamp(1).pdf [12.03.07].

Hensel, Elizabeth et al. (2002): Subjective judgements of quality of life: a comparison
study between people with intellectual disability and those without disability. In:
Journal of Intellectual Disability Research 46 (2), 95-107.

Hofstede, Geert (1984): The cultural relativity of the quality of life concept. In: Academy
of Management Review 9 (3), 389-398.

Hoover, John H.; Wheeler, John J.; Reetz, Linda J. (1992): Development of a leisure satisfaction scale for use with adolescents and adults with mental retardation: Initial findings. In: Education and Training in Mental Retardation 27 (2), 153-160.

Horst, Ines (2006): Die Bewertung der Lebensqualität im Bereich Wohnen aus der Sicht
von Menschen mit geistiger Behinderung. In: Heilpädagogik online 5 (1), 21-57.

Houtkoop-Stenstra, Hanneke; Antaki, Charles (1997): Creating happy people by asking
yes-no questions. In: Research on Language and Social Interaction 30 (4), 285-313.

Hughes, Carolyn et al. (1995): Quality of life in applied research: A review and analysis
of empirical measures. In: American Journal on Mental Retardation 99 (6), 623-641.

Hughes, Carolyn; Hwang, Bogseon (1996): Attempts to conceptualize and measure quality of life. In: Schalock, Robert L. (Ed.): Quality of life. Vol. 1: Conceptualization
and measurement. Washington, DC: AAMR, 51-61.

Inclusion Europe (2003): Achieving quality: Consumer involvement in quality evaluation
of services. (online) http://www.inclusion-europe.org [13.03.05]

Inglehart, Ronald (1998): Modernisierung und Postmodernisierung. Kultureller, wirtschaftlicher und politischer Wandel in 43 Gesellschaften. Frankfurt/Main: Campus.

Inglehart, Ronald; Klingemann, Hans-Dieter (2000): Genes, culture, democracy, and happiness. In: Diener, Edward; Suh, Eunkook M. (Eds.): Culture and subjective well-
being. Cambridge: MIT, 165-183.

International Wellbeing Group (2006): Personal Wellbeing Index – Adult (PWI-A) (English). Manual. 4th Edition. (online) http://acqol.deakin.edu.au/instruments/
wellbeing_index.htm [17.12.2006].

Jacobson, John W. et al. (1991): Assessing community environmental effects upon people
with developmental disabilities: Satisfaction as an outcome measure. In: Adult Residential Care Journal 5 (2), 147-164.

Jakobs, Hajo (1987): Kategorien des Alltags – Zu Lebenssituation und ‚Lebenszufrieden-heit' Erwachsener mit geistigen Behinderungen. In: Jakobs, Hajo; König, Andreas; Theunissen, Georg (Hg.): Lebensräume – Lebensperspektiven. Erwachsene mit geis-tiger Behinderung in der Bundesrepublik Deutschland. Frankfurt/Main: AFRA, 201-247.

Janssen, Cees G.C.; Cranen, M.; Stammen, J.P.J. (2002): Vragenlijst ‚kwaliteit van bestaan': Versie voor Groepsleiding. Amsterdam: Vrije Universiteit, Vakgroep Pedagogiek, Taakgroep Orthopedagogiek. Fragebogen Lebensqualität: Version für Gruppenleitung. Unveröffentl. Übersetzung von Miriam Krämer, Universität Dortmund, Fakultät Rehabilitationswissenschaften.

Janssen, Cees G.C.; Schuengel, C; Stolk, J. (2005): Perspectives on quality of life of people with intellectual disabilities: The interpretation of discrepancies between clients and caregivers. In: Quality of Life Research 14 (1), 57-69.

Janssen, Christian et al. (2003): Selbstbestimmung und Nutzerorientierung – dargestellt am Beispiel einer Nutzerbefragung zur Lebensqualität in den von Bodelschwingh-schen Anstalten Bethel, Stiftungsbereich Behindertenhilfe Eckardtsheim. In: Behin-dertenpädagogik 42 (3/4), 273-287.

Jantzen, Wolfgang (1999): „.... die da dürstet nach der Gerechtigkeit". Deinstitutionalisie-rung in einer Großeinrichtung der Behindertenhilfe. Berlin: Edition Marhold.

Johannes-Anstalten Mosbach (2000): Fragebogen zur Erhebung der Zufriedenheit der Beschäftigten in den Werkstätten der Johannes-Anstalten. Unveröffentl. Manuskript, Johannes-Anstalten Mosbach.

Kammann, Cornelia (2005): Ermittlung der Kundenzufriedenheit von Menschen mit Be-hinderung im Kontext Dienstleistungen zur beruflichen Rehabilitation: Das Perso-nalentwicklungsinstrument QED aus der Sicht der Werkstattbeschäftigten als Reha-Kunden. Projektbericht. (online) http://www.alsterarbeit.de/cont/Projektbericht.pdf [22.12.06].

Kastl, Jörg M.; Metzler, Heidrun (2005): Modellprojekt Persönliches Budget für Men-schen mit Behinderung in Baden-Württemberg. Abschlussbericht der wissenschaft-lichen Begleitforschung. (online) http://www.sm.baden-wuerttemberg.de/sixcms/media.php/1442/SCHLUSSBERICHT-Internet.pdf [12.06.06].

Keith, Kenneth D.; Schalock, Robert L. (Eds.) (2000): Cross cultural perspectives on quality of life. Washington, DC: AAMR.

Kelle, Udo; Kluge, Susann (1999): Vom Einzelfall zum Typus. Fallvergleich und Fallkon-trastierung in der qualitativen Sozialforschung. Opladen: Leske und Budrich.

Kelle, Udo; Niggemann, Christiane (2003): Datenerhebung als sozialer Prozess in der Evaluations- und Wirkungsforschung – das Beispiel Pflegequalität. In: Hallesche Beiträge zu den Gesundheits- und Pflegewissenschaften 2 (13), 1-22.

Keupp, Heiner (2000): 25 Jahre Gemeindepsychiatrie – Erfahrungen für Community Care? In: Ev. Stiftung Alsterdorf (Hg): Selbstbestimmung von Menschen mit Be-hinderung. Dokumentation des Kongresses Community Care. Hamburg: Ev. Stif-tung Alsterdorf, 12-15.

Klammer, Wolfgang (Hg.) (2000): NutzerInnenorientierung – wie geht das im Alltag? Ergebnisdokumentation des Workshops vom 29.08.-31.08.2000 in der Bundeszent-rale Marburg. Marburg: Lebenshilfe-Verlag.

Klauss, Theo (2002): Qualität pädagogischer Arbeit für Menschen mit geistiger Behinderung entwickeln und sichern. Das GBM des BEB. 5. Aufl. Reutlingen: Bundesverband evangelische Behindertenhilfe.

Kniel, Adrian; Windisch, Matthias (2002): Selbstvertretung und Lebensqualität von Menschen mit kognitiven Beeinträchtigungen. Untersuchungsergebnisse zur Bedeutung der People-First-Gruppen in Deutschland aus Sicht ihrer Mitglieder und für ihre Lebensqualität. Abschlussbericht der wissenschaftlichen Begleitforschung Universität Kassel zu dem Modellprojekt „Selbstorganisation und Selbstvertretung von Menschen mit kognitiven Beeinträchtigungen – Wir vertreten uns selbst!". Kassel: Universität Kassel.

Kniel, Adrian; Windisch, Matthias (2005): People First – Selbsthilfegruppen von und für Menschen mit geistiger Behinderung. München: Reinhardt.

Kober, Ralph; Eggleton, Ian R. C. (2002): Factor stability of the Schalock and Keith (1993) Quality of Life Questionnaire. In: Mental Retardation 40 (2), 157-165.

Kober, Ralph; Eggleton, Ian R. C. (2005): The effect of different types of employment on quality of life. In: Journal of Intellectual Disability Research 49 (10), 756-760.

Kober, Ralph; Eggleton, Ian R. C. (2006): Using quality of life to assess performance in the disability services sector. In: Applied Research in Quality of Life 1 (1), 63-77.

Kraak, Bernhard; Nord-Rüdiger, Dietlinde (1989): Fragebogen zu Lebenszielen und zur Lebenszufriedenheit (FLL). Handanweisung. Göttingen: Hogrefe.

Krauth, Joachim (1995): Testkonstruktion und Testtheorie. Weinheim: Beltz.

Krüger, Carsten (1998): Comprehensive Quality of Life Scale – Intellectual/Cognitive Disability. 5th edition. Deutsche Fassung. (online) http://acqol.deakin.edu.au/instruments/com_scale.htm [25.11.02].

Lachapelle, Yves et al. (2005): The relationship between quality of life and self-determination: An international study. In: Journal of Intellectual Disability Research 49 (10), 740-744.

Laga, Gerd (1982): Methodologische und methodische Probleme bei der Befragung geistig Behinderter. In: Heinze, Rolf G.; Runde, Peter (Hg.): Lebensbedingungen Behinderter im Sozialstaat. Opladen: Westdeutscher Verlag, 233-239.

Lamnek, Siegfried (2005): Qualitative Sozialforschung. Lehrbuch. 4. Aufl. Weinheim: Beltz.

Landeswohlfahrtsverband Hessen (2006): Nutzerbefragung. In: Landeswohlfahrtsverband Hessen (Hg.): Wie zufrieden sind Sie? Ergebnisse einer Nutzerbefragung im „Stationär Begleiteten Wohnen" in Hessen. Dokumentation der Beiträge zur Fachtagung am 10.10.2005 in Kassel. (online) http://www.lwv-hessen.de/uploads/266/Wie_zufrieden_sind_Sie_red.pdf [24.11.06], 62-70.

Lawton, M. Powell (1975): The Philadelphia Geriatric Center Morale Scale: A revision. Journal of Gerontology 30 (1), 85-89.

Leonhardt, Annette; Siebeck, Astrid (2002): „Da bin ich eigentlich schon sehr zufrieden..." – Über die Problematik von Zufriedenheitserhebungen in sozialen Einrichtungen am Beispiel der Frühförderung für hörgeschädigte Kinder. Die neue Sonderschule 47 (4), 268-276.

Löhr, Stefanie; Beier, Kai; Seifert, Monika (2005): Schöner Wohnen in Berlin. Ergebnisse einer Bewohnerbefragung in den Wohngemeinschaften der Lebenshilfe gGmbH Berlin im Zeitraum Oktober-Dezember 2004. Unveröffentl. Manuskript, Lebenshilfe Berlin.

Luhmann, Niklas & Schorr, Karl E. (1982): Das Technologiedefizit der Erziehung und Pädagogik. In: Luhmann, Niklas & Schorr, Karl E. (Hg.): Zwischen Technologie und Selbstreferenz. Fragen an die Pädagogik. Frankfurt/Main: Suhrkamp, 11-40.

Lyons, Gordon (2005): The Life Satisfaction Matrix: an instrument and procedure for assessing the subjective quality of life of individuals with profound mutiple disabilities. In: Journal of Intellectual Disability Research 49 (10), 766-769.

Matikka, Leena M. (2001): Service-oriented assessment of quality of life of adults with intellectual disabilities. (online) http://acta.uta.fi/pdf/951-44-5199-6.pdf [04.06.03].

Matikka, Leena M.; Vesala, Hannu T. (1997): Acquiescence in quality-of-life interviews with adults who have mental retardation. In: Mental Retardation 35 (2), 75-82.

Matikka, Leena; Hintsala, Susanna; Vesala, Hannu (1998): Subjective Well-Being Scale (SWBS). Version 3. Unpublished manuscript, Finnish Association on Mental Retardation.

Mayring, Philipp (1991): Die Erfassung subjektiven Wohlbefindens. In: Abele, Andrea; Becker, Peter (Hg.): Wohlbefinden: Theorie, Empirie, Diagnostik. Weinheim: Juventa, 51-70.

Mayring, Philipp (2002): Einführung in die qualitative Sozialforschung. 5. Aufl. Weinheim: Beltz.

McVilly, Keith R.; Burton-Smith, Rosanne M.; Davidson, John A. (2000): Concurrence between subject and proxy ratings of quality of life for people with and without intellectual disabilities. In: Journal of Intellectual and Developmental Disability 25 (1), 19-40.

McVilly, Keith R.; Rawlinson, Rosanne B. (1998): Quality of life issues in the development and evaluation of services for people with intellectual disability. In: Journal of Intellectual and Developmental Disability 23 (3), 199-218.

Merchel, Joachim (2001): Qualitätsmanagement in der sozialen Arbeit. Ein Lehr- und Arbeitsbuch. Münster: Votum.

Metzler, Heidrun (1997): Hilfebedarf und Selbstbestimmung. Eckpunkte des Lebens im Heim für Menschen mit Behinderung. In: Zeitschrift für Heilpädagogik 48 (10), 406-411.

Metzler, Heidrun (1999): Hilfebedarf von Menschen mit Behinderung. Fragebogen zur Erhebung im Lebensbereich „Wohnen/ Individuelle Lebensgestaltung", H.M.B.-W, Version 5/2001. Tübingen: Universität Tübingen.

Metzler, Heidrun et al. (2006): Wissenschaftliche Begleitforschung zur Umsetzung des Neunten Buches Sozialgesetzbuch (SGB IX) – Rehabilitation und Teilhabe behinderter Menschen – Begleitung und Auswertung der Erprobung trägerübergreifender Persönlicher Budgets. Zwischenbericht, Oktober 2006. (online) http://www.projekt-persoenliches-budget.de/cms/?download=TPB-Zwischenbericht_Oktober_2006.pdf [12.12.06].

Metzler, Heidrun; Rauscher, Christine (2003): Teilhabe als Alltagserfahrung. Eine ergeb-nisorientierte Perspektive in der Qualitätsdiskussion. In: Geistige Behinderung 42 (3), 235-243.

Metzler, Heidrun; Rauscher, Christine (2004): Wohnen inklusiv. Wohn- und Unterstüt-zungsangebote für Menschen mit Behinderungen in Zukunft. Projektbericht. Stutt-gart: Diakonisches Werk Württemberg.

Metzler, Heidrun; Rauscher, Christine (2005): Personenbezogene Unterstützung und Le-bensqualität – Aktuelle Standards der Hilfen und notwendige Ressourcen für eine selbstbestimmte Lebensführung von Menschen mit geistiger Behinderung. Ab-schlussbericht der Universität Tübingen zum Projekt PerLe, Modul A. Unveröffentl. Manuskript, Universität Tübingen.

Metzler, Heidrun; Wacker, Elisabeth (2001): Behinderung. In: Otto, Hans-Uwe; Thiersch, Hans (Hg.): Handbuch der Sozialarbeit/Sozialpädagogik. 2. Aufl. Neuwied: Luch-terhand, 118-139.

Müller-Kohlenberg, Hildegard; Kammann, Cornelia (2000): Die NutzerInnenperspektive in der Evaluationsforschung: Innovationsquelle oder opportunistische Falle? In: Müller-Kohlenberg, Hildegard; Münstermann, Klaus (Hg.): Qualität von Human-dienstleistungen. Evaluation und Qualitätsmanagement in Sozialer Arbeit und Ge-sundheitswesen. Opladen: Leske und Budrich, 99-120.

Mummendey, Hans Dieter (1995): Die Fragebogen-Methode. Grundlagen und Anwen-dung in Persönlichkeits-, Einstellungs- und Selbstkonzeptforschung. 2. Aufl. Göttin-gen: Hogrefe.

NCOR – National Council on Outcomes Resources (2000): Importance/ satisfaction map. A guide for exploring satisfaction with services. (online) http://thecouncil. dreamhost.com/pdfs/importance-map.pdf [19.05.04].

Neuberger, Oswald; Allerbeck, Mechthild (1978): Messung und Analyse von Arbeitszu-friedenheit. Erfahrungen mit dem „Arbeitsbeschreibungsbogen (ABB)". Bern: Hu-ber.

Nirje, Bengt (1994): Das Normalisierungsprinzip – 25 Jahre danach. In: Vierteljahres-schrift für Heilpädagogik und ihre Nachbargebiete 63 (1), 12-32.

Noll, Heinz-Herbert (2000): Konzepte der Wohlfahrtsentwicklung: Lebensqualität und „neue" Wohlfahrtskonzepte. (online) http://bibliothek.wz-berlin.de/pdf/2000/p00-505.pdf [13.7.03].

Noll, Heinz-Herbert (2003): Sozialindikatorenforschung und Sozialberichterstattung. Zie-le, Ergebnisse und aktuelle Entwicklungen. In: Orth, Barbara; Schwietring, Thomas; Weiß, Johannes (Hg.): Soziologische Forschung: Stand und Perspektiven. Opladen: Leske und Budrich, 449-466.

Nota, Laura; Soresi, S.; Perry, Jonathan (2006): Quality of life in adults with an intellec-tual disability: the evaluation of Quality of Life Instrument. In: Journal of Intellec-tual Disability Research 50 (5), 371-385.

o. A. (2003): Fragebögen Projekt „Lebenslage und Lebensbewältigung von Menschen mit Behinderung in der Schweiz". Unveröffentl. Manuskript, Fachhochschule Aargau, Departement Soziale Arbeit.

Oberholzer, Daniel (1999): Komplexitätsmanagement neuer Dienstleistungen für behin-derte und chronisch kranke Menschen. Bern: Haupt.

OECD – Organisation for Economic Co-operation and Development (1976): Measuring social well-being. A progress report on the development of social indicators. Paris: OECD.

OECD – Organisation for Economic Co-operation and Development (2006): Society at a glance. OECD Social Indicators. (online) http://www.oecd.org [23.01.07].

Oelerich, Gertrud; Schaarschuch, Andreas (2005a): Der Nutzen Sozialer Arbeit. In: Oelerich, Gertrud; Schaarschuch, Andreas (Hg.): Soziale Dienstleistungen aus Nutzersicht. Zum Gebrauchswert Sozialer Arbeit. München: Reinhardt, 80-98.

Oelerich, Gertrud; Schaarschuch, Andreas (Hg.) (2005b): Soziale Dienstleistungen aus Nutzersicht. Zum Gebrauchswert Sozialer Arbeit. München: Reinhardt.

Osborne, Stephen S. (1992): The quality of life dimension. Evaluating quality of service and quality of life in human services. In: British Journal of Social Work 22 (4), 437-453.

Otrebski, Wojciech (2000): Quality of life of people with mental retardation living in two environments in Poland. In: Keith, Kenneth D.; Schalock, Robert L. (Eds.): Cross cultural perspectives on quality of life. Washington, DC: AAMR, 83-92.

Pankoke, Eckart (2000): Soziale Frage/Soziale Probleme. In: Schäfers, Bernhard (Hg.): Grundbegriffe der Soziologie. 6. Aufl. Opladen: Leske und Budrich, 314-320.

Pavot, William; Diener, Ed (1993): Review of the Satisfaction with Life Scale. In: Psychological Assessment 5 (2), 164-172.

Perry, Jonathan (2004): Interviewing people with intellectual disabilities. In: Emerson, Eric et al. (Eds.): The international handbook of applied research in intellectual disabilities. Chichester: John Wiley & Sons, 115-131.

Perry, Jonathan; Felce, David (2002): Subjective and objective quality of life assessment: Responsiveness, response bias, and resident:proxy concordance. In: Mental Retardation 40 (6), 445-456.

Perry, Jonathan; Felce, David (2003): Quality of life outcomes for people with intellectual disabilities living in staffed community housing services: A stratified random sample of statutory, voluntary and private agency provision. In: Journal of Applied Research in Intellectual Disabilities 16 (1), 11-28.

Perry, Jonathan; Felce, David (2005): Correlation between subjective and objective measures of outcome in staffed community housing. In: Journal of Intellectual Disability Research 49 (4), 278-287.

Petry, Katja; Maes, Bea; Vlaskamp, Carla (2005): Domains of quality of life of people with profound multiple disabilities: The perspective of parents and direct support staff. In: Journal of Applied Research in Intellectual Disabilities 18 (1), 35-46.

Pretis, Manfred (2005): Qualität bei Assistenzleistungen in der Behindertenhilfe: Das Messinstrument „EQM-PD". European Quality Management for Professionals working with Persons with Disabilities. (online) http://www.infopro.at/eqm-pd-neu/assessment/eqmpd_ instrument_deutsch.pdf [14.06.06].

Prosser, Helen; Bromley, Jo (1998): Interviewing people with intellectual disabilities. In: Emerson, Eric et al. (Eds.): Clinical psychology and people with intellectual disabilities Chichester: Wiley, 99-113.

Qualidata (2004): Nutzerbefragung Bereich „Wohnen" – stationärer Bereich. Unveröff. Manuskript.

Rammstedt, Beatrice (2004): Zur Bestimmung der Güte von Multi-Item-Skalen: Eine Einführung. (online) http://www.gesis.org/Publikationen/Berichte/ZUMA_How_to [23.04.07].

Rapley, Mark (2000): The social construction of quality of life: the interpersonal production of well-being revisited. In: Keith, Kenneth D.; Schalock, Robert I.. (Eds.): Cross cultural perspectives on quality of life. Washington, DC: AAMR, 155-172.

Rapley, Mark (2003): Quality of life research: A critical intoduction. London: Sage.

Rapley, Mark; Hopgood, Laura (1997): Quality of life in a community-based service in rural Australia. In: Journal of Intellectual and Developmental Disability 22 (2), 125-141.

Rapley, Mark; Lobley, John (1995): Factor analysis of the Schalock & Keith (1993) Quality of Life Questionnaire: A replication. In: Mental Handicap Research 8 (3), 194-202.

Reinhold, Gerd (Hg.) (1997): Soziologielexikon. 3. Aufl. München: Oldenbourg.

Rohrmann, Albrecht (2003): Individualisierung und Behinderung. Diss., Universität Siegen. (online) http://www.ub.uni-siegen.de/epub/diss/rohrmann.htm [12.11.06].

Rost, Jürgen (2004): Lehrbuch Testtheorie – Testkonstruktion. 2. Aufl. Bern: Huber.

Rupprecht, Roland (1993): Lebensqualität. Theoretische Konzepte und Ansätze zur Operationalisierung. Diss., Universität Erlangen-Nürnberg.

Russell, Lara B. et al. (2006): Does weighting capture what's important? Revisiting subjective importance weighting with a quality of life measure. In: Social Indicators Research 75 (1), 141-167.

Saintfort, Francois; Becker, Marion; Diamond, Ron (1996): Judgements of qualiy of life of individuals with severe mental disorders: Patients self-report versus provider perspectives. In: American Journal of Psychiatry 153 (4), 497-502.

Schaarschuch, Andreas; Flösser, Gaby; Otto, Hans-Uwe (2001): Dienstleistung. In: Otto, Hans-Uwe; Thiersch, Hans (Hg.): Handbuch der Sozialarbeit/Sozialpädagogik. 2. Aufl. Neuwied: Luchterhand, 266-274.

Schaarschuch, Andreas; Oelerich, Gertrud (2005): Theoretische Grundlagen und Perspektiven sozialpädagogischer Nutzerforschung. In: Oelerich, Gertrud; Schaarschuch, Andreas (Hg.): Soziale Dienstleistungen aus Nutzersicht. Zum Gebrauchswert Sozialer Arbeit. München: Reinhardt, 9-20.

Schädler, Johannes (2001): Qualitätsentwicklung und Qualitätssicherung – Plädoyer für ein professionsnahes Konzept in der Sozialen Arbeit. In: Schädler, Johannes; Schwarte, Norbert; Trube, Achim (Hg.): Der Stand der Kunst: Qualitätsmanagement Sozialer Dienste. Von grundsätzlichen Überlegungen zu praktischen Ansätzen eines fach- und adressatenorientierten Instrumentensets. Münster: Votum, 13-38.

Schädler, Johannes (2002): Individuelle Hilfeplanung – Schlüssel zur Modernisierung der Behindertenhilfe. In: Greving, Heinrich (Hg.): Hilfeplanung und Controlling in der Heilpädagogik. Freiburg i. Br.: Lambertus, 171-192.

Schalock, Robert L. (Ed.) (1996): Quality of life. Vol. 1: Conceptualization and measurement. Washington, DC: AAMR.

Schalock, Robert L. et al. (1989): Quality of life: Its measurement and use. In: Mental Retardation 27 (1), 25-31.

Schalock, Robert L. et al. (2002): Conceptualization, measurement, and application of quality of life for persons with intellectual disabilities: Report of an international panel of experts. In: Mental Retardation 40 (6), 457-470.

Schalock, Robert L.; Bonham, Gordon S.; Marchand, Christine B. (2000): Consumer based quality of life assessment: Path model of perceived satisfaction. In: Evaluation and Program Planning 23 (1), 77-87.

Schalock, Robert L.; Keith, Kenneth D. (1993): Quality of life questionnaire. Worthington: IDS.

Schalock, Robert L.; Verdugo, Miguel A. (2002): Handbook on quality of life for human service practitioners. Washington, DC: AAMR.

Schalock, Robert L.; Felce, David (2004): Quality of life and subjective well-being: Conceptual and measurement issues. In: Emerson, Eric et al. (Eds.): The international handbook of applied research in intellectual disabilities. Chichester: John Wiley & Sons, 261-279.

Schelbert, Christa; Kretschmer, Christina (2006): Ergebnisse der Nutzerbefragung. In: Landeswohlfahrtsverband Hessen (Hg.): Wie zufrieden sind Sie? Ergebnisse einer Nutzerbefragung im „Stationär Begleiteten Wohnen" in Hessen. Dokumentation der Beiträge zur Fachtagung am 10.10.2005 in Kassel. (online) http://www.lwv-hessen.de/uploads/266/Wie_zufrieden_sind_Sie_red.pdf [24.11.06], 26-51.

Scheuch, Erwin K. (1973): Das Interview in der Sozialforschung. In: König, René (Hg.): Handbuch der empirischen Sozialforschung. Bd. 2: Grundlegende Methoden und Techniken der empirischen Sozialforschung. Erster Teil. 3. Aufl. Stuttgart: Enke, 66-190.

Schnell, Rainer; Hill, Paul B.; Esser, Elke (1999): Methoden der empirischen Sozialforschung. 6. Aufl. München: Oldenbourg.

Schnurr, Stefan (2001): Partizipation. In: Otto, Hans-Uwe; Thiersch, Hans (Hg.): Handbuch der Sozialarbeit/Sozialpädagogik. 2. Aufl. Neuwied: Luchterhand, 1330-1345.

Scholl, Armin (2003): Die Befragung. Konstanz: UVK.

Schröder, Jan; Kettiger, Daniel (2001): Wirkungsorientierte Steuerung in der sozialen Arbeit. (online) http://www.jsbgmbh.de/service/downloads [10.10.06].

Schumacher, Jörg; Klaiberg, Antje; Brähler, Elmar (Hg.) (2003): Diagnostische Verfahren zu Lebensqualität und Wohlbefinden. Göttingen: Hogrefe.

Schwarte, Norbert; Oberste-Ufer, Ralf (2001): LEWO II: Lebensqualität in Wohnstätten für erwachsene Menschen mit geistiger Behinderung. Ein Instrument für fachliches Qualitätsmanagement. 2. Aufl. Marburg: Lebenshilfe-Verlag.

Schwartz, Chaya (1995): Assessing levels of personal autonomy among Israeli adults with intellectual disabilities living in group homes and apartement settings. In: Australia and New Zealand Journal of Developmental Disabilities 20 (1),41-50.

Schwartz, Chaya (2003): Self-appraised lifestyle satisfaction of persons with intellectual disability: The impact of personal characteristics and community residential facilities. In: Journal of Intellectual and Developmental Disability 28 (3), 227-240.

Schwartz, Chaya; Ben-Menachem, Yehudith (1999): Assessing quality of life among adults with mental retardation living in various settings. In: International Journal of Rehabilitation Research 22 (2), 123-130.

Schwartz, Chaya; Rabinovitz, S. (2003): Life satisfaction of people with intellectual disability living in community residences: Perceptions of the residents, their parents, and staff members. In: Journal of Intellectual Disability Research 47 (2), 75-84.

Schwarz, Norbert; Strack, Fritz (1991): Evaluating one's life: A judgment model of subjective well-being. In: Strack, Fritz; Argyle, Michael; Schwarz, Norbert (Eds.): Subjective well-being: An interdisciplinary perspective. Oxford: Pergamon, 27-47.

Schwetje, Thomas (1999): Kundenzufriedenheit und Arbeitszufriedenheit bei Dienstleistungen. Operationalisierung und Erklärung der Beziehungen am Beispiel des Handels. Wiesbaden: Gabler.

Seifert, Monika (1997): Wohnalltag von Erwachsenen mit schwerer geistiger Behinderung. Eine Studie zur Lebensqualität. Reutlingen: Diakonie-Verlag.

Seifert, Monika (2002): Menschen mit schwerer Behinderung in Heimen. Ergebnisse der Kölner Lebensqualität-Studie. In: Geistige Behinderung 41 (3), 203-222.

Seifert, Monika (2006a): Verbesserung der Wohn- und Lebensqualität durch Nutzerbefragung? In: Landeswohlfahrtsverband Hessen (Hg.): Wie zufrieden sind Sie? Ergebnisse einer Nutzerbefragung im „Stationär Begleiteten Wohnen" in Hessen. Dokumentation der Beiträge zur Fachtagung am 10.10.2005 in Kassel. (online) http://www.lwv-hessen.de/uploads/266/Wie_zufrieden_sind_Sie_red.pdf [24.11.06], 14-25.

Seifert, Monika (2006b): Wie lebt es sich in Wohngemeinschaften? Eine Nutzerbefragung in Berlin. In: Geistige Behinderung 45 (3), 200-212.

Seifert, Monika; Fornefeld, Barbara; Koenig, Pamela (2001): Zielperspektive Lebensqualität. Eine Studie zur Lebenssituation von Menschen mit schwerer Behinderung im Heim. Bielefeld: Bethel-Verlag.

Sen, Amartya (1993): Capability and well-being. In: Nussbaum, Martha C.; Sen, Amartya (Eds.): The quality of life. Oxford: Clarendon, 30-53.

Sigelman, Carol K. et al. (1981a): Asking questions of retarded persons: A comparison of yes-no and either-or formats. In: Applied Research in Mental Retardation 2 (4), 347-357.

Sigelman, Carol K. et al. (1981b): When in doubt, say yes: Acquiescence in interviews with mentally retarded persons. In: Mental Retardation 19 (2), 53-58.

Skevington, Suzanne M.; Sartorius, Norman; Amir, Marianne (2004): Developing methods for assessing quality of life in different cultural settings: The history of the WHOQOL instruments. In: Social Psychiatry and Psychiatric Epidemiology 39 (1), 1-8.

Smyly, S. Rikberg; Elsworth, John D. (1997): Interviewing clients: A project to explore client views about a change in service provision. In: British Journal of Learning Disabilities 25 (2), 64-67.

SOEP-Monitor (2006): Zeitreihen zur Entwicklung von Indikatoren zu zentralen Lebensbereichen. Beobachtungszeitraum: 1984-2005. Analyse-Ebene: Person. (online) http://www.diw.de/deutsch/sop/service/soepmonitor/soepmonitor_person2005-linked.pdf [11.02.07].

Sonnenberg, Kristin (2004): Wohnen und geistige Behinderung. Eine vergleichende Untersuchung zur Zufriedenheit und Selbstbestimmung in Wohneinrichtungen. (online) http://kups.ub.uni-koeln.de/volltexte/2005/1322/pdf/PHD_gesamt_sonnenberg.pdf [12.06.06].

Stancliffe, Roger J. (1995): Assessing opportunities for choice-making: A comparison of self- and staff reports. In: American Journal on Mental Retardation 99 (4), 418-429.

Stancliffe, Roger J. (1997): Community living-unit size, staff presence and resident's choice-making. In: Mental Retardation 35 (1), 1-9.

Stancliffe, Roger J. (2000): Proxy respondents and quality of life. In: Evaluation and Program Planning 23 (1), 89-93.

Stancliffe, Roger J.; Abery, Brian H.; Smith, John (2000): Personal control and the ecology of community living settings: Beyond living-unit size and type. In: American Journal on Mental Retardation 105 (6), 431-454.

Stancliffe, Roger J.; Parmenter, Trevor R. (1999): The Choice Questionnaire: A scale to assess choice exercised by adults with intellectual disability. In: Journal of Intellectual and Developmental Disability 24 (2), 107-132.

Statistisches Bundesamt (Hg.) (2002): Datenreport 2002. Zahlen und Fakten über die Bundesrepublik Deutschland. (online) http://www.destatis.de/allg/d/veroe/d_daten. htm [08.01.07].

Statistisches Bundesamt (Hg.) (2006a): Datenreport 2006. Zahlen und Fakten über die Bundesrepublik Deutschland. (online) http://www.destatis.de/datenreport/d_datend. htm [08.01.07].

Statistisches Bundesamt (2006b): Sozialleistungen. Statistik der Sozialhilfe. Sozialhilfe – Hilfe in besonderen Lebenslagen. Fachserie 13, Reihe 2.2 – 2004. (online) http:// www-ec.destatis.de/csp/shop/sfg/n0000.csp?treeid=22000 [16.05.07].

Steckmann, Ulrich (2007): Behinderungen und Befähigungen. Gerechtigkeit für Menschen mit geistiger Behinderung. In: Geistige Behinderung 46 (2), 100-111.

Tassé, Marc J. et al. (2005): Guidelines for interviewing people with disabilities: Support Intensity Scale. Washington, DC: AAMR.

Taylor, Steven J.; Bogdan, Robert (1996): Quality of life and the individual's perspective. In: Schalock, Robert L. (Ed.): Quality of life. Vol. 1: Conceptualization and measurement. Washington, DC: AAMR, 11-22.

Theiss, Denise (2005): Selbstwahrgenommene Kompetenz und soziale Akzeptanz bei Personen mit geistiger Behinderung. Bad Heilbrunn: Klinkhardt.

Thimm, Walter (1989): Hilfen für behinderte Menschen nach dem Prinzip der Normalisierung. In: Wacker, Elisabeth; Metzler, Heidrun (Hg.): Familie oder Heim: unzulängliche Alternativen für das Leben behinderter Menschen? Frankfurt/Main: Campus, 231-244.

Thimm, Walter et al. (1985): Ein Leben so normal wie möglich führen... Zum Normalisierungskonzept in der Bundesrepublik Deutschland und in Dänemark. Marburg: Lebenshilfe-Verlag.

Tossebro, Jan (1995): Impact of size revisited: Relation of number of residents to self-determination and deprivatization. In: American Journal on Mental Retardation 100 (1), 59-67.

Trauer, Tom; Mackinnon, Andrew (2001): Why are we weighting? The role of importance ratings in quality of life measurement. In: Quality of Life Research 10 (7), 577-583.

Ueda, Satoshi; Okawa, Yayoi (2003): The subjective dimension of functioning and disability: what it is and what it is for? In: Disability and Rehabilitation 25 (11/12), 596-601.

Veenhoven, Ruut (1997): Lebenszufriedenheit der Bürger: Ein Indikator für die ‚Lebbarkeit' von Gesellschaften? In: Noll, Heinz-Herbert (Hg.): Sozialberichterstattung in Deutschland. Konzepte, Methoden und Ergebnisse für Lebensbereiche und Bevölkerungsgruppen. Weinheim: Juventa, 267-293.

Verdugo, Miguel A. et al. (2005): Quality of life and its measurement: Important principles and guidelines. In: Journal of Intellectual Disability Research 49 (10), 707-717.

Volbers, Allmuth (1992): Zum Gebrauch von Ja und Nein bei nichtsprechenden intellektuell Behinderten. In: ISAAC's Zeitung 5 (2), 4-7.

Volkert, Jürgen et al. (2003): Operationalisierung der Armuts- und Wohlstandsmessung. Schlussbericht an das Bundesministerium für Gesundheit und Soziale Sicherung. (online)   http://www.bmg.bund.de/cln_041/nn_600110/SharedDocs/Publikationen/ Forschungsprojekte-Lebenslagen/a-322-10266,templateId=raw,property=publication File. pdf/a-322-10266. pdf [12.05.05].

Wacker, Elisabeth (1994): Qualitätssicherung in der sozialwissenschaftlichen Diskussion. Grundfragestellungen und ihr Transfer in die bundesdeutsche Behindertenhilfe. In: Geistige Behinderung 33 (4), 267-281.

Wacker, Elisabeth et al. (1998): Leben im Heim. Angebotsstrukturen und Chancen selbständiger Lebensführung in Wohneinrichtungen der Behindertenhilfe. Baden-Baden: Nomos.

Wacker, Elisabeth et al. (2005): Teilhabe. Wir wollen mehr als nur dabei sein. Marburg: Lebenshilfe-Verlag.

Wacker, Elisabeth; Wansing, Gudrun; Hölscher, Petra (2003): Maß nehmen und Maß halten – in einer Gesellschaft für alle (1). Von der Versorgung zur selbstbestimmten Lebensführung. In: Geistige Behinderung 42 (2), 108-118.

Wacker, Elisabeth; Wansing, Gudrun; Schäfers, Markus (2005): Personenbezogene Unterstützung und Lebensqualität. Teilhabe mit einem Persönlichen Budget. Wiesbaden: Deutscher Universitäts-Verlag.

Wansing, Gudrun (2005a): Die Gleichzeitigkeit des gesellschaftlichen „Drinnen" und „Draußen" von Menschen mit Behinderung – oder: zur Paradoxie rehabilitativer Leistungen. In: Wacker, Elisabeth et al. (Hg.): Teilhabe. Wir wollen mehr als nur dabei sein. Marburg: Lebenshilfe-Verlag, 21-33.

Wansing, Gudrun (2005b): Teilhabe an der Gesellschaft. Menschen mit Behinderung zwischen Inklusion und Exklusion. Wiesbaden: VS Verlag für Sozialwissenschaften.

Wansing, Gudrun; Hölscher, Petra; Wacker, Elisabeth (2003): Maß nehmen und Maß halten – in einer Gesellschaft für alle (3). Personenbezogene Leistungen (PerLe) für alle – Budgetfähigkeit und Klientenklassifikation in der Diskussion. In: Geistige Behinderung 42 (3), 210-221.

Wehmeyer, Michael L.; Bolding, Nancy (1999): Self-Determination across living and working environments: A matched sample study of adults with mental retardation. In: Mental Retardation 37 (5), 353-363.

Wehmeyer, Michael L.; Metzler, Christina A. (1995): How self-determined are people with mental retardation? The national consumer survey. In: Mental Retardation 33 (2), 111-119.

Wehmeyer, Michael; Schwartz, Michelle (1998): The relationship between self-determination and quality of life for adults with mental retardation. In: Education and Training in Mental Retardation and Developmental Disabilities 33 (1), 3-12.

Wendeler, Jürgen (1992): Geistige Behinderung: Normalisierung und soziale Abhängigkeit. Heidelberg: Schindele.

Wetzler, Rainer (2003): Qualitätsmanagement in Wohneinrichtungen der Behindertenhilfe. Eine empirische Bestandsaufnahme. Freiburg i. Br.: Lambertus.

Wetzler, Rainer (2006): Analyse und Interpretation des Strukturwandels in der Behindertenhilfe – Möglichkeiten und Grenzen selbstständiger Lebensführung. Kumulierte Habilitationsschrift. Unveröffentl. Manuskript, Universität Dortmund.

WHO – World Health Organization (2001): International Classification of Functioning, Disability and Health (ICF). Genf: WHO.

WHOQOL – World Health Organization Quality of Life Group (1993): WHOQOL study protocol. Genf: WHO.

WHOQOL – World Health Organization Quality of Life Group (1995): World Health Organization Quality of Life Instrument (WHOQOL-100; WHOQOL-BREF). Genf: WHO.

Windisch, Matthias et al. (1991): Wohnformen und soziale Netzwerke von Erwachsenen mit geistiger und psychischer Behinderung. In: Neue Praxis 21 (2), 138-150.

Windisch, Matthias; Kniel, Adrian (1993): Lebensbedingungen behinderter Erwachsener. Eine Studie zu Hilfebedarf, sozialer Unterstützung und Integration. Weinheim: Deutscher Studien Verlag.

Wirth, Martin M. (1997): Lebenszufriedenheit und Lebensqualität nach Enthospitalisierung. Eine Untersuchung zu spezifischen Veränderungsdimensionen im Zufriedenheitserleben ehemaliger psychiatrischer Langzeitpatienten nach Umzug in Heime. Konstanz: Hartung-Gorre.

Wirtz, Markus (2004): Bestimmung der Güte von Beurteilereinschätzungen mittels der Intraklassenkorrelation und Verbesserung von Beurteilereinschätzungen. In: Die Rehabilitation 43 (6), 384-389.

Wirtz, Markus; Caspar, Franz (2002): Beurteilerübereinstimmung und Beurteilerreliabilität. Methoden zur Bestimmung und Verbesserung der Zuverlässigkeit von Einschätzungen mittels Kategoriensystemen und Ratingskalen. Göttingen: Hogrefe.

Wu, Chia-Huei; Yao, Grace (2006): Do we need to weight satisfaction scores with importance rating in measuring quality of life? In: Social Indicators Research 78 (2), 305-326.

Wüllenweber, Ernst (2006): Skizzen zur Forschung in Bezug auf Menschen mit geistiger Behinderung. In: Wüllenweber, Ernst; Theunissen, Georg; Mühl, Heinz (Hg.): Pädagogik bei geistigen Behinderungen. Ein Handbuch für Studium und Praxis. Stuttgart: Kohlhammer, 566-572.

Yu, Anita L.; Jupp, James J.; Taylor, Alan (1996): The discriminate validity of the Lifestyle Satisfaction Scale (LSS) for the assessment of Australian adults with intellectual disabilities. In: Journal of Intellectual and Developmental Disability 21 (1), 3-
15.

Yu, Dickie C. T. et al. (2002): Happiness indices among persons with profound and severe disabilities during leisure and work activities: A comparison. In: Education and
Training in Mental Retardation and Developmental Disabilities 37 (4), 421-426.

ZA – Zentralarchiv für Empirische Sozialforschung (2006): ALLBUS – Allgemeine Bevölkerungsumfrage der Sozialwissenschaften. Codebuch 2004. ZA-Information Nr.
3762. (online) http://www.gesis.org/Datenservice/ALLBUS/index.htm [12.07.06].

Zapf, Wolfgang (1984): Individuelle Wohlfahrt: Lebensbedingungen und wahrgenommene Lebensqualität. In: Glatzer, Wolfgang; Zapf, Wolfgang (Hg.): Lebensqualität in
der Bundesrepublik. Objektive Lebensbedingungen und subjektives Wohlbefinden.
Frankfurt/ Main: Campus, 13-26.

ZPE – Zentrum für Planung und Evaluation sozialer Dienste der Universität Siegen
(2006): Selbständiges Wohnen behinderter Menschen – Individuelle Hilfen aus einer
Hand. Zweiter Zwischenbericht der wissenschaftlichen Begleitforschung. (online)
http://www.ih-nrw.uni-siegen.de [07.03.07].

Printed in Poland
by Amazon Fulfillment
Poland Sp. z o.o., Wrocław